KB269396

베이징 일기

큰 숲에 큰 새가 있다

2

이 도서의 국립중앙도서관 출판시도서목록(CIP)은 e-CIP홈페이지(http://www.nl.go.kr/ecip)에서 이용하
실 수 있습니다. (CIP제어번호: CIP2008001257)

베이징 읽기

큰 숲에 큰 새가 있다

이화형 지음

한울

문화대국을 지향하는 중국과의 만남

중국은 국토가 넓고 민족도 다양하다. 서구적 자본과 고유의 정신문화가 혼재하고 도시와 농촌, 전통과 현대가 함께 호흡하며 국가와 개인, 통제와 자유가 융화한다. 그 모든 것들이 충돌하기보다는 '허시에和諧'라는 조화로움 속에서 자연스럽게 응축되어 있다. 때가 되면 활화산처럼 크게 용솟음칠 엄청난 힘이 준비되어 있는 나라다. 이러한 상황에서 다양성의 가치, 즉 조화의 이념은 중국을 이끌어갈 강력한 힘이라고 본다.

더욱이 중국 정부는 최근 공자 부활 등 인간중심以人爲天을 기치로 내세우며 문화대국을 지향하고 있고 다양한 경로로 세계인들을 불러들이고 있다. 중국은 현재 연간 약 3,000만 명의 외국인이 방문하는 나라로 이들은 중국의 현재는 물론 그 오랜 역사와 색다른 문화를 깊이 알고 싶어 한다. 이러한 중국의 상황, 특히 2008년 베이징올림픽을 앞두고 그 어느 때보다도

활기가 넘치고 있는 베이징에서의 생활은 짧은 기간이었지만 나로 하여금
이 책을 쓰게 했다.

이 책은 2007년 3월부터 한 학기 동안 중국 베이징의 중앙민족대학 조선
어문학과에 초빙교수로 가서 경험한 중국문화 체험기이다. 중앙민족대학
은 교수 960여 명과 학생 1만 5,000여 명의 종합대학으로 중국 정부가 중점
적으로 지원하는 38개 대학 중 하나다. 이 대학은 특히 56개 소수민족을 위
한 학교로서 학생들의 70% 정도가 소수민족으로 되어 있다.

이미 중국에 대해서는 정치, 경제, 사회 등 여러 부문의 깊이 있는 연구
서가 많이 나와 있음을 감안할 때, 이 책은 기왕의 책들과 어떤 변별성을 가
져야 했고 그것은 집필 전부터 심각하고도 즐거운 고민이었다. 무엇보다
오랜 기간 한국문화를 연구해온 터라 자연스럽게 중국을 다각도의 문화적
시각에서 볼 수 있었다.

책을 기술할 때 우선 현지조사를 바탕으로 한 내용을 학문적 논의에 접
목하고자 했으며 전통과 현대를 넘나드는 비교문화적 시각을 유지하고자
했고, 궁극적으로는 인간존엄의 인문학적 가치를 부각시키는 데 역점을 두
었다. 또한 지적인 측면에서 한중문화를 비교하는 일관된 관점을 견지하고
있다. 처음에는 중국의 여러 곳을 두루 둘러보고자 했지만 여러 가지 이유
로 거의 베이징에만 머물러 있게 되었고 그 결과 오히려 베이징 한 곳을 집
중적으로 탐색할 수 있었다. 단기 체류라는 시간적 제한과 한 곳에만 머물
러 있었던 상황 탓에 중국에 대한 깊이 있는 인식에는 접근하지 못한 것이
아쉽기도 하다. 따라서 글의 내용에 다소의 오류가 있을 가능성도 있고 그

러한 미흡한 부분은 추후 수정 보완해나가고자 한다. 그 밖에도 이 책을 쓰는 과정에서는 몇 가지 기술 원칙이 더 있었다.

첫째, 단순히 흥미와 휴식을 위한 여행이 아닌 문화체험이라는 비교적 진지한 생각에서 집필을 시작했다. 따라서 역사적 유물이나 유적지를 많이 관람하려 했고 그 과정에서 자연스레 가치판단과 비평적인 시각이 담기곤 했다. 그러나 문화의 속성상 현재성도 중요하므로 가능하면 학문에만 편향된 시각보다는 일상생활과 관련된 문화체험을 중심으로 서술하려고 노력했다.

둘째, 특정 민족이나 국가에 대한 편향적 시각에 치우치지 않는 것을 중요한 원칙 중의 하나로 삼았다.

셋째, 한중문화의 원류를 찾는 진지한 자세로 문화체험을 기술했다. 동양의 정신문화, 한자 중심 유교문화의 원형을 찾는 데 주력하고 싶었다. 더러는 한국이 그 원형을 간직하고 있었으나 많은 경우 중국이 그 문화적 원천임을 확인하게 되었다. 중국은 큰 나라이고 그만큼 많은 걸 담고 있다. 그래서 부제를 '큰 숲에 큰 새가 있다'라고 정했다.

넷째, 필자의 개인적인 생활을 가능하면 빼려 했으나 외국생활에서 오는 긴장감과 인간관계의 소중함에 대한 인식 등을 포괄하는 인문학적 내용이 문화적 요소가 될 수 있다는 생각으로 약간은 남겨두었다. 또한 택시비, 입장료, 식비, 물건값 등을 소상히 적은 것은 여행, 관광 등 현실적인 목적을 수행하는 이들에게 참고가 될까 해서 일부러 밝힌 것이다.

다섯째, 책의 편제를 가령 천단·지단·공묘·역대제왕묘 등의 '단묘', 북경대학·청화대학·중국인민대학·중앙민족대학 등의 '대학', 옹화궁·운거사·해전구 기독교당 등의 '종교', 이화원·원명원·자죽원 등의 '정원' 등 주제나 장르별로 구성해보려고도 했으나 너무 딱딱할 것 같아서 편하게 읽을 수 있도록 일기체 방식을 그대로 택했다. 단기간 체류했으나 비교적 시간적인 기준으로 내용 전체를 넷으로 나누어 서술했다. 낯선 환경에서 다소 긴장하는 시기와 안정을 찾아가는 시기를 지나 대상과 환경을 새롭게 인식하는 시기가 왔고 마지막은 여유를 갖고 진지하게 보고 느끼면서 깊이 생각하는 시기였다.

이상의 몇 가지 원칙을 가지고 정리한 문화체험기를 통해 한국과 중국은 서로 교류하면서 각자 소중한 무엇인가를 얻게 된다는 점과 앞으로도 서로 협력하면서 더욱 관계를 긴밀히 해나가야 할 동반자라는 점을 분명히 알 수 있었다.

여행안내서와 문화학술서를 포괄하는 흥미롭고 지적인 문화서를 생각하며 쓴 책이니만큼 중국문화에 대해 알고 싶은 일반인, 유학이나 일을 위해 중국에 가려고 하는 사람들, 중국을 좋아하는 청소년들, 특히 베이징이나 조선족에 관심 있는 사람들에게 두루 도움을 줄 수 있으면 하는 바람이다. 한편으로는 급속한 변화의 바람 속에서 정신을 잃지 않고 정체성을 찾으려는 사람들에게 이 책이 위안이 되길 바라는 마음도 갖고 있다.

이 책이 나오기까지 감사할 분들이 많다. 우선 나를 초청해준 중앙민족대학의 조선어문학과·한국어학과에 감사를 드린다. 여러 가지로 세심하게 배려해주고 친절을 베풀어준 많은 교수님들과 여러분들께도 모두 따뜻한 감사를 드리고 싶다. 또한 이러한 유익한 경험을 하고 올 수 있도록 연구년의 기회를 준 경희대학교와 도움을 주신 여러 교수님들께도 감사 드린다. 특히 이 책을 내는 과정에서 수고해주신 도서출판 한울의 모든 분들께도 고마움을 전하고 싶다.

2008년 봄

이화형

차례

1부 큰 숲에 큰 새가 있다

2부 어디서나 살게 마련이다

3부 베이징은 진정 희망의 도시인가

4부 길은 이미 있었던 게 아니다

1부
큰 숲에 큰 새가 있다

전날 밤을 새운 탓에

전날 밤을 새운 탓에 다소 피곤했지만 들뜨고 설레는 마음으로 인천국제 공항에 나왔다. 평소 가까이 지내던 후배와 제자가 그 이른 새벽에 나보다 도 먼저 나와 있었다. "지혜로운 자 움직이길 좋아하나 어진 자 고요함을 좋아한다知者動 仁者靜"(『논어』 옹야편)고 했던 공자의 말을 따르며 주로 연구 실에만 머물러 있는 나를 걱정하는 마음일 것이다. 정겨운 인사를 나누고 어학연수를 위해 동행하는 아들과 함께 출국장을 빠져나왔다.

우리를 태운 동방항공 비행기는 예정 시간보다 5분 늦게 북경수도공항 에 도착했다. 2월의 베이징* 하늘은 흐린 편이었다. 도착 후에 불쾌할 정 도로 입국수속이 느리게 진행되었다. 기다리고 있을 중앙민족대학中央民族 大學(이하 민족대학)의 박승권 교수(조선어문학과)를 생각하니 초조하기 그지 없었다.

민족대학은 중국 정부가 소수민족을 보호하고 지원하는 차원에서 설립

소수민족 학생들. 중앙민족대학 본관 앞에서.

* 중국의 인명, 지명 등은 가능하면 현지 발음으로 적고자 한다.

소수민족 식당가

한 학교다. 이번에 나를 초빙하는 데 박 교수가 가장 애를 썼고 내가 강의할 '조선문화사'도 박 교수가 맡았던 과목이다. 공항에 도착한 후 1시간 반이 지나서야 겨우 박 교수를 만날 수 있었다. 박 교수는 조선족이다.

중국의 인구는 대략 13억 명이라고 한다. 그중에서 약 9%가 한족漢族 이외의 소수민족이라고 하나 실제로는 훨씬 많다고 한다. 주로 윈난성云南省, 광둥성广東省, 후난성湖南省에 사는 좡족壯族이 인구 1,555만 명으로 중국의 소수민족 중에서는 가장 많다. 조선족을 비롯한 좡족, 후이족回族, 위구르족, 먀오족苗族, 이족彝族 등 55개의 소수민족은 각기 독자적인 언어나 문자를 가지고 있으며 생활습관도 다르다.

간신히 공항대합실을 빠져나와 대기시켜 놓았던 학교 차량으로 이동해 민족대학 부속 외국인 전용기숙사 건물에 도착했다. 우리는 13층 1312호에 짐을 내려놓고 박 교수의 제의에 따라 한국식 점심을 먹으러 갔다. 박 교수가 우리를 데리고 간 식당의 이름은 '시골집'이었다. 그 주위에는 몽골족 음식점을 비롯해 위구르족, 다이족傣族, 만족 등 소수민족의 음식점들이 몰려 있다. 윈난 다이족의 음식점이 가장 인기가 많다고 들었다. 소수민족 학생들이 다니는 민족대학 가까이에 이런 음식점들이 많은 건 당연했다.

오후 2시 반에 조선어문학과 박순희 조교를 만나 아들 등록금에 쓸 1만 위안 정도를 남겨놓고 저축을 하기 위해 교내 우체국에 가서 주머니 속의 여권을 찾았으나 손에 잡히질 않아 한순간 놀랐다. 아들이 숙소에 들어가서 벗어놓았던 반코트 속에서 여권을 찾아 우체국으로 왔다. 박 조교는 외국인의 경우 체류하는 동안 신분증에 해당하는 여권이 매우 중요하다고 주지시켜주었다. 들고 다니던 큰돈을 저축하고 나니 다소 안심이 되었다. 우선 급한 일들을 하나하나 해나갔다.

10위안을 주고 택시를 타고 민족대학 남쪽에 있는 까르푸家樂福 앞에 가서 수수료 20위안을 낸 뒤 80위안짜리 교통카드를 두 개 샀다. 택시 요금제는 세 가지가 있는데, 보통 소형택시의 경우 4km까지는 기본요금이 10위안이다. 따라서 우리 돈 약 1,300원 정도면 가까운 거리를 택시로 다닐 수 있다.

까르푸는 중국 진출에 성공한 프랑스의 대형할인점으로 민족대학 또는 외국인 전용기숙사를 기준으로 남쪽과 북쪽 두 군데가 있다. 여기서 북쪽이란 중국의 '실리콘밸리'라 하여 전자상가로 유명한 중관촌中關村을 가리키고, 남쪽이란 아시아 최대 규모를 자랑하는 북경동물원의 옆을 말하는데 북쪽에 있는 까르푸가 좀 큰 편이었다. 교통카드를 산 다음 까르푸에 들어가서 휴대전화를 두 대 샀다. 휴대전화는 한국의 삼성 것으로 한 대에 550위안이었다. 식수, 휴지 등 몇 가지 필요한 물건도 샀다.

밤에 저녁을 먹으러 나갔다가 마땅한 먹을거리를 찾지 못하고 그냥 들어와 집에서 가져온 '햇반'으로 저녁을 때웠다. 너무 어수선하고 피곤한 나머지 10시 반에 잠자리에 들었다.

헤이룽장성 쌀

아침 9시까지 일어나지 못했다. 10시에 박순희 조교를 만나 국제교류처로 갔다. 드디어 김연옥 선생을 만나 기숙사 입주 등록을 마쳤다. 입주보증금으로 500위안을 냈다. 기숙사는 외국인교수 전용숙소로서 아주 깨끗할 뿐만 아니라 침실, 거실, 주방, 욕실 등을 갖춘 대단히 넓은 신축건물이다. 생각했던 것과 달리 김 선생은 박 조교와 친구인 젊은 여성이었고 밝은 성격이었다. 나중에 들으니 위구르족과 결혼했다고 한다.

내가 있던 외국인교수 전용기숙사

신장新疆 자치구를 중심으로 전체 인구 1,900만 명 중 절반 정도인 900만 명이 살고 있다는 위구르족에 대해서는 고려 공민왕 때 원나라에서 귀순한 경주설씨 설손偰遜이 있었다는 것, 여자들이 얼굴을 가리고 다닌다는 것과 돼지고기를 안 먹는다는 것 말고는 아는 것이 별로 없다. 음식 습관상 금기는 주로 종교와 관계가 있는 것 같다. 위구르족을 비롯해 이족이나 하사크족, 둥상족 등은 돼지고기를 금하는데, 이들은 이슬람교를 믿는다. 민족대학의 식당 건물에도 돼지고기를 먹지 않는 사람들이 드나드는 식당이 따로 있었다.

일을 마치고 돌아오면서 계속 박 조교에게 부탁하기가 미안해 내가 가르칠 학생 중에서 나를 도와줄 만한 학생을 하루 정도 연결해주면 좋겠다고 했다. 이곳의 조교는 한국처럼 단순히 행정을 보조하는 조수가 아니라 강의도 하며 교수급에 들어가는 것 같았다. 즉시 학생에게서 오후에 찾아온다고 연락이 왔다. 그 전에 인근 재래시장 안에 있는 차오스바超市發(이후 나오는 차오스바는 모두 위공촌에 있는 단골 대형 슈퍼마켓을 가리킨다)에 갔다. 차오스超市는 차오지스창超級市場의 준말로 슈퍼마켓이라 할 수 있다. 중국에는 이러한 차오스가 사방에 널려 있다. 차오스 가운데도 담배와 술을 전문적으로 취급하는 얀지우차오스烟酒超市가 유난히 많다. 중국인들이 담배나 술을 많이 한다는 증거일까. 차오스바는 차오스 중에서 좀 규모가 큰 것을 말하는 것 같다.

2시쯤 숙소에서 김흠金鑫이라는 학생을 만나 까르푸(남쪽)에 가기 위해 택시를 탔다. 택시는 땀에 절었는지 때가 끼어 더러웠고 운전기사의 입 냄새가 풀풀 풍기는 바람에 고통스러웠다. 양치 문제는 올림픽 개최를 앞두고 베이징시가 시민의식과 수준을 높이고자 하는 항목 중 하나이기도 하다. 동행한 김흠은 내 수업을 듣는 조선족 학생이다. 중국에서는 '흥성하다'는 뜻을 가진 '신鑫'이라는 글자를 인명이나 상호 등에 매우 많이 쓰는 편이다.

무엇보다 당장 먹을 쌀부터 사야 했다. 까르푸에는 쌀이 그다지 많지 않았다. 중국 북방에서는 옛날부터 쌀이 귀해 손님이 올 때라야 밥을 해주었기 때문에 손님들의 숙소를 밥 빈飯자를 써서 '빈뎬飯店'이리 불렀디는 얘기가 떠올랐다. 중국 동북 3성(헤이룽장黑龍江, 지린吉林, 랴오닝遼宁) 쪽의 쌀이 좋다고 해서 헤이룽장성의 쌀을 골라 샀다. 물론 품질이 좋은 만큼 비싸다.

지하 1층에 넓은 매장이 있는
민족대학 차오스

숙소에 들어오다가 대학 구내에 있는 차오스에 들러 전화카드와 전기스탠드 두 개를 구입했다. 너무 싼 것을 샀는지 전기스탠드가 별 효과도 없고 해서 얼마 지나지 않아 쓰지 않게 되었다. '싼 게 비지떡'이라는 우리 속담이 실감났다. 중국에도 비슷한 뜻의 '이펀화 이펀치엔一分貨 一分錢'이라는 속담이 있다고 한다.

김흠 학생은 숙소에까지 물건을 들어다 주고 차 한 잔 마시지도 않은 채 돌아갔다. 도와주는 조교나 학생이나 미안해하는 나에게 매번 "마땅히 할 일을 하는 것"이라고 강조했다. 중국에서 많이 듣는 말이 바로 '마땅하다'는 뜻을 가진 '당란當然'이다. 이날도 피곤해 밤 12시 전에 잠자리에 들었다.

한류 실감

텔레비전을 보며 중국어 공부를 했다. 여기 와서는 텔레비전을 자주 보면서 사전을 열심히 찾는다. 채널이 60여 개나 되기 때문에 골라보는 재미도 있다. 그런데 한국의 드라마가 넘쳐나고 있다는 사실에 놀라지 않을 수 없다. 물론 좀 지난 것이기는 하지만. 2005년 MBC에서 인기리에 방영되었던 <大長今(대장금)> 광고를 비롯해 <火鳥(불새)>, <閣樓男女(옥탑방 고양이)>, <皇太子的初戀(황태자의 첫사랑)>, <女人万歲(여자만세)>, <巴黎的女人(파리의 연인)>, <沐浴陽光(햇빛속으로)>, <對不起 我愛你(미안하다 사랑한다)> 등 내가 본 것만도 10개가 넘는다. 사실 쿼터제니 뭐니 해서 중국 정부에서 제약을 가하고 있기 때문에 그나마 적은 거지 그렇지 않으면 훨씬 많을 것이다. 1993년 <질투>로 시작된 한국 드라마 수입은 2003~2006년에만 60여 편에 이른다.

학생들 말로는 최근에 한국에서 방영된 <거침없이 하이킥>도 많이 보고 있다고 했다. 드라마, 노래, 영화 등에 한류가 얼마나 퍼져 있는가를 외국에서 드라마를 통해 실제로 확인할 수 있었다. 중국에서 한류는 1997년 중국중앙방송국(CCTV)이 방영한 드라마 <愛情是什麼(사랑이 뭐길래)>의 히트가 시발점이다. 이렇듯 우리 드라마가 중국의 안방까지 파고든 만큼 그 예술적 감각을 인정받은 것이라 생각하니 뿌듯했다. 중국은 아직 한국 드라마의 세련미를 따라오지 못한다고 한다. 또한 최근 수년간 드라마 및 영화 등 한류에 열광하는 많은 아시아, 중동, 아프리카 사람들을 보며 우리 문화의 소중함과 우수성을 돌아보는 계기가 되었다. 세계 각지에 한류 열풍이 휘몰아치는 것을 두고 사람들은 한민족의 도전정신과 창조력의 표현이라 말하기도 한다. 그러나 문물이라는 콘텐츠와 스타라는 인물이 조화된 한류라야 생명력이 있을 것이라는 전문가들의 우려가 현실로 나타나지 않기를 바라는 간절한 마음도 한 구석에 일었다.

2007년으로 10년을 맞은 중국의 한류 열풍이 한 단계 더 도약하기 위해서는 변화가 필요하다는 지적이 나오고 있다. 한국 드라마 수입 편수는 2005년 이후 떨어지는 추세다. 또 최근 한류를 '문화·경제적 침범'으로 간주하는 '반反한류' 분위기도 중국에서 나타나고 있다. 드라마 제작사인 E&B 스타즈의 이태형 대표는 "한류산업도 이제 현지화를 통해 중국문화와의 융합을 모색하는 '신新한류' 개념으로 전환해야 한다"고 말했다. 내나라 문화상품이 팔리는 거야 좋지만 그 땅에 원래 존재하던 문화를 몰아내고 그 자리에 한류가 난입하기를 원하는 건 제국주의적 발상이다. 무엇보다 소통과 공감의 장場으로 한류를 설정해야 한다. 조선족 학생들조차도 한류의 '류流'를 지적하면서 바람일 뿐이라고 걱정하는 소리를 들었다.

어쨌든 자랑스럽게도 극단 미추(대표 손진책)가 마당놀이 <삼국지 오吳>를 제작해 2007년 6월 21일 오나라의 수도였던 중국 난징南京을 시작으로 장쑤성江蘇省 전역을 순회공연하며, 2007년 말에는 베이징에 입성할 계획이라고 들었다. 『삼국지』의 본고장에 삼국지를 역수출하는 것이다.

특히 중국인들이 가수인 비, 장우혁, 신화 또는 배우인 장동건, 김희선 등 우리나라의 연예인을 무척 좋아한다는 사실을 현지에서 듣고 보면서 많은 생각을 하게 되었다. 아마도 중국이 '문화대혁명'으로 문화의 단절을 겪고 나서 문화적 갈증 때문에 가장 인접한 동일문화권의 문화를 좋아하게 된 것이 아닐까 한다.

문화대혁명은 중국에 뿌리 깊은 상처를 남겼다. 1966년 8월 27일 붉은 완장을 찬 수천 명의 젊은이가 중국 베이징 남부 다싱현大興縣에 들이닥쳤다. 6일간의 학살로 태어난 지 38일된 유아부터 80세 노인까지 325명이 사망했다. 또 22가구는 전 가족이 몰살당했다고 한다. 마오쩌둥은 4구舊(구사상, 구문화, 구풍속, 구관습)의 타파를 내세우며 프롤레타리아 '문화대혁명'

의 기치를 올렸다. 들불처럼 전국 학교에 혁명조직이 결성되었고, 8월 18일 수백만 명의 청년들이 천안문 광장으로 몰려들었다. 그러나 전통적인 문화를 일체 부정하는 반反지성적·폭력적 혁명은 실패로 돌아갔고 결국 중국 현대사에서 '잃어버린 10년'으로 치부되고 있다.

요컨대 최근에 불어 닥친 '한류 열풍'이라는 한국 대중문화의 호황을 냉철히 분석해본다면, 면면히 이어져 내려온 한국의 문화적 전통에서 나온 것으로 보아야 할 것이다. 특히 동양의 가치관이나 유교적 윤리관이라는 차원에서 중국인들이 쉽게 동화될 수 있었을 것이다. 물론 실용적인 '의義'를 강조하는 영화나 드라마가 많은 중국에서 한국의 인간적인 '정情'을 느끼게 되었는지도 모른다.

사실 중국 드라마나 영화나 연극 등은 액션, 역사, 전쟁 등 소재가 다양하고 내용이 풍부하다. 1973년 리샤오룽李小龍의 <용쟁호투龍爭虎斗>는 아시아를 넘어 전 세계에 동양 무술의 위대함을 알렸다. 또한 상상력이 탁월한 작가 진융金庸의 무협소설은 세계에서도 인기를 끄는 드라마가 되었다. 그의 대표작 『사조 삼부곡』은 1986년 『영웅문』(고려원)이라는 이름으로 한국에 소개된 뒤 수많은 독자들을 매료시켰다. 중국의 기서奇書를 대표하는 『서유기』를 바탕으로 한 대본에 무술, 곡예, 춤 등을 결합한 뮤지컬은 2007년 영국 맨체스터에서 초연되기도 했다. 이에 비해 한국의 드라마는 사랑, 애정을 주제로 한 것들이 주류를 이룬다고 하겠다.

한국 드라마의 붐은 가요, 음식, 한국어, 한국 제품 구매 열기로까지 확산되면서 이제 중국인의 일상이 되었다. 우리 기숙사 주방에는 선양瀋陽에서 만든 한국식 농심 '辛라면'도 많이 있다. 랴오닝성에 속한 선양은 1625년에 후금의 태조 누르하치努哈赤가 명나라를 쳐부수고 랴오허遼河의 동쪽

선양시의 코리아타운이라 불리는 시타 거리

을 통일해 수도로 만든 곳이다. 다음 세대의 홍타이지皇太極를 거쳐 1644년에 베이징으로 천도해 국명을 청으로 바꾸기까지 후금의 중심지로 번영했다. 말하자면 청나라 건국의 토대가 된 도시다.

선양은 20세기 초까지 남만주철도의 중심지였기 때문에 당시의 서양건물이 아직 많이 남아 있다. 청나라가 설립되면서, 또한 만주국시대에는 '펑톈奉天'이라고도 불렸다. 한국사에서 '봉천'으로 언급하는 곳이 바로 이 선양이다. 선양은 격동의 역사를 피부로 느낄 수 있는 동북 최대의 고도古都이다. 선양시의 시타西塔 거리는 코리아타운의 '원조'격이다. 조선족 밀집지역이던 이곳에는 1992년부터 한국인 상가가 들어서기 시작해 현재는 200여 개가 모여 있다. 한국식 찜질방이 최초로 상륙한 지역이기도 하다. 선양에서 만든 '辛라면'은 한국에서 만든 우리 것과 맛이 거의 비슷했다. 한편 중국인들은 주로 '캉스푸康師傅'라는 라면을 먹는다. '아저씨'라는 뜻의 '스푸師傅'가 인기의 비결인가 보다. 캉스푸는 원래 타이완회사로 대륙과 합자해 가장 크게 성공한 식품업체라 한다.

'한국식 미용', '한국식 온돌 인테리어', '한국식 포장이사'처럼 '한국식'을 강조하는 광고판도 베이징 곳곳에서 볼 수 있다. 중국인들에게 '한국식'은 '편리하고 세련되었다'는 의미로 받아들여지고 있다. 산업정책연구원에 따르면 2005년 한류가 창출한 경제적 가치는 4조 5,000억 원이나 된다고 한다. 이 중 3분의 1 이상이 중국에서 창출되었다고 중국 전문가들은 말한다.

살림 장만

며칠간 있었던 일들이 뇌리를 스치며 새벽잠을 깨웠다. 4시에 일어나 문화일지를 썼다. 베이징에 도착한 후로 벌써 많은 날들이 지났다는 사실에 약간 놀랐다. 다시 잠자리에 들었다가 7시쯤 일어나 빵과 우유로 아침식사를 했다. 중국인들도 아침은 소가 없는 만터우饅頭라는 찐빵이나 훈둔餛飩이라는 물만두, 유탸오油條라는 튀김빵, 죽 등으로 간편하게 식사를 한다.

북경대학에 있는 임규섭 교수에게 e메일을 보내 전화를 해달라고 부탁했다. 임 교수는 경희대학교 중국어학과를 졸업하고 북경대학에 재직하고 있는 후배다. 한국을 떠나기 전부터 많이 도와준 임 교수에게 중국에 들어오자마자 다시 도움을 부탁한 것이다. 숙소 전화도 휴대전화도 걸 수가 없었기 때문이었다. 친절하게도 즉시 전화가 걸려왔다. 카드 사용이 익숙지 않아 오후 내내 전화 때문에 신경을 써야 했다. 임 교수의 전화를 받고 박순희 조교가 전화 건으로 숙소에 다녀간 뒤로 간신히 전화를 걸 수 있게 되었다. 주위 사람들이 휴대전화는 비싸므로 가급적 숙소전화를 쓰라고 조언도 해주었다.

오후에 한국학중앙연구원에서 나보다 한 달 먼저 베이징에 온 김건곤 교수와 함께 재래시장에 갔다. 김 교수 역시 이곳으로 오기 전에 e메일로 조언을 많이 해준 고마운 사람이다. 김 교수도 지금 조선어문학과에서 강의를 하고 있으며 기숙사 같은 13층에 살고 있다. 우리는 우선 시장 안에 있는 차오스바에 들렀다. 그곳에서 열쇠를 복제하고 대야, 컵, 접시, 햄 등을 사가지고 나왔다. 오다가 채소 파는 곳에 들러 계란을 샀다.

필요한 물건을 사고 나니 한결 마음이 뿌듯했다. 물건을 살 때 중국인들이 자꾸 말을 거는데 무슨 말인지 알아들을 수 없었다. 그럴 때는 하는 수 없이 "워쓰한궈런我是韓國人"(나는 한국인이다)이라고 하면 더 이상 말을 걸지 않았다. 그 후에도 중국인과 대화가 안 통할 때는 그 말을 사용해 양해를 구할 수밖에 없었다. 계란 10개가 5위안(약 650원) 정도밖에 하지 않는 게 신기하기만 했다.

새롭고 기이한 게 너무 많다. 처음에 교통법규를 지키지 않는 광경에 매우 놀라고 의아했다. 보행자들은 2~4차로는 물론 8차선 대로에서도 신호등에 관계없이 무단 횡단하기 예사다. 차들도 만만치 않아 녹색 신호에 횡단보도를 건너가는 행인에게조차 경적을 울리며 길을 비키라고 생떼를 쓴다. 이 대목에서 중국은 더 이상 '만만디慢慢地'가 아니었다. 물론 우리나라가 법규를 더 잘 지킨다는 건 아니다.

숙소에서 모처럼 저녁을 맛있게 먹어보려고 노력했다. 신경 써서 차린 만큼 음식은 먹을 만했다. 말로만 듣던 '종가집김치'도 처음 먹어보았다.

까르푸나 슈퍼마켓에서 파는 한국의 김치는 이미 사스(SARS, 중증급성호흡기증후군)를 물리친 데 이어 조류인플루엔자에도 가장 이상적인 음식으로 입증되었다. 2003년 사스라는 신종 바이러스가 사그라지면서 한국김치 수요가 기하급수로 늘어나 베이징 등 주요 도시에서 김치가 동이 나기도 했다. 보통 규모가 큰 까르푸에서는 한국에서 만든 '종가집김치'를 팔고 있고, 그보다 작은 차오스에서는 중국에서 만든 한국식 김치를 팔고 있었다. 어느 날 차오스바에 갔다가 어느 중년의 아줌마와 딸로 보이는 중국인들이 한국식 김치를 사는 걸 실제로 목격하기도 했다. 외국인 관광객들이 '한국'을 생각하면 '김치'가 가장 먼저 떠오른다고 하는 것도 예사가 아니며 과장이 아니었다.

문제는 김치가 세계적인 식품이 되면서 발 빠른 일본의 기술과 산업이 세계로 뛰기 시작했다는 사실이다. 다른 여러 나라에서는 '김치'보다 '기무치'가 더 잘 알려진 식품이 되고 있다. 이에 한국김치의 우수성 홍보와 김치 이미지 메이킹을 통한 수출증대 유도 및 일본 기무치와의 차별화 강조를 위해 농수산물유통공사가 2000년 6월 김치캐릭터를 개발하기도 했다. 김치 종주국의 위상과 명예를 지켜야 하는 것이 우리의 중책이다. 전에 된장과 소주를 자국의 고유한 것으로 유네스코에 등록하려 했던 일본의 행동이 다시 위협적으로 느껴진다. 2001년 일본은 세계지적재산권회의에 일본 된장인 미소味噌를 'Miso'로, 일본 소주인 쇼추를 'Shochu'로 등기하려다가 우리 측의 반발로 실패한 바 있다. 일본은 지금 '식문화연구추진회'를 결성해 6억 명인 세계 일식인구를 2010년까지 12억 명으로 늘리기 위해 다양한 세계화 프로젝트를 진행하고 있다.

北京日記 5

눈 내리고 폭죽 터지고

베이징에서 좀처럼 보기 힘들다는 눈이 내렸다. 저녁에는 어제 약속한 대로 김건곤 교수 가족과 식사를 하러 나갔다. 나보다 한 살 아래인 김 교수는 늦둥이 아들 하나를 데리고 왔는데 지금 중국 소학교 5학년에 다니고 있다. 붉은색의 복福자가 거꾸로 붙어 있는 중국식 식당을 찾아갔다. 현관 양쪽 문에 대칭으로 붙어 있는 두 장의 종이는 정월 초하루 춘제春節에 새롭게 써 붙인 춘롄春聯처럼 색상과 글씨가 선명했다. 물론 붉은색은 평안함을 빌면서 사악한 기운을 물리쳐 달라는 의미가 담겨 있다. 춘롄은 춘제 연휴기간만 붙여놓는 것이 아니라 종이가 해질 때까지 일 년 내내 계속 붙여놓는다. 그리고 '복'자를 거꾸로(따오倒) 걸어놓으면, '오다'라는 따오到와 발음이 같기 때문에 집안에 '복이 들어온다'는 뜻이 된다고 한다.

복이 가득할 것만 같았던 그 집에는 아쉽게도 자리가 없어 전에 다니던 한국 음식점으로 갔다. 여러 가지 요리를 시켜 실컷 먹고 남겼다. 벌써 중국 문화에 익숙해진 느낌이 들었다. 물론 다른 이유, 즉 그릇이 비면 주인이 음식 준비를 소홀히 한 것으로 여기는 식문화도 있겠으나, 중국 사람은 땅이 넓고 물질이 풍부해서 그런지 음식을 많이 시켜 남기는 습관이 있다. 영국의 한 신문에서는 "산더미 같은 쓰레기가 중국을 삼켜 버리고 있다"고 중국의 음식 낭비를 비판한 적도 있다. 다행히 남은 걸 싸주기도 한다. 나올 때 식당의 푸우위안服務員에게 "다빠오打包"라고 하면 싸준다. '푸우위안'이란 어디 가나 식당 종업원을 부르는 말이다. 처음에는 이 말도 알아듣지 못해 갑갑했다.

숙소로 돌아오는데 마침 정월대보름이라 폭죽놀이가 더욱 극성을 부리고 있었다. 중국에서는 정월대보름을 위안샤오제元宵節라 하여 아주 중시한다. 이날 속을 넣은 둥그런 찹쌀 경단을 물에 식히거나 기름에 튀긴 위안샤오元宵를 먹고, 오색찬란한 등불을 걸어놓으며 사자춤을 춘다고 한다. 중국에서 정월대보름날 등불은 전통적인 구경거리였는데, 이 원소절을 등롱절이라고도 했다. 원소를 '탕원湯圓'이라고도 불렀는데, 이는 신해혁명의 성과를 가로채 중화민국의 총통이 된 위안스카이袁世凱에게서 나온 것이라 한다. 위안스카이는 元(원)과 袁(원), 宵(소)와 消(소)가 음이 같다는 것을 상기해 '元宵(원소)'라는 것은 '袁消(원소)', 즉 '위안스카이를 소멸하자'는 뜻이라면서 1913년 원소절부터 원소를 탕원으로 부르게 했다는 것이다. 과거 정월대보름 때는 며칠 밤 동안 통행금지를 풀고 음악소리가 아침까지 계속되어 태평시대를 장식했다고 한다.

빠오주爆竹, 즉 폭죽은 원래 가정에서 푸른 대나무인 청죽靑竹을 태워 폭음을 내는 놀이였다(『통속편通俗編』). 일명 '대불놓기'라는 폭죽놀이의 경우, 대나무의 마디가 탈 때마다 큰 소리를 내며 요란스럽게 타기 때문에 폭죽이라 했던 것이다. 이렇게 하면 묵은해에 집안에 있던 잡귀들이 놀라서 달아나고 신성한 새해를 맞이할 수 있다고 믿었다. 중국의 폭죽은 예부터 유명하다. 정조 15년(1791) 베이징에 왔던 조선의 선비 김정중金正中은 기행문「기유록奇遊錄」에서 "베이징에는 섣달그믐날 저녁부터 정월대보름 밤까지 폭죽하는 관례가 있어 딱총紙銃으로 귀신을 쫓는데, 대포소리보다 더 큰 웅장한 소리가 아침이 다하고 밤이 새도록 끊이지 않았다"고 전하고 있다. 우리나라에서도 고려시대 문헌에 폭죽이 등장하는 등 연원이 오래되기는 했으나 크게 성행하지는 않은 편인 데 비해 중국에서는 끊임없이 성행하고 있다. 세계에서 폭죽놀이를 가장 즐긴다는 중국인들은 명절 때를 비롯해 결혼식, 개업식 등 각종 의례에서도 폭죽을 터뜨린다. 물론 잡귀가 물러가도록 위협하는 제의적 성격을 띤다.

지금은 대나무에 불을 붙이는 게 아니라 폭약을 터뜨리는 폭죽놀이가 이곳만의 독특한 풍습으로 자리 잡았다. 그런데 웬 폭죽소리가 연일 요란스러운지 도대체 무엇 때문에 저토록 폭탄을 퍼붓고 기관총 쏘아대는 소리를 내는지 아무리 생각해도 좀 심하다는 생각이 들었다. 전에는 섣달그믐날 밤 12시에 일제히 폭죽을 터뜨려 새해를 축하했는데 사고가 많이 발생하자 1994년부터 금지시켰다. 그러나 여전히 설이 되면 중국인들은 평소에 절약하던 돈으로 아낌없이 폭죽을 사서 밤새도록 터뜨린다.

폭죽놀이는 국력의 신장과 과시를 뜻하는 걸까, 개인과 국가발전의 강렬한 염원에서 하는 걸까. 최근에는 웬만한 폭발음에 귀신이 놀라지 않는가 보다. 귀신이 빨리 쫓겨 가고 복이 한 아름 찾아왔으면 좋겠다. 볜파오^{鞭炮}라 불리는 폭죽은 터지는 유형에 따라 옌화^{煙花}, 파오주^{炮竹}, 다볜^{大鞭} 등 다양하다. 폭죽을 터뜨리는 이유가 어린이와 가축을 해치는 '녠^年'이라는 괴물이 동네에 들어오지 못하도록 하기 위해서라는 전설도 있다고 한다. 녠은 포악하고 기괴한 짐승이지만 빛, 붉은색, 소리를 무서워한다. 그리하여 섣달그믐날이면 집집마다 주련^{柱聯}을 붙이고 폭죽을 터뜨리며 등불을 밝게 켜놓는다는 것이다.

언젠가 밤중에 민족대학 운동장에 나간 적이 있었는데, 운동장 트랙 밖에서 학생들이 대나무를 가지고 재미있게 노는 것을 보았다. 나중에 물어보니 어느 소수민족의 놀이라고 했다. 그걸 보니 한국, 중국, 일본 등 많은 나라와 민족이 대나무를 가지고 놀았구나 하는 생각이 들었다. 그리고 예로부터 대나무를 가지고 놀던 어릴 때의 친구관계를 '죽마지교^{竹馬之交}'라 하고, 그런 친구들을 '죽마고우^{竹馬故友}'라고 했던 것이 일리 있게 느껴졌다.

학기 시작, 환영의 손길들

오늘은 한 학기가 시작되는 날이다. 일찍 일어나 식사를 한 다음 박순희 조교가 있는 방을 찾아갔다. 건물이 워낙 커서 약간 헤맨 다음 14층에 있는 학과사무실을 찾아 박 조교를 만났다. 우리나라 대학과 비교가 안 될 만큼 중국은 학교 건물도 아주 높고 크게 짓는다.

약속대로 조선어문학과 학과장 태평무 교수를 먼저 방문했다. 태 교수는 과묵하고 진중한 인상을 주었다. 반갑게 수인사를 나누고 몇 마디 말을 주고받은 다음 그의 안내로 원장院長인 문일환 교수(조선어문학과) 방으로 갔다. 우리의 학장에 해당하는 직함을 중국에서는 원장이라고 한다. 중국은 보직자만 방이 있어 그들만 학교에 늘 나와 있는 편이다. 일반 교수들은 연구실이 없다. 강의만 하고 다른 곳으로 간다. 따라서 일반 교수들은 거의 만날 수가 없다.

문 교수는 활기찬 모습으로 우리를 환영했다. 특히 아들의 어학연수에 강한 관심을 드러냈다. 중국인들이 손님에게 차를 권하는 것은 우선 손님에 대한 주인의 열정적인 접대와 성의 표시다. 손님을 맞는 습속에 따라 따뜻한 차를 내놓았는데, 잔에 찻잎을 넣고 뜨거운 물을 부어 마신다. 다관에 차를 우려 잔에 따라 마시는 복잡한 절차를 거치지 않고 바로 마시는 것이 중국차의 특징 가운데 하나라고도 한다. 중국인들은 음료수를 마시듯 편하고 자연스럽게 차를 마시며 어딜 가나 차를 마실 수 있도록 뜨거운 물이 준비되어 있는 편이다. 중국인은 밥보다 차를 더 좋아한다는 말이 생각났다. 「적벽부」로 이름난 문장가인 송의 소동파는 차를 마시는 것은 약을 먹는 것보다 몸에 더 이롭다고 했다. 차는 건강에 좋을 뿐만 아니라 수명도 연장시킨다. 청의 건륭황제는 은퇴한 후에 궁궐에 묻혀 천하의 명차를 마시며 88세까지 살았다.

박 조교의 안내로 국제교육원에 가서 아들의 입학신청서를 제출했다. 어디 가나 참 친절하다는 느낌이 들었다. 박 조교를 만나자마자 내일 수업을 위해 학생대표를 만났으면 좋겠다고 하기는 했으나 한참 일을 본 다음 헤어질 때 다시 한 번 학생을 보내달라는 부탁을 분명히 하지 않은 게 좀 마음에 걸렸다.

그러나 기우에 불과했다. 숙소에 들어온 지 얼마 되지 않아 학생에게서 전화가 왔다. 학습부장이라는 박서현 학생이었다. 여기는 대학인데도 총장을 교장이라 하고 교수도 교사라고 부르며 지도교수를 담임선생님이라 부르고 강의실을 교실이라 한다. 그리고 학생을 대표하는 반장, 부반장, 학습부장 등이 있다. 우리처럼 초·중·고와 대학을 구분하지 않는 것은 사회주의 국가 중국의 평등의식의 소산이 아닌가 하고 생각해보았다. 숙소에서 만난 서현이와 수업과 관련 교재 등에 대해 많은 이야기를 나누고 한국서 준비해온 교재를 복사하도록 맡겼다. 바람이 너무나 거세어 날아갈 듯했다. 그동안 한겨울에도 이다지 춥지는 않았다고 하는데, 베이징의 추위가 나를 겁주려는 건 아닌가 싶다.

타국에서 수업을 한다는 약간의 긴장감을 가지고 몇 가지 구상을 해보았다. 외국에서 학생들을 가르치는 건 분명 새로운 경험이다. 내일부터 재미있고 유익하게 수업을 해야 할 텐데 하고 생각하던 차에 경희대학교의 우리 학과를 졸업한 중국인 리빈 군에게서 전화가 왔다. 참 반갑기도 하고 세상이 좁다는 생각도 들었다.

자주 다니던 한국식 음식점, 시
골집

저녁을 먹으러 한국 음식점 '시골집'으로 갔다. 첫날 가서 된장찌개, 둘째 날 가서 카레를 먹었던 '시골집'은 조선족이 운영하는 식당이다. 35세쯤 되는 주인은 민족대학 조선어문학과를 다니다 그만두고 사업에 매달려 돈을 엄청나게 벌었다고 한다. '시골집'은 3층 건물이며 늘 자리가 없어 기다려야 할 정도로 영업이 잘된다. 그러나 주인은 그 식당엔 별 관심이 없다. 더 크고 잘되는 음식점이 있기 때문이란다. 이름하여 '한라산'이라던가. 대학을 다니다 한국에 가서 요리를 배워다가 한국음식점을 차려 부자가 되었다는 소문이 자자했다. 시골집에서 삼겹살을 시켜 배부르도록 먹고 조금 남겼다. 80위안을 내고 보니 생각보다 좀 비싸다는 느낌이 들었다. 만약 여섯 달을 계속 사 먹는다면 먹는 데만도 돈이 꽤 들겠다는 계산이 나왔다.

北京日記 7

첫 수업

3월 6일 화요일. 오늘은 처음 수업을 하는 날이다. 새로운 만남에 대한

내가 강의했던 문과동 4층에 있는 첨단
시설의 교실

기대를 갖고 강의실에 들어갔다. 강의실은 첨단시설에 밝고 깨끗했으며 학생들의 태도는 자못 진지했다. 조선어문학과 3학년 수업인데 남학생 둘에 나머지 35명이 여학생이었다.

문영이라는 학생이 다가와 동북지역이 고향인 친구가 춘제에 집에 갔다가 눈이 많이 오는 바람에 결석을 했다고 말했다. 중국에는 최대명절인 춘제를 맞아 고향에 다녀오는 사람들을 위한 특별 수송기간이 있는데 설(양력 2월 18일)을 보름 앞둔 2월 3일부터 3월 14일까지 무려 40일간이었다. 이 기간에 중국 전역에서 비행기와 철도, 버스 등 장거리 교통수단을 이용한 인원은 무려 22억 5,450만 명이었다고 한다. 중국에서는 설을 쇠기 위해 고향에 다녀오려면 평균 네 차례나 교통수단을 이용해야 하는데 이런 점을 감안할 때 중국인의 절반에 가까운 6억 명가량이 이번 설에 움직인 셈이다.

전통적인 춘제행사는 온 가족이 모여 그해의 마지막 저녁식사인 '녠예판年夜飯'을 먹는 것부터 시작한다. 물론 저녁식사에 앞서 집집마다 거실 중앙에 꾸며놓은 '중탕中堂'에서 천지신명에게 제사를 지낸다. 보통 제사상에는 핑궈苹果라 불리는 사과를 올리는데 머리글자의 발음이 핑안平安과 같기 때문이다. 제사를 지낼 때는 두 손을 모으고 머리를 무릎 위까지 위아래로 흔들며 절을 해 무릎을 꿇는 우리와는 다르다. '쮜이作揖'라 불리는 이 동작을 세 번 한다.

나는 50분 수업을 하고 10분 쉬는 시스템에 익숙한 편이다. 그런데 여기는 수업이 10시 10분에 시작되어 11시에 끝이 난다. 쉬는 시간에 화장실에 들어갔는데 담배연기가 꽉 차 고통스러울 정도였다. 중국은 어디서나 담배를 자유롭게 피우는 편이다. '얀지우뿌펀쨔煙酒不分家(담배와 술은 네 것과 내 것이 없다)'라는 말이 있듯이 중국인들은 술과 담배에 후하다. 특히 담배의 경우 상대방이 흡연자이면 쉴 새 없이 권하며 손이 닿지 않는 위치에 있으면 상대에게 던져주기까지 한다. 우리 예법과 다른 것은 부자간에도 맞담배를 피울 수 있으며 아들이 아버지를 향해 담배를 던지곤 한다는 점이다. 전에 만난 한 젊은이는 "결혼을 전제로 사귀는 중국인 여자친구 덕분에 가족관계가 좋아졌다"고 했다. 왜냐고 물었더니, "여자 친구가 나이에 따른 위계질서 개념이 별로 없어 우리 부모님을 어려워하지 않고 살갑게 대해 부모님도 좋아하신다"며 자랑했다. 인간관계에서 예의보다는 친밀감을 더 중요하게 여기는 모양이다.

강의실로 돌아오니 식수도 사다 놓고 칠판도 깨끗이 지워놓았다. 이 대학에서 조선족이 가장 예의가 바르다고 호평받는 이유를 알 것 같았다. 호명을 하면 벌떡 일어나고 만나면 고개 숙여 인사를 한다. 색다른 느낌이었다. 끝나는 시간을 다소 넘기는 바람에 아들과의 약속을 위해 급히 강의실을 나와야 했다. 나오려는 순간 한국에서 온 제자 전지영에게서 전화가 왔다. 지영이는 복수학위 협정 체결에 따라 현재 이 대학 한국어학과에 와서 공부하고 있는 3학년 학생이다. 지영이를 데리고 아들과 함께 학교 안에 있는 조선족이 운영하는 식당 '민족원'에 갔다. 지영이에게 맛있는 걸 사주고

싶었다. 돼지고기를 가늘게 썰어 볶은 위샹러우쓰魚香肉絲를 비롯해 조기튀
김과 배추김치에 해물을 섞은 느끼한 몇 가지 요리를 시켜 먹었다.

오후 3시가 되어 박 조교와 약속한 장소로 나갔다. 시간이 지나도 오지
않아 직접 행정적인 업무를 처리하기 위해 아들과 함께 국제교류처와 재무
처를 두루 돌았다. 유학생 기숙사 등록을 마치고 교육비도 냈다. 학원수강
료는 시간당 우리 돈으로 3,500원 정도밖에 안 되는데, 학교수업료는 매우
비싸서 시간당 2만 원 이상이라고 들었다. 물론 아들은 할인혜택을 받았다.

아들은 김건곤 교수 집으로 오는 소학교 선생님에게 과외를 받으러 갔
다. 우리의 초등학교를 중국에서는 샤오슈에샤오小學校라고 한다. 소학교에
다니는 김 교수 아들과 함께 시간당 75위안을 주기로 하고 오늘부터 공부
를 시작한 것이다. 갔다 온 아들의 표정이 밝아 보였다. 중국어로만 수업하
는 한족 저우周 선생님의 말씀을 70% 정도 알아들을 수 있었다고 했다.

베이징의 밤거리

아들은 지영이의 전화를 받고 나갔다. 둘이 만나 학원이 많은 우다오커
우五道口에 가는 모양이다. 한국에 있을 때부터 많이 듣던 우다오커우는 외
국유학생들로 붐빈다고 하는데 나중에 그곳에 가보고 사실임을 확인했다.
심지어 길에서든 음식점에서든 온통 한국 사람들로 넘쳐나는 걸 보고 거기
있다가는 중국에 대해 영영 제대로 알지 못할 것만 같은 생각마저 들었다.

갖가지 상념에 잠기다 운동이나 나갈까 하고 있는데, 김건곤 교수가 찾
아왔다. 이국생활의 이런저런 이야기를 나누며 시간을 보내다가 함께 시장

에 갔다. 초코파이와 쌀과자를 사고 오랫동안 못한 청소를 하려고 밀걸레도 샀다. 1996년 베이징TV에서 초코파이 열풍을 다큐멘터리로 만들어 방영할 만큼 한국의 초코파이는 중국에 들어와서 크게 성공했다.

저녁식사를 마치고 걸어서 북경이공대학, 중국인민대학, 우의빈관友誼賓館 등을 지나 까르푸(북)까지 갔다. 북경이공대학이나 중국인민대학은 장쩌민이 '985공정'에서 밝힌 중점지원 34개 대학 안에 들어가는 우수한 학교다. 우의빈관은 20년 전만 해도 근처에 호텔이라고는 그것밖에 없을 정도였다고 하는데, 지금도 거대한 중국식 건물구조의 화려한 위용을 뽐내고 있으며 텔레비전 광고에 나오는 것도 보았다. 중관촌에 있는 까르푸로 가는 길은 다른 거리에 비해 대로여서 그런지 좀 밝은 편이었다. 그러나 가로등이 많지 않은 베이징의 밤은 대개 어둡다. 어쨌든 처음으로 여유롭게 베이징의 밤거리를 걸어서 구경해본 느낌은 예사롭지 않았다.

베이징은 참으로 매력적인 도시다. 중국의 수도로서 날로 변모 발전하며 세계 각국의 사람들과 문화가 들어와 활개를 치고 있다. 호텔이나 쇼핑센터, 오피스 빌딩이 많은 차오양취朝陽區에서는 세련된 직장여성과 비즈니스맨들을 만날 수 있으며, 왕푸징王府井이나 시단西單 등은 대형 쇼핑몰이 있는 번화가로 주목받고 있다.

그런 변화 속에서도 중국적인 것이 그대로 버티고 있기 때문에 그 역사나 규모만큼 매력 있는 것 아닐까. 명·청시대 황제들이 영화롭게 살았던 곳과 궁궐도 고스란히 남아 있다. 그리고 지금의 지하철 2호선 안쪽인 구내성旧內城에 해당하는 둥청취東城區와 시청취西城區는 귀족들이 생활하던 곳이요, 자금성紫禁城의 성 안이었던 지역이다.

특히 곳곳에 널려 있는 중국의 문화유적지나 후퉁胡同이라 불리는 뒷골목은 중국의 옛 모습을 잘 간직하고 있어 꼭 가보고 싶게 한다. 내성을 확대해 외성을 두른 구외성旧外城은 첸먼前門의 남쪽으로 지금의 충원취崇文區와 쉬안우취宣武區에 해당한다. 이곳은 상인이나 일반 서민들이 살던 곳으로 후퉁에 그 모습이 남아 있다.

후퉁은 몽고어로 원나라 때부터 있었던 것이라 한다. 수업시간에 한국의 주택을 공부하면서 '후퉁'에 대해 물어보았더니 모두가 청나라 때부터 있었다고 잘못 알고 있었다. 외적으로부터 몸을 지키기 위해 고안된 쓰허위안四合院이라는 양식의 중국 전통가옥을 구경하기 위해서라도 꼭 후퉁에 가보아야 한다. 'ㅁ'자 모양의 집이 뒷골목에 줄지어 있어 원대부터 청대에 걸친 베이징의 모습을 살필 수 있다. 한국과 비교도 안 될 만큼 관광자원이 풍부한 중국 정부가 외국관광객 유치를 위해 안간힘을 쏟고 있는데, 그중에서도 후퉁은 중국의 대표적인 관광자원이 되고 있다.

중국은 엄청나게 변하는 가운데 여전히 변하지 않는 것이 굳건하게 공존하는 나라다. 2010년 개최되는 상하이엑스포 부지 내에는 낡은 공장 건물들이 헐리지 않고 그대로 있다. 역사도 살리고 경비도 절약할 계획이라는 것이다. 걸핏하면 낡은 건물을 부수고 새 건물 짓기를 좋아하는 우리에게 시사하는 바가 크다.

北京日記 9

중국인 제자

어젯밤은 잠이 오지 않아 거의 뜬눈으로 새벽을 맞았다. 아침에 북경대학 임규섭 교수에게서 전화가 왔다. 내일 4시쯤 상훈이와 같이 출발해 이곳에 온다고 한다. 상훈이는 내가 친하게 지내는 스페인어학과 김한상 교수의 아들로 지금 북경대학 법과대학에 다니고 있다.

점심을 먹고 난 뒤 자죽원紫竹院으로 산보를 나갔다. 원래는 '자죽원공원紫竹院公園'이었는데, 줄여서 '자죽원'으로 부른다 한다. 혹 길을 잃지는 않을까 가는 길에 주위를 눈여겨 살폈다. 자죽원에 도착해 붉은 대나무를 찾아보았으나 눈에 띄지 않았다. '자죽紫竹'은 일본산이라 한다. '오죽烏竹'과는 얼마나 다를까 궁금했다.

공원 옆을 흐르는 수로의 물은 깨끗하지는 않아도 제법 운치가 있었다. 수영이 금지되어 있었는데도 어떤 사람들은 그곳에서 수영을 하고 나왔다. 그 수로는 이화원颐和園의 쿤밍후昆明湖에서 이어진다고 한다. 청대 황제와 황후가 수로로 이화원에 갈 때 부근의 만수사万壽寺에서 향을 피우고 예불을 드린 후 이화원으로 향했다는 것이다. 수로 옆의 어떤 노인은 심심해서 그러는지 재미가 있어서인지 돌리는 놀이기구인 '공주空竹'에 몰입하고 있었다.

오는 길은 한결 수월했다. 한 시간 가까이 걸려 숙소 앞에 도착하니 주위를 더 돌아보고 싶었다. 전날 밤에 보았던 북경문화학원과 북경무도舞蹈학원도 훤한 대낮에 다시 확인했다. 거리에서 장기를 두는 모습도 그냥 지나칠 수 없었다. 열악한 생존 환경에 살아남기 위해 터득한 계략과 권모에 능한 중국인들답게 거리에는 장기에 열중하는 사람이 대여섯 명은 되었다. 장기판이나 장기알이 우리 것보다 훨씬 크고 장기알의 이름도 조금 달랐다. 중국에서 장기는 '샹치象棋'라 한다. 장기알에는 샹相, 사仕, 사師, 포炮, 장將 등의 이름이 적혀 있다.

들어와 청소를 깨끗이 한 다음 잠시 휴식을 취하노라니 또 저녁 먹을 시

늘 약속장소로 이용되던 기숙사 앞
에 있는 민족대학 서문

간이 되었다. 순간 나의 외국생활이 자칫 자질구레한 일상의 나열이 되면
어쩌나 하는 의기의식을 느꼈다. 좀 더 젊어서 이런 경험을 했더라면 하는
생각과 함께 집에서 밥이라도 해볼 걸 하는 아쉬움도 일었다. 어쨌든 먹을
것을 직접 준비하는 생활이 간단치 않았다.

오전에 전화 한 통이 걸려왔다. 내가 오자마자 어떻게 알았는지 연락을
주었던 중국인 제자 리빈이 주말에 한 번 오겠다고 하더니 오늘 숙소로 찾
아온다는 것이다. 오는 데 20분 정도 걸린다기에 정신없이 씻고 민족대학
서문 앞에 도착한 제자를 만나러 나갔다. 중국에서 보니 참으로 반가웠다.
고맙게도 김치를 사왔다기에 숙소에 두고 함께 점심을 먹으러 갔다.

아들에게 '시골집'으로 오라고 메시지를 남겨놓고 먼저 가서 음식을 시
켰다. 얼마 안 있어 아들이 식당으로 왔는데 제자와 아들은 전에 한국의 우
리 집에서 만난 적이 있는 사이였다. 학과장을 맡고 있던 시절, 당시 산둥성
에 있는 취푸曲阜사범대학에 다니다 유학을 온 7~8명의 중국 학생들을 우
리 집에 불러 식사를 함께한 적이 있었다.

그 학생들 가운데는 내가 결혼식 주례를 섰고 지금은 대학원도 다니면서
딸을 낳아 한국에서 잘사는 류한레이劉寒雷라는 여학생이 있었다. 당시 신

치파오를 입은 류한레이
의 어머니

부의 어머니가 예식장에서 치파오旗袍를 입었던 모습이 매우 인상적이었다. 중국 사람들이 대개 그러하듯 나중에 류 양은 자기 고향에 가서 다시 한번 결혼식을 올렸다. 류 양은 신랑이 고생한 이야기를 전했다. 한국의 '동상례'라는 '신랑다루기'와 같은 절차로 중국에서는 신랑에게 술을 먹이는 풍습이 있다. 가까운 친구와 친척들이 돌아가면서 바이지우白酒를 한 잔씩 먹이는데 신랑들은 100% 정신을 잃는다고 했다.

또 류 양은 한국남자와 결혼하는 데 어려움이 있었다고 토로했다. "약혼을 해놓고 친정집에 갔을 때 아빠가 내 귀에다 대고 '무슨 남자가 저러냐, 밥 먹고 그릇도 안 씻고 가만히 앉아 있다니, 정말 게으른 친구로구나. 너 시집가면 고생깨나 시키겠다'며 크게 걱정을 하셨어요"라는 것이다. 과거보다 국제화된 한국의 젊은이들이 외국인과 연애하고 결혼하는 데 개방적이 되었지만 여전히 문화적 차이 때문에 갈등을 빚거나 고민하기도 한다. 2006년 통계청의 발표에 의하면 한중 국제결혼의 경우, 한국 남자와 중국 여자는 1만 4,608명, 한국 여자와 중국 남자는 2,597명에 달한다고 한다.

리빈은 한국의 유명 포털사이트 네이버 중국지사에 다니고 있다. 월급은 3,000위안밖에 안 되지만 스물여섯 나이에 열심히 일하는 제자의 모습이 대견스러웠다. 대졸 초봉이 이 정도면 중국에서는 적지 않은 것이라 한다. 대졸 노동자 월급이 보통 2,000위안 정도이기 때문이다. 중국은 업종별로 차이가 나지만 현재 일반근로자의 월평균 임금은 우리 돈으로 약 9만 8,000원이다. 한국 평균 임금(90~100만 원)의 9분의 1에서 10분의 1 수준인 셈이다. 낙후된 지역의 노동자 법정 최저임금이 한 달에 500위안(약 6만 5,000원) 정도인데 이 기준조차 제대로 지켜지기 힘들다고 한다.

이야기를 들어보니 리빈은 아버지가 병원장이고 어머니가 간호사로 비교적 부유한 집안이었다. 그런데도 부모님에게 응석을 부리지 않고 스스로 살아보려고 애쓰는 태도가 좋아 보였다. 크게 잘해준 것도 없는 선생을 만나러 바쁜 가운데 시간을 내고 찾아오는 제자에게 미안함마저 들었다. 제자들에게 마음을 더 써주어야겠다는 생각이 들었다.

오후에는 시장에나 가기로 했다. 바깥 날씨는 험악해 날아갈 듯 찬바람이 거세게 불었다. 쌀 씻는 바가지를 비롯해 간장, 우유, 빵, 걸레 등 여러 가지를 샀다. 숙소에 들어오자마자 밥을 했다. 한국에 있을 때는 그토록 잘 안 먹던 아이가 저도 살려고 그러는지 애써 해주는 것에 대한 예의인지 차려주는 대로 잘 먹는 편이다. 하기야 나도 한국에서는 장을 보러 가거나 음식을 해본 적이 한 번도 없었는데 이렇게 타국에 와서 살다 보니 밥도 해먹고 물건도 사러 다니는 것을 보면 다 살게 마련인가 보다.

치파오에 수이주위

아침에 밖에서 문을 두드리는 소리가 요란했다. 문을 열고 보니 전에 인사한 적이 있는 기숙사를 관리하는 아줌마였다. 처음에 무슨 말을 하는데 도저히 알아들을 수 없어 "워쓰한궈런我是韓國人"(나는 한국인이다)이라고 했다. 이렇게 묻지도 않는 상황에서 수없이 한국인임을 고백할 날이 언제 또 있을까. 어색하여 그다음에는 "워뿌넝슈어我不能說"(나는 말을 잘하지 못한다)라고 했더니 아줌마는 알아들었다는 듯 "한위漢語"(중국어)라며 덧붙여주기까지 했다. 사실 '뿌넝不能'(할 수가 없다)보다는 '뿌후이不會'(할 줄 모른다)라고 하는 게 더 적절하다. '중국어를 잘 못한다'는 말조차 이토록 하기 힘들어서야. 진작 중국어를 공부하지 않은 게 후회스러웠다.

그리고 아들은 어디 갔느냐고 묻는 듯해서 "쉐시學習"(공부하러요)라고 했더니, "우다오커우五道口?"(우다오커우 학원에요)하고 다시 물었다. 그래서 내가 "따쉐네이大學內"(대학에요)라고 답했더니 알아들었다는 듯 고개를 끄덕였다. 다시 "메이요우원티沒有問題?"(무슨 문제는 없나요)라고 묻기에 나는 "메이요우원티沒有問題"(문제 없어요)라고 답했다. 돌아가는 아줌마에게 "시에시에謝謝"(고마워요)라고 했더니 "부커치不客气"(별말씀을요)라고 답을 하면서 사라졌다. 한국에서 교재를 가지고 강의실에서 공부하던 중국어를 짧은 시간이지만 생활 현장에서 처음으로 구사해본 하루였다.

저녁때가 되어 임 교수와 상훈이가 방문했다. 오랜만에 반가운 손님들을 만나 숙소 옆에 있는 다바이샤지우로우大白鯊酒樓라는 중국 음식점으로 갔다. 중국 전통의 치파오를 입은 여종업원이 반갑게 맞이했다. 붉은색의 옷을 보는 순간, 음식점의 간판, 처마에 걸린 등롱, 붉은 기둥, 벽의 글씨 등 일체의 붉은 빛이 자아내는 강렬함에 잠시 빠져들었다. 적조赤鳥·적자赤子·홍장紅粧·홍안紅顔 등과 더불어 역시 붉은색은 중국을 상징하는 색상이라는 생각이 들었다. 일찍이 주나라 문왕 시절부터 붉은색을 임금을 표상하는 색으로 삼았으며, 그 후에도 붉은색은 권력과 부귀를 상징하는 색으로 여겨졌다. 붉은색이 중국인의 지극한 사랑을 받게 된 또 다른 이유는 예로부터 붉은색은 귀신을 쫓아낸다는 벽사의 의미를 가지고 있었기 때문이다. 특히 결혼식에서 신부가 입는 예복은 물론 혼례식장, 식탁, 초청장 등에서도 볼 수 있듯 경사스러운 일에는 온통 붉은색이 사용된다. 또한 중국 공산당의 상징인 홍기紅旗를 비롯해 홍군紅軍·홍도紅道와 같이 붉은색은 혁명을 뜻하기도 한다.

치파오는 우리 한복이 풍성하고 우아한 것과 달리 엉덩이 아래부터 발목까지 옆이 터져 있는 섹시한 옷이다. 문화대혁명 때는 자본주의 패션의 상징이 되어 치파오를 입은 여성들이 비판받기도 했다. 물론 이 의복의 원형은 중국의 만족滿族 여성들이 창조했다. 근면한 만족 여성들은 활동의 편의를 위해 긴 옷 아래의 좌우를 터놓았다. 그리하여 말을 타거나 등산하거나 일을 할 때 옷의 양측을 허리에 올려 동여매 놓으면 행동하기 자유로웠던 것이다. 『생활의 발견(원제 生活的藝術)』의 저자이자 서양에 중국문화를 알리는 데 크게 공헌한 린위탕林語堂은 치파오에 대해 "모든 중량을 어깨 위에 얹어놓고 의복을 자연스럽게 아래쪽으로 내려뜨리는 중국 복장이야말로 세계에서 유일하게 합리적인 복장이다"라고 한 바 있다.

꽤 비싼 음식들을 시켜놓고 독한 술을 마시면서 마음껏 객지생활의 어려움을 털어내려 했다. 중국에 와서 처음 마시는 술이었다. 임 교수는 내 잔에 술이 남았는데도 계속 부었다. '가득 차다'는 뜻의 '만滿'자를 좋아하는 중국인이구나 싶었다. 중국에는 지방마다 한두 개 정도의 특산주가 있을 정도로 술의 종류가 많을 뿐 아니라 알코올 도수가 보통 40~60도로 매우 독하기로도 유명하다. 중국 영화를 보면 술을 통째로 벌컥대며 마시는 장면이 많다. 또 무송이 열여덟 통의 술을 마신 채로 호랑이를 잡았다거나 이백이 술 한 말에 시 백 편이라 한 것을 보면 옛날에는 도수가 높지 않았던 것 같다.

중국의 술은 크게 다섯 가지로 나눌 수 있다. 증류주인 바이지우白酒, 발효주인 황지우黃酒, 한방약재를 이용한 루지우露酒, 과일로 담근 커스지우果實酒, 보리를 주원료로 한 마이지우麥酒 등이다. 이 가운데 고량高粱, 즉 수수 등의 곡류를 원재료로 해서 만든 투명한 술이 바이지우다. 흔히 배갈 또는 고량주라고 하는 중국술은 이 백주를 가리키며, 중국술이 독하다고 하는 것도 백주를 두고 하는 말이다. 중국 술 중에 가장 애용되고 있으며 원료와 향에 따라 수백 가지에 이른다.

백주를 대표하는 것은 중국의 국주로 불리는 마오타이지우茅台酒, 펀지우汾酒, 우량예지우五粮液酒 등이다. 마오타이지우는 구이저우성貴州省 런후이현仁懷縣 마오타이전茅台鎭에서 양조한 것으로, 460년이 넘는 역사를 지녔다. 마오타이지우는 잔을 비우고 며칠이 지나도 고유의 향이 남아 '공배향空杯香'이라고도 불린다. 펀지우는 산시성山西省 펀양현汾陽縣 싱화춘杏花村에서 만든 것으로 중국의 청향형淸香型 백주의 전형이다. 우량예지우는 쓰촨성四川省 이빈宜賓에서 나는 것으로 수수, 찹쌀, 쌀, 옥수수, 밀 등 다섯 가시 원료로 빚은 술이다.

우리의 청주淸酒와 비슷한 황지우黃酒는 중국 술 중에서 5,000년 역사를 지닌 가장 오래된 술이다. 알콜 도수가 16~18도로 저장성浙江省 샤오싱紹興의 술이 유명하다.

국가에서는 매년 좋은 술을 한 자리에 모아놓고 술 품평회를 개최해 그 해의 명주를 선정한다. 양질의 술을 지속적으로 보유·발전시켜나가기 위해 국가가 이렇게 애써 관리하는 것으로 여겨졌다.

음식 중에서는 기름에서 건져 먹는 물고기 '수이주위水煮魚'가 특이했다. 우리가 기름기 많은 음식을 느끼하다고 싫어하는 점을 감안하면 어떻게 기름에 재운 음식을 먹겠는가 싶었다. 중국에는 몇 인분이라는 말이 없다. 세숫대야만 한 그릇에 내온 '수이주위'를 보면서 우리와 다른 중국의 식문화를 대표하는 것이로구나 하고 생각했다. 중국인들이 주로 튀기고 볶는 기름기 있는 음식을 먹는 것과 채식을 위주로 하는 우리의 자연친화적인 웰빙 식문화를 견주어보기도 했다.

오리고기도 나왔는데, 임 교수는 맛을 보더니 제대로 하는 집이라고 찬사를 아끼지 않았다. 밀가루로 만든 얇은 전병에 얇게 저민 오리고기와 껍질을 놓고 파를 얹어 싸서 춘장에 찍어 먹는 맛은 일품이었다. 오리고기를 비롯해 같은 재료로도 여러 가지 형식과 맛의 요리를 만들어내는 게 중국 음식문화의 특색이라 할 수 있다. 다리 넷 달린 소·양·돼지 같은 짐승보다 닭·오리 등 조류의 고기를 많이 먹는 게 좋고, 조류보다는 물고기를 많이 먹는 게 좋다고 하는 중국인들의 영양관에 대해서도 잠시 생각해보았다.

예로부터 중국인들은 물고기를 물과 비를 관장하는 영적인 존재로 여겨왔으며, '풍족하다'는 뜻의 '위余'와 발음이 같기 때문에 생선을 특히 선호한다고 한다. 중국인의 육류 소비에서 절대적으로 많은 양을 차지하는 것은 돼지고기며, 다음으로는 닭고기, 쇠고기, 양고기 순이다.

임 교수의 익숙한 중국생활 속에서 외로움을 느낄 수 있었고 여유 있어 보이는 젊고 건강한 상훈이의 모습이 예사롭지 않게 느껴졌다. 우리는 다시 만나기로 하고 헤어졌다.

큰 건물에 높은 담

오후에 산책을 나갔다. 안 가본 길을 골라 북경이공대학을 지나 북경외국어대학도 눈여겨보았다. 차도에 비해 인도가 넓은 편이고 길가의 건물 담장들도 높은 편이다. 중국에 대한 느낌은 늘 '크다'는 것이다. 땅도 건물도 그 안에 사는 사람(한족)*까지도 크게 느껴진다. 특히 중국은 건물을 굉장히 크게 짓는다. 서양식 건축물은 물론 중국 전통식 가옥이라도 벽이 높고 게다가 처마마저 거의 없기 때문에 한 눈에도 쉽게 그 웅대함을 간파할 수 있다. 자금성과 같은 건물의 규모야 말할 것도 없지만, 중국의 건축은 인간을 압도하며 자연에 도전하는 듯하다.

우리나라는 비교적 건축 규모가 작으며, 양옥이라도 아파트나 일반 주택은 공공건물보다 천장을 낮게 짓는 편이라 할 수 있다. 더구나 천장 높낮이가 다른 한옥의 경우 서서 일하거나 왔다 갔다 해야 하는 마루나 부엌 쪽은 천장이 높아야 답답하지 않고 기도 잘 소통되지만 주로 앉아 있는 방에서야 천장이 높을 필요가 없다. 천장이 낮으면 다소 답답할 수도 있으나 특히 겨울 같은 때는 안온한 느낌이 들고 실제로도 덜 춥다.

---

* 북방 중국인은 몸집이 크고 건장하나 남방 사람들은 그렇지 않다.

그러나 중국의 경우 천장이 일률적으로 높은 편이다. '뭐든지 일단 크게 만들고 보자'라는 중국인 특유의 기질이 엿보인다. 물론 천장이 아주 높아 트이고 밝긴 하다. 하지만 겨울에는 몹시 추워 불편하기 짝이 없다. 더구나 베이징만 하더라도 우리보다 더 춥고 연료 공급 여건이 그다지 좋지 않은 걸 감안하면 천장이 높은 것은 생활상 단점으로 부각된다. 그래서 건축 방면의 최대 자원 낭비국이라는 소리를 듣는 것 같다.

흙담, 돌담은 말할 것도 없고 벽돌담이라 하더라도 우리의 담은 대체로 사람 눈높이 정도로 쌓아 까치발을 하면 집안이 훤히 들여다보일 만큼 낮다. 과거 같으면 아예 담을 두지 않고 싸리울이나 생울타리같이 울을 치는 경우도 허다했다. 이웃과 소통하는 열린 구조로서 단순히 경계를 짓는 데 지나지 않았던 것이 우리의 담이었다. 최근엔 아파트도 담을 허물고 화단을 만드는 추세다.

그러나 중국의 담은 어디나 대체로 높아서 안을 들여다보기는커녕 장벽과 같은 단절감을 맛보기 십상이다. 높이 11m 두께 6m 이상 되는 자금성의 벽은 말할 것도 없고 아파트단지의 담이나 사무실의 파티션에 이르기까지 견고하고 웅장하고 엄숙하다. 외부인의 침입을 막는 데 효과적인, 사람을 위압하는 폐쇄적인 구조라 해야 할 것이다.

중국 청화대 쑨리핑孫立平 교수는 중국에서 보기 드물게 공업화·산업화 이후 중국사회의 변화를 심층적으로 연구한 학자다. 쑨 교수는 중국사회가 1990년대로 들어서면서 1980년대와는 전혀 다른 사회구조로 전환하고 있는데, 그 현상의 본질을 '단절'이라고 진단했다. 도시와 농촌, 취업자와 실업자, 중산층과 하층민 사이에서 단절이 나타났다는 것이다. 성장과 함께 분열이 뒤따를 수 있는 것이요, 이런 문제는 한국사회도 자유로울 수 없다.

다만 중국이 더 심각하다는 생각이 든다. 중국인들이 생각하는 가장 시급히 해결해야 할 문제가 '빈부격차'라는 조사 결과가 나오고 있다. 일찍이 공자는 못사는 것보다 고르지 못할 것을 우려했다. 공자 이후 비교적 평등했던 나라가 이제 온갖 불평등으로 심각하게 고민하고 있다. 안을 철저하게 가리는 담벼락을 보면서 서로의 영역을 침범하지 않는다는 긍정적인 면도 인정하지만 사회구조의 단절을 연상하는 것도 무리는 아닐 것이다.

중국에 살면서도 "정월에 한 가정이 단란하게 모여 앉아 윷놀이를 하는 모습을 보면 단합을 중시하는 민족이라는 걸 알 수 있다"고 자부하는 조선족 학생이 쓴 글을 읽은 적이 있다. 물론 가족적인 데서 민족으로 비약한 감은 있으나 한국은 '단합'을 자랑스럽게 여기는 나라다. 역사가 그랬고 지금도 크게 달라지지 않았다. 중국도 좀 더 열린 마음으로 서로가 관심을 갖고 존중해주는 분위기가 무르익었으면 한다. 그래서 유난히 지금 중국에서 '허시에和諧'(조화)를 강조하고 있는지도 모른다.

더욱이 중국은 세계 4위 경제대국으로 부상한 나라로서 이제 속도 조절이 필요하다. 1978년 개혁·개방 이후 성장 일변도의 발전모델을 추구한 데 따른 빈부격차와 환경오염 등 각종 사회문제들을 더 이상 방치할 수 없게 되었다. 이런 인식을 종합한 후진타오 주석의 새로운 통치이론이 분배를 중시하는 균형 발전, 질적 성장의 '과학적 발전관'이다. 후진타오 주석은 사회적 불균형을 해소하고 환경을 고려하는 지속가능한 발전을 통해 모두가 잘사는 허시에 세상을 만들자고 독려하는 것이다.

중국을 끌어가고 있는 후진타오 지도부의 정책적 기주가 '허시에 사회'이다 보니, 중국사회는 「허시에숑和諧頌」이라는 노래까지 만들어서 부르고 있다. 2007년 10월 한국에서도 중국 후진타오 체제의 국가 운영 원리를 분

15층의 민족대학 여학생기숙사

석한 책*이 나왔다. 이 책은 중국이 21세기 강대국으로 발돋움한다는 목
표 아래 '사회주의 화해사회'라는 정책 방향을 제시하는 전략을 택했다고
소개한다.

황사 때문인지 거의 뛰는 사람이 없는 분위기 속에서 한 시간쯤 걸은 다
음 다시 민족대학을 한 바퀴 빙 둘러보았다. 땀이 날 만큼 부지런히 구석구
석 돌아다니며 자세히 보았다. 높은 건물도 많았고 특히 도서관이나 박물
관이 웅장했다. 젊은 남녀들은 햇볕을 받으며 캠퍼스 곳곳에서 담소를 즐
기고 있었다. 커다란 건물 중에는 15층 이상 되는 학생기숙사 건물이 눈에
들어왔다.

北京日記 12

한국학연구센터는 없었다

3월 12일 월요일, 오늘부터 아들이 학교에 간다. 보통 9시에 시작하는 한
국과 달리 이곳의 수업은 8시에 시작이다. 조용히 휴식을 취하려는데 관리

* 정동근, 『후진타오와 화해사회』(서울: 동아시아, 2007).

북경외국어대학에 있는 북경일본학연구
센터

인이 문을 두드린다. 집기에 민족대학 라벨을 붙이러 왔다. 그는 "시에시에謝謝"라고 인사하며 들어와서는 신속하게 일을 하고 나서 다시 "짜이지엔再見"하고 인사를 하며 나갔다. 항상 순박하게 웃는 모습이 인상적이다.

학교에 갔던 아들이 돌아왔는데 첫날이라 어땠는지 궁금했다. 국제교육원의 어학연수생은 총 80여 명이며 8개 반 정도로 편성된 교육생들 가운데 자기 수준이 중간 정도라고 했다. 아들이 우다오커우에 있는 학원을 알아보러 간 사이 나는 운동 삼아 숙소 밖으로 나가 차근차근 훑어보면서 조금씩 멀리 나갔다. 자죽원 정문도 새롭게 발견했고, 큰길을 따라 중관촌 남대가로南大街路를 활보했다. 민족대학의 주소도 '중관촌 남대가로'에 속한다. 이 '남대가로'라는 도로의 이름은 '중관촌의 남쪽에 위치한 큰 길'이라는 뜻에서 붙여진 것이다. 계속 걸음을 재촉하면서도 마치 다시 올 것처럼 한 곳이라도 더 알아놓으려는 듯 진지하게 살피고 또 살폈다. 북경외국어대학 근처 책방에 들렀는데 훑어보니 한국 책은 하나도 없는 것 같았다.

옆에 있는 북경외국어대학 안으로 들어갔다. 이 대학은 1941년에 설립된 중국 최초의 외국어대학으로 국가 중점지원 대학 중 하나다. 다른 학교에 비해 학비나 기숙사비가 비교적 저렴하며, 20여 개 국가에서 초빙한 외국전문가들이 많다고 한다. 정문에 들어서자마자 눈에 띄는 것이 '북경일본학연구센터'였다. 그 옆에 한국학연구센터도 있겠지 생각했으나 보이지 않았다. 학내에 시멘트로 만든 탁구대가 8개 정도 있는 걸 보고 예사롭지 않다고 느끼며 밖으로 나왔다.

서점에 책도 없고, 학교에는 연구소도 없고, 어디에도 '한국은 없다'는 상실감이 순간 밀려왔다. 허전한 마음을 달래며 다시 걷다 보니 중국극원中國劇院이라는 커다란 극장이 있었다. 중국은 예로부터 극이 발달했다는 생각을 하며 극장 앞을 지났다. 조금 더 가니 '중국예술박물관'이라는 편액을 걸어놓은 만수사가 나왔다. "인기척 없는 사찰의 굳게 닫힌 정문에 쓰인 예술박물관이 다소 어색하다"고 생각하면서 돌아다니다 숙소에 들어왔다.

얼마 안 있어 아들이 왔다. 들어오자마자 버스를 기다리는 시간이 너무 많이 걸린다는 이유를 들어 새 자전거를 사고 싶다고 했다. 위험하니 좀 생각해보자고 일렀다.

北京日記 13

한국사를 안 배우는 조선족

오늘은 두 번째 수업이 있는 날이다. 수업은 10시 10분이지만 한국어학과 교수들이라도 만나볼까 하고 일찍 숙소를 나섰다. 교직원전용 엘리베이터 앞에서 조선어문학과 문일환 교수와 박승권 교수를 만났다. 문 교수는 안부의 말과 함께 곧 우리를 위해 환영회를 열어줄 것이라고 했다. 학과사무실로 갔으나 문이 잠겨 있었다. 늦게들 출근하는 편이라 한다.

두 번째 수업이다 보니 한결 편안했다. 비로소 교재를 가지고 강의를 시작했다. 전날보다 훨씬 강의가 부드러워졌고 학생들도 수업에 적극 참여했다. 문화와 더불어 역사를 이야기하다 보니 학생들이 관심을 갖고 열심히 듣기는 하면서도 한국에 대해 잘 모르는 것에 대해 안타까워하는 느낌이었다. 쉬는 시간에 한 남학생이 다가오더니 역사책을 살 수 없느냐고 물었다. 나중에 알고 보니 시를 쓴다는 문예부장 맹석봉이라는 학생이었다. 자신들은 한국역사를 거의 배우지 않았다며 몹시 불만스러운 듯 말을 했다. 순간 학생들이 역사를 잘 모르는 이유를 분명히 알게 되었다. 오히려 미안한 생각마저 들었다. 다시 수업을 시작하면서 학생들에게 "역사를 잘 모르기 때문에 재미가 없죠"라고 말했더니, 학생들은 재미있다고 야단이었다. 고마운 마음이 들었다.

수업을 마치고 한족인 펑징징馮晶晶 학생을 만나러 밖으로 나왔다. 민족대학의 학생구성비는 한족이 36%로 가장 많고, 다음으로 후이족, 만주족 순이라 들었다. 후이족은 신장 자치구, 허베이성河北省, 간쑤성甘肅省 등에 861만여 명이나 살고 있다고 한다. 펑징징은 복수학위를 위해 한국의 우리 학과에 가 있는 탕잉唐瑛과 샤오민肖敏이 소개해준 그 학생들의 친구다. 펑징징은 자신의 말대로 만나는 순간부터 덜렁대는 편이었는데도 좋은 느낌이었다. 함께 학교 안에 있는 식당 '민족원'으로 가서 12위안밖에 하지 않는 김치볶음밥을 먹으며 즐겁게 대화를 나누었다.

식사를 끝내고 나와서 펑징징은 수업에 들어가고 나는 숙소에 들어와 옷을 갈아입은 다음 대학 안에 있는 차오스에 갔다. 차분하게 필요한 물건을 사고 운동도 할 겸 학교에서 사지 못한 것들을 좀 더 사려고 다시 밖으로 나갔다.

단골 대형 수퍼마켓인 차오스바에
가기 위해 다니던 거리

　오늘은 주택밀집 지역을 찾아 들어가 서민들이 사는 모습을 자세히 살펴
보고 싶었다. 정처 없이 거닐다가 작은 골목으로 접어들었다. 주의 깊게 살
핀 곳은 주로 기숙사 근처의 위공촌魏公村이었다. '위공촌'이라는 이름만 보
면 삼국시대 위나라와 관계있지 않을까 하는 생각이 들었는데 아무래도
'위공魏公'은 성씨 위魏에 존칭접미사 공公을 붙인 듯이 보여, 위 씨들이 살
던 곳이 아닌가 싶었다. 좀 지저분했지만 분주하게 살아가는 사람들의 모
습이 자유롭게 느껴졌다. 텔레비전에서 중국의 어느 행상이 "열심히 사는
게 행복입니다"라고 했던 장면이 떠올랐다.
　재래시장 안에 있는 단골 차오스바에 갔다가 숙소로 오는데 학생 한 명
이 미소 지으며 인사를 했다. 내가 가르치는 학생인 것 같았다. 느낌이 야릇
했다. 오늘은 학교 안에서도 지나가는 학생들이 반갑게 인사를 하더니. 그
가운데 기억에 생생한 한 학생은 나중에 알게 되었지만 매우 내성적이며
늘 강의실 맨 앞에 앉는 김미화였다. 낯선 곳에 조금씩 익숙해지는 느낌을
받은 날이었다.

합동연구실과 버드나무

　오랜만에 실컷 자고 일어났다. 그런데도 왜 이렇게 피곤한지 온몸을 주체할 수 없을 정도다. 혼자서 점심을 해결한 다음 학교에 갔다. 박순희 조교를 만나 왜 휴대전화가 안 되는지부터 물통을 어떻게 갖다 달라고 하는지, 구내 교직원식당을 이용하는 카드를 어디서 구입하는지, 밥 해주는 조선족 아줌마를 구할 수 있는지, 중국어를 가르치는 대학원생을 구할 수 있는지 등 몇 가지 궁금한 것을 물었다. 마침 학과사무실에 들어온 오상순 교수가 어떻게 지내냐고 걱정하며 조선족 아줌마를 알아봐 주겠다고 했다. 교직원 카드에 식사비 넣는 걸 가르쳐줄 학생과 함께 사무실을 나왔다.

　한국어학과 교수들이 모여 있다는 박 조교의 말을 듣고 내려오다가 12층에 있는 합동연구실에 들렀다. 여기 교수들은 개별연구실이 없다. 우리나라의 초·중·고등학교 교사처럼 모두 모여 있다. 이는 빨리 해결되어야 할 시급한 문제다. 한국에서는 어린아이들도 자기 공부방이 있는데 연구를 직업으로 하는 교수들에게 연구실이 없다는 건 말이 되지 않는다. 박문자 교수를 비롯해 김성란 교수, 최유학 교수가 반갑게 맞아주었다. 인사를 나눈 뒤 가장 선임자인 박 교수가 특강을 부탁하기도 했다.

　숙소에 들어와 옷을 갈아입고 운동을 하러 나갔다. 오늘은 좀 더 멀리까지 가보기로 했다. 거대한 국가도서관 앞을 지나 자죽원 정문 쪽을 거쳐 걷고 또 걸었다. 자죽원은 왜 '園'이 아니고 '院'을 쓰는지, 차이가 없는지, 계속 궁금하다. 중국에서는 가정에 있는 정원庭園은 '院'이라 쓰고 대중이 즐기는 정원은 '園'으로 쓴다는 말을 들은 바 있는데 잘 이해되지 않는다. 자

기숙사 인근에 있는 거대한 정원, 자죽원

죽원도 공원이라는 생각 때문이다. 자죽원이 전에는 사찰에 해당하는 선원 禪院이었다는 말을 들은 적도 있다.

'국가도서관'은 우리의 국립도서관과 같은 곳으로 꼭 한번 들어가 보고 싶었으나 출입증이 있어야 한다고 해서 일단 포기했다. 한국도 그렇지만 어디 가나 공사하느라 길을 파헤쳐 놓아 다니기가 불편하다. 더구나 베이징은 2008년 올림픽을 앞두고 여기저기 공사가 한창 진행 중이다.

숙소에서 가장 가까운 자죽원의 북문으로 입장료 없이 들어갔다. 들어서 자마자 고요하고 탁 트인 넓은 공간에 매료되어 푸근한 느낌이 들었다. 커다란 호수를 끼고 수많은 나무들 사이로 걸으며 오래간만에 유유자적 한가로움을 느낄 수 있었다.

수없이 늘어져 있는 버드나무가 무엇보다 인상적이었다. 버드나무는 봄이 되면 다른 나무보다 먼저 싹이 튼다. 따라서 사람들은 버드나무의 왕성한 생명력을 빌려 집안의 건강과 행복을 기원하는 상징물로 삼기도 한다. 중국에서도 이런 이유 때문에 버드나무를 많이 심는 것 같았다. 더구나 아무 곳에서나 뿌리를 잘 내리는 특성 때문에 중국인들은 버들가지를 이용해 멀리 떠나는 사람들이 새로운 환경에 쉽게 적응하기를 기원했다. 마오쩌둥도 해방 전 연안延安*에 있을 때 왕진王振이 인솔하는 359여 남하부대에게 버드나무처럼 전국 방방곡곡에 뿌리박고 성장할 것을 간곡히 희망했다고 하지 않는가. 연꽃과 연잎이 흐드러지게 피어 있는 모습도 장관이었다. 다시 오리라 다짐하며 자죽원을 빠져나왔다. 먼저 갔던 곳은 어디인지 자죽원이 얼마나 큰지 아직 확인이 안 되고 있다. 먼저 갔던 곳은 숙소에서 서북쪽이었고 오늘 찾아들어간 곳은 숙소의 남쪽이니 도대체 가늠하기 힘들 수밖에 없는 광활한 곳이다.

아들 하나 더 낳으려다 생긴 딸

김건곤 교수에게 전화를 걸어 점심을 먹자고 했다. 김 교수는 아들을 데리고 우리 숙소로 왔고 같이 밖으로 나갔다. 김 교수는 다시 학생 하나를 불렀다. 학교 교직원식당으로 갔다. 카드가 있는 나는 4위안이면 되는데, 카드가 없는 나머지 사람들은 12위안씩 내야 했다. 음식은 다양하고 맛도 있었다. 다음부터 점심은 여기서 먹어야겠다고 생각했다.

가지고 있던 돈이 거의 바닥이 났기 때문에 학생의 도움을 받아 1,000위안을 찾았다. 영수증을 보니 인민폐가 RMB로 표기되어 있었다. 드디어 아들이 170위안을 주고 새 자전거를 사가지고 돌아왔다.

운동하러 나갔다 들어오는데 박순희 조교에게서 전화가 왔다 중국어를

---

* 산시성 시안에서 250km 떨어진 중국 혁명의 성지.

가르쳐줄 학생과 연락이 되었다고 했다. 잠시 후 장신張欣이라는 학생에게서 전화가 왔다. 전화 목소리에도 예의가 배어 있었다.

첫 인상이 매우 순박해 보이는 학생을 만나 즐거운 분위기 속에서 앞으로의 일정을 구상했다. 나의 푸다오輔導(가정교사)인 장신은 한족이다. 물론 한족의 전신은 화샤족華夏族이다. 흔히 이 화샤족에 의해 황하 중·하류에서 중국문명이 발생했다고 한다. 화華는 화산華山에서 나온 말로 화산은 지금의 허난성河南省에 있는 숭산嵩山, 샤夏는 샤수이夏水에서 온 말로 지금의 한수이漢水일 것이라 추정되고 있다. 『춘추좌씨전』에 의하면 화샤는 '아름다운 복장, 성대한 예의'라는 뜻이다. 장신은 민족대학 한국어학과 3학년에 재학 중이고 그 학과 최유학 교수의 추천으로 온 것이었다. 과외 경험을 묻자 전에 시간당 45위안을 받고 한국 유학생들을 가르친 적이 있다고 했다.

장신은 산둥이 집이며 3남매 가운데 막내다. 맏이인 언니를 낳고 부모가 아들을 원해 오빠를 낳았다. 그런데 오빠가 좀 병약했기 때문에 아들 하나 더 낳고 싶었던 부모의 의도로 결국 자기가 태어났다고 한다. 중국의 인구정책은 1978년부터 엄격하게 시행되어왔다. 소수민족이거나 농촌에서 첫딸을 낳았을 경우에는 둘째까지 낳을 수 있지만, 그 외의 사람들이 둘째를 낳았을 때는 벌금을 크게 물어야 한다. 벌금이 보통 몇 년치 월급에 해당되고 각종 혜택이 없어질 정도이니 벌이 가혹하다고 할 수 있다. 1990년대 두 자녀를 둘 경우 3만 위안의 벌금을 내야 했는데, 당시 베이징 시민의 연평균 소득이 약 6,000위안 정도였다고 한다.

그러나 중국은 2000년을 전후해 상당수의 지방에서 자녀가 한 명뿐인 독생자녀獨生子女 부부에 한해 아이를 두 명까지 낳을 수 있도록 허용했다. 중국 국가인구 계획생육計劃生育(계획출산 또는 가족계획이라는 뜻) 위원회는 마침내 2007년 7월 10일 "현재 전국에서 인구가 가장 많은 허난성을 제외한 전 지역에서 부부가 모두 외동자녀일 경우 두 자녀를 낳을 수 있다"고 공포했다. 1979년부터 도시민에게 '한 가구 한 자녀 정책'을 강력하게 실시해온 중국 정부가 이처럼 가족계획정책을 완화한 것은 최근 인구증가율이 0.58%대까지 떨어졌기 때문이다. 시짱西藏에는 출산에 대한 제한이 없다고 한다.

장신은 한국에 유학가고 싶어 하는 심정이 역력해보였다. 내일 만나기로 하고 헤어졌다. 무척 신실해 보이는 학생이었다.

지리 익히기

점심시간이 되어 학교 교직원식당에 갔다. 식당 안에서 내 앞으로 새치기해 들어오는 아줌마들을 보면서 참 보기 싫다는 생각을 했다. 줄을 서는 일 자체가 드물 뿐만 아니라 긴 줄이 생겨도 버젓이 새치기하기 일쑤라는 것도 베이징올림픽을 앞두고 해결해야 할 문제라 들었다. 2007년 2월 11일부터 매달 11일을 줄서는 날로 정해 '줄서기 운동'을 전개할 정도다.

숙소로 들어와 중국어 공부를 하다가 3시쯤 운동복으로 갈아입고 밖으로 나갔다. 먼저 대학 교정을 한 바퀴 빙 돌았다. 여기저기서 무리를 지어 '태극권太极拳'을 하는 모습이 보기 좋았다. 그러나 태극권, 팔극권八极拳 등을 가르치는 중국 우슈관武術館은 수련생이 적어 문을 닫아야 할 지경이라고 한다. 학교의 체육과목으로 채택한 곳이 있을 정도로 한국의 태권도가 퍼지면서, 배우기 힘든 우슈를 기피하고 있다는 것이다.

대학을 빠져나와 좀 더 멀리까지 가보겠다는 심정으로 걷고 또 걸었다. 마냥 걷다가 한국인 헤어디자이너, 즉 미용사(메이랑커美郎克)가 있다는 미용실도 보았다. 일전에 밤에 걸었던 중관촌 남대가로를 따라 다시 걸어가면서 북경이공대학의 규모에 새삼 놀라지 않을 수 없었다. 한참을 가다 보니 어디가 어디인지 잘 분간이 되지 않았지만 다행히 금방 익숙한 길이 나왔다. 이제 숙소 주위 반경 2km 정도는 길을 익힌 것 같았다.

오늘은 과외공부 하기로 한 첫날이다. 샤워를 하고 있는데 장신에게서 전화가 왔다. 1시간 늦게 온다는 것이었다. 친구를 병원에 데리고 가느라고 좀 늦었다면서 7시 정각에 장신이 나타났다. "첫날부터 시간을 안 지키는구나" 하는 좀 언짢았던 심사를 뒤로 하고 수업시간을 조정하고 교재도 정하며 화기애애하게 이야기를 나눴다. 교재는 서울대학교 허성도 교수가 지은 『중국어입문』을 쓰기로 했다.

괜찮은 학생이라고 여겨졌고 함께 열심히 공부해보리라 마음먹었다. 과외비를 어느 정도 받고 싶은지 솔직히 말해보라고 했더니 순박하게 답한다. 과외비를 생각해보지 않았다고 하는 것이다. 과외비는 내가 알아서 하겠노라고 한 뒤 공부를 어떻게 해나갈지 얘기했고 간간이 우리의 말과 우리의 문화에 대해 가르쳐주기로 했다.

베이징시에서 그린카드(Green card, 외국인 영구거류중)를 받은 한국인 1호 김동진 포스코차이나 대표는 다음과 같이 말한 적이 있다. "중국 친구를 사귀는 데 중요한 것은 줄 게 있어야 한다는 것입니다. 그게 꼭 돈은 아닙니다. 중국인에게 중요한 문제는 돈보다는 '신뢰'입니다. 그게 지식일 수도 있고, 경험일 수도 있고, 인격일 수도 있습니다. 뭔가 도움이 되는 것을 그들에게 줘야 합니다. 그래야 양파 껍질 벗기듯 하는 중국인들의 시험을 통과할 수 있습니다." 나도 신뢰를 쌓으며 배우는 만큼 가르쳐주고 싶었다.

거의 8시 반이 되어 장신을 보내고 나니 제 방에 갇혀 있던 아들이 나왔다. 아들도 나도 과외를 하니 중국에 과외가 성업이라는 말이 허튼소리가 아님을 알 것 같았다.

큰 숲에 큰 새가 있다

토요일이라 9시부터 중국어 과외를 시작했다. 발음이 너무 어려워 혼이 났다. 장신은 나의 발음을 지적하면서도 고쳐주지 못해 쩔쩔맸다. 좀 더 일찍 공부하지 않은 대가가 너무 컸다. 모든 게 더디고 혀도 뻣뻣하게 굳은 듯했다.

오후에는 여느 때와 마찬가지로 텔레비전을 보며 중국어 공부를 열심히 했다. 안타깝게도 자막이 한 줄 나오면 반도 못 읽었는데 넘어가 버린다. 저녁때가 되어 장을 봐왔다. 살림하는 주부와 조금도 다를 바 없다. 생각지 않은 일이 현실로 닥친 것이다. 가능하면 끼니때마다 새로운 반찬 하나쯤은 내놓으려 애쓰는 편이다. 사 먹는 것보다는 맛이 있어 그런대로 만족하며 식사를 하곤 했다. 밥하는 것도 이제 선수가 된 것 같다.

식사 후 산보하러 나갔다. 대학 교정을 설렁설렁 돌고 나서 기숙사 주위를 한 바퀴 돌았다. 바람이 아직도 차가웠다. 기숙사 주위만을 도는 데도 시간이 많이 걸릴 만큼 중국은 만만치 않다 두 시간 가까이 거닐다가 숙소에 들어와 땀이 밴 옷을 벗어 빨고 나서 샤워를 하고 기분 좋게 과일과 떡을 먹었다. 아들은 "방울토마토도 중국 것은 크다"면서 맛있게 먹었다.

중국은 역시 한마디로 '다더大的'라 표현할 수 있다. 끝이 잘 보이지 않는 넓은 땅, 하늘을 찌를 듯이 층층이 깎아지른 건물에다 그 속에 사는 사람도 크다. 농구선수 야오밍姚明은 키가 2m 26cm라고 하던가. 끊임없이 나의 지적 호기심을 자극할 만큼 중국의 문화가 다양한 것도 '큰 숲에 큰 새가 있다'고 하듯 중국이 그만큼 크기 때문일 것이다.

중국 남방의 쓰촨성에는 모쒀족摩梭族이라는 민족이 있다. 이 민족은 아직도 원시사회의 모계씨족공동체이기 때문에 아이가 태어나면 아버지가 누구인지 모른다고 한다. 물론 이 밖에도 중국에는 나시족 등 모계사회의 전통을 이어가는 민족이 많다. 또한 베이징시만 하더라도 IT기업과 연구소가 모여 있는 중관촌을 거닐다 차로 한 시간만 나가면 벽돌공장에 옥수수밭이다.

국토가 넓어 기후 역시 온대, 한대, 아한대, 대륙성 기후 등을 모두 보이고 있다. 북동쪽의 하얼빈哈爾濱에서는 영하 30도를 기록한 같은 날에 남쪽의 광저우广州는 티셔츠 차림으로 다녀야 하는 따뜻한 날씨다. 무려 40도 이상 차이가 나는 곳도 있다. 지역에 따라 기온이나 눈비의 양이 크게 달라지는 것도 당연하다. 중국에서 최고의 한류스타로 대접받고 있는 장나라는 "한국에서는 6개월만 촬영을 쉬고 있어도 사람들에게 잊혀지지 않을까 걱정되는데, 중국에서는 그럴 염려가 없다"고 했다. "중국이 워낙 넓어 드라마를 한 번 찍으면 중국 전역에 골고루 방송되기까지 한 1년쯤 시간이 걸리기 때문"이라는 것이다.

강진석 교수는 저서 『중국의 문화코드』에서 56개의 민족으로 구성된 중국의 문화적 다양성을 농경문화와 유목문화, 해안문화와 내륙문화, 서역문화와 중원문화, 북방문화와 남방문화, 한족의 문화와 변방민족의 문화, 황하문화와 장강문화 등으로 나누어 설명한 바 있다. 특히 강 교수는 춘추전국시대에 피어난 제자백가의 사상은 향후 중국인의 가치관을 규정짓는 원형이 되었다고도 했다. 이처럼 중국은 모든 것이 크기 때문에 주변국들이 중국을 '대륙'이라 불렀다고 한다.*

현재 18개의 성省으로 이루어진 거대한 중국은 몽골, 러시아, 북한, 키르기스스탄, 카자흐스탄, 타지키스탄, 아프가니스탄, 파키스탄, 인도, 네팔, 부탄, 라오스, 베트남, 미얀마 등 무려 15개 국가와 국경을 접하고 있다. 총면적이 남북한을 합한 한반도의 약 44배라고 하며, 아시아 대륙의 1/4을 차지해 러시아와 캐나다에 이어 세계 3위의 면적을 자랑한다고 한다. 또한 해발 8,000m 이상 되는 전 세계 12개의 고봉 중에서 7개의 고봉이 중국 영토에 있다.

北京日記 18

'관시'의 의미

보통 때와 마찬가지로 베이징의 날씨는 잔뜩 흐리기만 하다. 아침 해가 밝게 비치는 걸 통 못 봤다. 10시까지 자고 일어나 e메일을 확인한 다음 점심을 차려 먹었다. 먹고 자고 공부하고 단조롭기 그지없는 무미한 생활이다. 밥 차리고 설거지하고 청소하고 시장 보는 게 하루 일과일 때도 있다. 이렇게 숙소에 있는 시간이 많을 것이라고는 예상하지 못했다.

오후에는 한국에서 제자인 배세은 조교가 전화로 안부를 물었다. 여기까

* 강진석, 『중국의 문화코드』(서울: 살림, 2004), 78쪽.

지 전화를 하는 마음이 더없이 고맙고 따뜻하게 느껴졌다. 저녁에는 해먹는 것도 힘들고 해서 나가서 먹자고 아들에게 말했으나 할 일이 많다며 안 나갔으면 했다. 더러는 자기 생각을 뒤로 하고 따르는 경우도 있겠지만 그렇지 않을 때도 있다. 자아와 타자의 문제를 안고 고민해보면 자식도 남이 아닌가 하는 생각마저 든다. 떼어놓을 수 없이 가까운 사람이 가깝게 느껴지지 않을 때처럼 난감한 경우도 없을 것이다. 우리의 삶은 늘 복잡한 채로 연구대상이 되겠지만, 인문학을 하는 나로서는 특히 스승과 제자, 부모와 자식 등 인간의 관시關系에 대해 잠시도 연구의 실마리를 놓지 못하고 있다.

가족주의적·집단주의적인 우리나라 사람들은 개별적인 생활에 익숙하지 못한 편이다. 중국 동포들도 보통 무리 지어 행동하는 경향이 있으며, 기숙사에서 생활하는 조선족 학생들도 저희들끼리 둘러 앉아 쌈을 싸먹고 수박 한 통을 놓고 퍼먹는 등 집단의식을 강하게 보이는 편이다. 그러나 중국의 한족들은 서양인들처럼 개별적으로 행동을 잘 하며 혼자서도 곧잘 밥을 먹는다. 중국과 우리가 다른 그럴 만한 이유에 대해서 곰곰이 생각해보았다. 중국은 국토가 넓은 만큼 남은 자신과 관계가 닿지 않는 그야말로 남일 뿐이다. 그러나 우리는 사람들이 아주 가까운 인맥, 즉 혈연·지연·학연으로 묶일 만큼 자연이 협소하다.

결국 가족주의와 같은 우리의 관시 인식은 서양의 개인주의와 구별되는 유학적 전통에 기초한 동양의 집단주의적 심성의 발로로 설명될 수 있을 것이다. 다시 말해 이는 철학자들이 언급하는 서양심리학의 자율성·독립성·안정성 등과 대립되는 조화성·연계성·가변성 등을 강조하는 동양 심리학의 근간으로 여겨진다. 내가 바로 독립성이 부족한 동양인, 특히 한국인의 전형이 아닌가 하는 생각을 해보았다.

요즘은 중국에서도 족보를 만들고 사당을 짓는 등 가족주의적 전통이 크게 되살아나고 있다 한다. 사실 중국과 한국 모두 관시와 인정을 중요시하는 것은 마찬가지다. 다만 한국인의 경우 친척·동향·동문 등 선천적인 정情에 치중하는 반면 중국의 경우 후천적인 사귐, 즉 의義를 상대적으로 중시한다고 볼 수 있다. 따라서 한국에서는 학교의 선후배, 회사의 상하급자, 집에서의 형·아우 등 수직적 관계 구조인 데 비해 중국에서는 동료이자 경쟁자인 평등적·실용적 관계 구조라 할 수 있다.

北京日記 19

한밤중의 공사

아침에 두꺼운 커튼을 젖혀 보니 비가 내렸다. 어젯밤은 잠을 이룰 수 없었다. 바로 옆 공사장에서 시멘트와 모래와 자갈을 섞는 덤프트럭의 굉음이 들려와 통 잘 수가 없었던 것이다.

중국에 사람들은 항의도 안 하는 모양이다. 아니면 특별히 잠을 잘 자는 민족인 걸까. 전력이 모자라는지 밤이면 건물의 불을 다 끄고 도로까지 컴컴하며 밤 11시만 되면 학교 기숙사의 불도 다 끄면서 왜 밤에 공사를 하는지 도저히 이해할 수 없다. 설사 전력이 모자라지 않더라도 획일적인 것을 좋아하고 통제하는 데 익숙한 중국에서 왜 그런 일이 용납되는지 알 수 없는 대목이다.

전에 누구에게 들으니 자기 집 앞에서 도로공사를 시작하는 걸 보았는데 아침에 일어나 보니 새로운 아스팔트길이 만들어져 있었다고 했다. 중국은 하루하루가 다른 나라다. 중국인들은 24시간 일을 한다고도 들었다. 결심

공사가 끝난 신축건물

하면 밀어붙이는 공산당 정치하에 위에서 지시가 내려오면 초고속으로 공사가 진행되는 것이다. 서너 달만 밖에 안 나가면 그 사이에 건물 하나가 생긴다고 한다. 이제서야 좀 이해될 듯하다. 중국은 땅이 넓지만 세계 인구의 5분의 1이 살고 있는 만큼 사람도 많아 어느 곳보다도 경쟁이 치열하고 생존하기 어려운 나라다.

인구가 많아서인지 건축공사장은 늘 사람들로 북적댄다. 약 1억 5,000만 명 되는 이들은 대부분 농촌 출신의 막일꾼인 농민공일 것이다. 약 10년 정도 경력이 있는 노동자가 한 달 내내 쉬지 않고 일하면 2,000위안(약 26만 원)을 번다. 워낙 많은 인부들이 일에 매달리다 보니 작업 속도가 빠를 수밖에 없다. 2008년 8월 8일 올림픽을 앞두고 있는 베이징은 현재 시내 전체가 공사장이라 해도 과언이 아니다. 올림픽이 끝나면 베이징이 얼마나 발전되어 있을지 상상해본다.

무료하게 시간을 보내다 점심을 라면으로 때웠다. 선양에서 만드는 한국식 '신라면'이라고는 하나 한국서 먹는 라면 맛과는 약간 다른 것 같았다. 3시쯤 숙소를 나가 오늘은 먹을거리를 많이 사야겠다는 생각을 하며 차오스바로 갔다. 무엇을 사야 할지 잘 모르겠고 필요한 것도 자꾸 눈에 띄어 한 번 장을 보는 데 시간이 너무 많이 걸렸다.

이제 조금씩 생활이 나아지는 느낌이 든다. 더욱이 어제 시계를 사온 뒤로 너무나 편안해졌다. 항상 시계와 더불어 살아온 나의 습관 때문일 것이다. 우리는 남북한을 합해도 중국의 44분의 1 면적밖에 안 된다고 한다. 이런 작은 나라에 4,000만 명 이상의 인구가 살아가다 보니 사람들이 느긋하지 못하고 시간관념이 투철한 것 같다.

하루하루 날짜를 지워나가며 소중히 여기는 달력 옆에 작은 시계를 사다 놓으니 흐뭇하기 그지없다. 중국에서는 벽에 거는 달력을 과리挂歷라고 부르고 탁상 달력을 '르리日歷', 즉 일력이라고 한다. 그런데 좀 이상하다. 동양에서는 농사짓는 일을 제외한 나머지 모든 생활을 달에 의존하기 때문이다. 중국이 '일력'이라는 말을 쓴다는 소리를 듣고 서양화의 증표인가 하는 생각이 들었다.

야간 공원무도회

18주 중 3주째 수업이 있는 날이다. 수업이 있기에 망정이지 수업이 없다면 하루하루가 더없이 지루했을 것이다. 착하고 예쁜 학생들을 만나는 수업시간이 무척 기다려진다. 오늘은 얼마나 많은 것을 이야기할 수 있을까. 또 어떻게 해야 학생들이 즐겁게 수강할 수 있을까 생각도 해본다. 가능하면 중국어도 섞어가며 강의를 하고 싶다.

물론 마음대로 되지 않아 안타깝지만 그래도 중국어 사용을 부지런히 시도해본다. 학생들에게 수업내용을 이해시키는 데 좀 더 효과적임을 잘 알기 때문이다. 학생들이 발음을 수정해주는 경우도 있으며 한국어보다 중국어에 더 자신 있어한다. 더러는 우리말을 못 알아듣는 것 같기도 했다. 동포들이 한국어를 잊어가는 게 안쓰럽게 느껴졌다. 그러나 시간이 갈수록 학생들과 호흡이 맞는 것 같아 흐뭇하다. 강의가 끝날 때면 학생들이 따라 나와 이야기하고 싶어 하는 것을 보면 어느 정도 친숙해졌음을 실감한다.

수업이 끝나고 김건곤 교수와 만나 교직원식당으로 점심을 먹으러 갔다. 식사를 마치고 나오다가 한국음식이 나온다는 학생식당도 둘러보았다. 베이징에 있는 대학교의 식당 가운데 민족대학 식당만큼 밥이 맛있는 곳이 없다고 한다. 한국음식 중 김치, 냉면, 비빔밥 등이 외국인들에게 특별히 환영받는다고 한다. 학생식당의 경우 익숙한 음식들이 눈에 띄었으나 비교적 깨끗하지 못하다는 느낌이 들었다.

저녁에 산책을 나갔다. 밤길을 걸으며 한숨도 쉬고 푸념도 하면서 지속되는 일상의 고단함을 이겨나가려 안간힘을 썼다. 순간 돌아가신 어머니 생각과 함께 울컥 가슴이 답답해졌다. 여기에 와서 수업을 하다가 "어머니의 눈물은 진주를 만든다"는 정한모 시인의 시 한 구절을 이야기하자 학생들이 감동하는 게 역력했다. 이미 세상을 떠나신 어머니가 자꾸 그리워지는 걸 보니 객지생활이 어지간히도 힘든가보다.

감상적인 생각에 빠져 있다가 정신을 차리고 활보하는데 음악소리가 요란하게 흘러나왔다. 의아하여 다가가 보니 웬 컴컴한 공원 안에서 카세트 테이프 음악에 맞춰 나이 지긋해 보이는 남녀들이 붙들고 춤을 추는 것이었다. 한국에서 볼 수 없는 그 모습이 아주 이채로웠다. 부부가 아닌 경우도 있다고 한다. 중국에서는 그다지 할 일이 없고 시간이 많은 노년의 경우, 부부가 아니더라도 남녀 간에 사교적인 춤을 출 수 있다는 것이다. 하기야 '아이런愛人'이라는 호칭에서도 알 수 있듯 부부야 서로 사랑하는 사이지만, 이들이야 사랑과 관계없는 남이니까 오히려 건전하게 운동 삼아 춤을 출 수 있을 것이다. 중국인들은 정말 즐기는 것이 무엇인지 아는 사람들 같다.

중국의 일반 직공은 남자 55세, 여자 45세가 되면 정년퇴임을 하고 노후생활을 즐긴다고 들었다. 퇴직자는 퇴직 후에도 매달 수당을 제외한 원래의 본봉을 계속 받는다고 한다. 세상 변화에 비켜 서 있는 이들의 여유와 낙관 속에서 오히려 활력을 발견할 수 있었다.

요즘 춤으로 노년을 즐기는 중국의 노인들 사이에는 결혼하지 않고 동거하는 '저우훈走婚'이 유행하고 있다. 저우훈은 혼자 된 중국 노인들의 사랑의 묘책이다. '저우훈'은 걸어다니며[走] 이루어지는 결혼[婚]이라는 뜻이다. 결혼하지 않고 동거하는 '비혼동거非婚同居'로 일주일에 며칠 또는 주말을 함께 보내고, 나머지 요일은 각자의 집에서 생활하는 경우가 많다. 저우훈은 중국이 직면한 빙산같이 거대한 노인문제의 일부분에 지나지 않는다. 중국은 세계에서 가장 빠른 속도로 '노령화'에 진입한 나라 중 하나다. 중국의 60세 이상 노인인구는 1억 4,400만 명으로 전체 인구(13억)의 11%에 달한다고 언론은 보도하고 있다. 엄격한 산아제한으로 일할 수 있는 인구는 점점 줄어들고, 정부나 사회가 먹여 살려야 할 노인이 많아지고 있으니 앞으로의 중국 경제발전에 큰 부담이 아닐 수 없다.

사실 저우훈은 중국의 독특한 혼인풍습이다. 중국의 쓰촨성 티베트족 자치주 대협곡에는 특이한 언어를 쓰는 소수민족 자바(Zhaba)가 있다. 1만여 명에 달하는 이들은 1,000년 이상 고립된 곳에서 모계사회를 이루며 살고 있다. 자식들은 평생 어머니 품을 떠나지 않는다. 대신 일정한 나이가 되면 낮에는 각자 모계 가정 아래 살고 밤에만 배우자와 함께 지내는 저우훈을 한다.

민족대학 병원

병원비 10% 이하

10시에 대학 병원에 갔다. 중국에는 대학마다 캠퍼스 안에 병원이 있는 것 같다. 물론 우리처럼 큰 규모의 종합병원은 아니다. 그리고 학교 구성원만 이용하는 듯했다. 사회주의 국가답게 학생들은 진료비의 10%만 부담한다. 나머지 90%를 국가에서 부담한다는 것이다. 그래서 병원은 불친절하고, 그 때문에 학생들이 잘 안 간다는 말도 들었다.

턱없이 비싼 진료비에 병원 문턱을 감히 넘기 어렵다는 인민들도 인간적인 배려를 무엇보다 중시한다는 것을 확인할 수 있었다. 2007년이 지나면 세계 3위의 경제대국으로의 도약이 확실시되는 중국은 국내외 정책의 모토로 이런웨이번以人爲本(사람으로 근본을 삼음)과 허핑줴치和平崛起(평화적으로 우뚝 섬)를 내걸고 있는데, 거기에도 다 이유가 있다는 생각이 들었다.

돌연 중국에서는 아프면 안 되겠다는 생각을 했다. 여기서는 아는 병원도, 더구나 믿고 갈 만한 병원도 없기 때문이다. 2007년 7월 말에는 황정일 주중 한국대사관 정무공사가 중국 병원에서 치료받다 숨지는 불미스런 사고가 있었다. 교민이 10만 명인 일본은 응급시설을 갖춘 중일우호병원을 갖고 있는데, 교민 100만 명을 내다보는 우리는 중국에 제대로 된 의료시설 하나 갖추지 못하고 있다. 김희철 재중 한인회장이 "교민들이 마음 놓고 진료받을 수 있는 한국 종합병원 건립이 시급하다"고 했던 말이 절실히 다가왔다.

이날 부속병원으로 간 것은 소아과 의사인 태평무 교수의 부인이 소개해주는 파출부 아줌마를 만나기 위해서였다. 박 조교도 함께였다. 만나보니 순박한 모습이 마음에 들었다. 다만 한족이라서 말이 통하지 않아 앞으로 어떻게 할지 걱정이 되기도 했다. 어쨌든 금요일부터 집에 오기로 했다.

오후에는 어젯밤에 헤맸던 길을 다시 찾아가기로 했다. 역시나 아무것도 아니었다. 쉽게 길을 확인하고 좀 더 범위를 넓혀 걷고 또 걸었다. 새로운 환경에 조금씩 익숙해지는 흥미가 잔잔하게 일었다. 걷다가 마침내 첫날 택시를 타고 갔던 까르푸(남)까지 가게 되었다. 무엇을 해냈다는 느낌마저 들었다. 까르푸는 북경동물원 옆에 있다. 1906년에 개원했다는 동물원에는 900여 종에 2만여 마리의 동물이 있어, 매년 600여 만 명의 관람객이 다녀간다고 한다.

다시 걸어 두 시간 만에 들어오니 5시가 다 되었다. 잠시 후 아들이 200위안을 주고 머리를 염색하고 왔다. 머리든 옷이든 우리는 외모에 너무 관심을 쏟는 것 같아 쓸쓸할 때가 있다. '중국 사람들은 먹어서 없애고, 일본 사람들은 저축하느라 다 쓰는데 비해, 한국 사람들은 집 사는 데 돈을 다 쓴다'는 우스갯소리도 있다. 요즘 한국에서는 결혼하지 않아도 좋다는 독신 여성들이 많아지면서 그녀들의 '경제력'이 중요한 화두가 되고 있다. 화려한 싱글을 꿈꾸는 이러한 여성들의 심리를 잘 파악한 책이 출간되기도 했다. 『여자, 결혼은 안 해도 집은 사라』*의 저자는 "결혼은 선택의 문제지만 안전과 노후를 위해 내집 마련은 필수"라고 조언한다. 물론 살기 위한 집이 필요하다. 그러나 우리는 좀 더 크고 좋은 집을 원한다. 차도 텔레비전도 큰 것을 선호하는 편이다. 그리고 우리나라 사람들은 겉을 꾸미는 데 유난히 신경 쓰는 것 같다.

중국은 춘추시대 정치사상가 관중管仲이 "백성은 먹는 것을 으뜸으로 여긴다民以食爲天"(『한서漢書』 역식기전酈食其傳)고 했던 나라다. 자신들 스스로 '요리의 천국'이라고도 부른다. 먹는 걸 제일로 치는 중국인들이 참으로 실속 있게 여겨진다.

北京日記 22

특강 요청을 받다

어젯밤 1시가 지나 도저히 공사장 소음을 이기지 못하고 창가에 있던 침대를 기숙사 안쪽의 거실로 옮겨놓았다. 거실이 커서인지 그런대로 보기에도 괜찮았다.

오후에 민족대학 한국어학과 박문자 교수가 특강을 해달라고 전화를 했다. 한국어학과는 앞으로 발전할 가능성이 크다. 세계적인 흐름 속에서 한국의 위상과 함께 한국어에 대한 관심도 점점 커지고 있기 때문이다. 더구

---

* 천명, 『여자, 결혼은 안 해도 집은 사라』(서울: 다산북스, 2007).

북경어언대학 한국어학
과 3학년 학생들

나 세계 어느 나라보다도 우리와 긴밀한 관계에 있는 중국에서 한국어학과
의 장래는 밝다고 본다. 중국의 60여 개 대학에 한국어학과가 개설되어 있
을 정도로 한국의 언어와 문화에 대한 학습 열기가 뜨겁다. 2006년 중국서
치러진 한국어능력시험에는 1만 2,800여 명이 응시, 4년 전에 비해 30배가
늘었다.

그러나 현재는 모든 게 미비하고 열악하다. 중국에 있는 거의 모든 한국
어학과가 학생 선발을 격년으로 하는 바람에 학생도 많지 않다. 그리고 학
생들도 아직 학과에 대한 믿음과 자긍심을 크게 갖지 못한 편이다. 이런 상
황인지라 한국에서 온 나에게 거는 기대가 엿보였다. 학생들이 학과와 학
문에 대해 좀 더 관심을 갖고 자부심을 느낄 수 있도록 격려해달라고 부탁
을 하는 게 그냥 인사치레는 아닐 성싶었다. 특강 날짜는 4월 4일로 잡았다.

어디서 그렇게 먼지가 많이 날아드는지 날마다 깨끗이 청소하는데도 먼
지가 여기저기 흉하게 뭉쳐 다닌다. 화장실에서부터 집안 구석구석 걸레를
밀고 다니면서 침실과 거실 주방에 이르기까지 아주 깨끗하게 청소를 했
다. 흰 타일 바닥에 무수히 붙어 있는 머리카락은 하나하나 주워내야 했다.

숙소가 비교적 넓기 때문에 청소 한 번 하고 나면 땀이 많이 난다.

학원에 갔다 돌아온 아들이 오늘은 밖에서 무슨 일이 있었는지 언짢아 보였다. 낯선 생활에 아직 안정을 되찾지 못한 모양이다. 쌀을 씻어 물에 담가놓았다. 끼니때마다 새로 밥을 하는 게 보통 일이 아니다. 내일부터 아줌마가 오면 한결 낫겠지. 조선족 아줌마가 좋지만 찾기 힘들다. 일하는 아줌마를 구하기 너무나 힘든 상황에 간신히 구한 아줌마를 기다리는 마음은 천진난만한 어린이가 소풍이나 운동회를 기다리는 것같이 설레는 심정이다. 말이 안 통할 테니 그게 걱정이다.

北京日記 23

오지 않는 아줌마

하루하루가 힘들다 보니 날짜를 지워나가는 게 위안이 된다. 아직 지나지 않은 오늘 날짜를 아침에 지웠다. 오늘은 무척 바쁜 날이다. 중국어를 가르쳐줄 학생, 일하는 아줌마, 조선어문학과 학생대표들이 방문하는 날이기 때문이다.

오늘 교직원식당 점심식사에 나온 만두는 내 입맛에 딱 맞았다. 그러나 저녁에 잘 먹을 생각을 하고 대충 식사를 끝냈다. 아줌마가 오면 할 일이 있어야지 하는 마음에 설거지도 안 했다. 그리고 일하는 아줌마를 기다리며 부탁할 일 세 가지, 요리做菜·청소淸掃·빨래洗衣服를 중국어로 적어놓았다. 다음에 '워먼 뿌시환 요우뚜어더차이我們 不喜歡 油多的菜'(우리는 기름이 많은 음식을 좋아하지 않는다)라고 할 말을 써놓았다. 마지막으로 '마이둥시 이호우게이워 거우위샤오퍄오買東西 以后給我 購物小票'라고 썼다. 물건을 산 뒤에 내게 영수증을 달라는 것이다. 이렇게까지 하며 기대에 부풀어 있었다.

그런데 다 허사였다. 오후 3시에 온다던 아줌마가 오지 않았다. 시간이 지나 무슨 일이 생겼나 하고 박 조교에게 전화를 할까 하다 귀찮게 하는 것 같아 그만두었다. 4시 정각에 과외를 시작했다. 오늘은 1시간 10분 정도 하고 장신을 보냈다.

잠시 후에 박 조교에게서 전화가 왔다. 아줌마가 안 왔다고 했더니 다시 알아보고 전화하겠다며 끊었다. 알아보니 남편과 싸우고 경황이 없어 일을 할 수 없다는 것이었다. 잠시 동안 꾸었던 행복한 꿈은 사라졌다. 저녁 6시가 좀 지나 학생대표들이 과일 바구니를 들고 찾아왔다. 잠깐 앉아 있다가 학생들과 함께 전에 빈자리가 없어 들어가지 못했던 신바이완이라는 음식점으로 저녁식사를 하러 나갔다. 중국의 식당 이름에 진바이완金百万, 신바이완鑫百万 등 '바이완百万'이 들어가는 경우가 많은데, 돈을 많이 모으고 싶은 소망을 담은 작명이라 하겠다.

역시 자리가 없었다. 그런데 종업원이 잠시 머뭇거리더니 위층으로 우리를 데리고 갔다. 맨 끝에 방 하나가 비어 있었던 것이다. 알고 보니 그 방을 쓰기 위해서는 150위안어치의 음식을 의무적으로 시켜야 한다고 했다. 물론 우리 다섯에게 그건 문제가 되지 않았다. 이런저런 얘기꽃을 피우며 즐거이 식사를 했다. 반장 김용군은 모든 일에 앞장서는 학생으로 선양이 집이고 경희대학교 국어국문학과에 교환학생을 다녀왔다고 한다. 부반장인 박해경은 말이 별로 없는 여학생으로 헤이룽장성이 집이라 한다. 여러 번 만난 적이 있는 학습부장 박서헌은 귀엽게 생겼으며 집이 옌볜이라 한다. 이곳에는 이렇게 반장, 부반장, 학습부장 등이 있다. 150위안이라는, 정말 저렴한 가격에 훌륭한 식사를 마치고 학생들과 헤어졌다.

바다 같은 호수, 아득한 창랑

9시가 지나도 장신이 오지 않았다. 몇 사람의 행동을 가지고 굳이 국가와 민족을 운운하고 싶은 마음은 털끝만큼도 없다. 편협한 사고에 지나지 않기 때문이다.

그래도 여기에 온 뒤로 마음을 상하게 하는 몇몇 사람들이 있었다. 물론 나중에 사과를 했지만 조교가 약속을 잊었는가 하면, 파출부 아줌마도 아무 말 없이 오지 않았다. 엊그제 학생대표들도 시간이 좀 지난 다음에 왔다. 좀 늦어도 별 말을 하지 않는다. 장신 학생이 정한 시각에 나타나지 않자 좀 이상한 생각이 들기도 했다. 어제 밤늦도록 노래방에서 신나게 노는 바람에 늦게 일어났다고 한다. 장신과 1시간 정도 공부를 끝내고 오랜만에 나들이를 하기로 했다.

처음으로 날씨가 눈부시게 좋고 약간 덥기까지 했다. 돈이 떨어져 우체국에 가서 2,000위안을 찾았다. 택시를 타고 중국 최대의 황실정원이자 세계문화유산으로 유명한 이화원에 갔다. 불과 15분밖에 안 걸리고 요금도 25위안밖에 나오지 않았다. 수많은 사람들 틈 사이로 들어가 1인당 20위안을 주고 '문표門票'를 사서 이화원 안으로 들어갔다. 중국에서는 입장권이라는 말 대신 '문표'라는 표현을 쓴다.

서태후의 조카 광서제가 쓴 '이화원' 편액이 걸려 있는 이화원의 정문 '동궁문東宮門'에 들어가자마자 아들이 안 보이더니 나중에 정신없이 사진을 찍고 있는 모습이 눈에 들어왔다. 쾌청한 날씨에 눈앞에 펼쳐진 바다 같은 호수, 햇빛에 부서지는 넘실거리는 물결을 보고 감탄을 연발하면서 사

이화원의 쿤밍후와
완쇼우산

진을 찍었다.

　베이징 시가의 북서쪽에 있는 이화원은 1764년 청나라 건륭제가 만든 정원으로 당시의 이름은 '칭이위안淸漪園'이었다. 1860년 아편전쟁 때 황폐해진 것을 1888년 서태후가 재건한 뒤 '이화원'으로 개명했다. 이화원의 남쪽에 있는 광대한 '쿤밍후昆明湖'는 수천 명의 사람을 시켜 10년간이나 바닥을 파내 만든 호수로 둘레가 8km나 되며, 거기서 나온 흙으로 쌓아 만든 것이 이화원 북쪽에 있는 '완쇼우산万壽山'이다.

　이화원은 항저우杭州의 '서호西湖'를 모형으로 만든 어원御園이라 한다. 서호는 둘레가 15km나 되는 큰 호수이며, 오나라 왕 부차夫差가 반하여 정치를 그르치게 했던 절세 미녀 서시西施에 비유되는 호수이다. 몇 년 전 항저우에 갔을 때 보았던 서호는 참으로 넓고 아름다웠다. 시인 소동파가 행정관리로 있을 때 쌓았다는 제방은 운치가 있었다. 호수 주변도 깨끗하고 고요히며 늘어진 수양버들은 더욱 멋스러웠다. 그때 찍은 사진을 나는 지금도 연구실 벽에 붙여놓고 있다. 서호에는 연꽃도 많았다. 그러나 이화원의 쿤밍후에는 연꽃이 전혀 없는 것 같았다. 이화원 어디서나 볼 수 있는 기

이화원이 본떴다는
항저우에 있는 서호

이한 돌은 모두 윈난에서 운반해온 것이다.

쿤밍후에는 세 개의 섬이 있는데, 그중 난후다오南湖島를 구경하기 위해 거대한 아치형의 '스치쿵차오17孔橋'라는 열일곱 개의 구멍이 있는 아름다운 다리를 건너갔다 왔다. 다리 앞에는 물을 진정시킨다고 알려진 구리로 된 소의 동상이 있었다. 중국에는 강한 양陽에 속하는 소를 주조해 음陰에 해당하는 홍수를 일으키는 사악한 용을 누르고 수재를 방지하는 풍속이 있다. 한편 이화원의 완쇼우산 뒤편에 있는 유명한 거리인 '쑤저우제蘇州街'는 황제가 사랑하는 첩을 위해 강남의 쑤저우蘇州의 특색 있는 모든 것을 그대로 옮겨 와서 만든 것이라 한다. 특히 황제가 서민처럼 물건을 사고 싶어 만들었다는 이 거리엔 지금도 선물가게나 레스토랑이 늘어서 있다. 대걸레 같은 기다란 붓으로 물을 찍어 땅바닥에 글씨를 쓰는 사람도 보았다.

우리나라의 고기만두에 해당하는 바오즈包子를 사 먹어가며, 더허위안德和園으로 이동했다. 서태후가 즐겨 먹고 그 맛을 극찬해 전국적으로 유명해졌다는 그 바오즈다. 높이 21m의 다시러우大戲樓는 서태후를 위한 극장이라고 한다. 다시러우 맞은편에 있는 이러뎬頤樂殿은 서태후가 극을 관람하

돌로 만든 배, 스팡

던 곳이었다고 하는데, 당시에는 황제도 복도 아래에서 극을 관람했다고 한다. 무려 복도의 길이가 728m나 되고, 천장의 그림이 8,000장이 되는 창랑長廊을 지나 '스팡石舫'이라는 대리석으로 된 호화선을 유심히 지켜보았다. 호수에 떠 있는 듯 보이는 '스팡'은 가라앉지 않는 배를 만들라는 건륭제의 명에 따라 제작된 것이다. 아편전쟁 때 소실되었다가 서태후가 현재의 모습으로 재건했다고 한다.

　서태후는 하루 두 번의 정찬 때마다 100접시 이상의 진미를 차리게 하거나, 한 끼에 160가지를 놓고 식사를 했다고 한다. 1885년 해군부대 예산까지 빼돌려 재건한 이화원에서 연일 성대한 연회를 개최했다고도 한다. 서태후 환갑연의 음식은 공자의 76대 손 공링이孔令儀 부부가 마련했다고 하는데 잔치 비용이 1,000만 냥으로 당시 국가예산의 6분의 1에 달하는 금액이었다. 당시에 차려진 음식은 모두 216가지였다고 한다. 청일전쟁에서 청나라가 패한 원인이 이 때문이라는 말이 있을 정도다. 그런 서태후의 사치스러운 생활은 온데간데없이 거대한 돌덩어리만 덩그러니 남아 있는 곳에 인산인해를 이루는 장관은 묘한 대비를 이루고 있었다.

서태후는 다섯 살 난 아들 재순을 황제(동치제)에 올렸고, 아들이 죽자 네 살 난 조카 재첨을 황제(광서제)에 앉히고 수렴청정을 했다. 역사가들은 48년간 집권했던 그의 권력욕이 황제들의 수명을 단축시켰다고 말한다. 광서제가 죽은 다음 날인 1908년 11월 15일, 서태후는 73세로 생을 마감했다. 이화원은 1900년 미국, 영국, 프랑스, 오스트리아, 독일, 이탈리아, 러시아, 일본 등 8개국 연합군의 침입으로 다시 파괴되었다고 한다. 하지만 그런대로 옛 모습이 보존되고 있는 데 안도감을 느끼며 구경을 마쳤다.

세 시간가량 구경을 하고 나서 북문으로 나와 '헤이처黑車'라는 불법 영업 자가용을 타고 25위안에 우다오커우로 갔다. 북경대학, 청화대학 등 대학이 밀집해 있는 우다오커우엔 유학생들을 중심으로 한국인 3만 명이 산다고 한다. 거기서 반찬도 사고 저녁으로 한국식 비빔냉면을 시켜 맛있게 먹었다.

北京日記 25

뛰는 사람이 다 있네

밝은 창문 쪽으로 책상을 놓고 앉아 중국어 공부를 좀 하다가 자죽원으로 운동을 하러 갔다. 많은 사람들이 놀러 나와 있었다. 공원에 가면 편안함을 느끼는 것은 물론이고, 여가를 즐길 줄 아는 중국인들을 보면서 마음도 여유로워진다.

먼저 넓은 호수를 한 바퀴 돌았다. 좀 더 배회하다가 돌아 나오면서 서양인 한 사람이 긴 다리로 뛰는 것을 보았다. 운동장이 아닌 곳에서 뛰는 모습을 보기는 참 오랜만이다. 베이징은 공기가 나빠서 그런지 뛰지 않는다고 한다. 한국서 그렇게들 열심히 하는 조깅을 여기서는 못 하게 한다. 중국인들이 침을 잘 뱉는 습관도 입 안에 든 먼지를 뱉어내기 위해서라고 들었다. 게다가 올림픽을 앞둔 요즈음엔 베이징 여기저기서 공사가 한창이라 손으로 입을 막고 다니는 사람들이 유난히 눈에 띈다.

세계 오염도시 상위 10곳 중 8곳이 중국 도시다. 중국의 도시 거주 인구 5억 6,000만 명 중에서 안전한 공기를 마시는 인구는 1%밖에 안 된다. 베이징의 미세먼지 농도는 유럽 기준(50㎍)의 세 배 가까운 141㎍에 이른다. 이산화탄소 배출량도 2006년 62억 톤으로 미국의 58억 톤을 제치고 세계 최고에 올랐다. 세계은행이 2007년 초 발간한 보고서를 보면 중국에서는 대기오염으로 해마다 35~40만 명이 숨진다고 한다. 또 일산화탄소 중독 등 실내 공기오염으로 30만 명이 숨지는 것으로 추정된다.

2008년 베이징올림픽에 참가하는 일부 국가가 베이징의 극심한 대기오염을 피해 한국에 숙소나 전지훈련 캠프를 마련할 예정이라고도 한다. 선수들이 세계적으로 악명 높은 베이징의 스모그에 노출되어 건강에 영향을 받을 것을 우려해서라는 것이다. 특히 미국 올림픽 대표선수단은 한국에 숙소를 마련할 뜻을 비춘 바 있다.

재작년 다롄외국어대학에 갔을 때 중앙민족대학에 초빙교수로 갈 것이라고 했더니, 그곳에 있는 교수들이 베이징에 가지 말고 다롄大連으로 오라고 권유했던 일이 생각난다. 한국어학과 학과장인 허퉁메이何彤梅 교수는 대학원 수업을 해달라는 구체적인 제안까지 했다. 그러면서 다롄은 중국에서 살기 좋은 4대 도시 중 하나라고 자랑했다. 택시를 타고 해안을 따라 돌았는데 정말로 하늘이 맑고 거리가 깨끗한 환상의 도시였다.

중국은 2007년 3월 전자제품의 유해물질 사용을 제한하는 법을 시행하는 등 최근 환경규제를 대폭 강화하고 있다. 중국 정부가 2008년 베이징올림픽과 2010년 상하이엑스포를 앞두고 환경규제를 강화하면서 우리 기업들의 채산성이 악화되고 있다고도 한다. 특히 중국 정부는 올림픽을 전후한 2개월 동안에는 베이징 인근의 철강과 석유화학 등 환경오염 유발 업종의 가동을 중단하겠다고 한다. 베이징의 가장 큰 대기오염원인 중국 최대 철강회사 수도강철은 경제 손실 26억 위안(약 3,350억 원)을 감수하고 올림픽 개막 한 달 전부터 용광로 4개 중 3개의 가동을 완전 중단한다.

오늘은 기숙사 앞 간이음식점에 들어갔다. 대나무 젓가락이 눈에 띄었다. 중국인들은 밥 먹을 때 젓가락을 많이 쓴다. 물에 만 밥을 젓가락으로 먹는 걸 본 적도 있다. 그들의 대표적인 젓가락을 꼽으라면 참대나무 젓가락이다. 국물음식이 발달한 우리 식사에서 금속 젓가락을 많이 쓰는 것과 크게 다르다. 특히 중국인들이 대나무 젓가락을 싫증내지 않고 즐겨 쓰는 데는 강인하고 끈질긴 대륙적 근성이 숨어 있다는 이야기도 들었다.

대나무 집

노트북을 열고 특강을 위해 필요한 약력을 적어보았다. 그리고 침실로 옮겨놓은 책상 앞에 앉아 햇살을 받으며 중국어 공부를 했다.

운동을 하기 위해 자죽원으로 갔다. 오늘은 1시간 넘게 자죽원을 샅샅이 살피면서 돌아다녔다. 넓은 호수가 중심에 놓이고 호숫가에는 은행나무, 벚나무, 소나무, 전나무, 매화나무 등 수많은 나무들이 죽 늘어서 있다. 그

강남을 대표하는 상하이 최고의 정원, 예원

리고 새들이 나무숲 사이에서 지저귀는 풍광은 정말 아름답고 황홀했다. 중국의 정원은 바로 이러한 규모의 장대함이 특징이다. 이화원처럼 거대한 인공호수는 아예 망망대해를 연상케 할 정도다.

한편 상하이의 예원豫園, 쑤저우의 유원留園이나 졸정원拙政園처럼 중국식 정원은 인공연못을 판 다음 기암괴석을 앉히고 담장으로 겹겹이 구획을 짓는다. 명나라 때의 이름난 정원이었던 예원, 세계문화유산이 된 졸정원 등은 몇 년 전에 다녀왔다.

1559년 짓기 시작했다는 예원은 강남을 대표하는 중국식 정원이다. 쓰촨성 관리 판원돤潘允端이 아버지를 위해 지었다는 개인 정원으로 완성되기까지 18년이 걸렸다. 강남 제일의 이름난 돌들을 모아놓았고 사방이 회랑이며, 지붕 양쪽이 과장되게 치켜 올라간 건물들은 고풍스러움을 뽐낸다. 2만 톤이나 되는 무강황석武康黃石을 14m 높이로 쌓은 인공바위산 다샤大暇산도 있었다. 부자가 만든 이 정원 앞에 사회주의 최고지도자 장쩌민은 '해상명원海上名園'(상하이 최고의 정원)이라 이름 붙였다. 유원은 중국 4대 명원 중 하니다. 유 원에는 구멍이 뻥뻥 뚫린 태호석太湖石이 많은데, 관윈펑冠云峰이라 불리는 이 태호석은 강남 제일의 돌로 알려져 있다. 졸정원은 명나라 때 8년이나 걸려 만들어진 쑤저우 최대의 정원이다. 졸정원은 쑤저우의 유원과 베이징의 이화원, 청더承德의 피서산장避暑山莊과 함께 중국 4대 명원으로 꼽힌다. 명나라 때 고급관료였던 왕헌신王獻臣이 만들었는데, 속설에 의하면 황제의 하사금과 지방관리의 뇌물로 지은 것이기 때문에 정원에 '졸정拙政'이라는 불명예스런 이름이 붙었다고 한다. 아름다운 풍경으로 다관위안大觀園의 모델이 되기도 했다.

돌을 쌓아 산을 만들고 땅을 파서 호수를 만드는 중국의 정원과 달리, 한국의 정원은 매우 소박하고 자연스러워 앞뜰이나 뒤꼍에 나무 몇 그루, 꽃 몇 송이 심으면 되고, 마당 밖 뒷동산이 그대로 정원이 될 수 있다. 한국의 정원을 대표하는 전남 담양의 소쇄원이 떠올랐다.

오늘은 자죽원 구석구석으로 옮겨 다니며 운동을 했다. 바람에 흔들리며 사각사각 소리를 내는 대나무 숲 사이를 뚫고 들어가 시원한 공기를 마시며 몸을 풀었다. 정말 오랜만에 자연의 고마움을 한껏 느꼈다. 자연은 아무 말 없이 할 일을 다 하면서도 조금도 드러내려 하지 않는구나 싶었고, 참으로 인간에게는 자연밖에 없다는 생각마저 들었다. 더구나 요즘같이 낯선 곳에서 현실에 부대끼는 내게 자연은 너무나 큰 위안이다.

드넓은 자죽원에는 대나무 천지다. 우리나라 담양의 대숲마을처럼 어른 팔뚝 만한 대나무가 아니라 가느다란 대나무들이다. 대나무만으로 커다란 정자를 짓고 문을 만들었는데 예쁘기 그지없다. 죽세공품이라 하여 우리나라는 주로 대나무를 가지고 그릇을 만드는 편인데 중국은 대나무로 커다란 집까지 짓는다. 전에 항저우에 갔을 때도 대나무 산지로 유명하다는 말을 들었다.

중국의 마스코트인 판다(panda)의 식성이 까다롭다고 하는데, 판다는 파릇파릇한 대나무 잎이나 어린 싹(죽순)을 먹고 산다. 전 세계에 있는 2,500

마리 판다 중 절반 가까이가 쓰촨성 일대의 대나무 밭에서 서식한다고 한다. 중국의 대나무는 훌륭한 자원임에 틀림없다. 맑은 바람을 쐬며 즐거운 시간을 보내다 숙소에 들어와 오랜만에 평온함에 빠질 수 있었다.

인터넷 쓸 수 없어

오늘은 수업이 있는 즐거운 날이다. 시간에 맞춰 학교에 갔다. 일찍 가도 있을 만한 휴게실 하나 없기 때문에 항상 시간에 대서 가는 게 좋다. 그런데 벌써 학생들이 해이해졌는가 보다. 지난 주 발표할 학생들이 준비를 제대로 하지 못했다며 다음 주 잘하겠다고 하더니 약속과 달리 또 엉망이다. 관심과 애정을 가지고 한 자라도 잘 가르쳐주기 위해 고심하는 것을 생각하면 참으로 괘씸했다. 공부하는 학생들이 왜 그 모양일까 하는 생각이 들기 시작하면 가르치는 직업에 매력이 없어진다. 그런 일이 거의 없기에 다행이었는데 이상한 일이다.

그러나 이제 나도 귀신이 다 되었다. 학생들을 자유자재로 장악하는 힘이 생긴 것이다. 여기까지 와서 수업을 하는데 학생들이 잘 따르지 않으면 무슨 망신인가. 예나 지금이나 스승의 길은 가시밭길이라 하지 않던가. 가르치는 사람에게는 냉정함이 있어야 한다. 더욱 열심히 강의를 했다. 사실 공부를 하고 싶어 하는 학생들이 얼마나 되겠는가. 주로 번체자를 쓰는 나와 간체자 밖에 모르는 학생들의 차이도 극복해야 한다. 수업을 즐겁게 끝냈다. 학생들은 한국의 탤런트 이야기에 더욱 재미있어했다.

인터넷 연결을 부탁해놓은 맹석봉을 데리고 반장인 김용군까지 불러 점심을 먹으러 갔다. 지난번 한국의 역사책을 살 수 없느냐고 물었던 맹석봉은 학예부장으로 시를 좋아하고 글을 잘 쓴다고 한다. 어느 날엔가 지나는 길에 만났는데 원고료를 받으러 학과사무실에 간다고도 했다. 점심을 먹는 자리에서 자연스럽게 이곳의 학생들은 수업에 잘 빠진다는 말을 들었다. 어떤 수업은 출석률이 50%도 안 된다고 하면서 수업시간에 그냥 나가버리는 일이 허다하다고 했다. 놀라지 않을 수 없다. 용군이는 한국에 교환학생으로 갔던 일을 회고하면서 한국 학생들을 칭찬하기도 했다.

숙소에 돌아와 아들과 함께 쓰는 인터넷을 따로 사용하고 싶어 작업을 하려 했으나 단자에 전원이 들어오지 않아 두 학생은 과일만 먹고 돌아가야 했다. 나중에 용군이가 전화를 걸어와 '국제교류처에 알아보니 고칠 수 있는 게 아니라고 했다'며 일러주었다. 건물 안에서는 인터넷을 하나만 쓸 수 있게 해놓은 것이다. 모든 것이 열악하다는 걸 하나하나 확인해나가는 듯했다. 하기야 중국의 낙후된 농촌지역에는 지금도 아이들이 기본 의무교육조차 받지 못하고 끼니를 걱정하는 집이 부지기수라고 하지 않는가.

중국의 개혁개방 20여 년 동안 농촌은 도시와 단절되었고 발전할 수 없었다. '호구戶口'제도를 통한 거주이전의 제한 때문이었다. 1985~1990년 사이 농촌인구 1.5% 만이 도시로 이동했다. 그 결과 농촌의 과잉노동력이 도시로 흡수되지 못하고 농촌에 대거 잔류함으로써, 농민 1인당 평균 경지면적이 1.4무畝(1무는 6.67아르)에 불과, 절대다수의 농민이 빈곤층으로 전락했다. 물론 여기에는 농산물 저가정책도 한몫을 했다. 또한 부가가치가 낮은 농업환경에서 농민들이 불법으로 농토를 떠나 농촌의 황폐화가 가중되고 있다. 인구가 8억 명이나 되는 중국의 농촌은 빈곤할 뿐만 아니라 문맹률도 세계 최고 수준이라고 하지 않던가. 인터넷이 너무 느리다고 들었던 것에 비해서는 그래도 쓸 만한 게 다행이다. 최상의 문명국가였던 중국이 왜 이렇게 심각한 사회적 불평등, 즉 빈자와 부자, 노동자와 자본가, 농촌과 도시 등의 격차와 갈등이 심각한 지경에 이르렀는지 잘 이해되지 않았다. 당초 마오쩌둥은 중국경제를 재건하는 데 성공했다. 그러나 사회주의이념을 실현하기 위해 지나치게 서둘러 강행한 급진적 경제정책, 즉 '대약진운동'이 경제를 파탄내고 약 2,000~3,000만 명의 아사자만 남긴 채 실패로 돌아갔던 것이나 '문화대혁명'이 광기를 보이며 국정을 혼란에 빠뜨렸던 것이 회복하기 힘든 경제상황을 만든 것은 아닐까.

생각하기에 따라 중국은 인구가 많으므로 먹을 것이 가장 큰 걱정거리라 할 수 있다. 원자바오 총리도 중국은 13억의 인구를 먹여 살리는 것만으로도 세계에 공헌하고 있다고 말했다. 하지만 경제적·사회적 수준이 높지 않은 이유가 꼭 땅이 넓고 인구가 많아서만은 아닐 것이다. 물론 중국은 이제 국내 총생산 세계 4위인 경제대국이 되었으며 3위 진입을 앞두고 있다. 하지만 1인당 GDP는 세계 100위권에도 들지 못한다. 2006년 중국의 1인당 국내총생산은 2003달러에 그쳤다. 전 세계 209개 국가 가운데 129위로 앙골라, 아르메니아 등과 비슷하다. 중국도 더 잘살게 되면 좋겠다.

베이징에 온 지 벌써 두 달이 되어가고 있다. 수업도 18주 가운데 4주를 했다. 남은 수업들을 더 효율적으로 진행하기 위해 강의계획서를 다시 손질했다. 무엇보다 돌아가는 날까지 성실하게 할 일을 다 한 다음 깔끔하게 떠나야 한다. 그래야 고생한 보람이 있다. 남은 몇 달을 놓고 꼼꼼히 계획을 세워보았다.

밤늦게까지 강의실에서 공부하는 학생들

한국을 떠난 지 이제 꼭 두 달이 되었다. 아들이 공부하는데 텔레비전을 보기도 그렇고 해서 나도 공부를 했다. 특히 그동안 한 번도 컴퓨터로 간체자를 사용한 일이 없었는데 여기에 오니 그럴 수 없어 간체자도 익혀야 했다. 역시 필요가 창조를 낳는다는 사실을 절감했다.

저녁에는 운동이나 할 겸해서 대학 안으로 들어갔다. 강의실에서 공부하는 학생들이 무척 많았다. 사실 중국의 대학과 대학생들을 보면서 몇 가지 느낀 게 있다. 먼저 학생들이 참 힘들겠다는 생각을 했다. 밤 11시까지 강의실에 남아 공부하는 걸 보고 한국의 대학입시를 앞둔 고3 수험생을 떠올리기도 했다. 또한 모두가 기숙사생활을 하고 있으니 얼마나 스트레스를 받을까 안타까운 마음이 들었다. 게다가 기숙사는 한 방에 8명씩 들어간다고 한다. 어느 학생이 자신들은 기숙사, 교실, 식당을 오가는 따분한 생활을 하고 있다고 불만을 토로하는 걸 듣기도 했다.

기숙사에서는 밤 11시면 불을 끄기 때문에 누구나 그 전에 자는 편이라 했다. 11시에 소등하는 것이 처음에는 전력이 부족해서인가 보다 했는데 그게 아니었다. 물론 과거에는 그랬다고 한다. 그러나 지금은 절전을 위해서라기보다 학생들을 통제하기 위한 목적, 즉 행정편의주의적 발상에서 시행되고 있다고 한다. 그래서 학생들의 불만이 이만저만이 아니다. 여름철이면 학생들이 데모를 하는 것도 무리가 아니라 본다. 11시에 전기를 끊으면 무더위에 학생들은 어떡하란 말인가. 물론 에어컨도 없고 선풍기도 제공되지 않는다고 한다.

2007년에도 데모행진(학생들은 데모를 그렇게 부른다)이 있었다. 학생들이 참다못해 창문 넘어 술병을 던져가며 항의를 한 것이다. 자유와 낭만을 구가하고 싶은 혈기왕성한 젊은이들이 답답하니까 몰래 술도 사다 먹는다고 한다. 사실 한국의 대학생들은 흔히 캠퍼스 내에서 술을 마신다. 학교 근처에서 만취상태에 자기통제가 불가능해진 여학생을 남학생들이 부축하고 다니는 걸 보면 안타깝기 그지없다.

기숙사에 욕실이 없어 목욕을 하러 다니는 걸 보면서 얼마나 불편할까 하는 생각도 들었다. 식수도 보온병을 들고 먼 곳으로 뜨러 다니는 것 같았다. 한 번은 보온병을 들고 가는 학생들을 따라가 보았다. 일반적으로 모든 주거지와 근무지에 전문적으로 뜨거운 물을 공급하는 곳이 있다. 그런 걸 보면 한국의 학생들은 집에서 다니거나 기숙사에 있더라도 큰 불편 없이 생활하는 것 아닌가 하는 생각이 들었다.

중국에는 약 2,000~3,000개 대학이 있다. 이 가운데 국립대학이 1,000여 개이고 사립대학은 1,000~2,000개라고 한다. 이 많은 대학에서 학생들이 학교 안에 갇혀 그토록 열심히 공부를 하니 '중국의 장래는 밝을 것'이라는 단순한 생각도 해보았다. 전에 북경대학에 갔을 때 임 교수에게서 들은 바에 의하면 북경대학에 와 있는 한국 학생 숫자만도 800명이란다. 한국 학생들이 중국에서 공부를 많이 하고 돌아갔으면 좋겠다.

며칠 전 언론에 따르면 한국은 직장 스트레스가 세계 최고라고 한다. 우리 교수들도 업적에 따라 연봉을 정하고 있지 않은가. 그런데 직장 스트레스가 세계 제일인데도 학생들이 공부를 하지 않아 걱정이다. 우선 OT, MT, 축제, 개교기념일 등의 이유로 수업을 하지 않는 날이 많다. 중국의 대학에서 결강이란 있을 수 없는 일이다. 방학도 매우 짧은 편이다. 학창시절 게으름 피우며 놀다가 직장에 들어가 힘들어지는 것에 비하면 오히려 중국 학생들이 잘하는 것 같기도 했다. '한강의 기적'은 한국의 대학이 길러낸 양질의 인재들에 의해서 이루어진 것임을 상기할 필요가 있다.

경제발전을 바탕으로 국제화가 눈부셔 MBA조차 곧 중국 대학이 앞설지도 모른다고들 한다. 최근 우리 대학들이 주춤하고 있는 사이, 중국은 매년 10% 이상씩 성장하는 경제력을 바탕으로 경영학 교육 시스템을 혁신적으로 개혁하고 있다. 또한 중국 대학은 질적 성장을 위해 국제화에도 매우 적극적이다. 청화대학의 경우 입학생의 17%가 외국인이며, MIT와는 IMBA 프로그램과 교수개발 프로그램을, 하버드대학과는 경영자 교육 프로그램을, 스탠퍼드대학과는 상호교차 방문 프로그램 등을 공동 운영하고 있다.

강의실 밖으로 캠퍼스 곳곳에서 남녀학생들이 정을 나누고 있다. 남의 눈치를 전혀 보지 않는다. 대단한 용기다. 운동장은 어둡기 그지없다. 그토록 많은 학생들이 운동을 하는 농구장에는 왜 불을 켜주지 않을까 전부터 의아했다. 이 이야기를 최유학 교수에게 했더니 상당히 민감하게 반응했다. 자기들은 느끼지 못하는 것을 지적해주어 고맙다는 것이다. 농구장과 달리 오히려 몇 명 되지 않는 테니스장은 대낮같이 밝다. 나중에 들으니 그 학생들은 돈을 내기 때문이라 한다. 오나가나 빈부의 차이는 어쩔 수 없는가 보다.

중국 요리와 우리 가락

어제는 오후에 조선어문학과의 전미령 양이 방문해 내일 있을 사물동아리 행사에 참석을 부탁했다. 그 학생 편에 깔끔하게 수정한 강의계획서를 학습부장에게 주도록 했다. 그리고 밤늦게 특강을 위한 자료준비를 끝내고 나니 마음이 편안해졌다.

좀 쉬고 있는데 아들에게서 전화가 왔다. 교직원식당에서 점심을 하자는 것이다. 평소에는 학원에 가서 점심을 해결했는데, 대학 교직원식당의 음식이 맛이 있는 모양이다.

교직원식당에는 10여 가지 고기요리가 나온다. 중국의 요리는 장강(양쯔강)을 기준으로 북방요리와 남방요리로 구분된다. 북방은 주로 소, 돼지, 양, 말고기 등 육류에다 국수, 만두, 자장면 등의 밀가루 음식을 비롯해 콩, 고량, 옥수수를 주식으로 한다. 반면 남방은 강과 그에 따라 발달한 비옥한 평야로 예로부터 쌀과 생선이 풍부하다. 특히 후난성 동정호 일대는 중국 제일의 곡창지대로 '위미지샹魚米之鄕'(살기 좋은 땅)이라는 별명이 붙었을 정도다. 따라서 남방의 주식은 자연히 쌀이며 생선과 조개 등 해산물이 풍부하고 육류로는 닭고기와 오리고기가 고작이다.

물론 지역을 4분해서 맛의 대국 중국의 요리를 베이징요리, 쓰촨요리, 화이양淮揚요리, 광둥요리로 나누기도 한다. 이 중에서 베이징요리는 황하 유역의 북부에서 만들어진 북방요리와 궁중요리가 합해져서 만들어졌다. 궁중요리는 미식의 한계에 도전했던 서태후의 만족할 줄 모르는 욕망에 따라 만들어지기 시작한 요리다. 베이징의 3대 요리로는 베이징오리요리, 양고기 샤브샤브요리, 궁중요리가 대표적으로 일컬어지는데, 베이징요리는 만터우饅頭, 자오즈餃子, 미엔面류 등 밀가루 요리가 많고 맛이 진한 것이 특징이다. 베이징요리에는 해산물은 적고 양고기를 비롯한 육류를 이용한 것이 많다. 궁중음식뿐만 아니라 여러 지역의 다양한 음식을 맛볼 수 있지만,

너무 많은 조리법이 뒤섞이다 보니 두루뭉술하다는 평도 듣는다.

쓰촨·윈난·구이저우 지방은 따뜻한 날씨 덕분에 맵고 자극적인 고추나 후추 같은 향신료가 잘 재배된다. 특히 쓰촨은 분지로서 습도가 높으며 전국에서 가장 해를 적게 보는 지역이므로 풍습성 질병의 위험이 크거니와, 냉기를 막고 위나 장을 돕는 데 효과적인 고추, 산초 등을 요리에 많이 사용한다. 맛과 향이 강한 쓰촨요리는 근래 매운맛을 즐기고 다이어트에 도움이 된다 하여 젊은 여성들에게 인기가 높다. 상하이요리로도 알려져 있는 화이양요리란 난징과 상하이가 있는 양저우揚州지역의 요리다. 호수와 강이 많고 물이 맑아서 간장과 술이 진품이다. 재료 자체가 지니는 본연의 맛을 살려 요리하는 게 특징이다. 국제적으로 가장 잘 알려진 것은 광둥요리다. 타이완과 홍콩을 포함한 남동지역 음식으로 해산물이 주재료다. 해산물 맛을 살리기 위한 반생반숙半生半熟이 특징이다.

식사를 마치고 나오다 박문자 교수를 만났다. 박 교수는 특강을 수락해주어 고맙다면서 다른 대학의 한국어학과에서도 문화특강을 하면 좋을 것 같다며 자기가 소개해도 되겠냐고 했다.

저녁식사를 끝내고 어제 학생이 주고 간 초청장을 들고 사물놀이 공연장으로 갔다. 조금 늦게 도착한 행사장에는 사람들로 가득했다. 이미 와 있는 교수들과 함께 앞자리에 앉았다. 잠시 후 교수들 소개가 있었다. 안 왔더라면 미안할 뻔했다. 2시간가량 시간 가는 줄도 모르고 한복을 입은 학생들의 사물놀이 공연을 비롯한 노래와 춤에 흥겨워했다. 대학에서 각종 모임이나 행사가 있을 때면 한족 학생들이 너도나도 한복을 빌리러 온다는 말을 들었다. 다른 민족의 옷보다 색이 곱고 아름답다는 것이다. 한국 여성의 옷차림을 '상박하후上薄下厚'라고 일컫는 것처럼 짧고 날렵한 저고리에 길고 풍

민족대학 조선어문학과 사
물놀이패.

성한 치마를 입으면 미끈하고 우아하기 이를 데 없다.

학생들의 사물놀이가 마치 이름 있는 악단의 공연만큼이나 제법 수준이
있었다. 역시 여러 악기가 어울리고 두드려 소리를 내는 사물놀이가 한국
의 음악을 대표하는 민속악임에 틀림없다는 느낌이 들었다. 중국 전통음악
은 거의 다 혼자 연주하는 독주이자 멜로디 중심이다. 어떤 학생은 사물놀
이의 '사물四物'에 대해 "천둥치는 소리를 본 뜬 북, 빗소리를 본 뜬 장구, 번
개를 상징하는 꽹과리, 바람을 상징하는 징"이라 표현하기도 했다. 사물놀
이가 자연과 인간의 소리가 합쳐진 것임을 말하고 싶어 하는 것 같았다.

그러나 조선족 학생 하나가 "조선족들은 민속악 중에서 듣고 볼 수 있는
것이 사물놀이 하나밖에 없다"면서, "그것도 학교 동아리가 있기에 가능하
다"라고 말할 때에는 가슴이 아팠다. 중국에 사는 200만 명의 동포들이 한
국문화를 제대로 향유하지 못한다는 것은 분명 안타까운 일이다. CCTV 음
악 프로그램「민가세계民歌世界」에서 우리 민요 아리랑과 더불어 사물놀이
를 공연하는 모습을 감명 깊게 보았던 일이 떠오르기도 했다.

찬조 출연한 위구르족 여학생들의 요염한 춤과 몽고족 남학생의 악기 연

주도 무척 흥미로웠다. 특히 몽고족을 대표하는 젊은이가 우리의 해금과 비슷한 악기 '후친胡琴'을 연주했는데 말이 드넓은 초원을 힘차게 달리는 듯한 자유분방한 분위기를 자아내기에 충분했다. 유목민들의 자원은 오직 가축밖에 없었으므로 부족한 물자를 취하기 위해서는 자연히 거칠고 호전적일 수밖에 없었을 것이다. 악기 하나가 그런 느낌을 불러일으킨다는 데 새삼 음악의 힘이 느껴졌다. 후친은 원래 몽골의 악기였는데, 10세기경 중국에 도입되었다고 한다. 후친은 중국 희곡공연에 널리 사용되며 종류도 다양하다.

유목민은 잘 짜인 조직을 통해 필요하면 언제든지 중원을 공격할 수 있었다. 5세기에 선비족이 황하유역을 평정한 것이나, 13세기 몽고족이 원 제국을 세운 것이나, 17세기 만주족이 청나라를 건설한 것은 모두 유목민족이 중원을 침략 진출한 역사이다. 유목민에게는 "그러다가 너희들 정착민 된다"라는 말이 가장 큰 욕이라고 한다. 참으로 자유로운 영혼임을 느끼게 해주는 말이다. 몽골사람들에게서는 싸한 바람 냄새가 난다는 말도 들은 적이 있다.

공연이 끝나고 내 주위로 몇 사람이 다가왔다. 우리 학교 중문학과에서 유학 온 교환학생들이라며 매우 반갑게 인사를 했다. 다시 만나기로 하고 숙소로 돌아왔다. 모처럼 문화생활을 한 셈이었다.

간체자의 매력

3월의 마지막 날이다. 찾아오는 이가 거의 없기에 세수도 안 하고 책상에만 붙어 있었다. 그런데 갑자기 오상순 교수가 순대와 떡을 사들고 찾아왔다. 가고 난 후에 보니 순대가 보통 순대가 아닌 대형이고 양도 얼마나 많은지 질릴 정도였다. 역시 순대도 중국에서 만드는 것은 크구나 싶었다. 어쨌든 고마운 일이다. 토요일 귀한 시간을 내서 방문해주었으니 말이다. 오 교수는 추워서 어떻게 하느냐며 걱정을 많이 하고 갔다. 아직도 추워서 코트를 입어야 하는데 관리실에서 보름 전에 히터를 끊은 것이다. 베이징시에서 때를 맞춰 획일적으로 절전을 한다고 들었다.

점심을 먹고 특강자료를 중국어로 바꾸는 작업을 계속했다. 이제 중국어 편지라도 쓰고 싶은 마음이다. 무엇보다 컴퓨터로 간체자를 칠 수 있다는 것이 기쁘다.

일본이 제2차 세계대전에 패하자, 장제스가 이끄는 국민당과 마오쩌둥이 이끄는 공산당의 내전이 다시 격화되었다. 여기서 패한 국민당은 1949년 타이완으로 도망을 갔고 마오쩌둥은 1949년 10월 1일 천안문 광장에서 중화인민공화국의 성립을 선언해 초대 국가주석이 되었다. 중국이 신국가를 건설한 후 단행한 간체簡体 변용은 문맹퇴치에 획기적인 전환점을 마련했다. 1955년 문자개혁을 단행해 필획을 간편하게 줄인 상용간체자는 2,238자였다. 문맹률 80%를 잡기 위해 공산당은 루쉰魯迅이 『아큐정전』 서문에 주장했던 로마자 표기까지 검토했다가 한자 간편화로 절충했다.

문화적 자존심을 내우며 '인도와 셰익스피어를 바꾸지 않겠다'던 영국에서도 중국어 학습 열풍이 불고 있다. 세계 각국에서 중국어를 공부하는 인구는 4,000만 명인데, 모두 간체자로 배운다. 3,000개 대학이 중국어학과나 강좌를 두고 있다. 현재 64개국 210개에 이르는 중국어 교육기관 공자학원도 계속 늘어나 2010년이면 500개가 될 것이라 한다. 유엔은 얼마 전

간체자를 정식 한자로 확정하고 내년부터 모든 중국어 문서를 간체자로 쓰기로 했다. 중국의 간체자를 보면서 참 요령 있게 잘 만들었다는 생각을 많이 한다.

가령 매우 간결하면서 논리성이 돋보이는 것으로는 陽을 阳으로, 陰을 阴으로 만든 것을 비롯해 遠을 远으로, 遼를 辽로 만든 것이나 華를 华로, 衆을 众으로, 藥을 药로 만든 것 등이 있다.

어떤 경우에는 글자의 일부로 전체를 대표하게 한 지혜가 엿보인다. 예를 들어 복잡한 習자를 习로, 業을 业로, 雲을 云으로, 節을 节로, 麗를 丽로, 術을 术로, 電을 电으로, 兒를 儿로, 從을 从으로, 鄕을 乡으로, 開를 开로, 務를 务로, 廣을 厂으로, 離를 离로, 親을 亲으로, 醫를 医로, 産을 产으로, 類를 类로, 條를 条로 만든 것 등이 있다.

한편 藝를 艺로, 또는 關을 关으로, 蘭을 兰으로, 慶을 庆으로, 義를 义로, 風을 风으로, 歲를 岁로, 羅를 罗로, 過를 过로, 達을 达로, 動을 动으로, 壇을 坛으로, 顯을 显으로, 縣을 县으로, 歡을 欢으로 쓰는 것들은 매우 간결하면서도 아름답게 만들었다는 느낌이 든다.

그 밖에 盧를 卢로, 無를 无로, 幾를 几로, 對를 对로, 個를 个로, 豊을 丰으로, 馬를 马로, 漢을 汉으로, 總을 总으로, 飛를 飞로, 岡을 冈으로, 歷이나 曆을 历로, 弊를 币로, 窮을 穷으로, 盡을 尽으로, 衛를 卫로, 廳을 厅으로, 環을 环으로, 畢을 毕로, 擊을 击로, 懷를 怀로 만든 것 등은 쓰기 편리하도록 만든 합리적인 사고의 결과로 보인다.

다만 밀가루 음식에 해당하는 '麵'을 面으로, 곡식을 말하는 '穀'을 谷으로, 싸움을 뜻하는 '鬪'를 斗로, 겉과 속을 뜻하는 表裏의 '裏'를 里로, 잎을 뜻하는 '葉'을 叶으로 쓰는 것 등은 한자의 표의성을 크게 벗어났다는 점에서 바람직하지 않다고 본다.

한자는 중국·한국·일본은 물론 태국·인도네시아·싱가포르 등 동남아시아라는 거대한 지역에서 사용되는 문자다. 정자든 간자든 약자든 세계 인구의 3분의 1이 넘는 지역에서 쓰이는 만큼 하루빨리 '통일'된 문자가 나왔으면 좋겠다.

다행스럽게도 한자문화권에 속하는 한국·중국·일본·타이완 4개국의 학자들이 자형字形(글자의 모양)을 통일한 5,000~6,000자의 상용한자 표준자를 만들어야 한다는 인식을 같이했다고 한다. 한국과 타이완의 정체자, 중국의 간체자, 일본의 약자 등 국가들 저마다 다른 형태의 글자를 사용하기 때문에 일어나는 혼란을 막기 위해 '국제한자회의'는 지난 1991년부터 상용한자의 글자 수를 제정하고 자형 표준화를 추진해오고 있다.

특히 중국은 지금까지 간체자 위주의 언어정책이 흔들릴 수 있다는 우려 때문에 소극적으로 회의에 참석하던 것과 달리, 간체자와 번체자(정체자)의 공존을 들고 나서며 한자의 국제적인 보급에 주도권을 쥐겠다는 의도를 보이기도 했다. 5,000여 개의 상용 표준자는 번체자 중심으로 통일하되 해당 글자에 간체자가 있는 경우 함께 유지하겠다는 것이다. 물론 중국은 간체자로의 통일을 확신하는 듯하다.

北京日記 31

생선 주둥이를 손님 쪽으로

벌써 2, 3월이 지나고 4월이 되었다. 힘든 날들에 비하면 오히려 두어 달이 빨리 간 것도 같다. 몇 달 남지 않은 날들을 제대로 보내야 할 텐데 하는 다짐을 해보았다.

　오늘은 특강을 위한 중국어 자료 점검을 위해 아침에 과외를 하기로 했다. 9시에 장신이 와서 한 시간 정도 도와주었다. 어제 오상순 교수가 사온 순대를 기숙사에 있는 친구들하고 같이 먹으라고 장신의 손에 들려 보냈다. 오후에 자료를 준비해 학교로 갔다. 지영이가 나와 있었고 마침 최유학 교수도 있었다. 지영이와 자료 확인도 하고 인쇄까지 마쳤다. 그리고 최 교수와 잡다한 이야기를 나눴다. 한 시간 반 정도 있다가 지영이를 데리고 숙소에 와서 떡을 좀 싸서 보냈다. 오 교수가 가져온 그 많던 음식을 나눠주고 나니 좀 홀가분했다.

　최 교수가 저녁식사를 함께하자며 전화를 했다. 민족대학 서문에서 기다리고 있던 최 교수가 안내하는 대로 북경이공대학 앞의 더촨자德川家라는 고급스런 일식집으로 갔다. 68위안(1인)에 코스로 식사를 할 수 있는 곳이었다. 68위안짜리 A코스가 네 가지 코스 요리 가운데 가장 싼 것이다. 그런데도 A코스에 해당하는 요리가 너무 많아 다 먹을 수도 없다.

　청주, 즉 살짝 데운 일본의 정종 한 병을 곁들여 마시면서 잘 차려 나오는 음식들을 하나하나 음미하는 가운데 즐거운 시간을 보냈다. 생선의 머리냐 대가리냐에서부터 중국과 한국의 문화적 차이를 거론하며 이것저것 정겹게 대화를 했다. 듣던 대로 중국에서는 생선의 벌어진 주둥이가 손님 쪽으로 가도록 놓는 게 예의라고 했다. 그리고 배가 뒤집어진다는 믿음 때문에 생선을 먹을 때 절대로 뒤집지 않는다는 이야기도 나왔다. 식사를 하면서 친밀감을 확인할 수 있었다.

　최 교수는 조선족인데 중국인민대학 신문방송학과를 나와 국가의 번역 관련 일을 하다가 2007년 교수가 된 36세의 젊은 학자다. 최 교수는 내가

'교수'라 불러주는 것에 대해서조차 무척 송구스러워했다. 우리는 정치문제, 사회문제 등 심도 있는 이야기도 나누었다. 2시간 반가량 식사를 하고 나오는 데 200위안이 좀 넘는 돈을 지불하는 것 같았다. 월급도 얼마 안 되는 최 교수에게서 크게 얻어먹은 게 마음에 걸렸다. 다음에 보답하기로 마음먹었다.

물이 나빠 걱정이다

웬 날씨가 그렇게 추운지 몸이 도무지 편치를 않다. 더구나 히터를 끊어버린 후 냉기가 집 전체를 감싸고 있다. 좀처럼 수그러들지 않는 한기가 야속하다. 늘 두꺼운 운동복을 입고 이불을 뒤집어쓰고 자야 한다. 따뜻한 집이 그렇게 그리울 수가 없다. 집에서는 거의 이불도 덮지 않고 잤는데 반성이 되기도 했다.

며칠 바빠서 운동을 나가지 못한 탓인지 몸이 여기저기 쑤신다. 운동 삼아 아주 열심히 청소를 했다. 땀도 나고 해서 샤워를 하려는데 뜨거운 물이 안 나온다. 간신히 샤워를 끝냈다. 나는 샤워를 즐기는 편인데 이곳의 물은 왜 그렇게 안 좋은지 머리를 감아도 뻣뻣하고 늘 개운치 않다. 질이 나쁜 물을 쓰는 중국 사람들의 얼굴이 뽀얗고 피부가 고운 걸 보면 이상하다는 느낌마저 든다. 하긴 먹는 물도 아닌데 이 정도는 아무것도 아니다.

한국이 물이 좋아 차가 발달하지 않은 데 비해 중국이나 일본우 물이 나빠 차문화가 발달했다는 말도 맞는 것 같다. 실제로 여기 와서 들으니 중국인들이 차를 자주 마시는 것은 물과 밀접한 관계가 있다고 한다. 중국의 물은 석회질이 많아 그냥 마실 경우 물속의 불순물이나 독성이 그대로 몸에 쌓여 각종 질병을 부른다. 따라서 차를 자주 마셔 소화와 배뇨기능을 활성화시켜 건강을 유지하는 것이다.

물론 조선의 세종대왕이 "중국 사람들은 누구나 기름과 고기를 많이 먹기 때문에 차를 마셔 기운을 내려야 한다"고 지적했던 것처럼, 중국은 기름지게 먹는 식생활 습관 때문에 차가 발달한 것이리라. 사실 기름기 많은 음식에 의한 몸의 산성화 경향은 건강을 해칠 수 있기에 중국인들은 차를 마셔 중화시킨다고 한다. 린위탕은 『생활의 발견』에서 "그 어떤 인류의 발명품도 중국 차가 끼친 영향을 능가할 수 없다"고 하면서, 차 마시는 것이 중국인들의 소중한 일상임을 강조했다. '중국인은 밥은 굶어도 차는 마셔야 한다'는 말까지 있다.

중국에 오자마자 '물표'를 열 장 사놓고 물을 통으로 시켜먹고 있다. 사서 먹는 물인데도 그 물을 끓이는 커피포트에 늘 하얗게 석회가 끼는 걸 보면 역시 중국의 물은 문제가 많은 게 틀림없다. 아무리 커피포트를 깨끗이 닦아도 금방 다시 석회가 생긴다.

중국 하천수계의 70%는 못 먹는 물이다. 중국문명의 젖줄이었던 황하는 말라붙어 최악이며, 아시아에서 가장 길다는 장강마저도 70% 이상이 이미 마실 수 없는 수질이 되었다. 중국의 주요 강 중 3분의 1은 농업용수로도 사용할 수 없는 5등급이며, 1인당 수자원 양은 미국의 5분의 1에 불과해 6억 명 이상이 식수부족에 시달린다. 특히 장강 이북의 베이징을 비롯해 선양, 지난濟南, 시안西安, 란저우蘭州 등을 포함하는 지역이 물 부족으로 고생하고 있다. 중국의 환경오염은 만성적인 현상으로 자리 잡은 지 오래다. 세계은행은 2007년 초에 수질오염에서 비롯된 질병으로 중국인 6만 명이 숨지는

것으로 추정 보고했다. 중국 정부는 2006년 환경보호 예산으로 한국의 10
배인 2,567억 위안(약 30조 8,000억 원)을 썼다고 한다.

저녁을 먹고 나서 쌀을 비롯해 살 것이 많아 밖으로 나갔다. 돈부터 찾아
야 했기에 우체국에 갔으나 시간이 넘었는지 자동지급기가 작동되지 않았
다. 아직도 돈 찾는 데 익숙하지 못하다. 수중에 돈이 얼마 없어 있는 돈으
로 쌀이라도 사려고 차오스바로 갔다. 다행히 쌀값이 무척 쌌다. 5kg짜리가
35위안 정도밖에 하지 않았다.

그램(g)을 중국에서는 커克, 킬로그램(kg)을 첸커千克 또는 공진公斤이라
한다. 도량형이 우리와 달라 감을 잡기 힘들다. 한국에서는 1근斤이 600g인
데 비해 중국에서는 500g이며, 사람의 몸무게도 근으로 표시한다. 한국에
서는 면적을 주로 평坪으로 계산하지만 중국은 제곱미터(m²)로 계산한다.
또한 중국에서 쓰는 길이 단위는 미米(100cm)와 공리公里(1,000m)이며, 한국
에서 10리는 4km인데 반해 중국에서는 10리를 5km로 환산한다. 중국 정
부는 언제나 도량형을 전국적으로 통일시키기 위해 노력해왔다. 언젠가 중
국인들과 대화를 하면서 경희대학교 면적이 60만 평이라고 하자 그들이 어
리둥절해하는 걸 보았다.

추위에 맥을 못 추고

날씨가 빨리 따뜻해지지 않으니 큰일이다. 전혀 상상조차 할 수 없었던
일이다. 한국의 관광 경쟁력에서 무엇보다 기후와 날씨가 1위로 꼽히는 게
예사롭지 않음을 알게 되었다. 내가 추위를 많이 타는 것도 문제다. 무엇보

다 한국에서부터 아프던 어깨는 점점 더 아파 견디기 힘들다. 빨리 추위도 가시고 몸도 편안해졌으면 좋겠다.

한국의 온돌이 그립다. '펄펄 끓는 구들에 몸을 지진다'는 말이 바로 이런 때 쓰는 말인 것 같다. 방열기를 설치해 측면에서 열을 내뿜는 대류난방 방식과 달리 온돌은 밑면을 따뜻하게 하는 복사난방 방식으로, 바닥에 접촉하는 발을 뜨겁게 하여 몸 전체의 혈액순환을 원활하게 한다. 이것이 건강에 좋다는 사실은 세계가 인정하고 있다.

또한 대류난방 방식의 경우 바닥은 온도가 낮지만 천장 밑은 온도가 가장 높다. 따라서 고온의 공기를 호흡하면 심폐 내 산소분자 수가 줄어들기 때문에 건강상 좋지 않다. 그러나 온돌은 방바닥과 천장 아래의 온도 차이로 쾌적한 생활을 할 수 있게 하므로 과학적인 난방방식이다. 요즈음 중국 동북지역의 아파트를 다녀보면 우리 동포들은 어김없이 온돌에서 생활하고 있고, 중국 한족들조차 온돌의 효과에 매료되어 온돌방을 선호하고 있다. 수도 베이징과 여러 도시들도 예외가 아니어서 서양에서처럼 벽이 아닌 방바닥에 온수파이프를 까는 밑면난방의 온돌공사가 붐을 이루고 있다.

추위를 극복하는 힘을 기르기 위해 오후에는 운동을 하러 나갔다. 민족대학 구석구석을 뛰다시피 잰걸음으로 돌아다녔다. 우리 학교에 비해 턱없이 교정이 좁은 편이다. 원래는 학교 땅이 대단히 넓었다고 한다. 그러나 곧 현재 캠퍼스에는 대학원만 남겨놓고 넓은 곳으로 이전을 한다고 들었다. 캠퍼스를 돌고 돌았는데도 시간이 얼마 되지 않아서 학교 밖으로 나가 걸었다. 1시간 이상 땀을 내고서 숙소에 들어가 커피를 한 잔 했다. 이제 한국에서 가져온 커피도 떨어졌다. 중국인들은 커피를 거의 마시지 않는 것 같다. 중국생활에 익숙해지려면 아직 멀었나 보다.

2부

어디서나 살게 마련이다

성공적인 특강

화요일은 수업이 있는 날이라 준비를 마치고 수업 10분 전에 숙소를 나갔다. 내일 특강이 있는데 어디에도 특강을 알리는 현수막이나 벽보가 보이지 않았다. 답답하다는 느낌이 들기 시작한다. 한 달이 넘었는데 강사료를 주지 않는 것도 이상하다.

하지만 일주일에 하루밖에 없는 귀한 수업이기에 충실히 마치고 나왔다. 화장실에 물이 나오지 않아 손은 물론 옷 여기저기 묻은 분필가루를 닦기 위해 일단 숙소로 들어와야 했다. 분필은 쓸 때마다 어찌 그렇게 뚝뚝 잘 부러지고 가루가 날리는지.

어젯밤에는 추워서 새벽 3시 반에 잠이 깼다. 내일이 특강이 있는 날이라 푹 자두려고 했으나 그냥 날이 밝고 말았다. 게다가 관리실 아줌마가 이불과 베개를 들고 와서 갈아주겠다고 한다. 보통 열흘에 한 번씩 교체해준다. 아줌마가 가고 나서 눈을 붙여보겠다고 마음먹었다. 그런데 북경대학 임규섭 교수에게서 안부전화가 왔다. 나가야 할 시간이 2시간 앞으로 다가와 하는 수 없이 점심이나 먹고 나가기로 했다.

2시로 잡힌 특강시간에 맞춰 30분 전에 학교로 갔다. 눈여겨보았지만 며칠 전에 붙이겠다던 특강 공고문은 끝내 보이지 않았다. 특강 시작 20분 전이다. 특강장소에 잠깐 들러보았다. 문이 잠겨 있었다. 오늘 특강이 이루어질 수 있을지 의구심마저 들었다. 역시 국가 간의 다른 문화적 분위기를 직감했다. 학과사무실로 발길을 돌려 교수들과 차를 마셨다. 어젯밤에 추워서 못 잔 이야기를 했더니 조그마한 난로 하나를 빌려주었다.

행사장을 살피고 돌아온 박문자 교수가 한 가지 부탁을 했다. 민감한 사안인 만큼 '동북공정東北工程'에 대해서는 언급을 삼가주었으면 한다는 것이었다. 물론 어린 중국 학생들을 자극할 정도로 내가 어리석지는 않지만 이런 상황이 안타깝고 답답했다.

중국인민대학 국제관계원 스인홍時殷弘 교수는 "현재 양국 관계를 어렵게 만드는 것은 역사문제다. …… 전통민족의학부터 고대인쇄술, 단오와 중추절은 물론 전통온돌까지도 모두 논쟁의 대상이다. 하지만 한중의 고구려 역사문제나 백두산 영토문제는 중일 사이의 역사 갈등과 비교하면 그리 중요한 게 아니다"라고 했다.

그리고 스인홍 교수는 덧붙여 한중 정부가 역사 갈등을 해결하는 과정에서 반드시 준수해야 할 두 가지 원칙을 제시했는데, 그중 하나가 문제를 정치적으로 해결해야 한다는 것이요, 다른 하나는 오랫동안 유지해온 역사 해석 및 영토를 현상 그대로 인정하는 것이라고 했다.*

또한 서울대학교 국사학과 송기호 교수는 19세기 중·후반 이후 간도로 이주하는 조선인 이주민이 급증하기 전까지 조선에서는 압록강과 두만강 이북 땅을 '우리 영토'라고 생각하지 않았으며, 역대 중국에서도 압록강 이남의 땅을 중국사에 속한다고 여긴 적은 없다고 지적한다. 그리고 한·중·일 3국 모두 20세기식 민족주의적 역사관을 벗어난 21세기식 새로운 역사관이 필요하다고 강조했다.

한국은 2002년을 기점으로 미국과 일본보다 중국과의 교역량이 더 많아졌다. 경제협력의 필요성뿐만 아니라 양국은 북한 핵 해결 등 중요한 사안

* ≪동아일보≫, 2007년 6월 8일자.

특강 후 민족대학
한국어학과 교수
들과 기념촬영

에서 이해를 같이하고 있다. 서로 협력하는 성숙한 동반자 관계의 시대에 중국은 '동북공정'과 역사 왜곡으로 우리를 분노하게 만들기도 한다. 그러나 중국은 굳건한 신뢰를 쌓아두어야 할 이웃이다. 원래 국제관계에서 이웃이란 경쟁자이자 친구이며 여러 모로 신경 써야 할 존재 아닌가. 중국의 '동북공정'에 대한 우리의 의구심도 사라졌으면 한다.

잠시 복잡한 심리를 가다듬고 시간이 되어 행사장에 들어갔다. 분위기는 자못 차분하고 아는 사람들이 더러 보여서 그런지 친근감이 들기도 했다. 박 교수의 배려로 장황한 소개가 있은 뒤 "나를 불러줘서 감사하다"는 말을 중국어로 했더니 모두 박수를 치며 환영해주었다.

한 시간 정도 강연을 하고 5분 쉬었다가 다시 한 시간 가까이 강연을 했다. 간단히 경희대학교 한국어학과를 소개하고 나서 한국문화의 위대함과 한국문화의 핵심이 인본주의임을 역설했다. 전에 누군가 중국이 불사不死와 영생을 강조한 반면 우리 선조들은 죽음을 인정하고 죽을 때까지 오래 건강하게 살기를 염원했다고 하는 말을 들은 적이 있다. 이는 중국인이 종

교적이고 신비적인 사고를 지닌 데 비해 우리가 얼마나 인간중심적 사고를
하는지 단적으로 보여준다.

특강 내내 학생들이 자리를 뜨지 않고 아주 진지하게 강연을 듣는 모습
에 고무되기도 했고 고맙기 그지없었다. 한국어학과 학생들은 모두 한족이
며, 특히 1학년 학생들은 한국어를 잘 알아듣지 못한다. 두 시간 정도 강연
을 알차게 끝냈다고 자평하면서 들뜬 기분으로 사진도 찍고 여기저기서 인
사를 받으며 숙소로 왔다. 큰일은 아니지만 보람 있는 일을 했다는 즐거운
마음으로 잠시 쉬었다.

지영이가 학과에서 빌려준 난로를 들고 왔다. 특강할 때 파워포인트 자
료를 챙겨주면서 도와주었던 지영이와 통역을 도와주었던 장신, 그리고 평
징징 학생과 저녁식사를 하기로 했다. 평징징은 자기가 통역을 돕겠다면서
특강을 또 해달라고 야단이었다. 하긴 평징징은 같은 한족이면서 나의 과
외 선생인 장신보다도 한국말을 훨씬 더 잘한다. 전에 국비 유학생으로 우
리 대학의 국제교육원에서 어학연수를 받은 적도 있다고 한다.

식사하러 가기 전에 우체국에 가서 평징징의 도움을 받아 돈을 찾아야
했다. 3,000위안을 찾으려 했으나 실패하고 1,000위안씩 두 차례 2,000위
안을 찾아 시골집으로 갔다. 학생들이 예의를 차려 주문하는 바람에 배불
리 먹었어도 52위안이었다. 학생들에게 억지로 과자를 좀 사주었다.

결혼은 조선족끼리

특강도 끝나고 수업도 과외도 없는 날이다. 늦게까지 자고 일어나 운동

을 겸해서 대청소를 했다. 아주 깔끔하게 청소를 하고 샤워도 하고 나니 기
분이 좋아졌다.

　모처럼 쉬면서 하루를 보내고 아들을 데리고 오상순 교수 부부, 김건곤
교수 가족과 함께 식사를 하러 갔다. 오 교수의 남편인 김병운 교수는 대외
경제무역대학 한국어학과 교수인데 점잖으면서도 학교 밖에서도 많은 일
을 하는 분이었다. 전에 갔던 중국 음식점 다바이샤지우로우로 가서 각종
요리로 푸짐하게 식사를 했다. 이제 제법 중국음식의 맛을 느낄 수 있게 되
었다.

　요리는 전채前菜로 시작해 주요리가 나왔다. 소채小菜라고도 하는 전채는
정식요리가 나오기 전 입맛을 돋우기 위해 먹는 것으로 땅콩이나 약간 짠
반찬 등이 이에 해당된다. 그다음 차가운 요리인 냉채冷菜로 시작해서 따뜻
한 볶음요리인 열채熱菜가 나왔으며, 신맛의 요리로 시작해 단맛의 음식이
나왔다. 역시 맨 나중에 가장 고급이라는 생선요리가 나왔다. 이어서 탕湯
과 주식이 나왔다.

　차가 곁들여졌는데, 중국을 대표하는 가장 흔한 칭차靑茶라고 했다. 칭차
는 자연 발효시킨 후 가열하는 반半발효차로 우룽차烏龍茶라는 이름으로 더
잘 알려져 있다. 차는 발효 정도에 따라 불발효차, 반(부분)발효차, 발효차
로 구분한다. 불발효차를 녹차라고 부르는데, 불발효차는 맨 먼저 잎을 화
열 또는 증기로 가열해 타닌 성분이 효소에 의해 산화되지 않도록 하여 녹
색을 유지시키는 것이다. 반발효차는 잎을 햇볕에 노출시켰다가 그늘에 말
려 시들게 하여 성분의 일부를 산화시킨 다음 향기가 풍길 때 가마솥에 넣
고 볶는 것이다. 우룽차로 대표되는 반발효차는 약간 떫은맛이 나지만 입
안의 기름기를 없애주므로 기름진 중국요리를 먹은 후에 마시면 입안이 깨

끗해진다. 선물용으로는 최고 품질의 테관인차鐵觀音茶가 좋다고 했다. 특히 푸젠성福建省 남쪽의 안시현安溪縣에서 나는 우룽차의 일종인 안시테관인安溪鐵觀音과 푸젠성 우이산武夷山에서 나는 우룽차의 하나인 우이얀차武夷岩茶는 10대 명차에 들어간다. 우룽차는 광둥성과 타이완에서도 많이 생산된다. 발효차는 홍차라고 부르는데, 잎을 덖지 않고 볕이나 그늘에서 말려 잘 비벼서 잎 성분을 충분히 산화시킨 것이다.

새로운 요리가 나올 때마다 맛을 보았다. 새롭게 나오는 요리를 한 번 이상 먹어보고 그 요리의 맛이 수준급임을 표시하는 게 예의라는 말을 들었기 때문이다. 종업원이 차를 따라 줄 때도 검지와 중지 두 손가락으로 식탁을 가볍게 두드려 감사를 표시한다고 한다. 사람들과 많은 이야기를 하면서 중국에 관한 새로운 정보와 지식들을 접할 수 있었다.

화제가 주로 조선족에 관한 쪽으로 흘렀다. 한 가지 인상적인 것은 오 교수의 아들이 민족대학 법대에 다니고 있는데, 그 아이가 한족 여학생을 사귄다면서 두 사람의 결혼을 반대하는 것이었다. 조선족인 오 교수 부부는 아들을 조선족과 결혼시키려는 의지가 강했다. 아들은 거기에 반항하고 있다 한다. 중국인임을 자처하는 조선족들이 이 부분에서는 왜 다르게 나오는지 놀라웠다. 조선족 남자들이 중국 여자와 결혼한 뒤 실패로 끝나는 경우가 많으며, 따라서 대부분 양쪽 집안에서 서로 결혼을 반대한다고 들었다. 아직도 민족이 중요한 의미가 있구나 하는 생각이 들었다. 민족대학 학생기숙사만 해도 같은 민족끼리 방을 쓴다고 한다. 불상사를 막는 게 가장 큰 이유라고 들었다. 민족이 다른 두 학생이 싸웠을 때 곧 소수민족들 간의 '무리싸움'으로 번지기 일쑤라고 한다.

김병운 교수는 조선족과 한국과의 관계에서 "조선족은 한국에 감사해야 한다"고 강조했다. "한국이 잘살기 때문에 조선족도 덕을 보지 않느냐"는 극히 합리적인 판단에서였다. 김 교수는 중국 사람들이 일반적으로 국가나 사회를 생각하지 않고 자기 위주의 현실적인 사고를 하는 경향이 짙음을 대학생들의 경우를 실례로 들어 이야기하기도 했다. 3시간 남짓 저녁식사를 하고 숙소에 들어왔다. 술도 많이 했고 피곤한 하루다.

어디서나 살게 마련이다

오전엔 집안에서 지루하게 시간을 보냈다. 빨리 추위가 가길 바라는 마음만 간절하다. 오후에는 머리도 깎고 쇼핑도 하려고 밖으로 나갔다. 우선 머리를 깎기 위해 이미 눈여겨봐 둔 '한국인 메이랑커가 있다'고 크게 써 붙인 미용실로 갔다. 광고 간판과 달리 한국인은 없었다. 다행히도 대충 이야기가 통했고 여자 종업원의 숙달된 안마와 이발사의 솜씨에 안도할 수 있었다. 25위안을 주고 기분 좋게 나왔다. 중국에는 미용실이 참 많은 편이다. 그리고 머리 깎는 것을 예술로 여기는지 '藝人美場', '發藝秀', '發藝先鋒' 등 미용실 간판에 예술의 '예藝'가 들어간 것을 많이 보았다. 하긴 미용美容의 '미美'를 보면 충분히 예술이 될 수 있다는 생각이 든다. 한국에서는 생각해보지 못한 개념이다.

미를 창조하는 미용실이 유난히 많고 일하는 사람도 많은 점 등은 예사롭지 않다. 물론 미용실 안에 머리를 깎는 손님도 많다. 그리고 여러 미용실에서 종업원들이 줄을 서서 손님을 맞이하는 광경도 주목할 만했다. 미용 기술이 우리보다 떨어지지 않고 서비스 수준이 우리보다 나은 편이면서 요금이 확연히 싼 것을 보니, 중국에 진출한 한국미용실이 현지 미용실에 고객을 빼앗기는 건 당연하다는 생각이 들었다.

미용실에서 나와 중관촌에 있는 까르푸(북)에 가기 위해 처음으로 버스를 탔다. 중국에서는 버스를 '치처汽車'라고 부른다. 버스는 거리를 기준으로 볼 때 크게 세 종류가 있다. 시내만 순환하는 궁궁치처公共汽車, 시내에서 가까운 교외까지 다니는 단거리 버스인 진자오치처近郊汽車, 도시와 도시를 연결하는 장거리 버스인 창투치처長途汽車 등이다. 그리고 좌석 종류별로 나누면 일반 좌석버스, 시트가 호화로운 리무진버스, 2단 침대가 있는 침대버스 등이 있다. 형태 면에서는 일반 버스, 2층 버스, 패킹으로 이어진 두 량짜리 버스 등으로 구분된다. 운행방식상 일반 노선 버스가 있는가 하면, 가설된 전선에서 전기를 받아 달리는 트롤리 버스도 있다. 트롤리 버스는 '우구이뎬처无軌電車'라 부른다.

요금은 일반버스의 경우 기본 구간이 1위안이다. 2층 버스나 에어컨이 달린 버스 등은 2위안쯤 비싸다. 요금은 승차 시 안내원에게 목적지를 말하고 지불하면 되는데, 요즘은 전자교통카드를 많이 이용한다. 대개 버스는 사람들이 콩나물시루처럼 꽉꽉 들어차서 웬만한 용기가 아니면 우리 같은 외국인들은 이용하기 어려울 정도다. 정류장에 줄을 서서 기다리는 일도 거의 없고 좌석에 앉으려는 욕심이 중국만큼 강한 곳도 드물다는 말을 들었다.

역시 버스에는 사람이 많았다. 서서 갔지만 오랜 시간은 아니었다. 까르푸에서 이것저것 사서 돌아오는 길에 시골집에 들러 저녁을 먹었다.

그런데 얼마 전부터 국적불명의 맛에 거부감이 들기 시작했다. 한국에서 먹던 우리 음식 맛이 아닌 것이다. 한국 맛을 제대로 내는 한국식당이 아닌

칭다오시의 독일풍 건물

바에는 이제 차라리 중국음식이 낫겠다는 생각이 들었다. 한국에서의 중화요리점이 중국인들 사이에서 별로 인기가 없을 뿐만 아니라 차라리 한국음식을 먹겠다는 중국인이 많은 것과 마찬가지다.

현금을 돌려주다니

박문자 교수의 전화를 받고 함께 점심식사를 하기로 했다. 최유학 교수를 만나 '밀리언 랜드 하우스'라는 큰 중국 음식점으로 가니 다른 교수들은 이미 와서 기다리고 있었다.

이미 시켰다는 음식이 나오는데 익숙하지 않은 것들이라 많이 먹지 못했다. 만두를 먹자고 해서 잔뜩 기대하고 온 건데 갑자기 메뉴가 바뀌어 당황한 건 사실이다. 상황 변화에 대한 적응력이 떨어지는 편이기 때문이다. 그리고 나온 음식들이 내겐 좀 맞지 않았다. 두 시간 가까이 학과의 장래, 학생들 걱정, 문화에 관한 것 등 많은 이야기를 주고받았다. 그 유명한 '칭다오비지우靑島啤酒'(칭다오맥주)도 한 컵 마셨다. 산둥반도 남부에 위치한 칭다오는 삼면이 바다로 둘러싸인 아름다운 항구도시다. 100여 년 전까지 만해도 조그만 어촌에 불과했지만 1898년 독일조계지로 개항을 하면서 독일풍의 건물이 세워지고 유럽풍의 거리로 변해갔다. 맥주 제조 기술도 독일이 남긴 유산 중 하나다. 칭다오에는 8,000여 개의 한국 기업이 진출해 있으며 칭다오시의 청양취城陽區에는 한국 중소기업 3,000여 개가 몰려 있다.

우리가 먹은 식비를 계산하는데 200위안이 좀 넘는 것 같았다. 재미있는 것은 식비가 일정한 액수 이상이 되면 현금으로 상당액 돌려준다는 것이다. 물론 명절이나 공휴일 같은 특별한 날이나 사람이 많지 않은 한가한 시간에 국한하는 것이라 하지만, 다른 것도 아니고 현금으로 서비스하다니 매우 이상하게 느껴졌다. 고도의 상술로 보아야 할까.

한국어학과 교수들은 학교로 들어가고 혼자 숙소로 돌아왔다. 우리 학과 김정남 교수에게서 온 e메일에 답장을 보냈다. 8월에 중국인 공무원들에게 특강을 해줄 수 있겠느냐는 문의에 가능하다는 내용으로 회신을 했다. 공무원 특강을 통해 그들을 만날 수 있다는 것은 나에게 즐거운 일이다. 일전에 중국 공무원들에 대해 들은 바가 있기 때문이다.

중국 진출 17년째이며, 중국에 진출한 4만 여 한국기업을 대표하는 오수종 중국한국상회 회장은 '차이나 드림(China dream)'을 이룬 사람이다. 오 회장이 언젠가 중국 공무원들을 칭찬한 적이 있었다. "1990년 첫 중국 진출 때였어요. 고압가스기 제조업체를 옮기려고 했는데, 수교 이전이라 돈을 가져올 수 없었어요. 할 수 없이 공무원들에게 '내 기술을 400만 달러에 사라'고 제의했죠. 놀랍게도 당시 청화대학 출신 부시장을 단장으로 한 베이징시청 공무원들이 몇 달간 검토한 후에 400만 달러를 주겠다는 것이었어요. 더 놀란 것은 생면부지의 외국인에게 거금을 내준 진짜 이유를 듣고 나서예요. '400만 달러를 내주더라도 나중에 몇 10배, 100배 되찾아오면 된다. 그것이 인민을 진정으로 위하는 일 아닌가'라고 하는 것이었어요." 오 회장은 1995년 이후 매년 미화 1억 달러 이상을 해외에 수출하고, 현재는 1,800여 명의 중국인을 고용하고 있으며 벌어들인 돈은 몽땅 중국에 재투자하고 있다고 한다.

한중 수교 15주년 개막식

김일성 북한 주석이 "(중국이) 이미 우리의 적인 한국과 수교를 했으니 우리도 중국의 적인 타이완과 외교관계를 맺어야겠소"라고 하자, 덩샤오핑이 "만약 당신들이 타이완과 수교한다면 우리는 바로 당신들과 단교할 거요"라고 했다는 말은 아주 유명하다.

그로부터 15년이 지났다. 한중 양국은 수교 15주년인 2007년을 '한중교류의 해'로 정하고 서울과 베이징 등 양국 주요 도시에서 100여 건의 다채로운 행사를 개최한다. 오늘은 서울 국립중앙극장에서 개막식이 있었는데 한국을 처음 방문한 원자바오 중국 총리가 참석했다고 한다. 폐막식은 12월 초에 베이징 인민대회당에서 열린다고 들었다.

상호 항공편만 봐도 1992년 매주 30회이던 것이 2006년 799회로 26배나 증가했다. 요즈음 한국 6개 도시와 중국 30개 도시 간에는 하루에도 100편 이상의 항공편이 취항하고 하루 1만 명 이상이 오가고 있다.

경제교류가 급증하자 2004년 미국을 제치고 한국이 중국의 제1 교역 대상국으로 떠올랐다. 수출 대상국으로는 1위이며, 수입 대상국은 일본에 이어 2위다. 중국에서 홍콩을 제외하면 한국이 미국과 일본 다음으로 3대 교역국이다. 중국산 없이는 못 사는 한국이 되었다고도 한다. 중국산 소비재가 한국 수입시장의 3분의 1 이상을 차지할 정도로 국내 시장 침투도가 높아진 반면 한국의 대중 수출 경쟁력은 떨어지고 있는 것으로 나타났다. 1992년 63.7억 달러에 불과하던 양국 무역이 2006년 1,180.2억 달러로 18.5배 증가했다. 그리고 한국의 대중 투자액은 1992년 1.4억 달러이던 것이 2006년 33.1억 달러로 23.6배 증가했다. 현재 4만여 개의 한국기업이 중국에서 활동하고 있다.

인적 교류도 활발해 2006년 한국과 중국을 오간 방문자는 482만 1,000여 명, 한국인 392만 4,000여만 명이 중국을 찾았고 중국인 89만 7,000여 명이 한국에 왔다. 2007년 말 중국 방문 한국인은 500만 명을, 한국 방문 중국인은 100만 명을 돌파할 것으로 전망되었다. 수교 첫 해인 1992년의 상호 방문객은 13만 명으로, 방한한 중국인이 8만 7,000명이고 방중한 한국인은 4만 3,000명에 불과했다. 결국 양국의 인적 교류는 37배나 늘어났다. 특히 중국으로 여행가는 외국인 가운데 가장 많은 외국인이 바로 한국인이며, 유학생 수도 가장 많고 장기 거주자도 한국인이 가장 많다. 한국에 가장 많이 살고 있는 외국인도 중국인으로 10명 중 4명꼴이다.

2006년 중국의 한국인 유학생은 6만여 명으로 중국 내 전체 외국인 유학생 중 40%에 이르렀고, 한국 내 중국인 유학생은 2만 800명(2007년은 3만 3,650명)으로 재한 외국인 유학생 3만 명 중 61.7%를 차지했다. 1992년 수교 이후 중국에 정착하기 시작한 한국인 수는 5년 만인 1997년 10만 명을 돌파해 2000년 20만 명을 넘어서더니 2004년부터 매년 10만 명씩 증가해 2007년 70만 명까지 급증했고 올림픽이 끝나는 2008년 말에는 100만 명이 될 것이라 한다. 현재 베이징에 12만 명, 칭다오에 10만 명, 상하이에 6만 5,000명, 톈진에 5만 명 등 한국인 1만 명이 넘는 도시만 14곳이다.

불과 15년 만에 우리와 중국이 이렇게 가까워지면서 비약적으로 발전한 것을 보면 현대 사회는 정말 빠르게 변화하고 있다는 걸 실감하게 된다. 1949년 중국대륙에 공산정부가 수립된 후 타이완하고만 교류하던 시절, 중국은 미지의 세계이자 마치 적국敵國 같은 느낌이었다. 우리는 당시 중국을 중공中共이라 불렀는데, 이는 중국공산당을 줄여 부른 말이며, '중공'이라 하면 공포감마저 들었다. 합법적인 정부로 인정하지 않던 호칭에 내포된 의미와 더불어 이념이 얼마나 인간을 경직되게 하는가를 새삼 깨닫게 된다. 중공민항기가 한국에 불시착했을 때도 무슨 큰 난리가 난 것처럼 나라 전체가 떠들썩했던 일이 생각난다.

그리고 그 무렵 중국에 유학을 가고 싶어 일찍이 타이완에 유학을 갔다 온 김언종(현 고려대학교 한문학과 교수) 선배를 찾아갔던 일도 기억에 생생하다. 1950년대 냉전체제가 시작되면서 40여 년간 양국 관계가 단절되었고, 그동안 양국은 서로 다른 변천의 길을 걸어왔다. 그러나 다시 만나면서 장구한 교류의 역사와 문화적 전통의 유사성은 금세 낯선 상대를 익숙한 상대로 바꿔놓았다.

베이징에 온 지도 벌써 꽤 시간이 지났다. 물론 집 떠나면 고생인 줄은 충분히 예상했다. 그러나 새로운 환경과 타 문화에 대한 호기심과 지적 욕구는 충분히 어려움을 타개하는 동력이 될 수 있다고 믿어왔다. 다만 숙소에서 지내는 단조로운 생활에 지쳐가고, 인스턴트 식품에 거부감이 들기 시작한 게 문제다. 이 고비를 잘 넘겨야 한다. 좀 더 힘을 낼 수밖에 없다. 어느 누구에게 넋두리를 하거나 동정을 구할 나이는 더욱 아니다.

오늘은 6주째 수업을 했다. 수업시간에 학생들이 무엇을 배웠는지 너무나 아는 게 없는 것 같아 답답하기 그지없다. 그래도 내색을 하기보다는 혼자 삭이고 또 용기를 내서 만나고 올바른 방향을 제시해야 한다. 이게 선생의 도리일 것이다. 다행스럽게도 최초연이라는 학생에게서 e메일이 왔다. 너무나 몰라 죄송하다면서 열심히 공부하겠다고 다짐하는 내용이었다. 이럴 때는 학생들이 참 귀엽다는 생각이 든다. 다시 태어나도 교수가 되고 싶은 마음이 들 정도다.

웨이밍후와 56도 술

오후 1시부터 있을 과외를 준비했다. 한참 만에 장신이 왔다. 장신은 늘 밝고 얌전한 학생이다. 몇 가지 내용을 묻고 난 다음 진도를 나갔다. 꽤 공부를 잘하는 학생답게 오늘은 문법적 사항을 포함해서 많은 것을 가르쳐주었다. 특히 오늘 북경대학에 가야 하기 때문에 택시를 타면 어떻게 말을 해야 하는지 물어보았다. 장신은 두 가지 표현을 가르쳐주었다. "워야오취베이징다쉐시먼我要去北京大學西門"(나는 북경대학 서문에 가려고 합니다), "짜이베이다시먼샤在北大西門下"(북경대학 서문에 가서 내려주세요).

약속 장소로 가기 위해 마침 숙소 앞에 정차하고 있던 택시를 탔다. 배운 대로 "짜이베이다시먼샤在北大西門下"(북경대학 서문에 가서 내려주세요)라고 했더니 알아들었는지 운전자는 "시먼샤西門下"(서문에서 내려요)를 복창했다. 안도하는 순간 택시는 어느새 중국인민대학 서문 앞에 멈춰 섰다. 인민대학이 아니라 북경대학임을 주지시켰더니 운전자는 즉시 알아듣고 "베이

북경대학의 정문, 서문

다北大"(북경대학)를 복창했다. 탈 때 말했던 '북경대학' 소리는 건성 듣고 '서문'만 기억했던지 중국인민대학의 서문에 댄 것이었다. 다시 북경대학을 향해 가고 있는데 임규섭 교수에게서 전화가 왔다. 서문으로는 택시가 들어올 수 없다고 하면서 운전자를 바꿔달라는 것이었다. 잠시 후 도착하니 임 교수가 나와서 기다리고 있었다.

임 교수의 사무실 겸 숙소로 들어갔다. 생각보다 훨씬 좋았다. 비교적 넓고 안온한 분위기의 혼자 쓰는 방이었다. 하얀 벽에 다닥다닥 붙여놓은 종이쪽지를 보면서 얼마나 바쁘게 살고 있는지 짐작할 수 있었다. 차 한 잔 마시고 일어나야 했다.

나를 놀라게 한 것은 1898년에 창립된 대학의 정문이었다. 100년이 훨씬 지난 세계적인 대학의 서쪽에 난 작은 문이 바로 북경대학의 정문이라니 놀라울 수밖에. 임 교수의 안내로 대학 내 곳곳을 두루 구경했다. 가장 높은 자리에 있는 당 비서를 비롯해 총장이 근무하는 본관, 너무 아름다워 이름을 붙이지 못했다는 '웨이밍후未名湖', 일찍이 옌징燕京시절 대학에 용수를 제공했다는 거대한 수탑水塔도 보았다. 그리고 최초로 중국을 서양에 소개했다는 인물의 '가묘假墓'도 구경했다.

북경대학의 호수, 웨이밍후

북경대학이 청화대학과 함께 자금성의 별궁인 원명원圓明園에 속했었다는 말을 들으며 지적 욕구를 충족시킬 수 있었다. 북경대학이나 청화대학의 입학 실질 경쟁률이 2만 대 1이라는 끔찍한 말을 들은 적이 있다. 이들 학교에 들어가면 화사하게 핀 연꽃을 구경하게 된다. 연꽃은 진흙 속에서 피어난다. 원명원은 강희, 옹정, 건륭의 통치기인 1709년부터 1860년까지 황제들이 기거했던 황실의 정원이다. 원명원은 1860년 연합군에 의해 파괴되어 폐허가 되었다. <화소火燒 원명원>이라는 영화도 있다고 들었다. 그렇게 아름다웠을 원명원에 한번 가봐야겠다고 마음먹었다.

원명원의 일부라는 행정실 중심의 구역을 지나 교학 중심의 강의동 건물들을 보면서 마오쩌둥이 사서로 잠시 근무한 적이 있는 웅장한 중앙도서관 앞에서 사진도 찍었다. 지나가는 한국어학과 학생들도 만날 수 있었다. 안타깝게도 도서관에 책이 턱없이 부족하다는 말도 들었다. '민주화 운동의 발원지'라는 표지판을 보고 지나가면서 1989년 '천안문사건'을 떠올리기도 했다.

1966년 기존 권위에 반기를 들라는 72세의 마오쩌둥의 호소에 가장 먼저 반응한 사회집단은 학생이었다. 그해 5월 북경대학에 '혁명 지식인들이 모두 (혁명)전투에 참가할 것'을 선동하는 대자보가 붙자 마오는 "1960년대 베이징의 코뮌 선언"이라며 환호를 보냈다고 한다. 천천히 걸어가면서 남문을 거쳐 광활한 기숙사동도 눈여겨보았다.

아주 신기한 느낌이 드는 것은 학과사무실이 있는 건물이었다. 마치 한국의 옛 서원을 보는 것 같았다. 2층으로 된 단아한 가정집 같은 느낌도 들었다. 우리의 국어국문학과와 같은 중어중문학과 앞에서 사진도 찍었다. 끝으로 지금은 국제교류처로 사용하고 있으나 옛날에 공주들이 살았던 곳을 지나 다시 임 교수의 숙소로 돌아왔다. 차 한 잔을 하고 나서 자상한 임 교수가 CD에 담아준 사진을 들고 식사를 하기 위해 중관촌에 있는 둥라이순東來順으로 향했다.

가는 도중에 중국서 제일 크다는 신화서점新華書店 등이 있는 '도서성圖書城'이라는 서점가를 지났다. 올림픽을 대비해 대대적으로 보수공사 중이어서 몹시 지저분했다. 둥라이순은 베이징 명물요리의 하나인 샤브샤브 전문점이었다. 샤브샤브는 가운데 연통이 튀어나와 있는 형태의 냄비를 사용한다. 우리와 다른 것은 고기와 양념장이다. 고기와 여러 가지 야채를 함께 넣어 끓여먹는 샤브샤브를 중국에서는 훠궈火鍋라고 한다.

훠궈는 중국 쓰촨성의 음식으로 짐을 나르던 인부들이 집에서 음식을 들고 나와 양재기에 물을 끓여서 익혀 먹던 것이다. 한편 개혁 개방 이전 1920년대 충칭重慶의 상인들 사이에서 유행하던 음식이었다고도 한다. 하지만 훠궈는 본래 유목생활을 하던 북방민족의 먹을거리였다. 칭기즈칸의 군대들도 투구에 물을 끓이고 양고기를 데쳐 먹었다고 한다. 어쨌든 훠궈는 중국에서 궁중요리로도 사랑받았으며, 건륭제와 서태후도 훠궈의 매니

훠궈

아였다. 샤브샤브용으로 쇠고기를 선호하는 우리와 달리 중국인들은 양고기를 즐겨 먹는다. 양념장은 깨, 간장, 식초, 조개기름, 두부유 등 7종류의 조미료를 취향에 맞게 혼합해 쓴다. 이 둥라이순은 고급스럽기로 유명한 음식점으로 천안문에 본점이 있다고 한다.

맛있게 고기를 먹으며 오랜만에 즐거운 분위기 속에서 이런저런 이야기를 나눴다. 38도짜리 술이 없어 56도짜리 술을 시켰다. 중국의 북방은 춥기 때문에 독한 술을 많이 마시는 편이고 남방은 따뜻하기 때문에 비교적 약한 술을 마신다고 한다. 우리가 마신 '징지우京酒'는 한국의 소주와 같은 바이지우로 그런대로 먹을 만했다. 하지만 높은 도수만큼 역시나 아찔한 술이었다. 따라주는 대로 홀짝홀짝 계속 마셨던 게 화근이었다.

나중에 들어보니 한순간 식탁에 이마를 찧었다고 한다. 도무지 믿어지지 않았다. 지금까지 그런 일이 한 번도 없었기 때문이다. 아무리 술에 취해도 정신을 놓지는 않았었다. 임 교수는 바람을 좀 쐬어야 한다며 중관촌의 밤을 걷기를 정중하게 권했다. 헤어져 택시를 타고 먼저 출발했다. 아들에게 아버지의 약한 모습을 보인 게 꺼림칙했다.

삼성전자의 활약

세탁기 돌아가는 소리가 거슬린다. 숙소에 따로 세탁실이 있는 게 아니다. 세탁기를 거실 소파 바로 1m 옆에 놓고 생활하기 때문에 좀 시끄러운 편이다. 여기서 사용하는 성능 좋은 세탁기는 한국의 삼성 제품이다. 그리고 나와 아들이 쓰고 있는 멋진 디자인의 휴대전화도 삼성이다. 그러고 보니 나는 중국에 오면서부터 삼성제품을 지니고 사는 셈이다. 삼성전자는 중국 현지공장의 휴대전화 생산능력을 높여 2008년에는 2007년의 6,700만 대보다 400만 대 이상 증가한 1만 1,000만 대 규모를 생산할 계획을 추진하고 있다.

한편 어디 가나 삼성 광고를 쉽게 볼 수 있다. 중국의 텔레비전 광고에서 '삼성 텔레비전' 광고를 자주 보기도 한다. 심지어 일식집 더촨자의 화장실에 들어가니 삼성 세면기 광고가 눈에 띄었다. 길을 가다 보면 그 큰 버스 전체에 '삼성 애니콜'을 광고하고 다니는 걸 볼 수도 있다.

어느 날인가는 '삼성음악성전'이라 하여 '삼성'의 이름으로 베이징올림픽을 경축하는 음악회 「룽멍龍夢」, 즉 '용꿈'이 텔레비전에서 방영되었는데, 끝날 때까지 '삼성'으로 장식한 무대를 보여주는 장관을 연출했다. '과연 삼성이구나' 하는 생각이 들었다. 삼성은 중국 내에 전자·SDI·화재·물산 등 20여 계열사가 생산법인 28개와 판매법인 30개, 연구소 4개, 지점·사무소 57개를 두고 있다. 2006년 매출액은 297억 달러(약 28조 2,000억 원)였고, 2007년은 21% 늘어난 360억 달러로 목표를 올려 잡았다.

삼성전자는 임직원 8만 3,000명으로 이루어진 거대한 조직이다. 박사급 인력만도 4,000명이 넘는다. 특히 이들 중 6만 5,000여 명이 무려 1,500개의 자원봉사팀을 결성해 이웃을 돕고 있다. 반도체 칩처럼 촘촘한 봉사조직이 맹활약하고 있는 것이다. 삼성전자가 펼치는 사회공헌 활동분야는 다양하다. 사회복지뿐만 아니라 문화예술과 학술교육, 국제교류, 환경, 체육

분야까지 망라되어 있다. 글로벌기업의 사회적 책임을 다하기 위해 세계 각지에 흩어져 있는 법인들도 봉사활동에 적극 나서고 있다.

삼성은 중국 내 40개 법인이 1개 농촌씩 돕는 '1심 1촌一心一村' 농촌 돕기 활동과 2005년부터 2007년 말까지 벽지 45곳에 소학교 건물을 지어주는 '희망공정' 사업을 진행했다. 또한 삼성은 2002년부터 매년 중국 23개 대학의 우수한 학생 300여 명에게 장학금을 지급하고 2007년부터 매년 2,000명의 빈곤층 백내장 환자에게 무료로 개안수술을 해주고 있다. 그리하여 인민일보人民日報와 함께 중국 공산당 2대 기관지인 광명일보光明日報가 중국에 진출한 외국인 투자기업이 벌이는 공익사업을 종합평가해서 주는 사회공헌 최우수상을 LG와 나란히 3년 연속 받았다고 한다.

이는 한국의 기술 및 경제력의 수준을 가늠케 하며 국가 이미지 제고, 나아가 국력 신장을 실감하게 하는 사례다. 나를 가르치는 장신도 어느 날 중국어 공부를 하다가 한국사회의 문제점을 지적하는 내게 "한국은 기술이 뛰어나잖아요"라고 하는데, 무척 부러워하는 눈치였다.

그러나 그렇지만도 않다는 생각이 불현듯 들었다. 중국은 인공위성, 핵무기, 전투기 같은 국가 주도 기술 분야에서 세계 최고 수준의 기술을 보유하고 있다. 과학기술논문 색인(SCI) 통계에서도 중국은 세계 선두 그룹에 들어간다. 단지 상업적 기술에서만 한국에 뒤진다고 한다. 무역협회 조사에 따르면 지난 2005년 세계시장에서 점유율 1위인 한국제품은 59개에 불과한데 중국은 무려 958개였다. 전년도 1위였던 독일(815개)을 밀어내고 세계 1위에 오른 것이다. 특히 중국은 철강·시멘트·가전 등 170여 개 품목의 생산과 수출에서 세계 1위를 달린다. 2006년 GDP 규모 역시 우리가 세계 10위인 데 비해 중국은 4위였다. 한중 수교 15주년을 맞아 대한무역투자진

홍공사(KOTRA)가 중국기업들을 대상으로 한 설문조사에서 절반 이상이 "중국기술이 한국보다 앞서거나 비슷하다"고 답변했다고 한다.

중국은 방대한 시장과 막대한 투자를 바탕으로 기술 개발에 박차를 가하고 있다. 중국과 일본의 기술 격차가 동등하거나 5년 이내에 비슷해질 것이라는 전문가들의 분석도 있다. 일각에선 한국이 중국과 일본 사이에 낀 '샌드위치'라고 우려한다. 넋 놓고 있다간 샌드위치도 못 될 판이다.

약속은 반드시 지켜야

오늘은 과외를 하기 시작한 지 열흘이 되는 날이요, 과외비를 주기로 한 날이다. 처음 주는 과외비인데다 그냥 주기도 그렇고 해서 봉투를 준비해야겠다고 생각해두고 있었다.

나가기 전에 내일로 예정된 주중 한국문화원 방문이 어떻게 되는지 최유학 교수에게 전화를 걸어 물어보았다. 운동회 때문에 연기되었다면서 연락을 드리지 못해 죄송하다고 여러 번 사과했다. 어디 그런 일이 여기서만 있는 것도 아니고 사람이 실수도 할 수 있다는 생각으로 넘기고 싶었다. 그러나 파출부 아줌마를 비롯해 학생, 조교, 교수 등 약속의 파기가 이어지다 보니 기분이 좋지 않았다.

조금 있다가 박 조교에게서 전화가 왔다. 약속을 파기하는 전화였다. 순간 약속을 잘 지키는 것이 얼마나 힘든가를 되새겨 보게 되었다. 이쯤 되면 '말이란 너무나 무의미하다'는 것을 알게 된 장자莊子가 말했던 '말이란 할 필요가 없다'는 점을 절실히 깨닫게 된다. 나는 '신信'이라는 글자에 관심이

많다. 살면서 이보다 중요한 덕목을 찾기도 힘들 것이다. '신'이라는 글자
는 사람 '인人' 변에 말씀 '언言'으로 되어 있다. 인간의 언어가 얼마나 중요
한가.

노자老子가 말한 "말을 귀하게 여기라貴言"라는 경구도 새롭게 느껴진다.
우리는 흔히 '신뢰한다', '믿는다'는 말을 하며 산다. 그러나 신뢰나 믿음은
커녕 배신의 허탈함으로 마음이 상하는 게 현실이다. 그래서 성현들이 '화
는 입에서 난다禍從口出'든가 '입이 곧 화를 일으키는 문이다口是禍門'라고 했
을 것이다. 지키지 못할 말이라면 하지 말든가, 말을 했으면 지키든가. '침
묵은 금'이라던 말은 사라진 지 오래된 것 같다.

점심을 대충 해결하고 과외비 넣을 봉투를 사러 학교 차오스로 갔다. 차
오스에 있는데 장신에게서 전화가 왔다. 죄송하다면서 오늘 학교행사 때문
에 다음에 뵙겠다는 것이었다. 그야말로 만감이 교차했다. 약속을 잘 지키
지 않는 것이 시간 감각을 무디게 만든 중국인 특유의 '만만디'의 폐단이라
는 항간의 이야기가 떠올랐다. 중국은 정치, 경제, 군사 등 여러 면에서 강
대국으로 급부상하고 있다. 언젠가는 미국을 추월하는 세계 최강국이 될
것이라는 관측도 나오고 있다. 그러나 1세기가 더 걸릴 것이라는 견해도 있
다. 진정한 리더가 되기 위해서는 미래적 가치로서의 공동체적 윤리 확립
이 관건이 아닐까 싶다.

2006년 뉴스위크지는 '공자 2000'이란 내용을 표지기사로 다루며 중국
에서의 유교부활운동을 특집으로 다뤘다. 후진타오 국가주석 역시 '공자
탄생일'을 국가 주관으로 챙기면서 공자 연구에 박차를 가하고 있다. 요즘
공자의 고향인 산둥성의 취푸시曲阜市는 관광객으로 넘쳐난다. 중국이 다시
공자에 열광하기 시작한 것은 후진타오 주석이 주도한 '도덕운동' 때문이

라 한다. 중국 정부가 조화로움을 뜻하는 '허시에和諧'를 제청하면서부터 공자가 중국의 아이콘으로 새삼 부각되기 시작했다. 중국은 눈부신 경제발전이 낳은 물질만능주의와 양극화의 그늘을 이겨낼 방법을 공자의 '도덕'에서 찾았다고 할 수 있다. 지금 세계가 다시 유교에 주목하고 있는 것이다.

KBS는 1년 반 동안 편당 3억 원의 거대한 제작비를 들여 세계적 수준의 고품격 문명기획 다큐멘터리 <유교, 2500년의 여행>(2007년 5월 26일 첫 방송) 인의仁義편을 기획했다. 방송과 동시에 『유교 아시아의 힘』(예담출판사)이라는 책으로도 출간되어 화제를 모았다. 이 다큐멘터리에서는 인의예지仁義禮智로 상징되는 유교를 통해 21세기 인류의 비전을 제시하며, 타인에 대한 배려와 헌신을 목표로 삼는 인仁, 이익을 추구할 때에도 정도를 먼저 생각하는 의義, 즉 인의나 예의 등이 인류의 미래 가치임을 강조한다.

중국은 2008년 베이징올림픽을 전 세계에 '중화시대'의 출범을 선포하고 자국의 힘을 과시하는 무대로 삼으려 한다. 그러나 진정 세계적인 리더나 초강대국이 되려면 물리적 힘만이 아니라 다른 나라의 존경을 불러일으키는 내면적 역량도 요구된다. 베이징올림픽의 슬로건은 '하나의 세계, 하나의 꿈(One World, One Dream)'이다. 단지 구호가 아니라 이런 멋진 슬로건에 걸맞은 진지한 노력이 필요하다. 지구촌 주민들은 성숙한 민주사회와 공통된 가치를 지향하면서 중국 중심의 세계질서 재편을 꿈꾸는 중국의 당당한 모습을 곧 보게 될지도 모른다. 베이징올림픽이 최근 서방에서 말하는 '팍스시니카(Pax Sinica: 중국 주도의 세계 질서 시대)'의 가능성을 보여주는 서막이 되길 바란다.

사실 중국은 더 이상 경제와 군사를 축으로 하는 하드 파워 전략에만 의존하지 않고 미소와 문화외교 등 매력적인 공세를 통한 소프트 파워 전략으로 바꿔나가고 있다. 세계 3위의 원조대국으로 아프리카 대륙은 물론 동티모르, 캄보디아 등 많은 나라를 돕고 있다. 약속을 중시하고 배려할 줄 알며 예의를 잘 지키는 아름다운 강국이 되길 함께 기대해본다.

세대차이

아직도 귀국하기까지는 많이 남아 있다. 그러나 이 4월이 흘러 반만 지나면 남은 시간은 한결 잘 갈 것이다. 그동안 중국어 공부나 해야겠다고 생각했다. 떠나오기 전에 예상했던 대로 이곳 생활 자체가 그렇게 힘든 것은 아니다. 대학에 다닐 때부터 중국으로 유학을 오고 싶었고 이제라도 왔으니 다행스럽기도 하다. 중국문화에 대한 관심은 지금도 강렬하다. 언제고 한국과 중국의 문화를 비교하는 글을 쓰고 싶다. 중국 학생들을 놓고 한국문화특강을 하고 나서 특별히 기뻤던 것도 이런 데 기인한다.

10시쯤 교환학생으로 와 있는 숙희에게서 오늘 약속을 확인하는 전화가 왔다. 시간이 되어 나가니 세 학생이 기다리고 있다가 반가이 맞는다. 누가 누군지 알 수는 없으나 전에 사물놀이 공연이 끝난 후에 보았던 경희대학교 학생들이다.

학생들을 교직원식당으로 데리고 갔다. 들어가면서 좋다고 탄성을 질렀다. 음식을 맛있게 다 먹고 다시 가지러 가는 모습이 참 예뻤다. 모두 여학생으로 국제교육원에서 어학연수를 받고 있다. 셋 중 제일 큰 학생은 믿음직스러워 보이는 방수진이라는 국어국문학과 4학년 학생이다. 또 다른 학생은 중국어학과 3학년 학생으로 지영이 친구 이숙희다. 숙희는 몇 번 나하고 통화를 했었는데 깔끔한 모습의 활달한 학생이었다. 또 다른 한 명은 중국어학과 2학년 정효주 학생이다. 일찍이 3년 정도 중국 산둥에서 산 적이 있다는 귀여운 모습의 아이다.

식사를 거의 마칠 무렵 국제교류처의 김연옥 선생을 만났다. 엊그제 박순희 조교에게서 점심 약속한 이야기를 들었느냐고 물었더니 듣지 못했다고 한다. 순간 '참 잘 잊어버리기도 하는구나'라고 생각했다. 그렇지 않아도 오늘 오후에 김 선생에게 전화를 걸려고 했는데 만일 이야기하지 않았더라면 큰일 날 뻔했다.

식사를 마치고 교수가 외국에 와서 어떻게 사는지 보아야 한다고 말하면서 학생들을 숙소에 데리고 들어와 커피를 마시며 대화를 했다. 학생들에게서 중국어로 e메일을 보내는 방법도 배웠다. 학생들은 이야기 내내 중국생활이 너무 좋다고 했다. 확실히 나와는 차이가 있음을 실감했다. 나는 지적 호기심과 여러 불가피한 상황으로 이곳에 와서 힘들게 이국생활을 버텨내고 있는데 학생들은 전혀 아니었다. 친구들과 어울려 다니면서 공부도 하고 운동도 하고 맛있는 것도 사 먹으며 즐겁게 생활하고 있는 것이다.

요즘 아이들은 맛있는 것만 골라 먹는다. 조금 먹어보고 맛이 없으면 그만 먹고 버린다. 세대 차이인가, 문화 차이인가. 나는 "오이는 꼭지부터 먹어야 한다"는 교육을 받았다. 전에 특강에서도 "오이를 다 먹어야 한다면 어디부터 먹겠느냐"고 학생들한테 물었더니 당돌하고 고집스럽게도 "오이를 안 먹겠다"고 한다. 먹기 싫으면 안 먹겠다는 거다. 우리는 싫더라도 먹을 수 있고, 먹더라도 쓴 부분부터 먹는 법을 배우며 자랐으니 세대가 다른만큼 문화적 차이가 있음은 당연하다. 학생들은 여유가 있어 보였다. 부럽기도 했다.

오후 3시쯤인가 박 조교에게서 전화가 왔다. 한국에서 보낸 소포가 도착했다는 것이다. 혼자 들기는 힘들 거라는 말에 아들을 기다렸다가 함께 짐을 찾으러 갔다. 소포를 찾으러 가자 소포를 관리하고 있는 자료실의 이원길 교수 부인이 반갑게 인사를 한다. 명함을 주고 나중에 한번 보기로 한 뒤 짐을 찾아가지고 나왔다. 중국에는 한 직장에서 가족, 친척들이 함께 일하는 경우가 많다. 이 교수는 중국에서 알아주는 조선족 작가라고 한다. 어느 날 학과사무실에서 만났는데 초라한 옷차림에 노년의 티가 역력했으나 존경스러웠다.

소포를 가지고 숙소로 돌아와 빠뜨리고 온 약이 있는지부터 챙겼다. 90일분의 고혈압약이 들어 있음을 확인했다. 부주의한 편이 아닌데도 실수는 하기 마련인 것 같다.

조선족은 중국 사람

누구나 자기 자리에 있을 때 아름답다. 드디어 수업이 있는 날이다. 교수는 모름지기 수업을 해야 편안하다. 수업 시간이 되어 즐거운 마음으로 학교에 갔다. 발표할 학생이 비교적 준비를 잘해온 덕에 수업이 순조롭고 재미있었다. 두 시간 수업이 끝날 무렵 측천무후則天武后에 대해 언급하게 되었다. 산시성 출신의 측천무후는 14세 때 당 태종의 후궁이 되었으나 황제가 죽자 비구니가 되었다가 3대 황제인 고종의 총애를 받아 고종 사후 황태후로서 실권을 쥐게 되었다. 690년에는 국호를 주周로 고치고 스스로 황제의 자리에 올랐다. 중국 역사상 처음이자 유일하게 여성 황제가 탄생한 것이다.

야심을 가진 측천무후가 자식 셋을 죽인 잔학무도함에 대해 이야기를 하자 발끈하는 학생 둘이 있었다. 큰일을 한 인물이고 위대하다면서 측천무후를 긍정적으로 보는 것 같았다. 순간, 내가 조선족이 중국 사람임을 잠시 잊었구나 하는 생각이 들었다. 길게 이야기할 시간도 없고 해서 다음에 애기하기로 하고 마무리를 짓고 나왔다. 중국에서는 중국을 조금도 비판하면 안 될 것 같아 씁쓸했다. 어느 조선족 학생은 한국과 중국을 비교하면서 노골적으로 중국을 '우리나라'라고 강조하기도 했다.

사실 중국동포는 고국을 떠나 이미 반세기 넘도록 물만두를 먹으며 설 명절인 춘제를 쇠고 추석에는 월병을 먹는 생활을 해왔다. 더욱 심각한 것은 중국의 계획생육 정책의 호소하에 우리 민족은 모범적으로 아이를 낳지 않았다고 한다. 그리하여 1949년 해방 후에 인구 200만 명이 넘었던 조선족이 지금은 120만 명을 넘지 못한다고 한다.

언젠가는 조선족이 한족에 흡수되거나 사라지겠지 하는 생각도 해보았다. 그러나 그렇게 단순히 끝날 문제는 아닌 것 같다. 한족 학생인 장신이 아주 착한 아이인데도 약간 불만스런 속내를 드러내는 걸 보면 '피가 진하긴 하다'는 생각을 지울 수도 없다. 조선어문학과 조선족 학생들이 한국어학과의 한족 학생들에게 인터넷에서 마구 욕을 한다는 것이다.

그리고 어느 날은 장신이 지나가는 사람들을 보고 "지금 지나간 학생들이 조선족이에요"라고 한다. 아무 말도 하지 않고 지나가는 사람들을 보고 조선족이라 하니 의아할 수밖에 없다. 얼굴에 쓰어 있는 것도 아니고, 이상이 독특한 것도 아니다. "어떻게 아느냐?"고 다그쳐 물었다. 그냥 척 보면 안다는 것이다. 내가 보기에는 한족과 조선족의 얼굴을 도저히 구분해낼 수 없다. 그런데 어떻게 다르다는 것인지. 정말 질긴 게 민족의 핏줄인가보다. 한편 조선족을 '차오주朝族'라 하면 관계없으나 '셴주鮮族'라 하면 욕이 된다고도 한다. 뭐 욕할 게 있다고.

저녁시간이 되어 냉장고에 들어 있는 반찬들을 이것저것 꺼내다 놓았다. 아들은 그럭저럭 식사를 잘 하는 것 같은데 나는 인스턴트 식품으로 식사하기 힘든 지경에 이르렀다. 박승권 교수가 가져온 도라지나물 무침 한 가지로 식사를 했다. 물론 봄나물은 건강에 좋은 한국 특유의 자연친화 음식이다. 식사를 하면서 아들은 노동절 기간에 여행을 하려면 표를 예매해야 한다고 일러준 과외선생님의 말을 전했다. 가벼이 흘려들을 수 없는 내용이었다.

北京日記 44

밤의 꽃향기가 짙다

바같은 확실히 봄이 왔는지 걷다 보면 땀도 나기 시작한다. 그러나 숙소는 서향인 데다 크고 차가운 콘크리트 건물이어서 너무나 썰렁하고 춥다. 낮에도 난방 기구를 켜놓아야 한다. 어젯밤도 춥고 불편해 새벽녘에 잠이 깼다.

오늘은 박순희 조교와 김연옥 선생과 식사를 하기로 한 날이다. 조금 있다가 박 조교에게서 전화가 왔다. 친구인 김연옥 선생이 바쁘기 때문에 멀리 나가지 못하므로 학교 안에서 식사를 하자는 것이었다. 11시 50분에 민족원이라는 식당에서 만나기로 했다.

처음으로 세 사람이 만나 식사를 했다. 나를 여러모로 도와준 두 사람이었기 때문에 오래전부터 식사 한번 하자고 제의를 해오다가 이제서야 성사가 된 것이다. 비싼 음식을 대접하고 싶었지만 사양을 해 요리 세 가지에 냉면 한 그릇씩 시켜 먹었다. 식사는 즐거운 분위기에서 이루어졌다. 그들은 그동안 겪은 나의 문화적 체험담을 들으면서 매우 재미있어하는 눈치였다. 특히 박 조교는 문화강의를 듣더니 늘 사무적으로 부탁만 하던 나를 평소와 다르게 보는 것 같았다. 자청하여 어디 놀러 가자고도 했다.

오후 2시가 되어 장신이 왔다. 공부를 하고 나서 지난번 특강 때 2시간 통역을 도왔던 것까지 포함해 10일치 과외비를 봉투에 넣어서 주었다. 장신은 너무 고마워하며 특강 때 도와준 것은 결코 받지 않으려 했다. 어쨌든 나는 고마운 마음으로 550위안을 주었고 장신도 기뻐했다. 과외비의 경우, 대학원생들이 보통 시간당 40~50위안 정도 받는 것 같았다.

3시에는 김흠이 찾아왔다. 베이징 도착 첫날인가 까르푸에 가서 물건 사는 걸 도와주었던 학생이다. 밥도 한 번 못 사줘서 늘 미안한 마음인데, 오히려 김치며 김밥 등을 사서 왔다. 집에 있는 과자를 내놓았으나 먹지도 않고 한국경제에 관한 질문만 몇 가지 하고 돌아갔다. 한국에 판로를 확장하려는 어느 차茶회사에 들어가기 위해 준비를 하는 것 같았다. 아버지 덕택으로 알게 된 윈난에 본사를 두고 있는 이 회사에서 전에 아르바이트를 한 적도 있다고 한다. 한국 주요 도시들의 경제 관련 지수를 자세히 알고자 하는 것 같은데 어떻게 접근해야 할지 난감했다. 인터넷 포털 다음(daum)에 들어가 몇 가지 찾아보고 통계청에 들어가 보긴 했으나 별 도움을 주지 못했다.

오랜만에 김건곤 교수가 우리 숙소로 찾아왔다. 조선어문학과 학생들에게 장학금을 주거나 대학원에 들어가도록 돕고, 문화체험을 시켜주려 하며 학과장을 만나 이야기했다는 등 상당히 좋은 일을 하고 있다. 지난번 민족대학에 올 때 책을 200만 원어치 기증했다고도 했다. 이곳에 와 있으려면 그렇게 해야 하는 건지, 왔다 간 한국의 교수들이 다 그렇게 했는지, 나는 전혀 그런 생각을 안 하고 수업만 착실히 하다가 가려 했는데 다소 신경이 쓰였다.

바깥바람을 쐬러 밖으로 나갔다. 학교 캠퍼스가 오늘따라 아주 신선한 느낌을 주었다. 여기저기 연초록의 나무와 풀잎들이 봄내음을 품어내는 듯했다. 대학 교정을 몇 번이나 돌았다. 특히 오늘 밤은 꽃향기가 감미롭게 나를 자극했다. 알 수 없는 꽃에 머리를 스치며 흐르는 달빛을 바라보고 천천히 걸었다. 정말 자연은 위대하고 고마운 존재다. 언제 이렇게 밤에 풍기는 꽃향기를 짙게 맡아보았는지 기억조차 없다. 그만큼 부대끼고 있는 현실과 대조적이어서 그럴까. 아마 삶의 고단함 속에서도 아름다운 인간과의 만남으로 자연이 더 풋풋하고 살갑게 느껴지는 것이리라.

아들은 황산에 가고

아들은 황산黃山에 가기 위해 아침 9시 조금 넘어 미리 숙소를 나갔다. 기차로 20시간을 간다고 했다. 10시 30분쯤에는 기차역에서 전화를 걸어 내일 아침까지는 전화를 못 할 것 같다고 했다. 기차 안에서는 통화가 어려운 모양이었다.

얼마 전(2007년 3월 11일 신화통신) 전국인민대표대회에서 산둥성 대표가 5대 명산인 태산(동), 화산(서), 숭산(중앙), 형산(남), 항산(북) 가운데 으뜸으

오악 중 최고라는 태산

로 '오악독존五岳獨尊'이라 불리는 태산을 중국을 대표하는 국산國山으로 정하자는 의안을 제출하면서 중국 전역에 국산에 대한 찬반논쟁을 불러왔다. 태산은 노자를 시조로 한 도가사상의 요람으로 진시황을 시작으로 중국의 역대 황제들이 하늘의 뜻을 받드는 봉선封禪의식을 행한 곳이며, 공자가 "태산에 오르니 천하가 작아 보인다"고 했던 바로 그 산이라는 등의 이유를 들어 국산으로 삼아야 한다고 주장했던 것이다.

태산이라 하면, '태산에 오르면 평안이 보장된다'는 뜻의 '등태산登泰山 보평안保平安'이라는 텔레비전 광고 문구가 떠오르기도 한다. 물론 태산에서 1시간 거리에 공자가 태어난 취푸가 있기도 하다. 공자는 춘추 말엽 노魯나라에서 태어났다. 당시 그가 태어난 취푸시 창핑현昌平縣은 천자의 권위가 살아 숨 쉬던 주周나라 문명의 흔적이 비교적 고스란히 보존되어 있던 곳이라고 한다.

산둥성 대표가 의안을 제출하면서 논쟁이 붉거졌을 때 안후이성安徽省 전국인민대회 대표도 여행가 쉬샤커徐霞客가 "오악을 보면 더는 산을 볼 필요가 없고 황산을 보고 나면 더는 오악을 볼 필요가 없다"고 했던 말을 인

세계문화유산이 된 황산

용하면서 "황산은 지명도나 관광객 수로 볼 때 모두 태산을 능가한다"며 황산을 국산으로 하자고 주장한 바 있다. CCTV에서도 '감수황산感受黃山 천하무산天下无山'이라고 광고하는 걸 보았다.

황산에는 1,800m가 넘는 산봉우리가 3개나 있으며, 이를 포함해 모두 72개의 기이한 봉우리가 장관을 이루고 있다. 황산은 기암괴석과 낙락장송, 거기에 걸친 흰 구름 등 중국 최고의 멋진 풍경으로 1990년에 세계문화유산으로 지정되었다. 안후이성 텔레비전 광고를 보면 '일품황산一品黃山 천고운담天高云淡'이라는 문구가 눈에 들어온다.

장강의 하류에 위치한 안후이성은 성리학을 완성했다는 위대한 철학자 주희朱熹를 탄생시켰다. 안후이성에 대학교육기관이 150개나 있는 것도 이와 무관하지 않을 것이다. 경제적으로 사정이 좋지 못하다는 안후이성에서 오히려 철학과 교육이 융성했다는 사실이 자연스럽게 느껴졌다. 한편 현 후진타오 당 총서기 겸 국가주석, 우방궈吳邦國 전국인민대표대회 상무위원장(국회의장 격) 등 권력 실세들도 모두 이곳 출신이란다. 이 밖에도 일찍이 난세의 영웅 위魏나라 조조를 비롯해 송의 청백리 포청천, 명의 초대 황제 주원장朱元璋, 중국 근대화의 기수 청나라의 리훙장 등도 여기서 배출되었다고 한다. 황산의 기운이 인재를 만드는 걸까.

점심때가 다 되어 조선어문학과 학생들을 만나 교직원 식당으로 가서 식사를 하고 학생들과 함께 숙소로 왔다. 오자마자 학생들이 사온 김치, 마늘장아찌, 깻잎 등을 냉장고에 넣었다. 요 며칠 사이 여러 사람이 사온 음식으로 냉장고가 가득하다. 내일은 정리를 해야겠다고 마음먹었다.

두 시간 정도 재기발랄한 학생들과 대화를 했다. 최초연은 창춘長春이 고향인데 중학교 때 한국에 다녀온 일이 있다. 심향화는 네이멍구內蒙古가 집이며 언니가 한국으로 시집을 갔다고 한다. 두 학생은 무척 똑똑하고 인생을 잘 설계하고 있는 듯 보였다. 첫 시간부터 내 강의가 재미있고 사상을 변화시킬 만큼 좋았다고도 했다. 사회주의의 여파인지 이쪽에서는 '사상'이라는 말을 많이 쓰는 편이다.

학생들이 돌아간 뒤 과외를 하고, 날씨가 너무 화창해 밖으로 나가 학교 벤치에 좀 앉아 있다가 들어왔다. 오랜만에 맞은 혼자만의 시간이다.

침대를 제자리로

지난밤의 이부자리가 너무나 냉랭하여 뒤척이다가 모처럼 새벽잠에 빠졌다. 과외를 다음에 하자고 장신에게 전화를 하고 마음껏 잠을 잤다.

토요일이다. 12시 넘도록 충분히 수면을 취하고 나서 텔레비전을 봤다. 텔레비전을 늘 켜놓다시피 하니 거의 모든 채널을 섭렵하게 되었다. 그 가운데는 사극도 많은데, <무측천武則天>, <정관지치貞觀之治>, <서유기西遊記>, <홍루몽紅樓夢> 등 관심을 가질 만한 것도 여럿 있다. 인터넷으로 얼마 전에 갔던 이화원과 관련된 서태후를 비롯해 측천무후와 『홍루몽』 등을 하나하나 자세히 검색해보았다.

　서태후나 측천무후 모두 무서운 여자라는 생각을 다시 해보게 되었다. 정식 이름이 자희황태후인 서태후는 18세 때 후궁으로 들어가 첫눈에 함풍제의 사랑을 받았다. 함풍제가 죽자 당시 5세이던 태자를 동치제로 등극시켰고, 동치제가 일찍 죽자 조카인 광서제를 등극시키는 장악력과 민첩성을 보였다. 광서제가 사랑했던 진비珍妃를 우물에 던져 살해한 일도 유명하다. 그러나 48년간 권력을 쥐고 뒤흔들던 서태후가 자금성의 정문인 우먼午門에 들어가지 못했다는 내용은 참으로 놀라운 사실이었다. 우먼은 황제만 드나들 수 있으며 황제의 결혼식 날 황후의 가마만 들어갈 수 있는 문이다.

　달력에 몇 가지 메모를 했다. 달력을 넘겨 7월 30일자에 '귀국 예정'이라 적어놓기도 했다. 밤늦게 24일에 치를 기중고시期中考試 문제도 냈다. 기중고시는 우리의 중간고사에 해당하는데, 기말고사와 비교해 기중고시가 더 적절하며, 다시 생각해보니 '중간고사'는 합리적이지 못한 말 같다. 한자문화권의 중심이자 종주국이라 할 수 있는 중국에 와서 느끼는 문제 가운데 하나가 바로 다양한 한자어의 변용이다. 아무래도 중국과 비교해 우리가 쓰고 있는 부적절한 어휘들을 많이 발견하게 된다. 한자문화의 원류를 찾는 느낌이랄까. 대표적으로 우리가 막연히 '지갑紙匣'이라고 하는 것을 분명히 '돈주머니', '돈가방'을 뜻하는 '치엔바오錢包'라고 하는 것부터 그렇다. 또 우리가 흔히 사용하는 '건물이나 도로에 쓰이는 땅'의 뜻을 지닌 '부지敷地'라는 어려운 말을 '차지한 땅', '점령한 땅'이라는 뜻의 '짠티占地'라고 하는 것 등도 매우 마음에 든다.

　한가로이 쉬다가 그동안 거실에 내놓았던 침대를 원래대로 침실에 들여다 놓았다. 이제 밤에 공사를 안 하는 것 같아서다. 아들 침대 옆에 나란히

놓으니 한결 보기 좋고 무엇보다 침실이 건물 전체의 바깥쪽으로 창가에 있어 오후에는 볕을 받을 수 있을 것 같다. 은근히 안온한 잠자리가 기대되었다.

기중고시를 치고 나서

공사가 끝난 줄 알았으나 새벽 서너 시까지 계속 작업을 하는 바람에 잠을 또 설쳤다. 좋지 않은 꿈에 시달리다가 늦게 일어났다. 오후 2시 반쯤 내일 있을 기중고시 문제지를 인쇄하기 위해 학과 조교에게 갔다. 컴퓨터에 한글 2005 프로그램이 없어 늘 불편하기 짝이 없었는데 오늘에야 빌려다가 깔고 복사를 해주었다.

내려오다가 한국어학과에 들렀더니 마침 교수들이 모두 있었고 무척 반가워했다. 김성란 교수는 늘 성의껏 녹차를 타서 준다. 차 한 잔 마시고 수요일 점심약속을 한 후 여행을 위한 필요한 책자를 얻어 나오다가 시장 안에 있는 차오스바로 갔다. 우유를 사고 오랜만에 복숭아와 갈치를 사가지고 돌아왔다. 한국에서는 갈치 값이 비싸지만 중국에서는 흔한 게 갈치다.

밥을 새로 하고 갈치 하나를 튀겨 저녁을 먹었다. 서해에서 잡힌 같은 갈치인데도 한국에서 먹으면 맛이 없지만 중국에서 먹으면 맛이 있다는 얘기를 많이 들었는데, 한국에서 먹던 갈치 맛이 아니었다. 집안이 온통 생선냄새로 가득 차서 환풍기를 틀어놓고 운동하러 나갔다. 그때 산 생선 한 토막은 몇 달이 지난 후에도 냉동실에 남아 있었다.

황산에 갔다 돌아오는 아들이 새벽 6시에 문을 두드릴 때까지 꼬박 밤을 새웠다. 수업도 있는 날이고 해서 급히 잠을 청하여 간신히 2시간 남짓 자다가 서둘러 숙소를 나갔다. 강의실에 들어서자마자 휴대전화가 울렸다. 우리 대학 중국어학과 이영월 교수가 잠시 중국에 왔다가 못 뵙고 가서 죄송하다는 내용이었다. 이 교수는 민족대학 조선어문학과 출신의 조선족으로서 이번에 나를 이 대학에 보내는 데 큰 역할을 한 사람이다.

한 시간 기중고시를 치고 나서 출석부 복사를 할 겸 커피 한 잔 마시러 학과사무실에 갔다. 다시 돌아와 차분하게 기다리고 있는 학생들과 아주 흥겹게 두 시간 공부를 했다. 우리나라의 경우 중간고사를 치고 나서 수업하는 일은 거의 없다. 그러나 중국은 수업하는 게 당연하다고 한다.

이 밖에도 중국에서는 어떠한 이유로든 수업이 침해당하는 일은 거의 없다. 이러한 점은 우리가 배워야 할 것이라 생각된다. 드디어 8주 수업을 마쳤다. 다음 주면 18주 수업의 반이 끝난다. 시간은 가게 되어 있다.

날마다 설을 쇠다

추위를 이기지 못하고 늦게까지 자는 둥 마는 둥 누워 있다가 점심 약속에 맞춰 일어났다. 최유학 교수를 만나 15분쯤 걸어 유명하다는 만두집을 찾아갔다. 가면서 최 교수는 라마교의 본산인 옹화궁雍和宮에 한 번 가보기를 권했다.

청나라는 강희제, 옹정제, 건륭제 때 가장 번성했다. 4대 강희제부터 6대 건륭제의 치세였던 17~18세기에 청조는 전성기를 맞이하면서 중국 역사상 최대의 영토를 자랑했다. 특히 강희제는 8세의 나이에 즉위해 61년 동안 나라를 다스리면서 만주, 몽골, 미얀마, 시암 (지금의 타이), 베트남까지 영토를 넓히는 등 손꼽히는 명군이다. 그리고 옹화궁은 옹정제가 티베트불교를 지원하면서 흥기한 곳이라고 한다. 번역을 전공하는 최 교수는 문헌에 나오

자오쯔

는 동양東洋은 일본을, 동방東方은 중국을 가리킨다고 가르쳐주었다. 나는 그간 동방이라는 말은 중국에서 서방에 대립하는 개념으로 쓰고, 동양이라는 말은 일본에서 메이지 유신 이후 중국을 견제하기 위해 만들어낸 말로 알고 있었다. 속으로 '그럼 한국은 어떻게 되는가'라고 생각했다.

하얼빈에 본점을 두고 있는 만두집 둥팡자오쯔왕東方餃子王은 많은 사람들로 붐볐다. 중국에서는 만두를 자오쯔餃子라고 한다. 최 교수는 요리가 나오길 기다리며 만두집 창문에 쓰여 있는 '톈톈궈녠天天過年'이라는 문구를 해석해보라고 했다. 중국에서는 새롭게 시작하는 설을 한 해를 마감한다는 뜻의 '궈녠過年'이라고도 하는데, 새해를 맞기 위해 우리가 떡국을 먹어야 하는 것처럼 (물)만두를 먹어야 하는 것으로 인식되어왔다. 따라서 '톈톈궈녠'은 만두를 먹음으로써 '날마다 설을 쇨 수 있다'는 뜻을 담고 있다.

물만두, 즉 교자는 밀가루를 반죽해 칼로 작게 썰어 납작하게 민 다음 소를 싸서 만든 음식이다. 예부터 물만두는 주로 명절에 해먹는 음식이었다. 특히 제야라고 하는 섣달그믐날 저녁에 중국에서는 집집마다 가족끼리 모여 물만두를 만들었다. 중국에서는 신구년이 교차하는 시간을 교자交子라고 하는데, 즉 자시가 지나 새해가 되는 시간에 먹는 음식이 바로 교자餃子인 것이다. 물만두는 소를 만드는 과정과 싸는 형태부터 먹는 과정에 이르기까지 많은 의미를 가지고 있다. 교자의 명칭은 소에 들어가는 내용물에

따라 다양하다. 한국인의 입맛에 가장 잘 맞는 교자는 부추와 돼지고기를
다져 넣은 것이라 할 수 있다.

물만두의 모양도 깊은 뜻을 가지고 있다. 대다수 지역에서는 보통 반달
모양으로 만들기를 좋아한다. 어떤 가정에서는 반달로 만든 물만두를 돈을
많이 벌라는 축복의 의미로 옛 화폐인 위안바오元宝 모양으로 다시 만들어
납작한 그릇에 차례로 세워놓는다. 농촌에서는 물만두를 밀 이삭 모양으로
만들기도 하는데, 알차게 여문 밀 이삭은 새해 풍년을 상징하기 때문이다.
실크로드의 출발지이자 세계화 거점도시이며 3,000년 역사를 지닌 시안에
가면 200여 가지 모양의 물만두가 있다고 한다.

우리는 세배가 끝나면 아침식사를 하는데, 세찬으로는 떡국이 대표적이
다. 조선의 홍석모洪錫謨가 지은 『동국세시기東國歲時記』는 중국의 시골에서
도 설날 음식으로 떡국을 먹었다고 전하고 있다. 이 책은 중국의 종름宗懍이
지은 『형초세시기荊楚歲時記』의 영향을 받은 것이다. 『동국세시기』에 보면,
"몇 살 먹었느냐?"는 말을 "떡국 몇 그릇 먹었느냐?"는 말로 대신할 정도
다. 설은 새로 시작하는 날로 모든 것이 엄숙하고 청결해야 하므로 흰 떡국
을 먹었던 것이다. 한편 고려 때 들어왔다는 중국 북쪽 지방의 겨울음식인
만두와 함께 떡국을 먹기도 했다.

요컨대 교자는 원래 속이 들어 있어 더운 날씨에는 상하기 쉬운 북방음
식이었으나 현재는 중국 어디서나 남녀노소 모두 좋아하는 음식으로 자리
잡았으며, 중국의 최대명절인 춘제에 먹는 명절음식이기도 하다. 그러나
중국의 북쪽지방 사람들은 설날 물만두를 먹지만, 남방사람들은 떡을 먹는
다고도 한다. 땅덩어리가 워낙 큰 나라인지라 명절음식 또한 지역에 따라
다르다. 만두의 고향 중국에서 만두를 먹는 감회가 새로웠다. 지난번 식사

대접에 대한 답례로 내가 샀는데 다섯이서 실컷 먹고 낸 돈이 불과 160위안이었다.

중국은 100위안짜리 돈을 내면 유심히 만져보거나 불빛에 비춰보기도 한다. 위조화폐가 만연하기 때문에 가짜인지 의심하는 것이다. 몇 년 전에 위조 지폐범을 사형시켰던 사건이 떠올랐다. 우리도 조선시대에는 경제질서를 무너뜨리는 화폐 위조범을 사형에 처하도록 규정했다.

식사를 하고 곧장 들어와 장신과 한 시간 정도 공부를 하고 나서 노동절 기간에 갈 만한 곳을 물었다. 그리고 토요일에 옹화궁에 함께 가보기로 했다. 모처럼 배를 먹으려고 하나 내놓았다. 그러나 배를 나눠 먹는다는 '펀리分梨'가 서로 헤어짐을 뜻하는 '펀리分离'와 발음이 같아 불길하기 때문에 통상 배를 나눠 먹지 않는다는 말이 있어서인지, 장신은 배를 먹지 않았다.

잠시 후 김건곤 교수가 왔다. 학과에서 연락이 왔는데 일요일 중산음악당에서 있을 외국인 전문가들을 위한 음악회에 참석할 것인지를 묻는다는 것이었다. 이어 유금재 군에게서 전화가 왔다. 유 군은 우리학교 중국어학과를 졸업하고 현재 북경사범대학에서 민속학(석사과정)을 전공하고 있다. 북경사범대학은 985공정에 따른 34개 대학 안에 들어가는 유수한 대학이다. 27일 조정원 총재를 모시고 동문회를 한다는 것이다. 조정원 전 경희대학교 총장은 현재 세계태권도연맹 총재로서 베이징올림픽 개최를 앞두고 업무 차 베이징에 자주 오가고 있었다.

자장면 맛 유감

밤이면 추워서 위에는 두터운 스웨터를 입고 아래에는 운동복을 입고 이 불을 뒤집어쓰고 잔다. 집에서 손발을 내놓고 자던 버릇이 사라질 정도로 중국은 춥다. 오늘 아침에는 이 두터운 겨울 스웨터를 빨리 벗었으면 하는 마음뿐이었다.

문화 일지에 제목을 붙였다. 제목을 붙이고 나니 한결 내용을 파악하는 데 도움이 될 듯하다. 입맛이 딱 떨어져 밥 먹는 게 보통일이 아니다. 밖에 나가서 사 먹으면 좀 낫겠지 생각하고 '시골집'으로 갔다. 특별히 자장면을 주문했다. 중국에 와서 처음으로 자장면을 시켜 먹어본 것이다. 그러나 별 맛이 없긴 마찬가지다.

2006년 한국의 문화관광부가 '100대 민족문화상징'에 자장면을 선정할 만큼 자장면은 우리에게 사랑받는 서민적인 음식이다. 나도 예외는 아니어서 자장면을 좋아하는 편이다. 자장면이 중국에서 유래된 건 사실이다. 본 고장에 와서 자장면을 먹는다는 생각에 잠시 기대를 했다. 그러나 우리 입맛에 잘 맞지 않았다. 춘장 때문일까, 면발의 문제일까. 1999년 상영된 영화 <북경반점>이 떠올랐다. 주방장이 캐러멜과 화학조미료로 춘장을 만드는 사실을 알게 된 '북경반점'의 주인이 충격으로 쓰러지는 걸 보면 자장면 맛은 춘장에 있을 것이다. 그 근처에 있다는 라오베이징자장미엔老北京炸醬面이라는 중국식당으로 갈 걸 잘못했구나 후회도 해보았다. 자장면은 중국 북방지역의 밀가루 음식으로 '베이징 자장면'은 꽤 유명하다.

전에 다롄에 갔을 때 북한인들이 직접 운영하는 평양냉면집에 가서 실망했던 것과 다름없었다. 물론 오늘 간 곳도 조선족이 운영하는 식당이긴 하지만. 한국에서 먹던 음식에 익숙해져 그 맛이 아니기 때문일 것이다. 자장면도 냉면도 늘 먹던 음식이 맛이 있는 건 어쩔 수 없는가보다. 습관이라는 게 무섭다는 생각이 다시 들었다.

코리아타운 '왕징'

박순희 조교에게서 전화가 왔다. 강사료가 나왔는데 오전 중으로 찾아갔으면 좋겠다고 했다. 11시쯤에 학과사무실로 갔다. 학과사무실에서 만난 김건곤 교수와 함께 점심을 먹고 숙소에 들어와 커피를 마시고 있는데, 임규섭 교수에게서 전화가 왔다. 경희동문회 임원들이 모이는 자리에 정말 나가도 괜찮을지 물었다. 흔쾌히 "나오시는 게 좋겠다"는 임 교수의 말을 듣고 나가기로 결심했다.

김 교수에게 물어 201번 버스 노선을 알아두고 버스기사에게 할 말도 생각해두었다. "다오리두판디엔더스호우 게이워슈어이샤到麗都飯店的時候 給我說一下". '여도 호텔에 도착하면 나에게 내리라고 말해 달라'는 뜻이다.

과외를 앞당겨 하고 난 뒤 나서려는데 아들이 돌아와 버스는 너무 복잡하고 막히니 택시를 타라고 권했다. 그러면서 못 미더웠던지 만류하는데도 택시를 타는 곳까지 따라 나왔다. 마침 집 앞에 택시가 서 있어 타자마자 "워 야오 취 리두판디엔我要去麗都飯店"(여도 호텔에 갑시다)이라 했더니 알았다는 듯 "리두판디엔"(여도 호텔)이라 복창하면서 힘차게 택시를 몰았다. 다행이었다.

중국 최대의 한국인 밀집지역인 베이징시 왕징의 상가

한두 차례 운전자가 뭐라고 말을 걸기에 "뚜이부치 워쓰한궈런對不起 我是韓國人"(미안합니다. 나는 한국인입니다)이라 하면서 "리두판디엔"만 강조했는데, 어느새 다 왔다면서 자르판디엔假日飯店이라는 곳에 내려주었다. 생각보다 시간이 적게 걸리고 택시요금도 많이 나오지 않았다. 내리자마자 화춘옥이라는 식당으로 전화를 걸어 위치를 물었다. 쉽게 화춘옥을 찾을 수 있었고 비로소 안도했다. 1시간쯤 일찍 도착했기 때문에 이곳저곳을 둘러보았다. 화춘옥 사장은 경희대학교를 졸업한 내 또래의 마음씨 좋게 생긴 이광일 씨였다.

베이징의 동북쪽에 위치한 왕징望京은 한국인만 7만 명이 모여 사는 중국 최대의 한국인 밀집지역이다. 중심가 격인 왕징 신청新城에 있는 전주관을 중심으로 반경 2km 상가에서는 한국에서 파는 물건을 다 살 수 있다. 이곳에서 한국인이 경영하는 점포는 식당, 수퍼마켓, 찻집, 미용실, 학원, 찜질방 등 500여 개가 넘는다고 한다.

한참을 거닐다가 돌아와 약속장소에 먼저 나온 임원들과 인사를 나눴다. 6시 반이 되어 조 총재 일행이 도착했다. 조 총재는 여느 때와 달리 외국에서 만났기 때문인지 대단히 반가워했다. 자리에 앉아서도 멀리 떨어져 있는 나를 부르며 계속 술을 권했다. 오랜만에 친숙한 만남이 이루어진 것 같았다. 주위 사람들과도 즐거이 술을 마시면서 갈비를 비롯해 잘 차려진 음식을 기분 좋게 먹었다.

3대에 걸쳐 경영하고 있다는 화춘옥은 수원갈비를 대표음식으로 내세우는 고급 한식집이었다. 박정희 대통령이 오면 숯불 연기를 피워 손님들의 눈길을 피하게 했다는 이야기가 전설처럼 전해지는 한국의 수원갈비 화춘옥이 여기까지 와 있었다. 수원이 집인 나는 화춘옥에 더욱 친근감이 갔다. 조 총재 일행이 떠나면서 대충 자리가 파하는 분위기가 되었다. 술도 많이 마셨고 시간도 늦고 숙소에 돌아가는 게 좀 걱정도 되어 몇 사람 남아 있었으나 먼저 식당을 나와야 했다.

용케 택시를 탔다. 술이 약간 오르는 상태여서 택시를 타고 계속 정신을 바싹 차리고자 긴장을 했다. 다행히 중관촌 표지판이 보였고 마침내 민족대학 정문에서 내릴 수 있었다. 모처럼 혼자서 감행한 나들이치고는 성공적이었다.

北京日記 51

옴마니반메훔

오늘은 아들을 데리고 옹화궁에 가기로 한 날이다. 장신과 펑징징, 김건곤 교수도 함께 했다. 우리는 택시를 나눠 타고 둥즈먼東直門 근처 옹화궁으로 향했다. 택시를 타고 난 뒤 자세히 보니 우리나라 현대에서 생산된 차였다. 중국 거리를 질주하는 택시 가운데는 엘란트라를 비롯해 현대치기 유난히 많다. 승용차 중에는 쏘나타나 아반테 등도 많다. 그런데 현대자동차 베이징 공장은 2007년 5월부터 잔업과 특근을 없애는 등 생산라인 가동률을 목표치보다 30~50% 줄여 생산량을 조절하겠다고 했으니 걱정이 이만 저만이 아니다. 현대차의 중국 내 자동차 판매 순위는 2005년 4위(23만 3,668대), 2006년 5위(29만 11대)였지만, 2007년 4월에는 11위까지 떨어졌다. 2007년 상반기에는 가격 할인 경쟁의 여파 속에 시장점유율이 일시 추락하는 등 힘든 시기를 거쳤지만 2008년 연초 제2공장이 완공됨으로써 다양한 라인업을 확보, 경쟁력을 끌어올릴 수 있을 것으로 전망된다.

옹화궁까지 가는 데 택시요금은 25위안 정도밖에 되지 않았다. 비교적 가까운 거리였다. 그러나 서로 다른 문에서 내리는 바람에 만나는 데까지 시간이 좀 걸렸다. 한참 만에 정문에서 만나 표를 사가지고 들어갔다. 입장권이 CD로 되어 있어 신기했다. 입장료가 어른은 25위안이고 학생들은 12위안이었다. 아들은 학생증을 안 가져와 어른 요금을 내야 했다.

티베트불교(라마교) 사원인 옹화궁은 청나라 강희 33년(1694)에 지어졌으며, 옹정이 즉위하기 이전에 살았던 곳이다. 옹정이 왕위를 이어받고 난 이후에 이곳의 절반은 라마교 사원으로, 나머지 절반은 황제의 정원으로 개조했는데 후에 정원은 화재로 소실되었다. 옹정 3년(1725)에 현재 이름인 '옹화雍和'라 불리게 되었다.

옹화궁은 여느 불교사찰과 비슷하면서도 무엇보다 건물이 많고 건물 하나하나의 규모가 매우 크다는 느낌이 들었다. 실제로 옹화궁은 베이징에서 제일 크고 화려한 사찰이다. 또한 티베트, 한, 만주, 몽고의 건축양식이 융합되어 있어 그런지 독특한 분위기를 자아냈다. 숲길을 걸어 사찰 안으로 들어서면 전각 양 옆에 세워진 높고 견고해 보이는 당간지주가 위엄을 더해주었다. 북쪽의 '만복각万福閣'에는 세계 최대의 미륵보살상이 있었고 독하게 풍기는 향내와 연기가 온통 사원 안을 감싸고 있었다.

'옴마니반메훔'의 진언眞言을 염송하는 소리가 유난히 크게 들리기도 했다. '옴마니반메훔'은 관세음보살이 외우는 6자(여섯 가지)의 진언으로, 팔만사천 경전의 의미를 압축해 담고 있다고 한다. 글자 하나하나가 부처를 상징하는 동시에 깊은 뜻을 지니는 것이다. 이를테면 옴은 우주의 소리인 평등을, 마니는 자비를, 반메는 지혜를, 훔은 불이不二의 통합을 상징한다는

옹화궁 앞, 가정교사였던 장신과 친구 펑징징

것이다. 결국 '옴마니반메훔'의 속뜻은 모든 이에게 지혜와 자비를 베푸사, 더 이상 사바세계에 태어나지 않게 해달라고 기원하는 것이다. 다시 말해 옴마니반메훔은 티베트불교가 정통임을 밝혀주는 것이며, 티베트불교에서 보살을 소환하는 주문이다. 옴마니반메훔은 보살을 소환해 육도윤회六道輪廻*를 종식시키고 열반으로 인도한다.

옴마니반메훔이 우리나라에 들어온 것은 고려 중기 1157년이다. 현재는 비로자나불毘盧遮那佛을 근본 부처님으로 삼고 6자 진언의 염송 수행을 중심으로 하는 진각종眞覺宗이 있다. 즉, 한국불교의 4대 종단 중 하나인 진각종에서는 이 '옴마니반메훔'을 신앙의 대상인 동시에 수행 방법으로 삼고 있는 것이다. 사극 〈왕건〉에서 이기 절정에 있던 궁예가 끊임없이 '옴마

---

* 중생이 생전에 한 행위에 따라서 저마다 지옥에서 천당에 이르는 육계六界에 가서 살게 된다는 것이다.

니반메홈'을 읊는 바람에 한때 유행어가 되었던 기억이 새롭다.

역사적 의미가 크기 때문일지 옹화궁은 외국 사람들에게 매우 인기 있는 장소라고 하더니, 역시나 서양인들이 주로 눈에 띄었다. 몇 년 전에도 관광을 왔던 곳이건만 전혀 생각이 나질 않는 걸 보면 여행은 혼자 해야 하는 것임을 새삼 절감하게 된다.

불교는 중국에 전래된 지 벌써 2,000여 년이나 되었고, 현재 중국 전역에 있는 사찰은 1만 3,000여 개이며, 승려와 비구니는 약 20만 명이다. 그중 티베트불교의 계파인 라마 비구니는 약 12만 명, 활불 1,700여 명, 사원 3,000곳이 있다. 활불이란 곧 '전생활불轉生活佛'을 말하는 것으로, 이는 13세기부터 이어져 내려온 티베트불교의 독특한 교리 중 하나로 '환생한 부처'를 뜻한다. 티베트에서 활불은 자무샹嘉木祥, 장자章嘉, 궁탕貢唐 등으로 다양하지만, 가장 숭앙 받는 활불은 달라이 라마다.

티베트불교 전통에 따르면 관세음보살의 화신을 달라이 라마라 하는데, '달라이'는 몽골어로 '바다'를, '라마'는 티베트어로 '영적인 스승'을 뜻한다. 즉, '바다처럼 큰 깨달음을 얻은 스승'이라는 의미로, 티베트의 정치적·종교적 지도자를 일컫는다. 14대 달라이 라마가 49년째 중국에 들어오지 못하고 인도에서 망명생활을 하고 있지만 여전히 600만 티베트인에게 가장 큰 영향력을 갖고 있는 것도 이 때문이다.

중국의 불교는 남방(푸젠성, 저장성, 광둥성 등)에서 훨씬 더 성행하고 있다. 공산당이 지배하는 중국에서 불교가 다시금 부활하는 모습을 보면 실로 묘한 느낌이 들기도 한다.

콩먀오의 경전이 새겨져 있는
비석들

콩먀오와 궈즈젠

웅화궁 도로 건너편에 있는 '궈즈젠國子監 거리'로 발길을 옮겼다. 불교 사원과 유교문화재가 마주 보고 있는 형국은 이상하다는 느낌마저 들게 했다. 문표를 사가지고 콩먀오孔廟(공자를 모신 사당)로 들어갔다. 베이징의 자금성, 지난의 태산에 있는 다이먀오岱廟, 그리고 이 콩먀오가 중국 3대 궁전 건축물이라고 한다. 용의 승천하는 모양이 새겨진 거대한 석주 18개가 돋보이는 장엄하고 아름다운 대성전, 역대 황제들이 공자를 찬양하는 내용을 새긴 돌비석 53개가 서 있는 13개의 정자 십삼비정十三碑亭 등 콩먀오 내에는 귀중한 건축물이 많다.

그러나 올림픽을 앞두고 공사 중이어서 구경할 수 있는 것이 거의 없었다. 그런데 왜 돈을 받고 들여보내는지 이해되지 않았다. 어쩔 수 없이 콩먀오에 관한 사진 몇 장, 경전을 새긴 크고 수많은 비석, 과거급제자들의 이름을 새긴 웅장한 돌들을 구경하는 데 그쳤다. 이 콩먀오는 산둥성 취푸시의 콩먀오와 함께 중국에서 가장 큰 규모인데 원元대인 1306년에 처음 세워졌다고 한다.

중국 최고의 학부이자 과거 시험장인 귀즈젠은 들어갈 수 없게 막아놓은 상태였다. 이곳은 원나라 때인 1306년에 개축되어 약 600년 동안 중국 최고의 지성을 길러 낸 산실이다. 우리 역사 교과서에 나오는 고려시대의 대학이 바로 이 귀즈젠을 본뜬 것이라 생각하니 감회가 새로웠다. 억지로 둘러보기는 했지만 공사 때문에 많은 것을 볼 수 없어 아쉽기 그지없었다.

콩먀오와 귀즈젠을 둘러본 뒤 두 가지 생각이 들었다. 하나는 중국이 2008년 베이징올림픽을 위해 올인하고 있다는 느낌이다. 여러 국가 또는 단체에서 올림픽을 볼모로 중국 정부를 압박하는데도 중국 정부나 베이징 올림픽위원회가 의연하게 대처하고 있는 것을 보아 그렇다. 수단 다르푸르 사태 해결, 티베트 및 위구르의 독립, 국내의 인권 개선 등 중국 정부에 요구하는 사안은 다양하다. 가령 전문가들은 중국의 공산당 정권이 국익만을 내세우며 환경이나 인권 등 세밀한 사안을 고려하지 않는다는 지적을 한다. 크리스찬 싸이언스 모니터는 대표적인 사례로 중국이 석유자원 개발을 노리고 수단 정부의 다르푸르 인종 학살 사태를 간접 지원해 국제적 비난을 산 것을 들었다. 1989년 '천안문사태' 이후 인권 보장과 언론 자유 등 민주화를 요구하는 국내외 반체제 세력이 때를 기다리고 있다. 그러나 중국은 경제성장의 가속화, 국가 이미지 제고 등 국운을 걸고 어떻게든 올림픽을 성공적으로 치러내려는 강한 의지를 보이고 있다.

TV에서는 '건강올림픽 건강베이징健康奧運 健康北京', '미소베이징 올림픽 선봉微笑北京 奧運先鋒', '신올림픽 신문명 신세계新奧運 新文明 新世界' 등의 자막을 내보내며 올림픽 개최를 홍보하고 있다. 거리에는 올림픽 문화제를 알리면서 참여하고 봉사하고 즐기자는 뜻의 '올림픽문화제 아참여 아봉헌 아쾌락奧林匹克文化節 我參與 我奉獻 我快樂'이라는 깃발이 나부끼고 있다. 중국 에서는 올림픽을 '아오린피커奧林匹克'라고 쓴다. 처음에는 무슨 말인지 몰 랐다. 택시를 타도 '잉오윤迎奧運 장원밍講文明 슈신펑樹新風'이라 하여 '올림 픽을 개최하기 위해서는 문명을 논하고, 새로운 바람을 일으켜야 한다'는 거창한 구호를 외치고 있다. 베이징서 올림픽 자원봉사자를 모집하고 있는 데, 22만 명의 대학생들이 지원했다고 한다.

다른 생각 하나는 오늘날 중국 정부가 어떤 분야보다도 경제 쪽에 관심 을 집중하고 있다는 것이다. 중국이 지금 무엇보다 돈이 제일이고 돈을 벌 어야 한다는 강박관념을 가지고 있는 건 아닌지 하는 생각마저 들게 한다. 원자바오 총리가 중국은 현재 사회주의 초급단계에 있으므로 정치민주화 나 인권 등을 논할 때가 아니고 경제발전에 주력해야 한다고 했다는데, 그 러한 저간의 발언이나 행동도 간과할 수 없을 것이다.

"인민들이여, 가진 돈 전부 주식에 걸어라 …… 벼락부자의 꿈을 안 고……". 이것은 중국의 국가國歌인 「의용군행진곡」 "일어나라! 일어나라! 일어나라! / 모두 한 마음 되어 적들의 총탄을 뚫고 / 전진, 전진, 전전진"을 개사한 주식의 노래라고 한다. 이 주식의 노래 '구거股歌'가 최근 중국 주식 투자자들 사이에 급속히 퍼지고 있다. 요즘 중국은 '주식공화국'이라는 말 까지 나왔다. 2006년 1월 1163.88이던 상하이 종합주가지수는 2006년 11 월 2,000을 넘어서더니 2007년에 들어 3,000, 나아가 4,000을 넘어 최근 4,500선까지 돌파했다고 한다. 개장 10여 년에 불과한 상하이 증시가 세계 증시의 중심으로 급부상하고 있다.

중산음악당의 선율

5시에 일어나 이모저모로 앞일을 생각해보았다. 당장 외롭게 외국생활을 하고 있을 왕젠王健에게 간체자로 e메일을 보내야 하는 게 숙제다. 왕젠은 대련외국어대학에 갔을 때 허퉁메이 교수에게서 부탁을 받고 우리 학과에 데려다 놓은 1학년 중국 학생이다.

중국어 공부를 좀 하다가 음악회에 가기 위해 4시쯤 김건곤 교수 가족과 함께 나섰다. 국제교류처 로비에서 모두 모인 다음 우선 저녁을 먹기 위해 둥라이순이라는 식당으로 갔다. 둥라이순은 전에 가보았던 샤브샤브집인데 유명한 체인점인 것 같았다. 특히 이번에 간 음식점은 이란인들의 연락사무소로도 쓰고 있는 곳이라고 박승권 교수가 설명해주었다. 현관에 식당의 유래가 적혀 있을 정도로 역사적인 장소였다. 이란식당이어서 돼지고기는 없고 쇠고기와 양고기만 나왔다. 한국인을 비롯해 미국인, 일본인, 몽고인 등 우리 부자를 포함해 외국인 20명 정도가 두 테이블로 나눠 앉아 푸짐하게 식사하며 대화를 했다.

대학의 국제교류처에서 처장과 부처장 등이 나와 잘 대접해주었다. 영국에서 공부했다는 허커룽何克勇 처장은 내게 다가와 경희대학교와 자매결연을 맺었던 일과 조정원 총재가 '친구'임을 강조하기도 했다. 중국에서는 우리와 달리 수평 개념인 '펑요우朋友'(친구)라는 말을 즐겨 사용한다. 전근대 사회의 '장유유서長幼有序'의 올무를 걷어내고자 안간힘을 쓰는 것 같다. 사업을 할 때에도, 중국에서는 친구부터 만들어야 한다고 들었다. 박근태 CJ 중국본사 대표도 "중국 비즈니스? 먼저 친구가 된 다음 사업 얘기를 해야 한다”고 말했을 정도다. 허 처장은 기회가 되면 조 총재와 함께 다시 만나자고 했다. 관광학을 공부했다는 장잉張瑛 부처장도 내게 한국에 대한 좋은 인상을 피력했다.

식당을 나와 ‘五一경축음악회’가 열리는 중산음악당中山音樂堂으로 이동했다. 중산中山은 중화민주공화국을 세운 쑨원孫文의 호다. 수업시간에 ‘쑨원’이라고 하니까 어리둥절하며 잘 모르다가 중산이라 하니까 “아, 손중산”이라고 하며 그때서야 알아채는 학생들도 있을 만큼 ‘중산’이라는 호가 더 유명했다. 쑨원은 1911년 한족 민족주의라는 코드에 호소해 신해혁명을 일으켜 수립한 중화민국의 상징적 인물이다.

버스를 타고 가면서 자금성의 북문 쪽을 지나게 되었다. 우리의 해자垓字보다 훨씬 큰, 깊고 넓게 파놓은 호수를 넘어 바라본 자금성의 모습은 가히 장관이었다. 자금성 왼쪽의 중산공원에서 내려 중산음악당까지 걸어가는 길은 깨끗하고 아름다운 꽃길이었다. 호젓하게 공원을 산책하는 여유로운 시간은 음악당으로 이어졌다. 대충 예상은 했지만 음악당의 규모와 시설은 가히 일품이었다. 중산음악당을 보면서 한국의 세종문화회관을 떠올렸다. 한국의 세종대왕을 중국의 쑨원과 비교할 수도 있을 것 같았다. 특히 음악에 조예가 깊었던 세종대왕을 생각하며 쑨원도 그랬을까 궁금했다.

중국관현악단이 연주하는 「카르멘 조곡卡門 組曲」을 비롯한 장중한 음악은 약 2시간 동안 음악당을 가득 메운 사람들을 사로잡기에 충분했다. 여러 차례 기립 박수 속에 음악회는 성황리에 끝났다. 그 순간에도 중국의 힘을 느낄 수 있었다. 중국의 신세대 스타 피아니스트 랑랑郎郎은 미국과 유럽에서 인기가 폭발적이다. 첼리스트 지안 왕, 바이올리니스트 초량 린, 뉴욕필 부지휘자 시안 장, 피아니스트 헬렌 황, 윤디 리 등 세계 클래식계에는 중류

中流 바람이 거세다. ≪차이나 포브스지≫는 중국의 체육 문화계를 통틀어 가장 많은 수입을 올린 인물로 농구스타 야오밍에 이어 랑랑을 2위(약 180억 원)로 꼽았다. 오늘 음악회는 중국에서 중시하는 우이제五一節(노동절, 메이데이)를 맞아 베이징에 와 있는 외국인 쩐자專家, 즉 전문가들을 위한 것이었다. 중국 외교부의 국가외국전가국國家外國專家局이 주최하는 것으로 중국애악악단中國愛樂樂團이 연출했다.

음악을 좋아하는 아들은 오늘 공연을 대단히 만족해했다. 옆에 앉았던 일행들이 소란을 피우자 도중에 자리에서 일어나 앞으로 가면서까지 진지하게 음악을 감상했다. 끝나고 나오면서 중산이 누구냐고 묻기도 했다. 중국을 근대화시킨 손문이라고 하자 잘 모르는 것 같더니 좀 있다가 "아, 쑨원!"이라면서 손문이라고 말해서 몰랐다고 한다. 쑨원을 모르던 학생들과 중산을 모르는 아들에게서 중국인과 한국인의 차이를 강하게 느꼈다.

중국이 노동절을 이토록 경축하고 즐기는 줄은 여기 와서 알았다. 일주일 동안 국가가 축제 속으로 들어가는 것이다. 학생기숙사도 보통 때와 달리 11시에 불을 끄지 않는다고 한다. 너무 많은 사람들이 여행을 하기 때문에 집에 있는 게 좋다고 할 정도다. 우리도 앞으로 일주일을 두문불출할 것 같다.

北京日記 54

단비가 내리다

어제는 그 잔인하다는 4월의 마지막 날이었다. 그저께 밤 전화를 끊고 나서는 이런저런 생각을 하다가 잠도 안 오고 해서 새벽 4시경인가 집에 편지를 썼다. 중간에 집에 간다는 것은 생각한 적도 없는데 힘들어 한번 갔다오고 싶다고 적어 보낸 것이다.

아침에 출근해 e메일을 확인한 아내에게서 전화가 왔다. 베이징에서 언제 출발하고 싶은지 생각해보고 알려달라고 했다. 12시쯤인가 다시 전화가 왔다. 결국 5월 9일에 출발하는 비행기로 예약을 했다는 연락을 받았다.

이제 베이징에 다시 오는 날짜를 정하면 된다. 그러기 위해서는 수업이 문제다. 어떤 일이 있어도 수업에는 지장이 없어야 한다. 박승권 교수와 학생대표에게 물어봐야겠다고 생각했다. 오후에 박 교수와 통화가 되었다. 흔쾌히 다녀오라고 했다. 이번 쉬는 노동절 기간을 끼고 갔다 와서 나중에 보강계획서를 내도 된다고 했다. 참 고마웠다. 젊은 사람답게 늘 긍정적이고 활기차 보여 좋다. 차분히 생각해보니 9일에 들어갔다가 16일에 오면 될 것 같았다. 한참 만에 밖에 단비가 내리고 있다. 한 번 다녀오면 새로운 마음으로 남은 시간을 즐거이 지낼 수 있으리라 확신했다.

어젯밤도 피곤해 12시에 잠자리에 들었다. 4시 반쯤인가 깨어 인터넷에서 필요한 것을 찾아가며 얼마 전에 출간한 한 권짜리 문화서를 두 권으로 수정 보완하기 위한 준비를 했다.

공부를 좀 하고 있는데 저녁에 김건곤 교수가 잠깐 들렀다. 어제 버스를 타고 만리장성에 갔다가 고생한 일이며, 오늘 대종사大鐘寺라는 절에 갔다온 이야기를 했다. 부지런히 발품을 팔아가며 구석구석 중국을 익히는 모습이 부럽기도 했다.

생소한 '노동절' 휴가

4월이 지나고 그토록 기다리던 5월이다. 앞으로의 일을 구상해보다가 새벽 3시에 잠이 들었다. 중국 전체가 '라오둥제勞動節'를 기념하고 축하하며 즐기느라 야단인데 정작 노동자들은 쉬지 못하는 것 같아 안타깝다.

밤잠을 방해하는 공사장에서는 밤이든 낮이든 오늘도 변함없이 부산스럽게 일을 하고 있다. '노동절' 기간이 아니면 오늘은 학교 수업이 있는 날이다. 객지에서 유학생활을 하는 사람들에게는 휴강이나 휴가가 좋기만 한 것은 아니다. 오히려 그냥 수업도 하고 쉬지도 않았으면 하는 별난 생각도 하게 된다. 빨리 돌아가고 싶은 마음 때문일 것이다. 계제에 휴일에 대해 진지하게 생각해보았다.

중국의 국가 공휴일, 다시 말해 국민 축제일은 춘제春節, 라오둥제勞動節, 궈칭제國慶節이다. 다른 나라에 비해 극히 적다고 할 수 있다. 그만큼 축제일에는 성대하게 의식을 치르며, 축제기간에 쉬는 날이 약간 길 뿐이다. 춘절은 중국 최대의 축제일로 정식으로는 3일간 쉬도록 되어 있지만 실제로는 일주일 정도 쉬므로 귀향하는 사람이 많다. 노동절은 서양에서 말하는 메이데이로서 노동자의 휴일이기 때문에 원칙적으로 공장 등은 일제히 휴업을 한다. 국경절은 1949년 10월 1일 중화인민공화국이 성립된 것을 기념하는 날로 춘제 다음으로 성대하게 축하한다. 다만 최근에 노동절 휴가를 사흘에서 하루로 단축하고 단오절, 청명절, 추석 등 전통명절을 공휴일로 정하려는 노력이 일고 있다.

중국에 비해 우리나라는 공휴일이 많은 편이다. 국가 법정공휴일은 4대국경일인 삼일절, 제헌절(2008년부터 제외), 광복절, 개천절에서부터 2대 명절인 설과 추석에다가 틈틈이 어린이날, 현충일, 석가탄신일 등도 있다.

우리나라의 대학은 더 하지 않은가. 철마다 봄 축제, 가을 축제가 있고 OT, MT, 개강파티, 종강파티, 야유회 등 여행 가고 술 마시고 놀고 마냥 즐거운 나날이다. 전에 중국에서 온 학생 하나가 "어떻게 학교 안에 빈 술병 박스가 쌓이고, 교정에 술 냄새가 진동하는지 모르겠다"며 의아해하며 쓴 글을 읽은 적이 있다. 그런 말을 들을 때는 부끄럽기까지 하다.

하기는 2007년 4월 한 언론에 의하면 한국, 미국, 일본, 중국 4개국 청소년들에게 인생의 목표를 물었더니 미국은 '가정', 일본은 '친구', 중국은 '부자', 한국은 '즐기기'였다고 한다. 중국에 와보고 나서야 대학의 여가문화가 한국과 사뭇 다르다는 걸 느꼈다. 먹고 마시는 축제적 성격보다는 체육대회 쪽으로 여가를 즐기는 분위기다.

지난 토요일부터 꼭 9일간의 황금휴가에 들어간 중국에서 나는 무엇을 해야 하나. 공부도 하고 푹 쉴 요량이다. 더욱 다행스러운 것은 어제부턴가 숙소의 추위가 좀 가신 것 같다. 난로를 피우지 않아도 괜찮을 만큼 실내온도가 좀 올라갔나 보다. 그래서인지 어깨도 덜 아프다. 우리는 공부도 하고 먹고 자면서 휴가를 보내고 있다.

최초연에게서 e메일이 두 통이나 와 있었다. 북경식물원에 가보지 않겠냐는 내용이었다. 휴가를 즐기느라 바쁠 텐데 선생을 챙겨주는 마음이 기특했다. 그리고 경희대 관광학과 친구가 베이징에 와 있어 나를 만나고 싶어 한다는 내용도 있었다. 그 친구에게서 바로 전화를 받았다. 조만간 만나기로 했다.

빨리 예의를 회복해야

저녁을 먹으러 식당에 가서 한 시간 정도 앉아 있는데 참 곤혹스러웠다. 뒤에서는 아이들이 정신없이 왔다 갔다 하면서 손으로 어깨를 치고 발로 엉덩이를 찼다. 그런데도 부모들은 아무 소리도 하지 않는다. 옆 테이블에서는 어린 남학생이 여학생을 무릎에 눕히고 태연하게 식사를 했다. 짜증스럽고 눈에 거슬렸다. 전혀 남을 의식하지 않는 것이나 남이 뭘 하든 상관하지 않는 것이나, 땅덩어리가 너무 넓어서 그런 것 아닐까 생각해보았다.

지금도 중국을 좋아하긴 하지만 눈살을 찌푸릴 때도 있다. 길거리에서 풍기는 역겨운 냄새(아마도 말이 배설해놓은 분뇨 때문일 것이다), 여기저기 나뒹구는 쓰레기와 비만 오면 질퍽거리는 이면도로, 무질서한 차량과 군중들, 남을 생각하지 않고 큰 소리로 떠들고 아무 데서나 키스하는 젊은이들. 도대체 중국이 이런 곳이었는가 싶다. 나는 늘 속으로 중국을 선망해왔는데, 그건 과거 청나라 이전의 중국이 아니었을까. 이런 내가 오히려 시대착오적인 건지도 모르겠다.

더욱이 어린 학생들이 학교 안에서 떨어지면 큰일 날 것처럼 부둥켜안고 있는 모습을 보면 민망스럽기 그지없다. 20세기 이전에 중국에 왔어야 할 걸 지금은 잘못 온 것 같다는 생각까지 해보았다. 서구 열강의 침입으로 붕괴되기 시작한 1840년 아편전쟁 이전까지, 중국은 줄곧 세계 최고의 문명 수준을 유지했다고 하지 않는가. 중국이 영국 상인의 아편을 몰수하고 무역을 금지시키기에 이르러 아편전쟁이 발발했고 중국은 이 전쟁에 패해 1842년 난징조약을 체결하면서 홍콩을 영국에 넘겨주고 상하이를 비롯한

5개 항구를 개방하는 등 계속해서 서양에 밀리기 시작했다. 1820년만 해도 중국은 전 세계 GDP의 3분의 1(28.7%)을 차지했다고 한다. 또 과거 얼마나 많은 성인군자들이 태어나 우리에게 삶의 방향을 제시했는가. 물론 도덕주의의 위선이 중국을 망쳤다고도 하지만, 위선이 아닌 인간존엄을 위한 도구이자 잣대로서 도덕과 예의가 다시 살아나야 한다.

지금이라도 찬란했던 선진문화를 재현하는 나라가 되었으면 하는 바람이다. 나는 중국 학생들에게 기회만 되면 이런 이야기를 한다. 중국어에 뚜이부치對不起, 파오치엔抱歉, 라오쟈勞駕, 꿔이부취過意不去, 부하오이쓰不好意思, 뿌안不安 등 우리말의 '미안합니다'에 해당하는 말이 많은 것도 예의와 도덕을 중시하는 나라의 문화적 흔적이 아닌가 한다고. 언젠가 텔레비전에서 '중국의 미덕은 근원이 깊고 길다'는 뜻의 '중화미덕中華美德 원원유장源遠流長'이라는 공익광고가 나오는 것을 본 적이 있다. 중국의 고상하고 아름다운 정신문화가 얼마나 뿌리 깊은지 새삼 깨닫게 하는 문구였다.

중국인들이 사과하지 않는 것을 미엔즈面子, 즉 체면을 중시하는 것으로 해석하는 경우도 있다.* 체면을 마치 자신들의 자존심과 같이 생각해서 자존심을 버리고 싶지 않기에 '뚜이부치對不起'(죄송하다)라는 말을 잘 쓰지 않으며, 그들은 뚜이부치 대신 '부하오이쓰不好意思'라는 말을 많이 쓴다고 한다. 사태가 이 지경이 되어 유감이다 또는 사정이 이렇게 되어 안타깝다는 뜻이 강한 이러한 말을 씀으로써 직접적인 사과를 피하고 적당히 책임을 면하는 것이라 한다.

2006년 11월 말 광둥성 선전深圳 시내에서는 경찰이 100여 명의 윤락행

* 강진석, 『중국의 문화코드』(서울: 살림, 2004), 54쪽.

위 범죄자들에게 줄줄이 수갑을 채워 시내 거리를 끌고 다니며 망신을 주는 '유제스중遊街示衆'을 행한 일이 있었다. 이 사건 역시 체면을 중시하는 중국인의 속성을 이용한 불법행위였다. 중국인들은 이를 감옥에 가는 것보다 더 치욕으로 느낀다는 것이다. 선전은 세계 500대 기업 중 100개가 투자하고 있는 곳이요, 곳곳에 덩샤오핑의 동상과 초상화가 서 있을 만큼 2007년 1인당 GDP가 중국 도시 중 최초로 1만 달러(평균 2,500달러 이하)를 돌파한 곳이다. 또 중국 섹스 산업의 중심지로 활기를 띠고 있는 곳이기도 하다.

린위탕이 지적한 것처럼 중국인들은 체면을 목숨보다 소중히 여기는 경향이 있다. 그러나 체면은 자존심이 아닐 뿐만 아니라 인간은 감정이나 욕심을 극복하고 진정한 의미의 예의를 회복함으로써 인仁을 이룩하는 경지에 이르지 않으면 안 된다. "인仁이 무엇입니까?"라는 제자 안회顔回의 질문에 "자신을 이겨서 예로 돌아가는 것이 인이다"라고 대답했던 공자의 '극기복례위인克己復禮爲仁'이 더욱 그리워진다. 사회주의 정권 아래에서 봉건의 대상으로 공격받으며 굴절을 거듭했던 공자에 대한 평가가 다행히 21세기에 접어들어 새로운 분위기로 다시 태어나고 있어 희망을 갖게 한다.

근대의 지식인들은 '공자'로 상징되는 전통이야말로 인간의 영혼을 마비시키고 우둔하게 만들며 종속관계를 강화하는 식인食人문화를 만들었다고까지 비판했다. 공자는 특히 문화대혁명 이후 봉건 타도 속에 사장되었다. 21세기에 접어들면서 공자의 담론이 다시 고개를 치켜드는 것을 보면서 역사의 순환 이상의 많은 생각을 하게 된다. 물론 중국인들이 문화 재건을 위해서는 다시 공자에게 눈을 돌릴 수밖에 없다는 것을 서서히 자각하고 있음을 보여주는 것이다. 10여 년 전 미국과 중국의 외교관계사로 프린스턴대학에서 박사학위를 취득한 한 중국 교수가 중국이 해야 할 혁명은 가치와 자긍심의 국가로 지도자적인 위치에 서는 것이라고 했던 말이 떠오른다. 물론 여기서 가치와 자긍심이라고 하는 것은 도덕성이었다.

2007년 한국의 중견작가인 최인호 씨는 장편소설 『유림』의 청소년판을 펴냈다. 작가는 청소년들에게 인성교육으로 유교의 덕목인 '예의'를 가르치고 싶어 자신이 먼저 출판을 제의했다고 밝힌 바 있다. 그는 예의야말로 가장 중요한 가치이고 아이들에게 철학적 사유의 씨앗을 뿌리고 싶었다고 말했다. 사실 유교의 이념을 구현하는 학문의 목표는 위기지학爲己之學(자기수양을 위한 학문)에서 위인지학爲人之學(남을 다스리는 학문)까지가 있다. 물론 학문의 내용은 인仁(어짊)과 덕德(베푸는 것)을 함양하는 것이다.

또 최근에 한상복이 지은 『배려』라는 책은 출간 16개월 만에 74만 부 이상이 팔리며 전국에 '배려' 열풍을 몰고 왔다. 이 책은 경쟁과 이기주의에 둘러싸인 현대사회에서 진정한 행복과 성공은 '경쟁이 아닌 배려'를 통해 얻을 수 있다는 메시지를 담고 있다. 서구 근대에 출현한 개체주의(individualism)를 동양적 예禮 문화와 접목해 진정한 개인주의(personalism)로 보완해야 할 것이다. 정치 및 경제 발전 등의 실용주의 지향뿐만 아니라 새로운 동양적 가치를 창출하고 제도화해야 하는 것은 한국도 마찬가지요, 어느 한 나라만의 과제라고 할 수 없다.

사실 도덕은 고상한 것이다. 그 이전에 최소한 법률부터 잘 지켜져야 할 것이다. 중국의 의식 있는 사람들이 그런 걸 모르겠는가. 위에서 말한 인권을 모독하는 불법이나 그 앞에서 언급한 교통법규 위반 등 중국사회의 민주화가 심각하게 도전받고 있는데도 더 시급히 해결해야 한 일이 있는가 보다. 아마 중국 정부가 권력의 독점을 감수하면서까지도 경제건설에 매진하는 것이 바로 이를 설명해주는 단서가 될 듯하다. 빨리 경제가 더 좋아지고 법과 질서 등 예가 회복되었으면 한다.

중국의 심장부, 자금성

아들의 생일을 맞아 자금성에 가보기로 결심했다. 자금성은 명·청시대 황궁이자 중국의 심장부인 고궁故宮으로, 천자가 거처하는 곳이라는 의미를 담고 있다. 2000년 미국의 대표적인 커피전문업체 스타벅스가 이곳에까지 들어와 최근 논란이 극에 달하고 있다. 영국·프랑스 연합군의 자금성 약탈 기억도 생생하다.

9시에 택시를 타고 불과 20분 만에 천안문 앞에 도착했다. 사실 목적지에 도착한 줄도 모르고 엄청나게 큰 건물을 지나가며 감탄하고 있을 때 택시기사가 다 왔다고 내려준 것이다. 우리가 택시에서 내린 곳은 인민대회당 뒤편이었다. 거대한 인민대회당을 옆에 끼고 기웃거리며 천안문 광장으로 나왔다. 먼저 광장 한가운데에 있는 약 38m 높이의 인민영웅기념비가 눈에 들어왔다. 혁명을 위해 목숨을 바친 사람들의 공적을 찬양한 그 기념비에는 마오쩌둥이 썼다는 '인민영웅은 영원하리라'라는 뜻의 '인민영웅 영수불후人民英雄永垂不朽'라는 문구가 새겨져 있었다.

5·1 노동절 인파로 북적이는 천안문 광장을 뚫고 지하도를 건넜다. 그리고 다섯 개로 된 '진수이차오金水橋'라 불리는 아름다운 흰 대리석 다리를 지나 마오쩌둥 사진 밑으로 33.7m 높이의 장대한 천안문을 통과했다. 며칠 뒤 누군가가 마오의 초상화에 불을 붙이는 바람에 초상화를 교체하는 사건이 일어나기도 했다. 팝아티스트 앤디워홀의 작품 「마오」는 경매시장에서

인민영웅기념비

추정가만 20~25억이라고 들었다.

 돤먼端門을 지나 자금성의 남문이자 정문이며 세계 최대급 성문이라는 우먼 앞에 있는 매표소에서 표를 산 뒤, 높이 37.95m 두께 36m(9의 배수)인 우먼 안으로 들어갔다. 왜 문의 이름이 '단端'이고 '우午'인지 궁금했다. 일단 '단'과 '오'가 '단오절'에서 말하는 '초初'나 '양陽'의 의미를 크게 벗어나지 않으리라 추정했다. 입장료는 어른이 60위안, 학생은 20위안이었다.

 자금성의 가장 중요한 건물인 태화전太和殿을 보겠다고 벼르고 있다가 비로소 오늘에야 구경하게 되었다. 황제즉위식이나 신년하례식 등이 거행되던 태화전은 높이 35.3m로 중국에서 가장 큰 목조건축이다. 그런데 이게 웬일인가. 보수공사를 한다고 태화문과 태화전을 모두 가림막으로 덮어놓은 것이다. 참으로 실망스러웠다. 4만 명의 후궁을 거느린 황제도 있었다는데, 그 황제들이 살던 정전正殿을 보겠다는 꿈이 물거품이 되는 순간이었다. 하는 수 없이 외조外朝의 나머지 중화전中和殿과 보화전保和殿을 보기로 했다. 중화전은 황제의 휴게실이었고, 보화전은 과거시험이 치러졌던 곳이다. 우리 근정전의 1m도 안 되는 답도踏道와 달리, 야 17m가 되는 통돌로 된 답도(일명 대석조大石雕, 계석階石이라 함)를 보고 싶었다. 보화전 뒤쪽 돌층계에 있는 답도에는 구름 속에 꿈틀대는 거대한 아홉 마리 용이 빈틈없이

지금성에 있는 황후의 침
실, 교태전

새겨져 있다.

황제가 대외적인 정무를 보던 외조를 지나자 황제가 일상적으로 집무를 보고 생활하던 내정內廷이 이어졌다. 내정에 해당하는 건청궁乾淸宮, 교태전交泰殿, 곤령궁坤寧宮 등을 보았다. 건청궁은 황제의 집무실과 침실이 있는 공간으로 내정의 중심 건물이다. 암살을 방지하기 위해 황제는 침대 27개(9의 배수)를 옮겨 다니며 사용했다고 한다. 장방형의 교태전은 황후의 침실이다. 교태전을 보면서 참으로 초라하다는 생각이 들었다. 규모도 아주 작고 실내에는 아무것도 없는 것처럼 보였기 때문이다. 우리 경복궁의 용마루 없는 교태전 생각도 났다. 곤령궁은 황제가 황후를 맞이하는 혼례식이 거행되던 곳이다.

좀 쉬었다가 '양심전養心殿'을 찾아갔다. 중국의 여걸 서태후와 청의 마지막 황제 푸이溥儀가 머물었던 곳이라 하여 특별히 관심을 갖고 살펴보았다. 19세기에 이르러 두려움의 대상이었던 서태후의 낭비, 아편전쟁 등 여러 모략으로 벼랑 끝에 있었던 청조는 황제 푸이를 맞았다. 청나라 11대 황

제인 광서제의 뒤를 이어 조카 푸
이가 황제(선통제)에 오른 것은 불
과 3세 때였다. 서태후가 죽기 직
전 푸이를 지목한 것이다. 3년 후
1911년 쑨원 등이 일으킨 신해혁
명에 의해 청나라가 망하고 1912
년 근대적인 국가체제를 갖춘 중
화민국이 성립되자 푸이는 제위에
서 물러나야 했다. 진시황 이래 굳
게 버텨왔던 황제제도가 2,000여
년 만에 과거 속으로 사라지는 순

돌로 산을 쌓아 만든 어화원의 두이슈산

간이었다. 양심전은 전전前殿과 후전后殿으로 나누어져 전전은 집무실로 후
전은 주거공간으로 사용되었다고 한다. 건물이 너무나 낡은 채 그대로여서
무상감을 더했다.

　양심전을 나와 건물 밖 박석이 깔린 울퉁불퉁한 바닥을 밟을 때는 세월
의 켜를 절실히 느낄 수 있었다. 따로 입장료를 내고 '진보전珍宝殿'에 들어
가 황제가 걸던 목걸이나 황후가 쓰던 화관 등을 살펴보았다. 국민당이 타
이완으로 가져가고 남은 보물들이었다. '창음각暢音閣'은 3층으로 구분된
큰 무대를 가진 경극공연장이었다. 경극을 좋아했던 서태후는 입체적인 극
을 공연할 수 있었던 이 무대를 각별히 사랑했다고 한다. 돌 위에 건물을 지
은 '어화원御花園'에도 가보았다. 자금성 최대의 정원인 이화원은 전체가 좌
우대칭으로 되어 있는 궁정 특유의 양식이다. 구멍이 숭숭 뚫린 태호석으
로 산을 쌓아 만든 두이슈산堆秀山 위에 건물을 지은 것이다.

끝으로 자금성의 북문인 신무문神武門을 나오면서 경복궁 북문도 신무문이라는 데 생각이 미쳤다. 자금성에서는 해질 무렵 망루에 있는 종과 북을 108번(9의 배수)씩 쳤다고 한다. 자금성의 모서리에 서 있는 '각루角樓'는 접근이 금지되어 먼발치에서 바라보았는데, 참으로 정교하고 화려했다.

황금색 지붕이 햇빛에 반짝이는 웅장한 황궁을 짓는 데는 많은 건축재료가 필요했을 것이다. 녹나무라는 난무楠木를 비롯해 진쯔완金磚이나 창쯔완墻磚 같은 벽돌, 한바이위漢白玉라는 대리석, 붉은 소나무, 유리 등이 사용되었다고 한다. 15년이라는 긴 세월과 20만 명에 이르는 노동력으로 1420년에 완성한 것이 자금성이다. 마지막 황제인 푸이까지 명·청대의 황제 24명이 살았던 궁정이요, 방의 칸수가 8,704개나 되고, 건물이 700여 개나 된다는 곳이 자금성이다. 이곳을 한 나절 만에 보고 떠나려니 그 아쉬움은 말로 다할 수 없었다.

자금성 밖으로 나와 들고 다니던 카스텔라蛋糕로 점심을 대신하고 북문 앞에 있는 경산공원景山公園 안으로 들어갔다. 경산은 해발 108m 높이의 인공산으로, 정상에 있는 정자 '완춘팅万春亭'은 그다지 높지 않았는데도 바람이 시원했다. 거대한 자금성 전체가 한 눈에 잘 들어오고, 베이징 시내도 거뜬히 구경할 수 있어서 좋았다. 거기서 내려다본 북해공원北海公園 역시 넓고 아름다웠다. 경산공원 안에 있는 동산東山 기슭에는 농민반란의 지도자인 이자성에게 쫓기던 명나라의 마지막 황제인 숭정제가 처와 자식을 살해한 뒤 목을 맨 나무가 있었다는데 지금의 것은 새로 심은 나무라고 한다.

시간이 좀 있기에 경산공원을 내려와 맞은편에 있는 북해공원으로 갔다. 경산공원에서도 10위안을 받더니 북해공원은 20위안이나 받는다. 공원은 시민들의 휴식공간인데도 입장료를 받는 것이 거북스러웠다. '북해北海'는

북해공원의 넓은 호수와 충다
오에 있는 불탑

금나라 때부터 있었던 자연호수다. 31도가 넘는 날씨라 몹시 더워 물을 사
먹으며 긴 돌다리인 융안차오永安橋에서 사진을 찍고 그 다리를 건너갔다가
공원을 한 바퀴 돌았다. 명성대로 버드나무가 많아 시원했다. 버드나무를
보니 전에 갔던 항저우의 서호와 요즘 자주 다니는 자죽원이 생각나기도
했다. 무엇보다 바다같이 넓은 호수에 온통 뱃놀이하는 모습이 장관을 이
루고 있었다. 공원의 반 이상이 호수고, 공원 가운데 있는 충다오瓊島에는
1651년에 청 왕조 순치제가 건립했다는 티베트 양식의 흰 불탑이 솟아 있
었다.

돌아오는 길은 한결 마음도 가벼웠다. 중국의 심장부를 보았기 때문이
다. 비록 황제의 영화는 사라졌으나 국제화에 내몰리는 변화의 소용돌이
속에서 가장 중국적인 것을 간직하고 있는 모습은 감동을 주기에 충분했다.

北京日記 58

자연치유와 톈진 오염

밤 12시에 겨우 잠이 들었는데 너무 더워 새벽 2시에 잠이 깼다. 자연은 소리 없이 정직하고 의젓하다. 엊그제까지 추워서 이불 밖으로 손을 내놓지 못했는데, 5월이 되면서 두꺼운 솜이불이 성가시게 느껴진다.

겨울에서 갑자기 여름으로 넘어간다는 주위 사람들의 말대로 그 과정을 고스란히 겪고 있다. 한국도 물론 봄·가을이 짧다고는 하지만 베이징은 그와 비교도 되지 않는다. 하룻밤 사이에 겨울에서 여름으로 넘어온 것이다. 놀라운 것은 계절의 변화가 아니다. 추위가 가시면서 갑자기 몸이 아프지 않게 되었다는 점이다. 아무리 운동을 해도 팔을 들어올리기가 힘들었는데, 기온이 올라가니 자연스럽게 나은 것이다. 이게 '자연치유'가 아니고 무엇이겠는가. 인간이 자연의 일부임을 절감하게 되었다.

일찍 일어나 앞으로 할 일을 생각해보기도 하고 오늘 공부할 내용을 예습하기도 했다. 그리고 좋아하는 문화일지도 좀 썼다. 중국에 와서 일지를 쓰는 일은 지루함이나 고통을 덜 수 있는 방편일 뿐만 아니라 지적 호기심을 채울 수 있는 최적의 수단이다. 그러다 보니 어느 때는 하루에 문화일지를 몇 번씩 쓰기도 한다.

점심을 먹고 나서 어제 학생들이 사다 놓은 수박을 먹었다. 여기서 수박한 통은 우리 돈 1,500원 정도면 살 수 있으며, 학생들은 흔히 반 통씩 사다 먹는 것 같다.

오늘은 날이 좋아 교정 나무 그늘에 앉아서 과외 공부를 하기로 했다. 햇빛이 비치지 않는 빈 벤치 하나를 찾아 한 시간 넘게 공부를 했다. 첫 야외 학습치고는 비교적 성공적이었다.

공부가 끝나고 나서 장신에게 "너는 참 착한 사람인 것 같다"고 했더니, 나쁜 사람이 어디 있느냐고 했다. 감옥에 가는 사람도 있지 않느냐 했더니 "순간의 실수 아니에요"라고 한다. 정말 착한 아이다. 장신은 한국 유학에 대해 물어오기도 했고 어제 톈진에 갔다 오면서 거기서 사온 과자와 떡을 맛보라며 나눠주었다. 화베이華北 동북부의 톈진이라 하면 몇 년 전에 베이징에 들어오기 위해 입국했던 공항 생각이 났다. 북경수도공항의 날씨가 안 좋아 착륙하지 못하고 톈진공항에서 내려 버스를 타고 이동했던 것이다. 톈진에 갔다 온 소감을 장신에게 물었더니 특별한 것은 없고 톈진이 몹시 더러웠다는 말만 했다. 공장이 많아서인가 생각해보았으나, 오염의 주된 원인이 광산 때문이라는 걸 들은 적이 있다.

톈진이 건설된 것은 지금으로부터 600여 년 전이다. 명나라 4대 영락제가 난징에서 베이징으로 도읍을 옮길 때 황제가 살게 될 도읍(베이징)으로 가는 길목으로 개발하기 시작했다. '천자가 지나간 나루터'라는 뜻의 '톈진天津'이라는 지명도 이러한 역사적 유래와 관련이 있다. 톈진은 1860년 베이징조약 이후 상하이, 다롄과 함께 중국의 3대항으로 성장해왔다.

현 원자바오 총리의 고향이기도 한 톈진은 저우언라이周恩來와 떼어놓고 애기할 수 없다. 중국 인민들의 절대적 지지를 받으며 1949년 수립된 중화인민공화국의 초대 총리를 지낸 저우언라이와 통일전선전략의 귀재였던 그의 부인 덩잉차오鄧穎超의 기념관이 그곳에 있기 때문이다. 장쑤성 화이안현淮安縣 출신의 저우언라이를 추모하는 기념관에는 그가 중학교에 다닐 때 썼던 책상과 의자도 있다고 한다. 1976년 '인민의 벗'이라고 불리던 저우언라이가 죽자 천안문 광장에는 애도의 행렬이 이어졌다. 추도식에 모인 군중을 정부가 탄압하자 그 군중이 폭발하여 '제1차 천안문사건'이 발발하고 말았던 것이다. 마오쩌둥과 문화대혁명 추진자들은 권좌에서 쫓겨나고 악명 높았던 문화대혁명은 마침내 종결되었다. 마오쩌둥도 그해 9월 파란만장한 생을 마감했다.

3시 반에 숙소에 들어와 아들에게 과자와 떡을 먹어보라고 했더니 과자는 좋다고 가져가고 떡은 너무 달다고 안 먹었다. 떡도 과자처럼 만들었는데 설탕을 먹는 것처럼 달았다. 멥쌀 또는 찹쌀가루로 만든 각종 전통떡류는 상하이를 비롯한 남방이 기원지인 음식으로 아침에 밥 대신 먹거나 저녁에 밥을 먹고 난 후 간식으로 즐겨 먹는 편이다.

그동안 한국어학과에서 빌려 썼던 난로를 박스에 집어넣었다. 한 달 정도 너무나 크게 덕을 봤기에 감사하는 마음을 담아 정성껏 챙겼다. 너무 더워 창문을 열어놓고 반바지로 갈아입었다.

부부간에 라오궁, 라오포라

어젯밤은 자다가 너무 더워서 1시쯤인가 이불 속의 솜을 꺼내고 홑이불을 덮고 잤다. 어찌나 좋은지 편안하게 한숨 자고 일어나니 5시 반이었다. 오전에는 중국어 공부를 좀 했다.

오늘도 학교에서 중국어 과외를 받기로 했다. 조용한 나무 그늘을 찾아 공부를 시작했다. 미리 질문할 것을 준비해 하나하나 해결한 뒤 나머지 시간에는 진도에 따라 교과서를 읽어나가는 방식으로 수업이 진행되었다. 오늘은 교과서에 전화 관련 내용이 나왔는데 장신이 한국에서는 전화 받을 때 '여보세요'라고만 하냐고 물었다. 그럼 무슨 말을 하냐고 했더니 '웨이喂 니하오你好'라고 한다는 것이다. 중국에서는 전화를 받으면 인사를 한다고 은근히 자랑이었다.

텔레비전에서 본 '라오궁老公'이 무엇이냐고 물었더니 그것은 남편을 가리킨다며 '라오포老婆'는 아내라는 뜻이라고 가르쳐주었다. 이상하고도 재미있는 표현이었다. 스승을 라오스老師, 사장을 라오판老板이라 하는 것과 같이 상대를 높이는 뜻이 담긴 것 같다. 남편을 창푸丈夫라고 하는 것도 상대를 존중해주는 의미에서는 마찬가지라 본다. 그렇다면 중국에서는 서로 '아이런愛人'이라고 부르는 것과 함께 '라오老' 등의 어휘를 활용해 '부부란 서로 사랑하고 존중해주는 관계'임을 극명하게 드러내는 것 아닐까.

물론 우리나라에서도 16세기에 남편과 아내 사이에 대등한 관계를 뜻하는 '자네'라는 호칭이 있었고, 조선 후기에는 부인에 대한 최고의 높임말인 '마누라'라는 표현도 있었다. 그러나 오늘날 부부간에 '너', '야' 등의 비어를 쓰는 것은 말할 것도 없고 상대를 앞에 놓고 3인칭 재귀대명사에 해당하는 '자기'라고 한다든가, 어처구니없게 아내가 남편을 '아빠'라고 부르는 데 비하면 중국의 호칭은 너무나 아름답다는 생각이 들었다. '애인'이란 말도 우리는 부부 사이에 쓰는 것이 아니라 불륜의 관계에서나 통용되는 편이니 말이다.

주로 내가 공부할 수 있는 날만 수업을 하고 나를 가르치는 장신이 워낙 착하고 똑똑해서 과외수업이 만족스럽다. 과외가 끝나고 처음으로 대학 도서관에 가보았다. 기중고시가 끝나지 않아 도서관은 빈자리가 없는 것 같았다. 그러나 한국과 마찬가지로 자리만 차지하고 엎드려 자는 학생도 많았다. 장신에게 자리를 정해놓고 나가서 아이스크림을 사 먹자고 했다. 장신은 약간 놀라는 표정을 지으며 중국에서는 자리를 미리 맡아놓는 일이 없다고 했다. 참으로 합리적인 생활문화다.

대충 둘러보고 숙소로 돌아와 좀 쉬면서 TV를 봤는데 북한 방송이 나오고 「행복아리랑」이라는 제목의 자막과 함께 결혼하는 신랑과 신부가 화면에 나왔다. 역시 우리의 '아리랑'이로구나 생각하면서, '행복아리랑'이라는 제목도 그렇지만 신부가 "당에서 시키는 대로 자식을 낳겠습니다"라고 당차게 말하는 것이 참 재미있었다.

그 긴 9일간의 휴가가 끝나가고 있다. 이틀만 지나면 잠시나마 집으로 간다. 가는 대로 무좀을 치료하러 병원에 가야 한다. "무좀을 완치시킬 수 있으면 노벨 의학상을 받겠다"고 거침없이 말하던 피부과 의사의 모습이 떠오른다. 나는 무좀과 평생을 싸우며 산다. 땀이 무좀의 주요 원인인 걸 생각하면 좀 열심히는 사는 건가 싶기도 하다.

과일을 먹으며 쉰 후에 집에 가지고 갈 겨울옷을 차곡차곡 가방에 넣어 보았다. 의외로 가방에 많이 들어갔다. 옷뿐이어서 그런지 그다지 무겁지는 않았다. 삶에서 먹는 것과 입는 것만큼 주된 것도 없다는 느낌이 들었다.

北京日記 60

푸얼차

박순희 조교에게서 전화가 걸려왔다. 연휴기간을 잘 보냈냐는 인사와 함께 토요일 국제교류처에서 외국인교수들을 초청해 점심식사를 대접하고 만리장성을 구경시키겠다고 하는 내용을 전했다.

통화가 끝난 후 짐 가방을 열어 아들이 황산에 가서 사온 '푸얼차普洱茶'를 끼워 넣었다. 중국인들은 차를 매우 좋아하는 민족으로 알려져 있다. 차는 당나라 때부터 민간에서 즐겨 마시는 대중음료가 되었다고 한다. 중국의 명차는 200여 종이 넘는데, 이 푸얼차를 가장 귀하게 여긴다고 한다. 윈난성 일대에서 나는 푸얼차가 10대 명차에 들어간다. 안후이성의 황산 일대에서 재배되는 녹차인 황산마오펑黃山毛峰과 안후이성의 치먼현祁門縣에서 나는 홍차인 치홍祁紅이 10대 명차에 들어간다. 중국 정부에서는 주기적으로 10대 명차를 발표해 중국차의 품질을 관리한다.

우리나라에서 '보이차'라고 하는 이 푸얼차는 찻잎이 완전히 건조되기 전, 곰팡이 번식을 통해 다시 발효시킨다고 해서 '후後발효차'라고 한다. 푸얼차는 육류 섭취 후에 소화를 잘 시켜주며 피부미용에도 좋고, 몸 안의 기운을 돌려주는 효과가 있어 거의 보약에 가깝기 때문에 다이어트차로 유명해 요즘 인기가 매우 높다. 발효기간이 길수록 맛이 부드러워지고 따라서 오래될수록 비싸다. 20년 이상 숙성한 것을 상품으로 친다.

3시쯤에 조선어문학과 사무실로 찾아가 조교를 만나 보강계획서를 제출했다. 거기서 태평무 교수를 만나 대학원에 갈 학생이 있으면 얘기해달라고도 했다.

숙소로 돌아와 있는데 잠시 후 태 교수에게서 전화가 왔다. 경희대학교 대학원에 가고 싶어 하는 학생이 한 명 있는데 언제 만날 수 있겠느냐는 것이었다. 즉시 학생에게서도 연락이 왔다. 김령매라는 2003년급年級(학번) 조선족 학생을 만나 한 시간 가까이 진로 상담을 했다. 한국의 대학교, 석사를 포함한 대학원 과정 등 여러 가지 정보가 될 만한 것들을 이야기해주고 심사숙고해 선택하라고 격려하여 보냈다.

北京日記 61

"쓰다올러"

아침에 관리인이 와서 현관 문 손잡이를 고쳐주고 에어컨을 손질했다.

일이 끝난 관리인 아줌마에게 나는 '수업하러 갈 것이라'는 뜻으로 "워야오취샹커我要去上課"라고 했다. 그랬더니 "아啊, 샹커上課"(수업하다)라고 한 다음, 다시 보자는 뜻으로 "짜이젠再見"이라 하며 늘 그러하듯 웃으면서 나갔다. 나도 "짜이젠"이라 응수했다.

수업을 위해 정각 10시에 숙소를 나섰다. 잊어버릴까 봐 수업에 들어가자마자 5월 15일에 못 하는 수업을 25일에 하기로 학생들과 약속을 하고, 몇 가지 메모해놓은 사항을 전달한 다음 수업을 진행했다. 학생들은 영화나 TV 등 비주얼한 것에 무척 관심이 많다. 한국의 미술에 대한 수업 시간에 조선의 화가 안견의 「몽유도원도」가 나오기에, "천카이거陳凱歌 감독이 이 제목으로 영화를 만들기 위해 한국을 다녀갔다"고 했더니 별다른 문화적 지식 없이 가만히 있던 학생들도 "천카이거!"라고 놀라며 좋아한다.

세계문화유산으로 지정된 한국의 왕실사당인 종묘宗廟는 물론 한국에서 공자를 모시는 사당인 문묘文廟도 모르며, 한국문학을 공부하는 3학년인데 '고려속요'가 몇 편밖에 전하지 않는 이유조차 아는 학생이 없는 듯했다. 하기는 "중국의 고궁 자금성에서 가장 중추적인 건물의 이름이 무엇이냐?"는 질문에도 답이 안 나왔다. 한국의 문화에 대해 거의 아는 것이 없는 학생들이 그래도 관심을 갖고 열심히 따라오는 것이 기특하다.

즐거운 마음으로 수업을 끝내고 나오다가 최초연과 박서현을 만났는데, 무엇 때문에 한국에 가시느냐, 언제 가시느냐고 묻는다. 부탁도 안 했는데 저희들이 공항까지 모셔다 드리겠다고 한다. 끝내 사양하며 내가 도움이 필요하면 전화하겠다고 하는데도 굳이 공항 구경도 할 겸 자기들이 내일 아침 7시까지 숙소에 오겠다고 했다.

숙소에 와서 전화를 걸어 "워야오수이我要水……"라고 물을 시키니 이번에는 그쪽에서 '알았다'는 뜻으로 "쯔다올러知道了"라고 했다. 그동안 알아듣지 못해 쩔쩔매는 경우가 많았는데, 조금씩 나의 중국어 실력이 향상되고 있다는 증거다. 좀 누워 있다가 일어나 독서를 하다 고단해 잠시 눈을 붙였다. 아들이 다가오더니 갑자기 "과외를 그만두어도 될까요?"라고 묻는다. 나는 잠시 생각하다가 "네 뜻대로 하라"고 했다. 속으로 '이제 중국어에 어느 정도 자신감이 붙었나 보다' 싶었다.

복잡한 출입국절차

아침 6시 40분쯤 전화가 왔다. 공항까지 함께 가겠다던 초연이와 서현이가 벌써 문밖에 와 있었던 것이다. 7시에 택시를 타고 40분 만에 북경수도공항에 도착했다. 고속도로 통행료를 포함해 요금은 110위안이었다. 국제선 공항대합실과 국내선 공항대합실은 서로 통해 있었다. 국내선 대합실에 있는 동방항공에 가서 가지고 있던 기존의 항공권을 임시 항공권으로 교환했다. 10시 수업이 있는 학생들과 헤어져 출국장으로 나갔다. 검색대를 거쳐 얼핏 보니까 그때까지 두 아이들이 떠나지 않고 서 있는 것이 멀리 눈에 들어왔다.

나중에 서현이를 만났더니 "교수님 고생하실까 봐 걱정되어 공항 사정을 잘 아는 친구에게 출국장 안에 한국인이 있는지 물어보았는데, 있으니 걱정하지 말라"고 했다고 한다. 그러나 당일 나는 한국인을 만나지 못했다.

항공사 표지판이 없어 어느 직원에게 "둥팡항공짜이날東方航空在哪?"(동방항공이 어디에 있습니까)이라고 물어보았다. 발음이 좋지 않아서 그런지 알아듣지 못하는 듯했다. 다시 한 직원에게 물었더니 'nineteen'이라 한다. 19번 데스크로 갔다. 그곳에 가서 여권을 제시하고 항공권을 탑승권으로 바꾸고 짐을 부쳤다.

그곳에도 한국 사람은커녕 한국어를 할 수 있는 사람도 없었다. 다음에 어디로 가느냐고 물었더니 중국인 직원은 손가락으로 가야 할 곳을 가리키는 것 같았다. 어디로 가라는 건지 확실히 알 수 없었다. "쇼우슈빤완러마手續辦完了嗎?"(수속이 끝났느냐)라고 물었더니 "빤완辦完"(끝났다)이라 한다.

출국심사장으로 갔다. 여권, 탑승권과 함께 출국카드를 써서 제출했다. 그리고 나서 몸과 휴대품 수색을 마쳤다. 이제 다시 "빤완러마辦完了嗎?"(끝났느냐)라고 물었다. 역시 "빤완辦完"(끝났다)이라 한다. 이제 19번 탑승구로 갔다. 그런데 그곳에 가서 전광판을 보니 내가 탑승할 항공기의 탑승구가 "19"가 아니라 "01B"로 되어 있었다.

외국인들이 한국관광에서 만족스러워하는 부분으로 무엇보다 출입국절차를 꼽는 게 이해되었다. 2005년부터 세계 99개 주요 공항을 대상으로 공항 서비스 평가를 실시해온 국제공항이사회(ACI)는 인천공항이 2005년과 2006년에 이어 2007년에도 종합 1위를 차지했다고 발표했다. 7개 서비스 분야와 27개 시설 및 운영 분야 등 34개 분야 중 30개 분야에서 인천공항은 1위에 올랐고 나머지 4개 분야도 모두 2위를 차지해 압도적인 점수 차로 종합 1위에 선정되었다.

까다로운 절차를 끝내고 탑승구를 찾아놓은 다음 좀 시간이 있어 면세점을 돌아다녔다. 11시 5분이 지나 탑승구를 빠져나가 버스로 이동해 비행기에 올랐다. '만만디慢慢地'라더니 11시 35분 이륙 예정인 비행기가 12시 30분을 지나서야 이륙했다.

3부
베이징은 진정 희망의 도시인가

다시 시작

시간이 별로 없다는 생각이 들었다. 이제 중국 체류기간이 반밖에 남지 않았기 때문이다. 돌아오기 전까지 부지런히 무엇이든 해야 한다. 무엇보다 문화체험이 중요하다는 판단과 함께 되도록 여러 곳을 가봐야겠다고 속으로 다짐도 했다. 이런저런 생각을 하다 뜬눈으로 밤을 새우고 새벽에 공항으로 나왔다. 9시 35분 이륙하는 MU(동방항공) 5088편에 올랐다. 비행기는 텅 빈 듯했다.

문득 내려다본 하늘이 얼마나 아름답고 황홀했던지 잠시 마음을 빼앗겼다. 날씨가 좋아 청아한 하늘을 유유히 관조하면서 오랜만에 비행을 즐겼다. 정해진 시각에 도착해 입국수속을 밟고 짐을 찾아 일찍 공항 밖으로 나왔다. 기다리던 아들을 만나 택시를 탔다.

택시 안은 좀 더웠다. 비로소 한국과 중국의 차이를 느낄 수 있었다. 내가 사는 수원의 날씨는 맑고 선선했는데 베이징은 덥고 답답했다. 위도상의 차이일 것이다. 택시는 막힘 없이 민족대학 서문을 향해 질주했다. 고속도로 통행료를 포함해 100위안밖에 안 나왔다. 지난번보다도 더 적게 나온 것이다. 150위안 정도라고 들었던 것과는 차이가 크다. 중국의 택시기사들은 친절하고 대화를 즐기며 정직하다는 생각이 들었다.

숙소에 들어오자마자 짐을 풀었다. 그 좋던 날씨가 갑자기 비를 뿌리기 시작했다. 시원했다. 새로운 생활의 신선함이 강렬하게 일었다

짐을 정리하고 너무 피곤해 잠시 휴식을 취했다. 오후 5시쯤 일어나 정신을 차리고 e메일을 점검한 후 책상으로 자리를 옮겨 다시 몇 가지 일을

처리한 뒤에 대략 앞으로의 일정을 구상하며 문화일지를 썼다.

중국다운 말 "짜요우"

숙소 주변에는 유치원, 소학교, 중학교 등 학교가 많다. 늘 들리는 소리지만 오늘따라 왜 그렇게 크고 거슬리기까지 하는지. 그러나 반복되는 그 소리를 가만히 음미해보게 되었다. 민족대학 부속중학교 운동장에서 들리는 소리다. 그리고 유치원에서 꼬마들이 자주 외치는 소리이기도 하다. "짜요우加油, 짜요우加油." 끊임없이 외쳐대는 이 말은 응원하는 소리요, 우리말로는 "힘내라, 힘내라" 또는 "이겨라, 이겨라" 정도의 뜻이다. 아마 "파이팅"을 주문하는 것이리라. 이 말이 참 재미있고 의미 있는 것임을 새삼 알게 되었다. 기름을 붓고 불을 붙이면 활활 타오른다. 그렇게 되길 바라는 기원의 마음을 담아 아이들은 "짜요우"를 외치는 것이다.

중국은 기름(연료용, 식용 등)이 나는 나라요, 기름의 소비가 많은 나라답게 기름과 관련된 흥미로운 어휘를 많이 사용한다는 생각이 들었다. 중국은 규모가 크고 에너지가 풍부한 나라다. "국력은 요우징油井에서 나온다"고 하는데, 중국의 국력이 바로 여기서 나오는 듯하다. 소비도 만만치 않아 중국에서는 베네수엘라 같은 반미국가는 물론 수단 같은 아프리카 독재국가들과 장기 석유 공급계약을 체결했다. 최근엔 이란과 에너지 공급협상을 진행 중이라고 한다.

지금 지구촌에는 총성 없는 에너지 쟁탈전이 불을 뿜고 있다. 중국의 공격적인 아프리카 자원 외교에 대해 서양에서는 '신제국주의'라며 경계하고 있다고도 한다. 그러나 그동안 생산성이 낮아 서구 국가들이 거들떠보지도 않던 지역에서 중국이 수십 억 달러를 들여 진행하는 원유개발 프로젝트가 성공하면 석유 생산량 자체가 커지는 효과를 기대할 수 있다. 뚜껑을 열면 시커먼 연기가 나오고, 이 연기가 엄청난 거인 형상으로 변하면서 거인이 온갖 요술을 부려 주인에게 봉사한다는 '알라딘의 마술 램프'가 떠올랐다. 이것도 램프 속에 기름이 있어야 가능한 일일 것이다. 기름은 문명을 일으키는 에너지임을 아랍에서 일찍이 예언한 게 아닐까.

한국에서도 일상적으로 "기름을 쳐야 한다"는 말을 하는데, 이때 '기름'도 마찬가지로 연료를 넘어서는 상징적인 뜻이 있다고 본다. 중국에서 외치는 "짜요우"는 '성장을 위한 에너지'로서 요원의 불길 같은 투쟁과 의지의 발현을 염원하는 데서 나온 매우 논리성이 풍부한 말임에 틀림없다고 본다. 2007년 중국이 태양열과 풍력 등 재생에너지 연구개발 분야에 투입한 비용은 100억 달러로 독일에 이어 세계 2위 규모다. 재생에너지 대국의 꿈, 중국의 국력은 이 말에서 나오는 것 같다.

오늘은 텔레비전을 적게 보고 문화서 출간을 위한 공부를 많이 했다. 몸은 고달프더라도 공부를 하는 게 마음은 편하다. 밤 9시쯤 영매에게서 전화가 왔다. 밖에서 만나 대학원 진학에 필요한 몇 가지 중요한 사안들을 자세히 설명해주고 들어왔다. 어디를 가나 학생을 위한 일이라면 소홀히 할 수 없다는 생각이 들었다. 더구나 중국에 사는 학생이 우리 학과로 공부하러 오겠다고 하는데 도와줘야 하지 않겠는가.

진정 가난이 죄인가

늘 잠을 충분히 자지 못해 성가시다. 생활습관이라는 게 쉬 고쳐지질 않는다. 오늘은 수업이 있는 날이다. 더구나 강의계획에 따른 진도상 '통치계급의 문화'가 끝나는 날이다. 한국의 배세은 조교가 보내준 음악파일도 다 운받아 놓았다. 출석 부를 시간마저 놓쳐가며 수업을 충실히 하고 나올라치면 기운이 다 빠진다. 비가 매우 많이 오고 노트북 가방도 무겁고 해서 일단 기숙사로 들어가는 게 낫겠다 싶었다.

4시 30분쯤 서문 앞에서 기다리고 있는 학생들을 만나 택시를 타고 동문회 장소인 차오양취 샤오윈루霄云路에 있는 하이화청海華城으로 가기로 했다. 빈 택시가 대학 서문 앞에 늘 많았었는데 오늘은 비가 와서 그런지 택시를 잡느라 무척 애를 먹었다. 전에 갔던 왕징의 화춘옥 근처일 것이라 여기며 과감하게 출발했다. 찾아간 곳은 청城이라는 이름에 걸맞게 거대한 한국 음식점이었다.

동문회에 학생들을 데리고 나오라고 했기에 민족대학에 와 있는 5명의 학생을 데리고 갔다. 그러나 현장에 가보니 18명 정도만 예약되었다고 했다. 의아하고 머쓱했다. 어쨌든 1시간쯤 기다렸다가 다들 모인 다음에 식사를 시작했다.

중국식으로 식사를 하면서 술을 마셨다. 모두가 "간베이乾杯"(잔을 비우다)를 외치며 잔을 비웠다. 술이 약한 사람은 "쉐이이隨意"(뜻대로 하다)라는 말을 하면서 자신의 양대로 마셔도 큰 문제는 없다. 좀 있다가 다시 "간베이"를 하며 이번에는 잔을 부딪치지 않고 각자 자기 앞의 탁자를 두세 번 두드렸다. 식탁이 너무 커서 잔을 부딪치기 힘들 경우에는 술잔으로 탁자를 탁탁 치면서 "간베이"를 대신하기도 하는 것이다.

식사가 끝나갈 즈음 최고 연장자인 이돈관 씨(연합통신 베이징 분사장)가 먼저 일어나자 자연스럽게 해산하는 분위기가 되었다. 연장자들끼리 가라오케에 간다면서 나를 이끌었다. 분위기를 깨는 것 같아 어쩔 수 없이 따라나서면서 남은 학생들이 걱정되어 집에 갈 때 전화를 하라고 일러두었다.

가라오케에 들어가는 순간 홀의 규모에 놀랐고, 더욱 놀라운 것은 예쁘고 어린 여성들이 우르르 몰려 들어오는데 입이 벌어질 정도였다. 그곳에서는 이들을 '샤오지에小姐'라 불렀다. 원래 '샤오지에'는 아가씨라는 뜻인데, 요즈음엔 향락업계에 종사하는 젊은 여성들을 가리키는 말로 바뀌었다고 한다. 이런 일이 처음인 나로서는 민망하고 당황할 수밖에 없었다.

족히 30명 정도는 되어 보이는 아리따운 아가씨들을 일렬로 세워놓고는 연장자이니 내가 먼저 파트너를 골라야 한다고 했다. 이런 일이 닥칠 것이라고 상상조차 할 수 없었는데 어쨌든 주위 사람들에 의해 한 아이를 옆에 앉혔다. 그러고 나서 다른 사람들도 한 명씩 고르는데 이게 무슨 노예시장인가 하는 생각이 들었다. 우리 일행이 한두 사람씩 늘어날 때마다 아가씨들이 우르르 몰려와서 선택받기를 기다렸다가 선택받은 사람을 빼고는 다시 우르르 몰려나가는 모습을 지켜보노라니 기가 막혔다.

이 아이들에게도 자존심 같은 게 있을 텐데 반복해 돌아서 나가는 마음이 얼마나 허탈하고 참담할까 하는 생각이 스쳤다. 중국의 이런 광경을 어떻게 이해해야 할까. 누군가에게 물어보니 이 모든 게 중국이 못살기 때문이라 한다. 국가가 가난하면 이렇게 국민이 자존심을 잃는구나 하는 생각을 해보았다. 중국에는 예로부터 '소빈불소창笑貧不笑娼'이라는 말이 있었다고 한다. 가난하면 우습게보지만 매춘은 우습게보지 않는다는 뜻이다. 하기야 그 아이들이 받는 팁 300위안은 엄청나게 큰돈이다. 어디 가서 불과 몇 시간 만에 그렇게 많은 돈을 벌 수 있겠는가.

중국은 예전에 많이 사치스러웠다고 한다. 사치하다 망했다는 중국이다. 하지만 오늘날 중국인들은 한국인을 사치스럽다고들 한다. 중국에 온 한국의 사업자나 유학생들이 돈을 물 쓰듯 하며 유흥업소나 오락실을 제 집 드나들듯 하고 있기 때문이라는 것이다. 아직까지는 중국에서 한국 사람들이 폼 잡고 살 수 있을지 모른다. 그러나 중국은 광활한 영토, 거대한 인력, 풍부한 자원과 자본을 가진 만만히 볼 수 없는 나라다. 무엇보다 중국인들의 문화적 자존심이 힘을 발휘하는 날 우리는 한없이 그들을 부러워하게 될지도 모른다. 우리가 지금처럼 사치하다가 망하면 어떡하나 걱정될 정도다. 중국의 역사를 뼈아픈 교훈으로 삼아야 할 것이다.

1980년대 덩샤오핑이 이끄는 개혁개방 정책을 뒷받침하던 자오즈양趙紫陽 총서기가 제시한 이론을 언급하면서, 원자바오 총리가 최근에 경제건설을 그토록 강조하는 것도 이해가 될 만하다. 정치적 민주화를 뒤로 하며 경제발전에 박차를 가하던 우리나라의 박정희시대도 생각이 난다. 거슬러 올라가서는 조선 후기 궁핍하던 사회를 기를 쓰고 개선해보겠다고 중국에 왔다 갔다 하면서 애쓰던 홍대용, 박지원, 박제가 등의 실학자들이 생각난다. 북(청나라)을 배워야 한다고 주장했던 그들을 우리는 '북학파北學派'라고 불렀다. 조선 현실의 가장 심각한 문제를 가난이라 보고 어떻게든 가난을 극복하기 위해서 고심했던 만큼 그들이 '도덕보다 이익'을 앞세웠던 일들을 떠올리게 되는 것이다.

분위기를 깰 수 없어 앉아 있다 보니 밤 12시가 넘었다. 우산을 찾아 들고 나오는데 북경사범대학 대학원에 재학 중인 유금재 군이 택시에 동승했다. 고사했는데도 유 군은 끝내 배려하는 의미로 고집스럽게 나를 데려다 주고 갔다. 나중에 알게 되었지만 나보다 먼저 기숙사로 돌아간 학생들에게 택시비까지 주었다고 한다.

음치를 '우인뿌추완'이라

오랜만에 장신을 만나 공부를 했다. 얼마 전 공항에서 중국어가 서툴러 고생했던 일과 함께 필요한 말 몇 가지를 물어보았다. 그리고 어제 가라오케에 가서 중국말을 잘 못해 애 먹었던 심정을 털어놓으면서 또 몇 가지 궁금한 것을 물어보았다.

나는 노래방 가는 것을 좋아하지 않는다. 그러다 보니 아는 노래도 없고 억지로 부르려 하니 잘 되지도 않는다. 그래서 장신에게 "너는 노래 잘하지?"라고 물어보았다. 대뜸 자기는 '음치音癡'라고 했다. 중국 사람에게서 '음치'라는 말을 듣기는 뜻밖이었다. "음치를 중국에서 뭐라 부르느냐?"고 물었더니 "우인부추완五音不全"이라는 재미있는 표현을 가르쳐주었다. 이는 5음계가 완전하지 않다는 뜻인데, 매우 논리적이고 철학적인 느낌이 드는 말이었다. 기회가 되면 나중에 써먹어야겠다.

종일 앉아서 새롭게 출간해야 할 문화서 자료를 정리했다. 한번 하기 시작하면 또 가속도가 붙어 시간 가는 줄 모르고 집중하게 된다. 좀 하던 운동마저 안 하게 되고 거의 밤을 새기까지 하는 악습관이 다시 생긴 것이다. 4시쯤 오겠다던 김령매가 실습 나가 있는 회사에서 일이 생겨 늦겠다고 전화를 했다. 중국에서는 졸업하기 전에 학생들에게 현장실습을 시키는 데 역점을 두는 것 같았다. 나는 또 특강 준비를 하느라 정신이 없었다. 모든 문서를 간체자로 바꾸는 일은 꽤나 시간이 걸리는 일이었다.

저녁 9시에 영매가 수박과 여지荔枝를 사들고 숙소로 찾아왔다. 중국은 과일이 풍부하다. 특히 우리나라에서 보기 힘든 여지가 매우 많다. 과일 값도 퍽 헐해 사 먹기 좋다. 영매가 들고 온 대학원 제출 서류를 하나하나 체크해보았다. 수정·보완하도록 내용을 일러주는 데만도 한 시간이 걸렸다. 내일 한국에 부치기 전에 보여달라 하고 보냈다. 그리고 내일 있을 수업 준비를 했다. 내일은 통치계급의 문화*에서 민중문화로 넘어가는 날이다.

'등소평이론개론'이 필수과목

겨우 눈을 붙였을까 말까한데 공사장의 기계음이 또 잠을 깨웠다. 새벽 1시가 겨우 지나고 있었다. 그렇지 않아도 몇 달 중국에 체류하면서 중국 사람은 좀 예의가 없지 않나 싶었는데, 오늘 같은 상황에 직면하니 정말 그런 것 같다. 사실 예의나 공중도덕이 부족하기는 한국 사람들이라고 예외는 아닐 것이다. 그래도 이 정도는 아닌 것 같다. 한국에서 만약 이렇게 심야에 공사를 한다면 당장 민원이 들어가 공사가 중단될 게 뻔하다. 그런데 이곳에서는 석 달이 넘도록 야간공사가 계속되고 있다.

그동안 다소 잠잠한 거 같더니 오늘은 일을 끝내려 작심을 했는지 온갖

---

* 사실 '지배계층'의 문화라고 하던 것을 중국어를 가르쳐주는 장신이 '통치계급'의 문화로 수정해주었다.

굉음을 다 내며 잠을 못 자게 한다.
도대체 공사 주관업체들은 무슨 생
각으로 이렇게 다들 자고 있는 고요
한 밤에 대형공사를 하는지 알 수가
없다. 무엇이 돌아가며 내는 웅웅거
리는 기계음뿐만 아니다. 차량들이
끊임없이 왔다 갔다 하며 내는 소리,
인부들의 떠드는 소리 등 참기 어려

개혁 개방의 총설계사로 불리는 덩샤오핑

운 잡음을 내면서 공사에 박차를 가하고 있는 놀라운 일이 바로 옆에서 벌
어지고 있다. 새벽 5시가 가까워오는 시간인데 너무나 시끄러워 자리 들어
갈 엄두조차 못 내고 있었다.

문화대혁명 이후 1977년 실권을 장악한 덩샤오핑이 개혁 개방노선을 천
명한 이래로 중국 경제는 초고속 성장을 계속하고 있다. 대학에서는 '덩샤
오핑이론개론'을 필수로 배우고 있다. '흑묘백묘黑猫白猫' 또는 '남파북파南
坡北坡'론의 실용주의자로 유명한 덩샤오핑은 '솥 밑에 타고 있는 장작을 꺼
내 물이 끓어오르는 것을 막는다'는 뜻의 '부저추신釜底抽薪'으로 개혁과 개
방에 대한 저항 심리를 잠재웠다. 이 '부저추신'은 손자병법 36계 중에 19
계, 즉 물을 식히려면 불부터 꺼야 한다는 것으로, 덩샤오핑은 문제의 원인
을 직시하고 근본부터 해결하고자 했던 탁월한 지략가였다. "하늘이 무너
져도 두렵지 않다. 키 큰 사람들이 먼저 다칠 것이다"라고 말했다는, 150cm
가 겨우 넘는 단신이었던 덩샤오핑의 힘을 느끼게 한다.

불과 10년 전만 해도 채소와 곡물을 재배했던 저장성이나 장쑤성의 논
과 밭에는 이제 공장이 들어섰다. 그렇다면 밤에도 공사가 이루어지는 건

어쩌면 당연한지도 모른다. 그런데 오늘 문화자료를 정리하다 보니 최근 중국에서는 고전 읽기, 공자 부활 등 전통문화 열풍이 일고 있다고 한다. 늦었지만 다행스러운 일이다. 더구나 시장경제의 활성화로 공산주의 가치관이 무너지고 배금주의가 확산되는 도덕적 위기상황에서 이러한 분위기를 대안으로 인식하고 중국 정부가 적극 지원하고 있다니 정말로 박수를 보낼 만하다.

말하자면 북경사범대학 위단于丹 교수의 『논어심득論語心得』은 2006년 11월 출간 5개월 만에 약 400만 부가 팔렸고, 샤먼廈門대학 이중톈易中天 교수의 『품삼국品三國』은 150만 부가 팔렸다고 한다. 물론 『논어』에 대한 깊은 이해 없이 날림으로 책을 썼다고 위단 교수를 비판하는 사람들도 있다. 이 책들은 한국에서 번역 출간되기도 했다. 위치우위余秋雨 전 상하이 희극학원 원장은 이런 고전문화 르네상스의 선두에 서 있다. 기행문 형식을 빌려 중국의 역사와 고전문화를 쉽게 풀어낸 『중국문화답사기(원제 文化苦旅)』와 『천년의 정원(원제 山居筆記)』은 수백만 부씩 팔린 베스트셀러가 되었다. 급속한 도시화와 서구화의 물결 속에서 정체성을 찾으려는 대중들이 그의 책에서 위안을 얻었기 때문이다. 1980년대 말, 1990년대 초 지식인들이 유학을 떠날 때 위치우위 교수는 간쑤성 고원을 돌아다녔다.

상하이, 광저우 등에서는 아동들에게 4서 5경을 가르치는 곳, 즉 사숙私塾이 등장했다고 한다. 또한 장강 하구에 펼쳐진 우한시武漢市에서는 만 18세가 되는 청소년들을 위한 성인례를 개최한다고 한다. 공자를 성인으로 추대하고 공자탄생일을 성탄절로 지정하자는 캠페인도 활발하게 벌어지고 있다고 한다. 중국 정부는 공자에 대한 제사를 국가행사로 승격하고, 2010년까지 전 세계에 '공자학당' 500개를 설립할 계획이다. 북경대학, 청화대학, 복단대학 같은 명문대학들은 2006년부터 최고경영자(CEO) 등을 상대로 4서 5경 같은 고전을 가르치는 국학반을 운영하고 있다.

국학반의 필수 과정 중 하나가 '손자병법과 기업전략'이라고 한다. 중국 정부는 『손자병법』의 저자 쑨우孫武의 탄생 2,518주년을 맞아 5월 쑨우의 고향인 쑤저우에 쑨우서원을 열었다. 모공謨功편에 나오는 "백번 싸워 백번 이기는 것보다 싸우지 않고 이기는 것이 최선是故百戰百勝, 非善之善者也, 不戰而 屈人之兵, 善之善者也"이라는 것이 손자병법의 핵심사상이다.

후진타오 주석은 2006년 5월 미국에 방문할 당시 조지 부시 대통령과 그의 참모들에게 『손자병법』을 선물해 이 책을 애지중지하고 있음을 과시했다. 한국의 경우 참여정부 출범 이후 시작된 '언론과의 전쟁'은 5년이 다 되도록 끝날 줄 모르고, 자주自主를 빌미로 한 미국·일본 등과의 삐걱거림도 여전하다. 언론과 싸우고 외국과 갈등을 빚고 있는 우리 정부가 『손자병법』을 읽었으면 싶다. 우리는 언제쯤 세계 10대 경제대국에 걸맞은 선진 리더를 가질 수 있을까.

사회적 변화를 수용하는 가운데 전통적으로 돈과 재물을 좋아한다는 중국인들이라 하지만 한편으로 역사적으로 뿌리 깊게 삶을 지배해온 도덕적 순결과 인의에 대한 흠모가 살아 있음을 확실하게 드러내고 있는 것이다.

뭐니뭐니해도 학교에서 '등소평이론개론'을 배우는 건 충분히 의의 있는 일이라 생각되었다. 덩샤오핑은 1977년부터 과감하게 대학교육을 혁신하기 시작하면서 대학입시를 부활시켰다. 대학입시 부활과 개혁개방 30년의 기간에 중국의 국력 신장만큼이나 인재가 성장했기 때문이다. 이들이 중국의 미래를 이끌어가는 것이다.

선생님 감사합니다

오늘은 지난 15일 못한 수업을 보충하기로 한 날이다. 사실 내 사정에 의해 실시되는 보강인 데다 강의실도 바뀌어 학생들이 수업에 안 들어오면 어쩌나 은근히 걱정도 했다. 그러나 학생들로 꽉 찬 강의실에 들어서면서 넘치는 열의를 느낄 수 있었다. 더구나 혹시 발표준비가 안 되었으면 어떡하나 하는 걱정마저 사라졌다. 이미 발표할 학생들이 준비를 마쳐놓은 상태였기 때문이다.

착실히 수업에 참여하는 학생들을 보면 열심히 가르치지 않을 수 없다. 게다가 지난 시간으로 책 한 권 분량의 문화사 강의가 일단락되었기 때문에 홀가분한 마음도 들고 또 얼마나 공부가 되었을까 의구심도 들었다. 어제부터 고심한 끝에 구술시험 비슷하게 한 사람 한 사람에게 물어보기로 마음먹었다. 사실 대답들을 전혀 못하리라 예상했는데 뜻밖에 답변들을 잘하는 편이었다. 나름대로 한국문화의 다양한 내용을 이야기하는가 하면 한국문화의 가치를 논하기도 하고 수업을 통해 느낀 바를 말하기도 했다.

제각각 무언가를 얻었다는 느낌을 가지고 의견을 개진하는 모습을 보면서 무척 대견스러웠고 한편 고맙기도 했다. 한 학생은 "이 과목을 배우면서 처음으로 우리 민족의 전통음악을 감명 깊게 들었으며, 우리에게 그토록 훌륭한 음악이 있는 줄 미처 몰랐다"고 했다. 강의를 열심히 들었다는 걸 확인할 수 있었다. 학생들이 관심을 갖고 진술하는 분야 가운데는 '여성교육'에 대한 것이 단연 많았다. 수강생 중 2명을 제외한 나머지 35명이 여학생이다.

출석번호 1번인 정영이라는 학생은 과제물을 제출하면서 "너무 많은 것을 익혀가는 것 같아서 행복합니다. 선생님 감사합니다"라고 함께 적어냈다. 내 책을 복사한 교재의 표지를 코팅까지 한 것을 우연히 보고 여간 놀라지 않을 수 없었다. 그 학생은 발표를 썩 잘했고 묻는 말에도 시원스럽게 답을 하는 똑똑한 조선족 학생이다. 한국문화를 공부하기 위해 한국에 유학을 가겠다는 그 학생의 포부가 잘 이루어지길 빈다.

학생들의 반응을 통해 수업을 평가해보는 수밖에 없는 현실이기 때문에 예상 밖의 큰 기쁨을 맛보았다. 더 열심히 가르쳐야겠다고 늘 생각해왔는데 오늘도 그런 하루가 되었다. 시간이 부족해 학생들의 말을 끊어야 하는 미안함이 계속되었다. 한편 발표예정자들은 자신들의 발표 순서를 되물으면서 수업에 적극적으로 참여하는 모습을 보여주었다. 중국에 와서 우리 동포인 조선족에게 우리 문화를 제대로 가르쳐주고 싶은 마음이 가장 강렬했던 만큼 시간 제약이 야속한 건 당연하다.

수업을 마치고 박서현과 전미령을 데리고 교직원식당에 가서 밥을 먹었다. 식당 앞에서 한국어학과 교수들을 만나기도 했다. 오늘은 그동안 했던 식사 가운데 가장 부실했다. 그러나 한국으로 공부하러 가는 문제, 졸업 후 직장을 갖는 문제 등에 대해 학생들과 진지하게 이야기하느라 식사 자체는 별로 문제가 되지 않았다.

숙소에 들어와 과외준비를 하고 있다가 장신이 도착하자마자 어제 영매가 사온 여지를 모두 주었다. 장신은 맛있는 과일이라며 좋아했다. 우리는 교정에 가서 공부를 했다.

조선족 언어는 달라

원래 토요일은 아침 9시에 과외를 하기로 되어 있지만 피곤해 좀 쉬기로 했다. 지쳐 누워 있다가 다시 일어나 일지를 쓰기 시작했다. 중국생활의 큰 보람이자 희망이 바로 문화일지를 쓰는 일이었다. 일상생활에다 문화적 시각을 가미하고자 애쓰는 만큼 특별한 의미가 있을 것 같다.

오후 4시쯤 되었을까 햇볕이 따갑고 몸이 후덥지근하여 짜증이 나기 시작했다. 특별한 일이 없어 집안에 있는 날은 거의 책상에 붙어 있기 때문에 강렬한 석양볕을 안고 무엇을 한다는 게 힘이 들었다. 주방 옆에 있는 아주 좁은 베란다인 이곳으로 책상을 옮길 때만 하더라도 이유가 있었다. 천장에 숙소에서 가장 밝은 형광등이 달려 있고, 햇볕이 잘 들어 추위를 피할 수 있었기 때문이었다.

그러나 이제 상황이 달라졌다. 겨울이 아니라 여름으로 바뀌면서 오후 내내 쨍쨍 내리쬐는 햇볕을 도저히 감당할 수 없어 책상을 원래 있던 현관 문 앞으로 다시 옮겨야 했다. 거실은 넓지만 현관 천장에 가장 밝은 형광등이 달려 있어 밝기 때문이다. 옮겨놓고 보니 살 것 같았다. 새로운 분위기에서 그동안 미뤄놨던 기중고시 채점을 하기 시작했다. 집에 돌아가기 위해서는 빨리빨리 할 일을 다 해야 한다. 아들도 학교수업이 끝나는 대로 귀국하고 싶다는 뜻을 밝혔다.

답안지를 읽으면서 쉽게 넘어갈 수 없는 언어 현상들을 보고 혼란스러웠다. 곧 조선족이 쓰는 언어 문제는 단순치 않다는 것을 절감했다. 말도 그렇지만 특히 글에서 기본이 되는 국어정서법에서부터 한국사회에서 자연스럽게 통용되지 않는 어휘나 문장의 사용 등 헷갈리는 점이 한두 가지가 아니다.

채점을 하다 보니 오후 6시 반이 지나고 있었다. 점심도 먹지 않았기에 저녁이라도 제대로 먹기 위해서는 된장국이라도 끓여야 할 것 같았다. 옷을 갈아입고 차오스바에 갔다. 바구니를 들고 다니며 쌈장에 찍어 먹을 배추를 사고, 된장찌개에 들어갈 파, 두부, 풋고추를 샀다. 그리고 아침에 먹을 우유와 날마다 먹어 쉽게 떨어지는 계란 등을 사가지고 왔다.

겨우 끼니를 챙겨가며 이튿날에도 채점에 몰두했다. 낮 12시쯤 일어나 밤 12시가 넘도록 하루 종일 학생들이 제출한 글을 꼼꼼히 읽었다. 그들이 어떤 생각을 갖고 있는지 궁금했다. 같은 한글을 가지고도 사용하는 방식이 사뭇 다르다는 것을 느꼈다. 글쓰기의 기초에 해당하는 맞춤법, 띄어쓰기, 어휘, 문장, 단락 등 국어정서법상의 오류가 전반적으로 너무나 심각했다. 그 오류의 양상을 대충 정리해보기로 했다. 괄호 안은 필자가 수정해본 표기이다.

○ 맞춤법 오류

물건을 갔다가(갖다가) 팔다, 책이 꽂져(꽂혀) 있다, 가슴에 와 닿는다(닿는다), 어떤 말이던지(말이든지), 랑패(낭패)를 보다, 례하며(예를 들면), 문덕(문득) 생각난다, 부족하고 있다(부족한 상태다), 불적절(부적절)하다, 않 먹으면(안 먹으면), 야밤(야반) 도주하는 사람, 예기(얘기)했다, 우(위)에서 지시가 내려온다, 우뢰(우레) 소리가, 저(젓)가라, 좋던 싫던(좋든 싫든), 풍지박산(풍비박산)되다, 편입견(편견 또는 선입견)을 갖다, 활발되어지다(활발해지다), 현황이 어떠신지(어떤지) 말씀해주세요 등.

※ 맞춤법 오류의 예는 우리와 비슷하게 나타나기도 한다.

○ 띄어쓰기 오류

먹은지도 오래되었다, 배울수 없다, 안된다, 잘써라, 짐승같은 인간들이다, 하는것은 아니다, 한바가 없다, 있을만큼 못된다, 좋은점이다 등.

※ 띄어쓰기를 거의 하지 않는 편이다.

○ 생경한 어휘

도시별로 각이한(서로 다른) 프로그램을 두었다(실시했다), 개변(변화)시키려 했다, 계란밥(오므라이스), 교학을 하다(배우다), 가장 권위성적인(권위적인) 견해다, 현상이 그닥(그다지) 뚜렷하지, 근본(전혀) 없다, 기시(시기)하지 않다, 밥가마(밥솥), 밥점(식당), 얼굴이 뜨거워 났습니다(졌습니다), 무슨 일에서나 령활(영리)하고, 자연과 박투하고(싸우고), 문화를 산생(생산)하다, 살까다(다이어트하다), 생아(출산, 산아)정책은 다른 문제도 초래한다, 소홀시하다(소홀히 하다), 쇼장(전시장)의 안내원, 때물이 슴배이지(배지) 않는, 악렬한(열악한) 조건, 량이 알맞춤하다(양이 알맞다), 예하면(예를 들면), 왜서(왜) 월병을 먹었는지, 우점(장점)과 단점을 가리자, 가르쳐주면 인차(곧) 할 수 있기에, 소주잔으로 7곱잔(일곱 잔)이 된다, 승리적(성공적)으로 학술대회를 마치다, 어린 여자애를 관애하자(사랑하자), 교육정책이 온정되다(정해지다), 자비감(자괴감, 열등감)이 들었다, 장원한 견지에서(커다란 안목에서), 오랫동안 적치되어(쌓여), 불리워지는 차수(불리는 횟수), 층집(아파트), 타자판(컴퓨터자판), 허나(하지만), 허여(그리하여), 10흘이면(열흘이면) 배운다, 인수(인

구)가 점점 늘어난다, 총적으로(결과적으로), 감정을 표달하는(표현하
는), 학호(학번), 자기의 발전 행정(과정)에서, 환쾌한(즐거운) 음악소리
등.

○ 부자연스런 표현

부족한 저에게 관심해(관심을 가져) 주시고

전부 믿을 수는 없지만 일정한 도리(일리)가 있다

렬렬히 배워주다(열심히 가르쳐주다)

능력을 키우는 데에 중시를 갖고 있다(역점을 두다)

돌출적인 례이다(두드러진 예이다)

지방마다 부동한(같지 않은) 음식문화

이이는 이황과 달리 은거생활을 하지 않고 나가서 다녔으며(현실에
참여했으며)

역사는 직필해야 한다(역사에서는 직필을 중시한다)

정치는 사람의 생활에 유리롭게 정해야 된다(유리하게 행해져야 한다)

군주가 성명해야(훌륭해야) 나라가 발전한다

제 자신 애(제 자식) 자랑하다

그런 점이 특점이다(특징이다)

봉페의식에 휩싸여 있다(봉건의식에 젖어 있다)

수업을 통해 우리문화의 좋은 점을 보아낼 수(발견할 수) 있었다

이해하는 길잡이로 심으런디(삼고지 한디)

우리 사이에서만 유동하게(느끼게) 되는 편안감

결론은 비록 전면적이 되지(일반화되지) 못한다 할지라도

내 지식저장(지식창고)에 자리를 채워주었다

주택의 점지占地(부지) 면적이 크다

갈등을 주선(중심)으로 한 소설이다

한국 사람이 제일 접수하지(먹지, 감당하지) 못하는 중국요리

즐겨 먹도록 추진하는(부추기는) 역할을 했다

겨울옷은 포근하게 만들어져 방한에 주의가 잘 돌려졌다(방한에 큰
효과가 있다)

타이름에 응하여(질책에 따라) 공부하다

정말 행운하다(행복하다)고 생각해요

2학년을 허구하게(허무하게) 지낸 게

○ 북한식(사회주의식) 표현

가족에 빛을 더해준다

고기순대(소시지)가 맛을 더했다

조선민족의 영원한 과업이 아닐까

끌신(슬리퍼)을 신고 다녔다

녀성(여성)의 심리를 적절히 리용(이용)하다

물맞이칸(샤워실)이 있었다

료해(이해)가 부족하다, 많은 료해를 가져왔습니다

매주 사상 충전을 해요

손기척(노크)을 하다

알아 못듣습니다(못 알아듣습니다)

왜서(왜) 이 글을 쓰는지 모르갔소(모르겠어요)

임금이 지령을 내려도 시행할 수 없다

중국이나 일본의 문화의식과 달리 한국은 중간로선이다

자식을 곱다고 어루만질 것이 아니라 억세게 키워야 한다

위문(윗글)은 전적으루(온전히) 저의 소견입니다

○ 의아한 사고

전통여성들로부터 애기를 많이 낳는 것은 배울 점이다

한글은 실용적이어서 아침에 배워서 저녁에 편지를 쓸 수 있다

이율곡의 업적은 백성의 말을 하나님의 소리로 알았다

○ 비문

나는 날씨가 추워지셨죠 하고 물었다

저는 진실을 말하려고 한다

배워주신 분들께 감사한다

조선족 학생들을 만나 이야기해보면 북한사람을 만난 것같이 느껴진다. 학생들의 부모나 조부모 등의 고향이 북한인 경우가 많기 때문이다. 수업시간에 '흡족하다'는 말을 했는데 잘 못 알아듣는 것 같아 칠판에 '흡족洽足'이라 썼는데도 역시 잘 모르는 것 같았다. '가급적'이라는 말도 잘 모르는 것 같았다. 또 글을 보면 학생들 상당수가 띄어쓰기를 하지 않고 두음법식도 따르지 않으며 의존명사를 아직도 불원전명시리 희는 등 한국의 언어현실과는 상당한 거리가 있다. 그런 점을 지적하면 즉각 "북한에서는 그게 맞습니다"라고들 한다.

외국에 사는 어느 교포가 외국어를 그대로 옮겨 쓰는 한국의 '오므라이스'보다는 '닭알 씌운 밥'이라는 북한식 표현, 즉 외국어를 최대한 우리말로 바꿔 쓰는 경우가 더 피부에 와 닿는다고 했던 말이 떠오른다. 그렇다. 외래어사용 실태 면에서 북한의 언어현실은 남한보다 주체적인 편이다. 그리고 조선족들이 중·고등학교 때 영어 대신 일어를 배워서 그런지 한국사회와 달리 영어의 남용은 거의 드러나지 않는 편이다.

또 앞에서도 말했지만 조선족의 사고는 거의 중국인과 다름없음을 느낀다. 조선족 소학교는 학생이 없어 문을 닫고 있다 한다. 많은 조선족 학부모들이 자식을 한족 학교에 보내고 있기 때문이다. 그러니 학생들이 우리의 언어를 잘 모르는 건 당연하다. 어떤 학생은 한·중·일을 언급할 때 중·한·일로 말하는 게 습관이 되어 있었고, 한국보다 중국을 고국처럼 생각하고 있는 학생도 많은 것 같았다.

전화번호를 적어 내라고 했더니 어떤 학생이 '연계방식 010-6893-9339'라고 써 낸 적이 있었다. 참 재미있는 표현이었지만 언젠가는 의사소통이 안 될지도 모른다는 불안감도 들었다. 그런 가운데 수업을 듣고 영향을 받아서인지 어느 학생은 조선의 철학자 퇴계 이황 선생을 좋아해 "그의 순결한 령혼은 나의 령혼까지 정화하는 것 같다"라는 표현을 쓰기도 했다.

北京日記 70

전도연 칸영화제 여우주연상 수상

인터넷에 들어가 보았더니 놀랍게도 전도연이 칸영화제 여우주연상을 받았다고 한다. 가뜩이나 한국문화에 관심을 갖고 중국에 와서 한국문화를 가르치면서 부딪치는 문화적 영향관계와 문화적 충돌 같은 것이 문제시되고 있는 터에 접한 소식이라 더 기뻤다.

중국 텔레비전에서는 한국의 드라마가 넘쳐난다. 내가 본 것만도 <明朗少女成功記(명랑소녀 성공기)>, <我的名字叫金三順(내 이름은 김삼순)>, <愛情贊歌(사랑찬가)>, <巴黎的女人(파리의 연인)>, <守護天使(수호천사)>, <順風婦産科(순풍산부인과)>, <情(정)>, <迷迭香(로즈마리)>, <商道(상도)>, <茱麗叶的男朋友(줄리엣의 남자)> 등 여러 편이다.

또한 한국의 탤런트가 중국 텔레비전에 등장하기도 한다. <명랑소녀 성공기>에 출현했던 장나라가 나와 열창을 하고 광고에 출연하는가 하면, 한상궁이 인기사극 <대장금>의 이름으로 화장품 광고를 한다. 물론 장나라는 드라마 <띠아오만ㄱ蠻(말괄량이) 공주>를 통해 중국 팬들에게 톱스타로 인정받았다. <대장금>과 이영애는 특히 홍콩 사람들이 좋아한다. 칭다오靑島의 한 식당은 중국 대졸회사원 연봉의 3~4배나 되는 10만 위안(약 1,200만 원)이라는 연봉을 내걸고 대장금을 닮은 여종업원을 구한 바도 있다. 내가 자주 가는 식당 시골집에는 지금도 <대장금> 포스터가 붙어 있다. 중견 탤런트 사미자가 머리염색약을 홍보하는 것도 보았고, 톈진TV에서 한국의 가수 테이와 탤런트 이완이 나오는 것도 보았다.

한국의 문화가 이렇게 호황을 맞은 이유를 중국의 상황과 비교하면서 곰곰이 생각해보았다. 우선 중국이 이렇게 한국의 대중문화에 전폭적으로 호응을 보이는 것은 매우 반가운 일이다. 이는 10년에 걸쳐 일어났던 '문화대혁명'에 의한 전통의 단절과 문화적 피폐를 경험한 후의 갈증에서 오는 관심과, 1980년대 서구문화로의 경도에 대한 반발 심리에도 그 원인이 있을 것이다.

1958년의 '대약진운동'이 실패로 돌아가자 궁지에 몰린 마오쩌둥은 잠시 숨을 돌린 뒤 극단의 좌경노선을 선포했다. 바로 1966년부터 10년 동안 중국전역을 휩쓴 '문화대혁명'의 시작이었다. 문화대혁명은 관료제도와 의식의 혁명으로 시도되었으나 중국을 더 가난하고 비참한 국가로 만들었다. 광란의 '문화대혁명'으로 약 1,000만 명이 목숨을 잃었다. 수많은 학자나 전문가들이 반동으로 몰려 고통을 당했고, 특히 문예계 인사들이 모진 탄압을 이기지 못하고 죽어갔다. 중국의 한 지식인이 문화대혁명 10년을 '없었던 세월'이라 지칭했던 것이 기억난다. 그 후 개혁 개방은 문화적 전통과 거리를 둔 채 서양문화를 급하게 받아들이고 말았다. 시간이 좀 더 지나면 문화 단절의 후유증이 가시면서 정상을 회복하는 가운데 지금과 같은 양상은 수그러들 것이다.

우리 문화가 세계인들 특히 과거 선진문화를 자랑하던 중국의 주목을 받게 된 것은 무엇보다 일관되게 문화적 전통을 유지·발전시켜왔기 때문이다. 물론 그 문화적 전통의 핵심이자 한국문화의 힘은 바로 인본주의라 할 수 있을 것이다. 공자가 태어난 중국에서는 공자를 죽이니 살리니 하며 못살게 굴었지만 우리는 한 번도 공자를 죽인 적이 없다. 심지어 정작 중국에서는 공자의 사당에 제사를 지내는 음악이 사라졌는데도 우리는 '문묘제례악'과 더불어 공자를 극진히 모시고 있다.

한국문화가 갖고 있는 이 끈질긴 저력과 인본주의적 정신이 대중문화를 꽃피우는 밑거름이 된 것이지 갑자기 한류 열풍이 일었다고 보지는 않는다. 그만한 긴 세월과 각고의 노력들이 쌓이고 무르익어 분출해낸 결과라 자부하고 싶다. 더구나 우리의 배우가 세계 최고의 자리에 섰다는 오늘의 소식은 결코 우연일 수 없다.

또한 내용 면에서 헐리우드 영화 같은 물량 중심의 재미는 없지만 오히려 외적인 재미를 추구하지 않고 나름대로 인간의 소중함을 부각시키려는 노력이 세계인들로부터 인정을 받는 건 아닐까 생각해보았다. 송강호와 함께 전도연이 출현한 이창동 감독의 영화 <밀양>(원작소설은 이청준의 『벌레이야기』)은 남편과 자식을 잃고 고독과 싸우며 모진 인생을 살아가는 밀양의 한 여인의 삶을 다룬 것이다. 반기독교적이라고도 할 수 있을 만큼 동양적 정서에 밀착되어 있고 인간적 의지를 문제 삼는 한편 한국여성의 강인함이 표출된 데서 공감을 불러일으켰을 것이다.

5월 19일 열린 프랑스 '칸 국제영화제' 경쟁부문에 초청된 <숨> 시사회에 참석한 김기덕 감독은 시사회 뒤 열린 기자회견에서 "한국영화의 매력은 스타일보다 진실성에 있다"고 했다. 결국 우리의 문화적 호황이 일시적인 것이 되지 않으려면 이런 때일수록 한국문화의 정체성을 더욱 확고히 하는 기회로 삼았으면 하는 바람이 간절하다.

北京日記 71

한국에 가서 공부하고 싶어요

계획했던 대로 지나간 수업인 '통치계급의 문화'를 총정리했더니 학생들이 상당히 만족해하는 것 같았다. 나는 정리하는 걸 좋아한다. 그래야 가벼운 마음으로 새롭게 다른 일을 시작할 수 있기 때문이다. 책을 쓰는 이유도 새로 무엇인가를 시작하기 위한 것이다. 대단하게 뭔가가 이루어져서 결과물을 내놓는 것이 아니다. 오히려 부족하기 때문에 채워야 하고 다시 시작하기 위해 준비를 하게 된다고 생각한다. 인간이 소중한 이유도 새롭게 시작하는 데 있다고 하지 않는가.

1교시 수업이 끝나고 쉬는 시간이 되니 학생들이 기중고시 성적을 확인하기 위해 앞으로 나왔다. 그 가운데는 기특하게도 경희대학교 대학원에 가고 싶다는 학생들이 여럿 있었다. 전에도 학생 하나가 대학원에 가고 싶다고 하더니 오늘은 3명이나 다가와 대학원에 갈 수 있냐며 절차를 물었다. 중국에 와서는 이런 일들이 다른 어떤 것보다 기쁘다. 몇 년 전까지만 해도 중국에서 한국은 그리 인기 있는 나라가 아니었다. 유학을 한다거나 여행하고 싶어 하는 나라로 하위권에 머물렀다.

학생들이 이 정도로 경희대학교에 관심을 갖고 한국에 가서 공부를 하겠다고 하니 참으로 대견스럽고 기분이 좋았다. 학비도 걱정하고 생활비도 걱정하면서 "교수님께서 한국에 돌아가시면 어떻게 연락을 할 수 있느냐"고 묻는 학생들에게 걱정 말라며 명함도 주었다.

숙소로 돌아왔는데 벌써 물이 또 떨어졌다. 물을 갖다 달라고 전화를 했더니 지난번에는 '알았다'는 뜻으로 "쯔다올러知道了"라고 하더니, 이번에는 '좋다'는 뜻으로 "하오더好的"라고 했다. 중국어 실력을 한 단계 더 높이 인정해준 것이다. 중국어 구사가 좀 나아진 듯해서 기분이 좋았다.

한국에 들어갔다가 그제 돌아온 김건곤 교수가 들렀다. 김 교수와 수박을 나눠 먹으며 그동안에 있었던 일들을 이야기 했다. 그중에 어제 갔다 온 썅산香山과 그곳에 있는 북경식물원, 와불사臥佛寺, 쑨원기념당 등에 대한 이야기는 매우 유익한 정보였다. 빠른 시일 안에 꼭 한번 가보기로 마음먹었다. 특히 쑨원기념당에 대해서는 자세히 알고 싶어졌다. 며칠 동안 날씨가 흐려서 밖에 나가 돌아다니기에 그만이다.

지난번 먹었던 된장찌개가 맛이 괜찮았기에 좀 더 신경을 써서 된장을 끓여보려고 차오스바에 가서 이것저것 많이 샀다. 호박, 버섯, 대파, 감자, 두부 등 신선하고 좋은 것으로 골라 샀다. 오자마자 한국에서 가져온 된장 양념을 꺼내 봉투에 쓰여 있는 사용방법을 자세히 읽어가면서 순서대로 정성껏 냄비에 넣고 부글부글 끓였다. 된장찌개에 잔뜩 기대를 해가며 저녁을 먹기 시작했다. 그런데 이상한 일이었다. 싱거운 것도 같고 덜 익은 것도 같고 구수한 된장맛도 아니고 영 예상했던 맛이 나질 않았다. 오히려 지난번보다 못했다.

그토록 몇 시간 공을 들인 결과가 그러하니 참 공허하기 짝이 없었다. 좀 짜증기가 일었지만 참고 저녁을 먹은 다음 다시 소금을 넣고 더 끓여놓았다. 오래 끓이면 된장맛도 진해지고 구수한 맛도 날 것이라는 추측에서였다. 잘 먹든 대충 먹든 먹는 것이야말로 구차한 것이라는 생각이 부쩍 들었다. 먹지 않고는 살 수도 없으니 말이다. 한국 된장에 중국의 내용물들이 잘 안 맞는구나 하며 쉽게 수습을 해버렸다. 그러나 다시 생각해보니 된장의 양에 비해 내용물이 너무 많이 들어갔던 게 낭패의 원인이었던 것 같다. 외국생활에서 먹는 게 가장 문제라는 걸 새삼 느끼게 되었다.

北京日記 72

한중 어휘 비교

장신이 오늘은 저도 대학원에 가고 싶다고 했다. 어제 내가 수업에 들어갔다가 대학원에 가겠다는 학생을 셋이나 만났다고 했더니 자기도 대학원에 가고 싶다고 하는 것이다. 젊을 때에는 꿈이나 생각이 많이 바뀔 수 있다는 말과 함께 열심히 공부하라는 격려도 아끼지 않았다. 대학원은 머리 좋고 공부 잘했던 사람보다 열심히 안 했던 학생들이 한번 제대로 해보고 싶어 들어가는 경향이 짙다는 말에 크게 공감하는 듯도 했다.

장신은 내가 묻는 까다로운 질문에도 비교적 답변을 잘해주는 편이고 혹시 모르는 게 있으면 공부 중간에도 가르쳐주는 책임감 있는 학생이다. 침착하고 순박한 스타일이 공부하는 학생답다. 학교 수업이 끝나자마자 허겁지겁 시간에 쫓겨 들어오는 장신이 더울 걸 생각해서 에어컨을 틀어놓았다. 추우면 말하라고 했더니 뜻밖에 춥지 않다고 한다. 끓어오르는 젊음은 추위마저 못 느끼게 하는 모양이다.

에어컨 얘기가 나오자 자기들 기숙사에는 에어컨이 없다고 했다. 심지어 선풍기도 없다고 한다. 이제야 얼마나 열악한 환경에서 학생들이 공부하는지 확실히 알게 되었다. 날씨는 내륙이라 한국보다 더 덥고 8명씩 한 방을 쓰는데 선풍기 하나 없다는 말에 좀 지나치다는 생각이 들었다. 이야기 끝에 장신은 단호하게 마오쩌둥이 싫다고 말했다. 그럴 만도 하다는 생각이 들었다. 중국사회를 경제적으로 가난하게 만들고 문화적으로 피폐하게 만든 장본인을 미워한다는, 그런 뜻인 것 같았다. 그러나 많은 중국인들은 지금도 부를 가져다준 덩샤오핑과 함께 마오쩌둥을 인민을 해방시킨 지도자로 칭송하는 듯하다.

장신은 요즈음 학년말 논문을 쓰느라 정신없다고 했다. 한국과 중국에서 쓰는 한자어를 비교한다고 했다. 그렇지 않아도 나는 몇 가지 어휘들에 대해 관심을 가지고 있었다.

예컨대 중국의 경우 다음 어휘의 뜻이 한국과 사뭇 다르다. 아이런愛人(남편 또는 아내), 라오포老婆(아내), 옌서顔色(색깔), 스칭事情(일), 커치客气(겸손하다), 팡신放心(안심하다), 다쟈大家(여러분), 리이바이礼拜(요일), 위안화圓滑(교활), 쥐예作業(숙제), 치펀气氛(분위기), 칭스情事(상황), 공푸工夫(여가), 지쓰急死(몹시 애타다), 둥시東西(물건), 안쑤안暗算(속이다), 치처汽車(버스, 자동차), 친쯔親子(부모와 자식), 칭추淸楚(명백하다), 팡볜方便(편리하다) 등을 들 수 있다.

특히 배우자를 가리키는 '아이런愛人'이라는 말은 우리와 아주 다르게 쓰인다. 우리에게 '애인'은 연인戀人의 뜻으로서 결혼 전에도 있을 수 있고, 결혼 후에도 남편이나 부인이 아닌 '애인'이 있을 수 있기 때문이다. 중국인들에게 이 이야기를 했더니 너무나 의아해했다. 중국에서는 돈과 권력을 이용해 여성과 사귀면서도 그 여성을 사랑하거나 좋아하지는 않는다는 것이다. 당연히 그들이 사귀는 여성은 애인愛人이 될 수 없으며, 칭런情人·칭푸情婦로서 '얼나이二奶'로 불릴 뿐이다. 몇 년 전에 당시 인민대표대회 부위원장이 50억을 챙겨 유부녀, 즉 칭푸와 놀아난 죄로 사형을 당했던 사건이 떠올랐다.

'팡씬放心'의 경우에 우리는 '방심하다'라는 부정적 의미로 쓰는 데 비해 정반대로 '안심하다'는 뜻으로 사용한다는 점에서 특이했다. 아울러 '샤오씬小心'의 경우도 우리는 '소심하다'라는 다소 부정적인 의미로 쓰는 데 비해 중국인들은 전혀 다르게 '조심한다'는 뜻으로 사용해 흥미로웠다.

'조국소식이' 아닌 '고국소식'

오늘은 선선하게 비가 내려 특별히 기분 좋은 하루였다. 오전에 누워 있다가 갑자기 어느 가수가 부른 「시월의 마지막 밤」을 중얼중얼 따라 부르면서 일어났다. 오늘은 오월의 마지막 날이다.

난로를 학과에 돌려주기 위해 지영이에게 도움을 청했다. 함께 학과사무실로 갔더니 기다렸다는 듯 최유학 교수가 혼자 사무실을 지키고 있었다.

반갑게 인사를 하고 이런 저런 이야기를 하는 가운데 '고국소식'이라 쓴 달력을 눈여겨보는 순간 최 교수는 "이름을 잘 붙였죠"라고 한다. 재외동포재단인가 하는 곳에서 보내오는 달력인데 만일 '조국소식'이라고 했다면 문제가 생길 수도 있었을 텐데 이름을 잘 붙여 다행이라는 것이다. 그리고 사전까지 꺼내가면서 '조국'의 의미를 확인시키기도 했다. 또한 조선족이 살아가면서 겪는 어려움, 정체성의 혼란에 대해서도 이야기가 오갔다. 상대방의 질문을 잘 파악해 어떤 때는 민족의 이름을 대고, 어떤 때는 국가의 이름을 대야 한다고도 했다. 또 무엇보다 자기가 사는 곳, 살아가야 할 곳이 중요하다고 했다. 어릴 때부터 자신들은 중국인임을 교육받았다고도 했다.

최 교수와 지영이와 함께 저녁을 하기 위해 학교를 나왔다. 걸어서 전에 갔던 일식집 더찬자로 향했다. 가면서 베이징에서 갈 만한 곳을 다시 추천해보라고 했더니 대종사를 꼽았다. 러시아에 있는 못 쓰게 된 종을 빼고 가장 큰 종이 있는 곳이라고 했다. 아울러 성덕대왕신종을 얘기하면서 일명 '에밀레종'의 연원에 대해 대화를 나누었다. 최 교수는 전설이 사실이냐고 물었다. 1998년 국립경주박물관이 실시한 성분 분석에서 뼈의 성분이 되는 인이 검출되지 않았다고 답해주었다. 음식점에 도착하니 그 앞에서 북을 치며 환영을 했다. 최 교수와 왔다 간 뒤로 중간에 아들과 함께 그곳에 와서 음식 시킬 줄을 몰라 더 비싼 가격으로도 부실하게 먹었던 일화를 얘기했더니 자기가 잘못했다고 무척 미안해했다. 물론 나의 불찰인데.

"아는 게 힘이다" 또는 "알아야 면장을 한다"는 속담처럼 모른다는 것이 얼마나 불편함을 초래하며 불이익을 가져오는지 확인하는 계기가 되었다.

최 교수를 만나면 많은 이야기를 듣는다. 오늘 맥주가 공짜로 나왔는데, 최 교수의 말에 의하면 베이징에는 우싱五星맥주, 옌징燕京맥주, 칭다오靑島맥주가 있었다고 한다. 그 후 칭다오맥주가 우싱맥주를 합병하면서 지금은 칭다오맥주와 옌징맥주만 있다고 했다. 한편 생선 중에 '두어춘위多春魚'라

칭다오맥주 공장

는 큰 멸치 같은 생선이 나왔는데 알이 무척 많았다. 최 교수 표현을 빌자면 "춘정春情이 많은 생선"이다.

대화 중에 한국문화에 관한 비디오를 본 어느 여학생 하나가 한국문화가 모두 중국에서 전해진 것임을 주장하며 눈물을 흘렸다는 이야기가 나왔다. 그냥 '타이완'이 아니라 '중국 타이완'이라고 해야 한다는 등 애국심에 불타는 중국 학생들의 이야기도 오고 갔다. 한국어학과 학생은 모두 중국 한족이다. 대화 중에 지난번 가라오케 건을 슬쩍 얘기했더니 최 교수는 확인된 건 아니지만 일찍이 저우언라이가 "이제 중국에 기생은 없다"고 했다는 말을 들려주었다. 그러나 그 후 덩샤오핑이 과감하게 개혁개방 노선을 택했다는 말을 덧붙였다. 1960~1970년대 사회주의 중국에서는 성병을 깨끗하게 없앴다고 큰소리 떵떵 쳤었는데 이제는 성병은 물론 에이즈 같은 더 무서운 병이 생겨나 관계 당국이 골머리를 앓고 있다고 한다.

네 코스 가운데 가장 싼 가격으로 먹을 수 있는 A코스 요리를 시켜 우리

는 말 그대로 배 터지도록 먹고 나오면서도 68위안씩 3인분 값으로 204위
안밖에 내지 않았다. 적은 돈으로 잘 먹었다는 생각에 뿌듯했다. '안다는
것'이 얼마나 큰 힘을 발휘하는지 깨닫게 하는 하루였다.

네 글자를 좋아해

오래전부터 느꼈지만 옛 문헌은 말할 것도 없고 오늘날에도 중국에서는
넉 자로 된 어휘를 많이 쓰는 것 같다. 전에 갔던 박물관 문표에는 '애호하
는 건물에 절대 불을 가까이 하지 말라는 뜻'으로 '애호지물 엄금연화愛護之
物 嚴禁烟火'라 쓰여 있었고, 어제 사온 빵 봉지에는 '나의 마음을 신선하게
하고 하루를 즐겁게 한다'는 뜻의 '신선아심 다악지일新鮮我心 多樂之日'이라
쓰여 있었다. 저녁을 먹고 나서 TV에 나오는 넉 자로 된 프로그램 제목만
을 대충 적어보았다.

中華英雄, 苑府大院, 健康之路, 時尙車苑, 矢踪女人, 淸宮風云, 中國記憶, 天下
太平, 重案之組, 天天理財, 中國平安, 天下故事, 天下女人, 人与社會, 新聞天下, 雜
志天下, 話說天下, 中國石化, 武裝特警, 百家講壇, 城里城外, 壯志凌云, 終极目標,
節目歡歌, 華人世界, 濟公游記, 危情實彔, 永不言弃, 孝庄秘史, 記實天下, 聚焦三
農, 雄覇天下, 天下華商, 天下收藏 등 이루 헤아릴 수 없이 많았다. 제목 대부
분이 넉 자로 되어 있다는 사실에 새삼 놀라지 않을 수 없었다. 우리도 넉
자로 된 한자어가 총 국어 어휘 수의 4.2%에 이를 만큼 많다.

특기할 만한 것은 '천하天下'라는 말이 많이 들어간다는 것이었다. 물론
지역적 개념을 넘어선, 우리가 일반적으로 사용하는 문화 개념으로서의

'세계', '세상', 'world' 등을 뜻하는 말일 것이다. 그러나 아직도 중국을 세계의 중심에 놓고 주변국을 포용하는 중국을 곧 천하로 인식하는 문화적 우월주의의 소산은 아닌가 하는 생각도 해보게 된다. 중국은 지리적으로 고립된 환경 속에서 독자적인 발전체계를 유지할 수 있었으므로 자신들을 세계의 중심으로 생각하는 '천하'의 관념이 형성되었다고 한다. 국가 이름이 '가운데 나라'의 중국中國인 것도 예사로울 수 없다. 그러나 오늘날 중국은 '조화로운 세계 건설'을 목표로 주변 국가와 협력해 공동 발전해나갈 것을 선언하고 있다.

어쨌든 중국인들은 하늘을 참 좋아한다. 원자바오 총리가 최근 대학생들에게 "하늘을 처다볼 줄 아는 민족에게는 희망이 있다"는 내용의 즉흥시를 읊었다 하여 화제다. 지난 5월 14일 건축학부로 유명한 상하이 퉁지同濟대학 학생들에게 강연을 하던 도중 다음과 같은 시를 낭송했다는 것이다. "하늘을 바라보면 높고 깊으니 무궁한 진리를 생각하게 되고 / 하늘을 바라보면 엄숙하고 깨끗하니 정의감이 내 가슴을 채우네 / 하늘을 바라보면 자유롭고 조용하니 그 넓은 가슴이 내 영혼을 쉬게 하네 / 하늘을 바라보면 늘 아름답고 빛나니 그 영원한 치열함이 희망의 불꽃 되어 내리네." 그는 끝으로 "늘 하늘을 처다보면서 생각하고, 공부하고, 기술을 익히고, 세계와 국가의 운명에 관심을 가지라"고 당부했다고 한다.

이 밖에도 TV에서 본 넉 자로 된 어휘를 몇 가지 더 떠올려보았는데, 更進一步, 焦点訪談, 綠色空間, 新聞聚焦, 百家門業, 藝術華章, 紅星藝苑, 和平年代, 黃金强檔, 精彩內容, 正在放送 등 잠깐 적어본 것만도 이 정도다. 네 글자 어휘를 좋아하는 중국인들의 이런 성향을 어떻게 설명하는 게 좋을까. 두 자, 두 자씩 짝을 맞추는 건 아닐까. 대칭을 좋아하는 민족적 미의식의 자취로 여겨지기도 한다.

오후 3시 반이 되니 장신이 집에 왔다. 우선 봉투에 넣어 준비해놓았던 과외비를 주었다. 지난번과 마찬가지로 열흘치 500위안을 주었더니 너무 많다고 야단이었다. 장신은 처음 본 인상 그대로 순수한 학생이다.

오래전부터 숙소 전화가 되지 않았는데 아마 전화카드에 돈이 떨어진 것 같았다. 장신에게 확인을 부탁했더니 역시 그러했다. 수화기를 들고 다이얼을 돌리면 나오는 소리가 정확히 무슨 말인지 몰랐는데, 오늘에야 "니더 위어뿌주你的余額不足", 즉 '당신의 남은 금액이 부족하다'라는 것이었음을 알게 되었다. 듣기가 말하기보다 어려움을 다시 실감한다. 장신과 함께 숙소를 나섰다. 우선 우체국에 가서 50위안짜리 전화카드를 할인해 사고 벤치를 찾아 공부를 시작했다. 햇볕이 없는 선선한 날씨라 밖에서 공부하기엔 그만이었다.

게다 소리가 거슬려서

장신에게 전화를 걸어 오후 1시에 하기로 했던 과외를 내일 하자고 했더니, "네, 안녕히 계세요"라고 한다. 늘 공손하면서도 약간은 어눌한 투로 그 인사말을 빼놓지 않고 한다. 누구나 외국어를 배울 때 인사말에 특별히 신경을 쓰는 것 같다.

오늘은 학생 둘을 만나기로 했다. 최초연은 조선족으로 내 수업을 듣는다. 그리고 조영민은 초연이의 친구로 화교이며 인천에서 중·고등학교를 졸업하고 현재 경희대학교 관광학과에 다니는 중인데 몇 달 공부하러 베이징에 왔다고 한다. 지금은 우다오커우에서 형과 함께 지내고 있다고 들었다. 두 학생을 보면 참으로 신기한 점이 있다. 최초연은 한국 민족인데 중국에서 살고 있고, 조영민은 중국 한족인데 한국에서 살고 있기 때문이다. 이 두 학생이 지난번에 과일을 잔뜩 사 들고 숙소로 찾아왔는데 그냥 보내서 미안한 마음이 있었던 터에 오늘 좋은 집에 가서 저녁을 사주기로 마음먹고 단골 일식집으로 갔다.

그러나 오늘은 주말이라서 그런지 전과 달랐다. 음식이 하나 나오는 데 시간이 너무 많이 걸렸고 주문한 음식이 다 나오지도 않아 황당하고 불쾌하기까지 했다. 종업원들이 신고 다니는 게다げた 소리만 유난히 크게 느껴졌다. 게다는 중국말로 '무지木屐'라고 한다. 서비스도 엉망이면서 왜 딸가닥 딸가닥 왔다 갔다 소리만 요란하게 내는지 점점 미운 마음이 들었다.

우리나라의 딸깍발이가 신던 나막신에서 나는 딸가닥 소리는 멋의 표상이었다. 가죽신을 신을 형편이 못 되는 가난한 양반들은 체면상 상민이 신는 짚신은 신을 수 없어 비가 오지 않는데도 나막신을 신고 다녔다. 대개 오리나무나 소나무를 파서 만드는데, 일본의 게다와 달리 바닥에 굽이 달려 있었다. '남산골 딸깍발이'라는 말은 서울 남산에 많이 살던 가난한 선비들의 나막신에서 딸깍거리는 소리가 났기 때문에 생긴 것이다.

중국에서 특별히 느끼는 것 가운데 하나가 일본이 중국에서 차지하고 있는 위상 문제다. 전에 중국여행을 하면서도 차 안에서 가이드가 일본이 중국에서 얼마나 역량을 발휘하고 있는가를 설명하는 걸 들은 적이 있다. 이번에 베이징에 와서도 나는 여러 번 의문을 갖고 곰곰이 생각해보았다. 중국이 일본을 싫어할 만한 충분한 이유가 있고, 아니 실제로 싫어하고 있는데 일본이 웬일로 그렇게 중국에서 당당히 버티고 있는지.

답은 의외로 간단했다. 멀리하기에는 너무나 힘 있는 일본이 아닌가. 힘이 있으면 무시할 수 없고, 오히려 같이 잘 지내려고 애쓸 뿐이다. 우리도 그 정도 힘이 있을까. 하지만 북경외국어대학에 갔을 때 이미 실망했다. 거대한 '일본학연구센터'는 있었으나 한국에 관한 것은 아무것도 보이지 않았기 때문이다. 물론 현재 중국은 모든 면에서 급부상하고 있고 일본의 역량은 상대적으로 쇠퇴하는 상황이란다. 그런데 후진타오 국가 주석은 지난해 중일 사이의 역사와 영토 분야의 기본 갈등이 해결되지 않았는데도 먼저 일본에 화해의 손짓을 하는 대담함을 보이기도 했다. 미워하는 것도 용서하는 것도 다 힘이 있을 때 가능하다는 말이 순간 실감이 났다.

사람이 너무 많아 식당 안은 소란스러웠으나 그런 가운데도 많은 이야기를 나누었다. 조 군은 "요즈음 학원에 다니며 중국신문을 공부하고 있다"면서 "중국 학생들이 한국 학생들의 성형에 대해 관심이 크다"는 말을 꺼냈다. 하기는 '성형왕국'이라는 말까지 듣고 있는 게 사실이다.

의사들은 "TV 드라마 주인공처럼 만들어달라"는 주문을 들어주기 위해 애를 쓴다. 세계를 휩쓰는 한류 열풍 속에서 서울이 미용 성형수술의 세계적인 중심지로 각광받고 있다. 성형수술을 '개조(Makeover)'라 하여 서울을 세계적인 개조도시라고 부르기도 한다. 성형수술을 위해 한국을 찾는 외국인이 넘쳐나며, 최근엔 중국인이 가장 많은 비중을 차지하고 있다. 저렴한 비용과 뛰어난 의료기술도 외국인들의 구미를 당기는 것으로 나타났다. 외적 아름다움을 중시하는 한국사회의 풍토가 서울을 '개조타운'으로 만든 배경이라고 워싱턴포스트는 분석했다. 조선족 학생이 써 낸 글에서도 한국을 표현할 때 성형수술이 발달한 점을 지적하고 의복, 화장품 등을 들어가며 '겉치레를 중시하는 나라'라고 이야기한 것을 본 적이 있다.

조 군은 중국 학생들은 형제가 없이 혼자 자라기 때문에 버릇이 없고 이기적인 것 같다고도 했다. 1979년 이래 실시된 1가구 1자녀 인구정책에 따른 '샤오황디小皇帝' 문제를 지적한 것이다. 나아가 "정치인들의 부패가 심각한

인천시 선린동 차이나타운

것 같다"는 말도 했다. 속으로 '이쪽저쪽 견줘가며 외국에서 살아내느라 조 군이 무척 힘들었겠구나'하는 생각이 들었다.

사실 세계 대도시에 차이나타운이 없는 나라는 한국밖에 없다는 말이 나올 만큼 한국은 화교들에게 배타적이었다. 1970년대 중반에는 차별을 견디지 못한 많은 화교가 타이완으로 돌아가거나 미국 등지로 이민을 떠났다. 조 군은 인천시 선린동 차이나타운도 인구가 한때 1만 명에 이를 정도로 많았지만 1980년대 이후 화교들이 외국으로 빠져나가면서 인구가 급격히 줄어 지금은 170여 가구에 500여 명밖에 안 남았다고 했다. 그래도 "떨어진 곳에서 뿌리를 내린다落地生根"는 말처럼, 오늘날 수천 만 명의 화교들은 동남아시아를 비롯한 세계 곳곳에서 굳건히 살아가고 있다.

한편 초연이는 신변적인 얘기를 많이 했다. 친구인 심향화가 공산당원이라는 점, 문영이 공부도 잘하고 문학적 소양이 있다는 점, 주옥이 문화재 해설사 시험을 보았다는 점 등 주로 기숙사 같은 방을 쓰는 친구들 이야기를 들려주었다.

여기저기 큰 종이

오후 1시 대학 우체국 앞에서 장신을 만나 현장 중국어 공부를 하기로 했다. 그리고 염두에 두었던 기상국 근처에 있다는 대종사에 가보자고 제의했다. 장신은 중국 사람인데도 그곳을 몰라 여러 사람에게 물어가며 걸어서 중국 기상국을 찾아갔다.

기상국을 보니 천체를 관측하고 기록하는 일을 맡았던 흠천감欽天監이 생각났다. 흠천감에 홍대용 같은 조선의 과학자들이 다녀갔던 것을 생각하니 당시의 흠천감이 있던 곳이 궁금했다. 지금은 흠천감이 베이징의 쉬안우먼宣武門 천주당으로 쓰이고 있다 한다. 홍대용은 당시 흠천감의 박사였던 장칭張經과도 깊이 있는 대화를 나누었다. 조선문화사 수업시간에 홍대용이 아마 조선조 개인 자격으로 베이징에 가장 먼저 왔던 인물일 것이라며, 민족대학 옆에 있는 만수사에도 왔다 갔다고 했더니 학생들이 놀라는 눈치였다.

1765년, 35세였던 실학자 홍대용은 학문적 동지를 얻어 토론하고 책을 구입하려는 욕구에 베이징에 왔고, 당시 시장이 가장 번성하다는 정양문正陽門 밖 건정동乾淨衕에서 옌청嚴誠과 판팅쥰潘庭筠을 만나 문예를 논한 뒤 그 내용을 후에 『담헌서湛軒書』에 담기도 했다. 홍대용은 햇수로 2년 동안 베이징에 머물면서 옹화궁, 류리창, 자금성, 원명원 등 많은 곳을 구경했다. 그리고 중국의 여러 지식인들을 만났다. 이는 양국 지식인들이 개인적으로 만난 최초의 사례로서 이후 박지원, 이덕무, 박제가, 김정희 등이 중국 학자들과 교유할 수 있게 되었다고 한다.

대종사가 기상국 근방인 줄 알았으나 잘못 간 것을 알고 다시 물어본 다음 택시를 탔다. 그런데 택시기사도 대종사 지구에 가서 헤매는 바람에 일단 내려야 했다. 택시에서 내려 지나가는 사람들에게 물어 찾아가다 보니 아주 가까이에 대종사고종박물관大鐘寺古鐘博物館이 있었다. 입장료 10위안씩을 내고 안으로 들어갔다.

맨 앞에 있는 건물 기둥에는 '전국편종戰國編鐘'이라는 간판이 붙어 있었다. 그 안에서 간소한 음악회가 열렸다. 학생들이 「크리스마스캐롤快樂頌」이라는 곡을 편종과 편경으로 연주하고 있었다. 편종 뒤에서는 세 사람이 위에 달린 작은 종을 치고 앞에서는 한 사람이 밑에 있는 큰 종을 쳤다. 그리고 산 사람이 옆에 서 있는 작은 돌로 된 편경을 뒤에서 쳤다.

'전국편종' 건물 앞에는 홍콩반환을 기념해 1999년에 만들어진 종이 있었다. 맞은편에도 종이 하나 있었는데 관람객들이 종을 치며 신기하다는 듯 흐뭇해했다. 중국의 종은 우리 것과 비교해볼 때 무엇보다 종을 치는 자리인 '당좌撞座'가 우리의 당좌보다 아래에 위치해 아주 밑 부분을 치도록 되어 있는 게 달랐다.

뒤쪽으로 돌아 그다음 건물에 들어가니 건륭제 때 만들어진 용이 조각된 화려한 종이 있는가 하면 원대에 만들어진 밋밋하고 투박한 종도 있었다. 다시 뒤에 있는 건물로 이동하니 기둥에 '명청정품明淸精品'이라는 편액이 걸려 있었다. 그곳의 종은 백림사栢林寺에 있던 종으로 강희제 46년(1707)에 만든 것이었다.

마지막 건물에 이르니 기둥에는 '영락대종永樂大鐘'이라 쓰여 있고 건물의 처마 밑 중앙에는 '화엄각해華嚴覺海'라고 되어 있었다. 이곳에 들어가니 지붕을 뚫고 나갈 듯이 어마어마하게 큰 종이 위용을 자랑하고 있었다.

중국에서 가장 크다는 대종사의 영락대종

1421년에 제작된 종으로 높이 6.75m, 지름 3m, 무게 4만 6,500kg이었다. 종 전체에 빈틈없이 문자가 새겨져 있었는데 22만 7,000자가 넘는 불경 조각彫刻의 정교함과 치밀함이 놀라울 뿐이었다. 이 종은 크고 무거우며 불경문자로 꽉 차 있는 데다 소리가 아름답고 용뉴가 작지만 견고해 중국 내에서도 유명했다. 무엇보다 빼곡히 글자가 새겨진 것이 단출하게 비천상이 들어 있는 우리의 종과는 달랐다. 중국에서 제일 크다는 그 종은 양력 새해 1월 1일에 친다고 하는데, 우리가 제야에 보신각 종을 33번 치는 것과 달리 108번을 친다고 한다. 그곳에서 만난 북경교통대학 학생들이 소상하게 설명해주어 많은 도움이 되었다.

돌아서 앞으로 나오다가 외국의 종들이 있는 '외국종령外國鐘鈴'이라는 건물 안으로 들어가서 한국 종이 있는 걸 보고 기쁨을 감추지 못했다. 한국의 종은 절간 처마에 달린 아름다운 풍경風磬에서부터 그 유명한 보신각종, 성덕대왕신종 등이 소개되고 있었다. 에밀레종이라고도 하는 성덕대왕신종이야말로 세계 종소리 경연대회에서 1등을 차지한 바로 그 위대한 종이다. 물론 소리의 비밀은 종뉴에 있는 피리모양의 음통音筒과 바닥에 파놓은 명동鳴洞에 있다. 외국 종을 소개하면서 외국명을 모두 한자로 쓴 것도 특이해 보였다. 뉴질랜드를 신시란요우新西蘭友로, 이탈리아를 이따리意太利로, 핀란드를 편란芬蘭으로, 오스트리아를 오디리奧地利로, 러시아를 어뤄스俄羅斯로 썼다. 나오다가 옹정제 때 만들어진 대종사의 원래 이름이 '각생사覺生

寺'였음을 확인할 수 있었다.

너무나 유익한 하루였다. 장신도 공부가 많이 되었다고 즐거워했다. 학교 안에 있는 차오스에 가서 얼음과자, 오렌지 주스, 과자 등을 사가지고 숙소에 들어왔다. 얼음과자는 우유맛이 나며 한국 것과 맛이 비슷했다.

베이징은 진정 희망의 도시인가

귀국일이 점점 다가오니 잠이 잘 오지 않는다. 새벽 3시 반쯤 일어나서 공부를 좀 하다가 모처럼 우리 대학에 있는 몇 사람에게 e메일을 보냈다. 그리고 그동안 숙원이었던 중국 학생 왕젠에게 간신히 간체자로 안부 메일을 쓰게 되었다. 이렇게 몇 군데 편지를 쓰고 나니 마음이 가벼워졌다.

전에 한국에 있을 때 중국을 다루는 방송 프로그램에서 중국 사람들이 베이징을 '희망의 도시' 또는 '약속의 땅'으로 여긴다고 소개하는 것을 보았다. 거의 대부분의 사람들이 베이징에서 사는 것을 희망한다는 것이다. 그런데 여기 와서 만난 사람들도 그런 이야기를 했다. 중국에 사는 학생들은 베이징에 들어가기를 너무나 간절히 바라고 있으며 그것이 이루어지면 대단한 자부심을 갖는다는 것이었다. 민족대학의 학생들도 예외는 아니어서 공부를 하든 안 하든 일단 목표를 성취했다는 자긍심이 엿보였다.

더구나 나는 일정한 기간만 있다가 돌아가야 하는 문화연구자의 한 사람으로서 중국의 수도 베이징에 대한 관심이 남다를 수밖에 없다.

'베이징北京'이라는 이름은 1949년 중화인민공화국이 탄생하면서 생긴 이름이라고 한다. 중국 사람들은 1949년을 '해방'이 된 해로 표현하는데,

해방 이전에는 '베이핑北平'이라 했다고 한다. 물론 거슬러 올라가 보면 청나라 때는 옌징이요, 원나라 때는 다두大都라 했었다.

생각해보면 중국의 현재 수도는 베이징이지만 중국왕조가 가장 오랫동안 수도로 삼았던 곳은 시안이다. 중국 최초의 통일왕조인 진을 비롯해 '중국'이라는 정체성을 완성한 한, 서역 교역을 통해 중국을 세계국가로 만든 당 등 14개 왕조가 1,100년 동안 이곳에서 번성했다. 우리에게는 옛 이름인 장안長安이 더 익숙한 시안을 성두省都로 하는 산시성陝西省은 하, 은, 주로 이어지는 황하문명의 발상지이다.

당나라 때까지 장안에 있었던 수도가 13세기 원나라 때 쿠빌라이 칸(세조)에 의해 베이징으로 옮겨져 '다두'라 불렸던 것이다. 다시 말해 중국은 화려했던 수, 당시대가 가고 5대 10국의 난세를 맞이했다. 그리고 송, 금, 서하西夏시대를 거쳐 다시 통일을 이룬 것은 북방 기마민족인 몽골에 의해서였다. 칭기즈칸이 세운 몽골제국의 5대 칸인 쿠빌라이*가 한족을 정복하고 수도를 카라코룸에서 다두로 옮겼다. 1271년에는 국호를 원元이라 했다. 원나라가 전 중국을 지배하게 되자 비로소 베이징은 처음으로 중국 전체의 도읍으로서 중국의 중심이 되었다. 명대에 다두는 크게 변모했고, 특히 중기에 이르러서는 자금성이 완성되었으며, 그 이후 명·청대를 통해 베이징은 수도로서 나날이 발전해나갔다.

톈진, 허베이성, 산둥성, 산시성과 함께 수도 베이징은 화베이 지방 허베이성 중앙부에 위치한다. 베이징의 정식 명칭은 '베이징직할시'이다. 베이징은 성城 내외의 10개 구區와 그 외곽의 9개 현縣으로 되어 있다. '성 내외'

---

* 칭기즈칸의 손자로 중국을 정복해 원나라를 창립, 초대 황제가 되었다.

의 '성城'이란 물론 자금성을 말하는 것이다.

가고 싶은 곳, 볼만한 곳은 너무나 많은데 언어구사나 지리파악이 여의치 않아 추진력이 떨어진다. 스스로 빨리빨리 해나가지 못하는 마음이 답답하고 안타깝다. 그래도 많이 나아지고는 있는데 시간이 얼마 남지 않아 걱정이다. 가능하면 가까운 곳이라도 탐문을 하고 싶다. 드넓은 대지에 널려 있는 문화 현상들을 어느 때나 제대로 파악할 수 있을까 막연한 소망이나마 가져본다. 중국을 한 번 갔다 온 사람은 가기 전보다 헷갈리고, 그곳에서 십수 년 산 사람은 말하기를 더욱 꺼린다고 한다. "공부를 하면 할수록 모른다는 사실을 깨닫는 게 공부"라고 하는 말이 여기에도 맞는 듯하다.

사실 중국은 나의 지적 관심을 충족시켜줄 수 있는 거대한 문화의 보고다. 문밖을 나가기만 하면 한국과 다른 거리의 풍경이며 행상들의 모습에서부터 새로움을 느낀다. 거리는 사람들로 북적대는 만큼 지저분하고 무질서하기도 하다. 그래도 도시가 살아 있다는 느낌을 갖게 하기에 충분하다.

기숙사 정문 옆에는 항상 낡은 트럭 한 대가 서 있고 그 앞에는 커다란 저울이 놓여 있다. 폐지를 팔기 위해 사람들이 모이는 곳이다. 베이징올림픽 개최를 앞두고 중국의 폐지수요가 증가하면서 한국 내 폐지 공급량이 부족해 공장을 한 달에 3~4일씩 가동을 중단하고 있다는 말을 들었다. 제지공장은 연중무휴로 24시간 돌리는 게 원칙인데, 폐지가격이 급등한 데다 물량도 확보하기 어려워 공장을 정상 가동하기 어렵기 때문이라는 것이다. 폐지 장사가 늘 잘되는 게 예사로 보이지 않았다.

노점상은 불법이어서 단속이 나오면 잽싸게 피하는데 그들이 없다면 얼마나 삭막하겠는가. 물론 위생적으로 불결하기는 하겠으나 대중들의 간식거리를 제공하는 거리의 행상들은 고마운 사람들이다. 길가에 수많은 사람들이 늘어서서 음식을 맛있게 먹고 있는 걸 보면 절대 없어져서는 안 되겠다는 생각마저 든다. 더구나 베이징올림픽을 앞두고 외국인들에게 깨끗한 인상을 주기 위해 단속을 심하게 한다는 말을 들으니 안타까웠다. 중국에 오는 외국인들이 진정 중국의 문화를 이해하고 싶은 사람들이라면 그들에게 이런 모습을 감출 필요는 없다. 이런 문화를 양성화할 수 있는 방안을 마련하는 게 더 현명할 것이다.

노점 상인들은 보통 하루에 100위안 정도를 버는데 크게 잘되는 경우 1,000위안을 벌기도 한다는 말을 들은 적이 있다. 전에 기숙사 앞에서 늘 허름한 군복을 입고 고구마를 굽던 청년은 어디로 간 것일까. 날씨가 따뜻해지면서 고구마 대신 과일 장사를 하는 것 같더니 요즘은 안 보이니 말이다. 리어카를 끌고 다니며 과일을 파는 노점상 가운데는 파인애플을 먹기 쉽도록 깎아서 파는 모습을 늘 볼 수 있다. 깎아서 비닐을 씌워놓기도 한다.

누군가 한국의 서울은 더 나은 미래를 향해 숨 돌리지 않고 열심히 달리는 현대화의 도시이고, 중국의 베이징은 과거와 미래가 공존하는 여유를 가지고 생활을 즐길 수 있는 도시라고 말하는 걸 들은 적도 있다. 베이징에는 한국인이 12만 명이나 들어와 있다고 한다.

내일 수업시간에 다룰 교과서 내용 중에 복사과정에서 누락된 부분이 있어 나가야 했다. 학습부장 서현이를 만나 복사를 시키고 나서 잠시 벤치에 앉아 대화를 나누었다. 서현이는 졸업논문을 우리의 '뒷간'에 해당하는 화장실에 관해 쓰고 싶다고 했다. 물론 가식적인 표현인 '화장실化粧室'은 일본에서 온 말이다. 서현이는 내 수업 첫 시간부터 왜 중국에서는 화장실을 '시쇼우지엔洗手間'이라고 하는지 그와 관련된 논문을 써야겠다고 마음먹었다 한다. 중국에서는 시쇼우지엔 외에도 화장실을 가리키는 말로 웨이성지엔衛生間, 처수오厠所 등 여러 표현을 쓴다. 서현이는 한·중·일의 화장실을 비교하는 논문도 쓰고 싶다고 했다. 논문이란 정서적인 글과 달리 공부를 해서 쓰는 과학적인 글이라는 나의 설명에 흡족해했다.

오늘은 '천안문사태' 18주년 기념일이다. 중국 정부나 언론의 공식반응 은 전혀 없지만 공안당국은 경찰을 증원 배치해 만일의 시위사태에 대비했 다. 홍콩 빅토리아공원에서는 홍콩 시민 수만 명이 인민해방군의 강제진압 으로 발생한 희생자들을 추모하는 촛불집회를 열었다.

北京日記 78

고향에 가고 싶지 않다

새소리에 잠이 깨기는 처음이다. 시계를 보니 4시 반밖에 안 되었다. 6시 까지 책상 앞에 앉아 베이징 체험이 농축되어 있는 문화일지의 내용을 다 듬다가 다시 조금 눈을 붙였다. 어제 저녁 유심히 달력을 보며 생각하니 오 늘 수업을 하고 나면 네 번밖에 수업이 남지 않는다. 정말 거의 다 끝났다는 생각에 좀 긴장도 되었다.

발표 준비를 착실히 한 학생들 덕분에 수업은 활기차게 이루어졌다. 더 구나 학생들이 관심을 많이 가질 수 있는 '음식'에 관한 내용이라서 더 흥 미로워하는 듯했다. 늘 시간이 부족하다는 느낌을 가지며 강의를 마쳐야 한다. 수업이 끝나자마자 지난번 한국유학을 얘기했던 순하게 생긴 학생이 다시 나에게 다가왔다. 이름을 물어보았더니 장미라이라 하다.

지난 시간에 반장 용군이를 통해 며칠 강의에 빠지는 맹석봉에게 연락 좀 해보라고 했더니 오늘은 수업에 나와 있었다. 한국 유학에 관심이 있는 장미란과 며칠 강의에 빠졌던 맹석봉을 데리고 점심을 먹으러 교직원식당으로 갔다. 가는 길에 미란이가 서울캠퍼스에 있는 국문학과에 가면 어떨지 묻기에, 국문학과도 좋지만 수원의 국제캠퍼스 외국어대학에 속에 있는 한국어학과를 설명해주었더니 더 좋아하는 것 같았다.

그리고 기중고시에서 문제의 답은 안 쓰고 나의 책을 비판하는 글만 써냈던 석봉이는 다소 긴장하고 있는 눈치였다. 내가 차분하게 "공부를 많이 하더구나"라고 칭찬을 해주며 점잖게 논리적으로 그의 경솔함을 지적해주었다. 가령 '휴머니즘'에 대한 해석은 다양할 수 있으며, 또한 책은 논문만큼 분석적이지 않을 수 있다는 점 등을 언급하자 아주 의외였다는 듯이 "교수님께서 노하신 줄 알았습니다"라고 하면서 안도하는 것 같았다. 그리고 북경대학 대학원에 가고 싶다고 했다.

그 학생이 쓴 글을 일부 옮겨본다. "휴머니즘은 인류역사의 발전추세이고 최종의 목표이기도 하다. 지금 많은 나라에서 휴머니즘을 부르짖고 또 자국을 휴머니즘을 숭상하는 형상으로 부각하려 한다. 하지만 현재든 과거든 세계의 어느 나라도 진정한 휴머니즘을 가지지 못했다. …… 휴머니즘이란 생산력이 고도로 발전되었을 때만 진정으로 그 사회의 문화기반이 될 수 있다. 휴머니즘이란 인간을 위한 것이다. 인간을 위하려면 먹고 입는 문제부터 해결해야 한다. 봉건사회는 생산력이 뒤떨어진 사회다. 하늘이 조금이라도 변덕스러우면 배를 곯는다. 자신도 생계를 유지하기 어려운 상태에서 남을 위한다는 건 천병야담이다.* 이화형 교수님께서 내신 이 책은 한국문화의 힘을 휴머니즘으로 해석하셨다. 하지만 몇 명의 현명한 군주,

* '천방야담天方夜譚'을 잘못 적었을 것이다. '천방天方'은 아랍을 가리키는 바, 아라비안나이트에 비유하고자 했던 것 같다.

몇 권의 역사 저작, 몇 명의 진보적인 화자를 열거하여 전반 5,000년의 역사를 휴머니즘으로 귀결시킨다는 것은 아무래도 지나친 감이 있다고 본다.”

시를 좋아한다는 석봉이는 만해 한용운의 시를 번역하고 싶다고 하면서, 중국 도서관에 가보면 한국의 시가 없다고 개탄했다. 나는 한국사회가 그동안 특히 1960~1970년대까지 궁핍함을 벗어나기 위해 경제개발에 주력하느라 문화에 신경을 쓰지 못했다고 말했다. 노벨 문학상 수상자가 없는 것도 국력이 약하기 때문이라고 지적하는 사람도 있다고 말해주었다. 이제서야 고은 시인이나 황석영 작가가 물망에 오르는 안타까운 현실을 이야기하면서 국가든 개인이든 힘을 키워야 한다는 말을 강조했다. 이어서 능력이 없어 남에게 신경 쓰게 하고 빌미를 주는 것도 잘못임을 언급하면서 우리가 일본의 침략 통치를 받은 사실에 대해 우리 스스로를 지키지 못한 죄도 크다고 했다. 그리고 쉽게는 자기 물건을 잃어버렸을 경우 물론 훔쳐간 사람이 나쁘지만 잘 간수하지 못한 자신의 책임도 있는 것이라 했다. 두 학생 모두 수긍하는 태도가 역력했다.

학생들이 박승권 교수가 학과를 떠났다는 말을 하기에 한국에서는 총장 비서실장(물론 박 교수는 부실장으로 갔다고 한다) 같은 자리는 직원이 맡는다는 말을 했다. 특정한 개인의 문제를 떠나 대학 시스템에 대해 얘기한 것이다. 공부를 많이 하는 똑똑한 석봉이는 중국은 행정직에 있는 사람들이 대학교수를 통제하고 있다고 성토하면서 민주화가 덜 된 탓이라고 했다. 그렇다. 과거 한국이 그랬던 것처럼 중국도 오늘날 경제건설에 최선을 다하고 있기 때문에 민주화나 인권 등의 가치가 뒤로 밀려나고 있는 것이다. 오늘 이야기의 주제는 자연스럽게 ‘힘이 있어야 한다’는 것으로 귀결되었다.

석봉이는 고향에 가고 싶지 않다고 했다. 함경도가 고향(함경도 말투가 너무 강해 무슨 말을 하는지 알아들을 수 없을 정도이다)인 석봉이는 지난번 집에 가는데 너무나 검문 검색이 심해 시간이 많이 걸릴 뿐만 아니라 심지어는 부채 하나 들고 다니는 것도 막는다며 불평을 늘어놓았다. 이는 북한이 힘이 없기 때문이며 자신감이 부족해 감추고 통제하는 것이라는 나의 말에 석봉이는 무척 공감했다.

숙소로 돌아와 CCTV에서 방영되는 월극越劇을 보게 되었다. 단산시월극 단丹山市越劇团과 상해월극원上海越劇院이 공동으로 주관하는 월극 공연이었다. 더구나 우리의 대표적인 고전『춘향전』을 공연하는 걸 보고 놀라 유심히 관찰했다. 화려한 복색, 짙은 화장, 기교적인 목소리와 동작이 인상적이었다. 여배우를 중심으로 구성된 월극은 러브스토리가 많아 실로 로맨틱하다. 이 월극은 중국 저장성 샤오싱에서 발생한 지방극으로『서유기』나『홍루몽』의 줄거리가 중심이다.

샤오싱은 춘추전국시대 월越나라의 수도로 번영했으며 문호 루쉰과 여성혁명가 추진秋瑾의 고향으로 유명하다. 추진은 전족을 스스로 풀고 남장을 한 채 여성해방운동을 펼쳤다고 한다. 서예의 대가 왕희지王羲之도 샤오싱 출신이다. 진晉나라의 왕희지는 어느 날 저장성 샤오싱현 서남쪽의 란주蘭諸에 있던 란팅蘭亭(난정)이라는 정자를 찾았다. 그리고 란팅에서 이루어졌던 유상곡수流觴曲水의 풍류모임에 관한 내용을『난정기』라는 기록으로 남겼다.『난정기』는 내용 자체도 명문이지만 서체 또한 그의 대표작에 걸맞은 명필이다.

음악극이라 할 수 있는 월극의 경우, 필요한 대목에서는 대사도 쓴다. 등장인물은 전통적인 연기법의 특징에 따라 양식화된 몸짓을 하면서 노래한다. 그 후에 「막수녀莫愁女」라는 월극도 보았는데 역시 독특한 목소리로 노래를 하면서 대사를 섞어 나가는 극의 특성을 잘 보여주었다. 그 다음에 본 「양산백과축영대梁山伯与祝英台」라는 월극도 마찬가지로 여성들로만 구성된 노래 중심의 극이었으며, 저장성 상하이시 소백화월극단小白花越劇団 연출이었다. 이렇듯 월극은 저장성이 유명하다.

'극' 채널에 빠지다

어제에 이어 CCTV 11에서 공연하는 극을 보았다. 중국에는 젊은이들에게 인기 있는 현대극 이외에도 경극, 월극, 곤극崑劇, 천극川劇, 호극滬劇 등의 전통극도 다채롭다. 전통극도 경극과 그 밖의 지방극으로 나눌 수 있다. 중국 내륙지방의 전통극인 곤극은 중국 희곡의 어머니로 불릴 만큼 지방 연극에도 지대한 영향을 끼쳤다. 우아하고 세련된 장쑤성의 곤극은 2001년 세계무형문화유산이 되었다. '쓰촨의 오페라'라고 하는 천극은 얼굴을 바꾸는 '볜롄變臉', 즉 변검 공연으로 알고 있다.

오늘 본 예극豫劇은 어제 본 월극보다 머리 장식과 복색이 더욱 화려하고 화장이 짙은 등 용모의 과장이 심하다. "아아- 이이잉-" 하는 양식화된 괴성의 대화와 노래로 진행되며 남성과 여성이 함께 출연하는 극이었다. 이 극은 허난성 모 지역의 예극단이 연출했는데 예극은 허난성의 지방극이다.

오후 1시부터 과외를 하면서도 그동안 TV를 보면서 궁금했던 것들에 대해 질문을 많이 했다. 네이멍구內蒙古를 비롯해 청나라 때 중국에 편입된 시짱과 신장 등에 대해 물어보았다. 멍구蒙古가 일제 때 중국에서 독립해나갔

자치구인 네이멍구·신장·시짱 등을 포함한 중국의 서부 지역

고 네이멍구는 독립한 몽고와 달리 중국의 일부라고 장신은 설명해주었다.

시짱은 티베트를 가리키는 것으로 '서쪽에 사는 장족藏族'을 말하는 것이란다.* 티베트는 세계에서 가장 높은 고원에 위치해 '세계의 지붕'으로 불린다. 문헌에서는 티베트를 토번吐藩으로 많이 표기해왔으며, 티베트는 강국으로서 시종 당나라의 우위에 있던 것으로 안다. 그러나 중국의 서남공정에 따라 1951년 인민해방군에 의해 티베트가 점령된 것을 보면 역사의 무상함을 새삼 느끼게 된다. 하지만 아직도 중국이 견제하고 신경 써야 할 만큼 티베트는 전략적 가치가 있다. 중국 영토의 4분의 1에 이르는 데다 방대한 목재와 수자원, 광물이 매장되어 있고 세계 최대 규모의 우라늄 광산까지 있다.** 티베트의 수도는 라싸拉薩이다. 라싸는 티베트어로 '신의 땅'이라는 뜻이다.

* 티베트 인구 구성을 보면 장족이 92.2%를 차지한다.

** 면적이 한반도의 6배에 이르고 각종 광물자원 70여 종이 묻혀 있다.

한편 신장은 성두省都인 우루무치烏魯木齊를 비롯해 투루판吐魯番 등의 도시로 유명하다. 실크로드 여행을 하게 되면 시안에서 시작해 대부분 이 우루무치와 투루판을 거치게 된다. 우루무치는 옛날에는 흉노와 돌궐 같은 유목민이 활약하던 곳이며 지금도 위구르족, 키르기스족, 카자흐족, 타타르족 등 10여 종족의 소수민족이 살고 있는 도시다. 투루판은 사막 한복판의 오아시스다. 수로에 물이 넘치고 길가의 나무가 바람에 흔들린다. 신장은 중국에서 가장 큰 성에 속하며, 인구는 1,426만 명이다. 위구르족이 절반을 차지하며 대부분 이슬람교를 믿는다.

이 세 민족이 사는 곳은 자치구로 되어 있다고 했다. 중국에는 시짱, 신장 웨이우얼, 광시좡족廣西壯族, 닝샤후이족寧夏回族, 네이멍구 등 5개 자치구와 옌볜延邊 조선족 자치주 등 30개 자치주가 있다. 더 공부를 해보고 나서 다시 물어봐야 할 것 같았다.

장신은 이 밖에 텔레비전에서 방영되는 <효장비사孝庄秘史>를 보면서 효장이 강희제의 할머니라고 가르쳐주었다. 중국의 역대 황제 220명 중 가장 위대한 인물로 평가되는 사람이 청나라 4대 강희제이다. 황제 가운데 재위 기간이 가장 긴 그는 집권 초기 어지러운 내분을 종식하고 나라를 정치적·경제적으로 안정시켰다. 무엇보다 강희제는 당시 문화적 우월성을 내세우며 호시탐탐 청조를 노리는 한족을 서양과학을 통해 지배했다. 이를테면 '이기제한以技制漢'의 통치전략이었다. 그는 두 손을 마주 잡고 허리를 굽혀 백성을 위해 모든 힘을 쏟겠다는 '국궁진력鞠躬盡力'을 모토로 삼았다. 그리고 장신은 <취추삼농聚焦三農>을 보면서 '삼농三農'이란 농업, 농촌, 농민을 말한다고 설명해주었다. 심각한 농촌현실에 직면해 있는 중국이 농촌경제의 붕괴를 이른바 '삼농' 문제로 다루는 것이라 여겨졌다.

경극의 한 장면

공부가 끝날 무렵 최유학 교수에게서 전화가 왔다. 어제 날씨는 39도에 오늘은 38도인데 어떻게 지내냐는 안부인사와 함께 토요일 시간이 되면 한국문화원에 가자는 내용이었다. 중국은 40도가 넘으면 학교나 직장에 가지 않아도 된다는 규정이 있어 40도 미만으로 발표하기 때문이지 아마 연일 40도가 넘었을 것이라고 말했다. 문화원 탐방에 기꺼이 함께하기로 했다.

저녁 먹기 전 차오스바에 가서 오늘은 지난번 눈여겨보았던 갈치튀김을 샀다. 갈치튀김 한 토막에 얼마냐고 물었더니 저울에 달아서 판다고 했다. 5콰이塊 6자오角를 주고 세 토막을 샀다.

저녁을 먹고 나서 잠시 소파에 누웠다가 일어나 CCTV 11에서 방영하는 극을 보았다. 이번에는 경극京劇이었다. 북경경극원北京京劇院에서 연출한 <용담포락龍潭鮑駱>은 거의 무술에 가까웠다. 경극은 오전에 보았던 예극보다 더 복식도 화려하고 화장도 짙었다. 얼굴 분장에서 붉은색은 정의, 푸른색은 흉포함을 나타낸다고 한다. 가면을 쓴 것처럼 괴기한 용모가 인상적이었다. 한국의 탈춤과 달리 경극에서는 탈을 쓰는 것이 아니라 직접 얼굴에다 그린다는 특징이 있으며, 그래서 얼굴 표정을 다양하게 할 수 있는 장점이 있다. 배역마다 고정된 얼굴 모양을 가진다.

경극은 200여 년의 역사를 지닌 중국을 대표하는 음악극이다. 청조 건륭제 때 남방의 떠돌이 노래꾼들이 베이징에 들어오면서 북방의 음악과 결합시켜 만든 것이라 한다. 다시 말해 경극은 안후이성이나 후베이성湖北省의

지방극 '휘극徽劇'을 기본으로 발전한 것으로 볼
수 있으며 흔히 '베이징 오페라'라고도 불린다.

　우리의 판소리는 고수가 치는 북만 있으면 되
지만, 경극에는 중국의 전통 악기가 모두 쓰인다.
물론 가장 중요한 역할을 하는 것이 타악기다. 경
극 음악을 지휘하는 역할은 판쿠板鼓가 하는데, 이
는 우리의 박拍과 비슷하게 네 개의 얇은 나무판
을 엮은 판板과 반원통형의 나무에 가죽을 씌운
샤오쿠小鼓를 이르는 것이다. 경극의 노래는 주로
징후京胡와 얼후二胡로 반주한다. 징후는 크기가

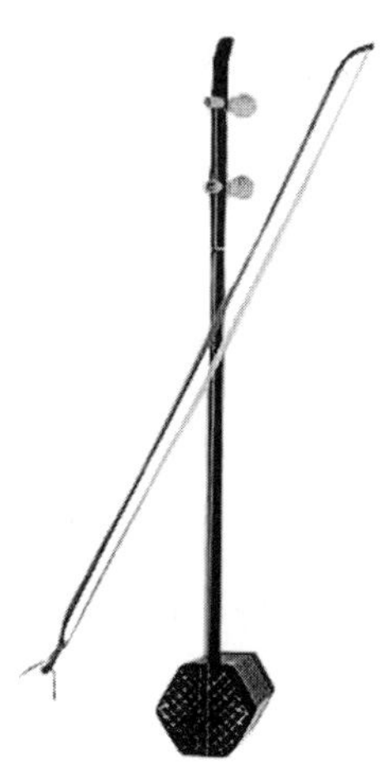

얼후

작아서 높은 소리를 내기 때문에 여성노래의 반주를 맡고, 얼후는 크기가
커서 낮은 소리를 내기 때문에 남성노래의 반주를 맡는다. 이외에도 몸통
이 달처럼 둥글게 생긴 유에친月琴, 3현의 산시엔三絃, 4현의 피파琵琶 등 현
악기가 있다. 한국의 현악기는 명주실로 된 줄인데 비해 중국의 현악기는
철로 된 줄을 사용한다. 관악기로는 디즈笛子와 샤오簫 외에 우리의 태평소
와 비슷한 수오나嗩吶 등이 쓰인다.

　경극의 작품 소재는 보통 『삼국지』나 『서유기』 등 200여 가지가 넘는
다. 특히 유비, 조조, 손권 등이 격돌하는 <삼국지>나 손오공이 대활약하
는 <서유기> 등이 볼 만하다. 또한 항우項羽와 우미인虞美人의 이별을 그린
<패왕별희>는 창唱(노래)과 주어做(연기)가 볼 만한데 극의 주제에 따라 볼
거리가 크게 달라진다. 경극은 남성들로만 구성되는 특징이 있다.

햇볕에 달구어진 침실바닥

어제부터 아침에 새 울음소리가 유난히 크게 들린다. 이제야 비로소 생활이 안정되었다는 뜻이 아닐까. 그동안은 인간이 따를 수 없는 자연의 오묘한 조화와 아름다운 소리마저 제대로 느낄 겨를이 없었다. 내 나이 50이 다 되어서야 제대로 된 넓은 집을 갖고 창문 밖의 싱그러운 나무들에 찬탄했던 것이 떠오른다. 늘 이렇게 나의 삶은 느릿느릿 한 걸음씩 앞으로 나아갔다. "끓을 만큼 끓어야 밥이 된다"고 항상 생각하기 때문인가 보다.

어젯밤에 덥고 잠이 오지 않아 새벽까지 헤매다가 9시쯤에 일어났다. 정신을 차리고 뭣 좀 해보려 하는데 김건곤 교수가 찾아왔다. 북경외국어대학에 있는 이은숙 교수와 일요일 저녁 함께 식사를 할 수 있는지 묻고, 오늘 점심을 같이하자고 했다.

인터넷으로 몇 가지 궁금한 것을 찾아보고 e메일을 확인했다. 벌써 물이 떨어져 다시 물을 시켰다. 이번에도 "하오더好的" 소리를 들었다. 그런데 물통을 가져온 아이가 나에게 2위안을 돌려주는 바람에 잠시 당황했다. 물을 정수하는 회사가 바뀐 것이었다. 좀 누웠다가 그동안 잊고 있던 '중국공무원특강'을 위한 강의안을 작성하기 시작했다. 가능하면 중국인의 기대와 취향에 맞게 짜려는 의도를 갖고 작업을 하다 보니 시간이 많이 걸리고 더 힘든 것 같다.

계속해서 꼼짝 않고 작업을 하다가 청소라도 해야 할 듯 싶었다. 하루만 안 해도 먼지가 아닌 흙이 바닥을 도배한다. 중국에 올 때 많은 사람들이 황사를 걱정했는데, 다행히 그건 모르고 지난 것 같다. 그러나 날마다 집안에 쌓이는 시꺼먼 흙먼지를 보면서 대신 황사를 느끼게 된다. 걸레질을 하루에 서너 번씩 해도 바닥이 새까맣다.

베이징의 공기오염이 2008년 8월 8일 개막되는 제29회 하계올림픽의 가장 큰 문제로 떠오르고 있다. 베이징시의 대기오염은 2007년 6월을 기준으로 최근 7년 새 최악의 수준이며, 이산화질소는 세계보건기구(WHO) 기준을 78%나 초과한 것으로 나타났다. 중국 정부는 올림픽 기간에는 차량 2부제 운행을 실시하고, 일부 공장은 한시적으로 가동을 중단하는 방안을 검토 중이다.

베이징은 한국보다 훨씬 덥고 공기가 탁하다. 그래서 더운 여름에는 사람들이 웬만하면 밖에 안 나가려고 한다는 말을 들었다. 지난번 땡볕에 하루 종일 자금성과 주변 공원들을 구경하고 돌아온 뒤로 너무나 혹독하게 후유증을 겪은 일도 있다. 돌아갈 날이 얼마 남지 않아 빨리빨리 가보지 못한 곳들에 가야 하겠지만, 가능하면 햇볕이 없는 날에 다니려고 한다.

게다가 요즘 날씨가 더워지면서 서향인 숙소 구조상 지는 해에 오랫동안 달구어진 침실은 용광로 같다. 걸레를 빨아가며 집안 구석구석 몇 번씩 깨끗하게 바닥을 닦아내면서 열기를 식혔다. 그러면 후끈후끈 달아오른 침실도 좀 시원해지지 않을까 하는 느낌이 들었다.

北京日記 81

중국은 '엘리트 정치'

오늘은 할 일이 많다. 시작을 좀 일찍 하면 모든 일이 더욱 순조로울 것 같았다. 우선 어제 다 쓰지 못한 일지를 완성했다. 그리고 과외수업을 위한 중국어 예습을 한 뒤 어제 중단한 특강 원고 작업을 계속했다.

평소보다 한 시간 앞당겨 3시에 과외를 했다. 장신이 고향 산둥에서 오는 친구를 마중 나가기 위해 일찍 하게 된 것이다. 공부하는 교재에 '조국'이 나오기에 조국은 '고국'과 어떤 차이가 있느냐고 장신에게 물었다. 장신은 중국에서는 '고국'이라는 말을 쓰지 않는다고 했다.

저녁 6시에 북경대학 임규섭 교수 일행을 만나기로 되어 있다. 약속 장소는 수차례 간 적이 있는 일식집이니 걸어 갈 수도 있는 거리다. 하지만 중국어 현장학습을 확실히 하기 위해 집 앞에서 택시를 잡았다. 중국에 와서 처음으로 여자 기사를 만났다. 그렇게 깨끗한 차를 보기도 처음이다.

타자마자 "이쯔샹치엔조우一直向前走"(앞으로 직진하세요)라고 했다. 알아들은 것 같았다. 조금 가다가 다시 "샹요우조우向右走"(우회전하세요)라 했고 다시 "샹지조우向左走"(좌회전하세요)라 했다. 그다음 "짜이치엔미엔팅이샤在前面停一下"(저 앞에 내려주세요)라고 하고 나서 마지막으로 "짜이쩌얼팅在這儿停"(여기 세워주세요)이라고 한 뒤 내렸다.

무사히 택시를 타고 도착했는데 아직 사람들이 오지 않았다. 중국도 금요일 오후에는 차가 많이 막힌다고 한다. 임 교수도 택시를 못 잡아 버스를 탔다고 연락이 왔다. 중국 언론보도에 따르면 베이징의 등록차량이 2006년 말 300만 대를 돌파해 서울보다 많아졌으며 1.46가구당 한 대꼴이 되었다고 한다. 본격적인 마이카 시대에 들어선 것이다.

집을 떠나 있는 사람들끼리 모여서 오랜만에 이야기꽃을 피웠다. 임 교수는 중국에서 공부한 지 13년이나 되었다고 한다. 유금재 군은 7년, 상훈이도 만 3년이 넘었다고 한다. 나는 이들에게서 중국에 관한 이야기를 들으며 나름대로 정리하느라 바빴다. 더구나 귀국하기 전의 마지막 만남이 될 것 같았기에 오늘 저녁시간은 말할 수 없이 소중했다.

임 교수 말에 의하면 북경대학은 일찍 개강했기 때문에 벌써 기말고사를 보고 6월 18일부터 방학에 들어간다고 했다. 듣던 것과 달리 한국과 큰 차이가 없는 듯했다.

내가 천단공원에 한 번 더 가보려 한다고 했더니 유금재 군은 마오쩌둥이 전시를 대비해 천단공원 밑에 어마어마한 지하벙커(지하궁)를 만들어놓았다는 말을 했다. 그리고 역사박물관에는 절대 가지 말라고도 했다. 장제스가 문화재를 타이완으로 다 가져갔기 때문에 천안문 광장 옆에 있는 역사박물관에는 아무것도 없다는 것이다. 광장의 동쪽에 서 있는 건물 가운데 오른쪽에 있는 역사박물관에는 원시시대부터 아편전쟁 이전, 왼쪽에 있는 혁명박물관에는 아편전쟁부터 근대의 역사가 전시되어 있다. 또 내가 쑨원기념당이 있다는 쌍산에 가고 싶다고 했더니 쑨원의 기념관은 광저우 등 여기저기 너무 많은데, 난징에 있는 기념관이 가장 볼 만하다고 했다.

소수민족 이야기가 나왔다. 임 교수는 소수민족들이 나중에 다 돌아갔는데 만주족만 돌아가지 않았다고 했다. 만주족은 기꺼이 한족화되길 원했다는 것이다. 또한 한족도 만주족을 변방민족으로 여기지 않고 자기 민족처럼 생각한다고 했다. 전에 한족인 장신 학생 앞에서 만주족이 중원을 침략 지배했다고 하자 그녀가 "예?" 하면서 놀라는 표정을 짓는 걸 보고 의아하게 생각한 적도 있었다. 흔히 우리는 언어가 사라졌듯 만주족도 멸망했다고 여기는데, 임 교수는 이를 강하게 부정하면서 만주족은 아주 많이 남아 있다고 주장했다. 소수민족 중에서 조선족이 고유성을 잘 지켜나가고 있다는 이야기도 나왔다. 결혼도 대개 자기들끼리 한다는 점이 부각되었다. 물론 부모들이 그렇게 시키는 것이지만. 지난번 장신이 조선족은 척 보면 안다고 한 것도 예외는 아닐 것이다.

중국 학생들의 경우 생활여건이 열악한데도 공부를 열심히 한다는 말이 나왔다. 중국에서는 학생들이 자가충전기를 가지고 있다고 한다. 밤 11시가 넘으면 이불 속에서 그걸 사용해 불을 켜고 공부한다고 한다. 그런데 중국이 일부러 석유를 비축하기 위해 전기를 아끼는 것일지도 모른다는 견해가 있었다. 석유가 있으면서 외국에서 수입해 쓴다는 비난 섞인 말이었다. 물론 중국은 기존 300만 톤 수준인 석유 비축량을 2010년까지 1,200만 톤으로 늘릴 계획이란다.

하지만 중국의 경제성장에 따라 석유소비량도 급속히 증가했다. 2005년에는 석유소비량이 3억 2,535만 4,000톤으로 15년 만에 3배로 늘었다. 1993년 석유 순수입국가로 돌아선 후 소비 중 수입량 비중은 2020년 68%까지 높아질 전망이라 한다. 아프리카에서 중국과 미국 등 서방국가가 에너지 쟁탈전을 벌이고 있고 그것이 더욱 격화되는 것은 이런 에너지 소비 대국 중국의 아프리카 의존도가 높아지고 있기 때문이다. 중국은 수단·알제리·나이지리아·앙골라 등에서 유전을 개발, 연간 3,000만 톤 이상의 원유를 가져오고 있다. 영국의 BP는 중국이 수입하는 원유가 2005년 전체 수입량의 23%에서 10년 안에 50%를 넘을 것으로 내다봤다. 다만 워낙 중국 정부가 고도의 전략을 구사하기 때문에 예측이 다양하게 나오는 것 같기도 하다.

정치학 박사인 임 교수는 늘 신문스크랩을 하면서 느껴온 바를 말하며 중국은 엘리트 정치를 한다고 규정지었다. 의도적으로 국가의 문맹을 조장한다고도 했다. 너무나 큰 국가를 운영하기 위해서는 그런 방식을 선택할 수밖에 없다는 생각마저 들기도 했다. 중국 정부가 국위 선양과 국민 통합을 앞세워 국민의 일상적 탈정치화를 강조하고 있다는 말은 이미 들어온 터다. '동북공정'이라는 프로젝트 속에서 우리 고려 태조 왕건까지도 중국 사람이라고 주장하는 중국에 대해 강하게 반발하기도 했다. 그러자 유 군도 가세해 중국이 언론 통제가 심해 PC방도 줄어들었다는 등 폐쇄적이고 반민주적인 중국을 성토하고 나섰다. 중국 정부의 밀어붙이기식 사회 통제와 권력 행사에 대한 이야기는 끝이 없었다.

올림픽 기간의 날씨를 국가가 조정할 것이라는 말도 나왔다. 이어서 베이징에서 인공 강우를 실시하는 바람에 지방에서는 불만이 많다는 말도 있었다. 베이징의 강수량이 그토록 적으며, 인공적으로 비를 내리게 한다는 사실이 다시금 놀랍기만 했다. 전에 상하이에 갔을 때도 더위가 너무 극심해 인공으로 비를 내리게 했다는 말을 듣기는 했다. 우리나라와 기후도 차이가 있고 정부의 대응자세도 사뭇 다르다는 생각을 지울 수 없었다.

대충 자리를 정리하고 일어나 나오다가 아래층에 있는 타이완 찻집으로 가서 주스를 마셨다. 타이완음식점 특유의 식탁에 놓인 지방이름들이 눈에 들어왔다. 톈무天母, 난토우南投, 무자木柵, 타이쭝台中 등이 바로 타이완의 지명이었다. '무자'는 임 교수가 나온 정치대학이 있는 곳이라 한다. 이 찻집에서는 가라오케 이야기가 나왔다. 어느 가라오케는 하루 저녁의 매상이 우리 돈 5,000~6,000만 원이나 된다고 한다. 에이스 마담의 경우 연봉이 1억이 넘기도 한다는 것이다. 유 군은 여자 종업원이 한꺼번에 180명까지 나오는 걸 보았다고 전했다.

가라오케에 나오는 아가씨들 중에는 '헤이하이즈黑孩子'라는 무호적자无戶籍者가 많다고 한다. 어렵게 사는 농촌에서는 첫 번째로 태어난 아이가 노동력이 약한 딸일 경우 출생신고를 하지 않는다는 것이다. 살기 위해 어쩔 수 없이 호적에 올릴 수 없고, 그로 인해 가정과 사회에서 도외시되는 여성들의 가슴 아픈 사연을 들었다. 이런 여성들의 숫자가 1억 명이 넘는다고 한다.

한편 중국 웨이하이威海에 한국 사람들이 많이 산다고 했다. 엄밀히 말하면 살기보다는 즐기는 곳이라 해야 할 것이다. 웨이하이는 베이징에서 남동쪽으로 600km 이상 떨어진 곳이지만, 한국에서는 가까워 40분밖에 안 걸린다고 한다. 때문에 주말에 와서 골프치고 놀다가 가는 곳으로도 유명하단다. 웨이하이 시장의 명함 뒷면이 한국어로 되어 있을 정도라고 하니 알 만하다.

한국의 정취

오늘은 한국문화원에 가는 날이다. 오래전부터 가고 싶었던 곳이다. 최유학 교수를 만나 대학 동쪽의 작은 문에 가서 기다리던 한국어학과 학생들을 동반하고 버스에 올랐다. 교통카드가 없어 1위안을 내고 버스를 탔다. 버스는 한국처럼 복잡하기 그지없다. 자리가 없어 서서 가는 건 별일도 아니었다. 아직도 안내양이 있는 건 특이해 보였다.

버스 안에서 최 교수는 강희제 때 지어진 황제들의 피서지인 허베이성에 있는 피서산장에 가보았느냐고 했다. 세계문화유산이 된 피서산장은 조선 최고의 작가라 할 수 있는 연암燕巖 박지원의 『열하일기熱河日記』로 유명한, 베이징 북동쪽 300km 지점의 청더에 있는 별장을 말한다. 불현듯 청나라 고종의 칠순 생일을 축하하기 위한 사절단으로 중국에 왔던 연암이 떠올랐다. 연암은 조선이 흥하기 위해서는 청나라의 앞선 문물들을 하나도 빠뜨리지 않고 배워야 한다고 역설했다. '열하熱河'란 조그만 시냇물인데 겨울에도 뜨거워 얼지 않아 붙은 이름이라고 한다.

최 교수는 만날 때마다 가볼 만한 곳을 추천해준다. 천단공원을 이야기하며 '천단天壇'만 있는 게 아니라 '지단地壇'도 있다는 말을 했다. 그리고 선농단先農壇을 말하기도 했다. 중국에는 '일단日壇', '월단月壇', '사직단社稷壇'도 있는 걸로 알고 있다. 자금성의 동쪽에 일단, 서쪽에 월단, 남쪽에 천단, 북쪽에 지단이 있으며, 성의 중앙인 황궁 정문의 오른쪽에 사직단이 있다. 이 밖에 천단 맞은쪽에 선농단이 있고, 황궁 서쪽인 중난하이中南海 안쪽에 선잠단先蠶壇이 있었다. 우리나라에도 있는, 하늘에 제사 지내는 환구단과 토신·곡신에 제사 지내던 사직단(사직공원 내) 생각이 났다. 날씨가 더워서인지 안내양의 목소리에 짜증이 들어가 있다. 벌써 내릴 시간이 되었다.

시즈먼西直門에서 내려 지하철인 디티에地鐵를 타러 갔다. 현재 지하철이 운행되는 도시는 베이징, 상하이, 텐진, 광저우 정도이다. 최 교수는 길가에서 파는 열매를 가리키며 무엇인지 아느냐고 물었다. 나중에 장신에게 주었지만, 지난번 김령매가 사온 리즈荔枝라고 하는 과일이었다. 한국에서는 '여지'라고 하여 보통 호텔 같은 고급음식점에서 볼 수 있는 과일로 껍데기를 까서 내놓는 편이다. 현종 황제가 아들의 여인이었는데도 그 아름다움에 반해 탈취했던 절세미인 양귀비楊貴妃의 고향에 여지가 많다고 한다. 직접 만든 '동파육'이 항저우를 대표하는 음식이 되었을 만큼 최고의 미식가였던 소동파蘇東坡가 여지를 좋아해 시를 짓기까지 했다고 한다.

중국에 와서 처음 타보는 지하철이다. 3위안을 주고 표를 샀다. 지하철은 1호선, 2호선, 8호선, 13호선 등이 있다. 2007년 10월에는 올림픽 주 경기장과 둥단東單 사이의 28km를 연결하는 지하철 5호선도 완공되었다. 이 밖에도 올림픽 개최기간에 55만 명으로 예상되는 해외 관광객을 원활하게 수송하기 위해 공항에서 도심을 연결하는 지하철 '공항선'도 올림픽 이전에 개통된다고 들었다. 우리는 2호선을 타고 젠궈먼建國門 역까지 가야 했다.

　1호선을 타면 허핑먼和平門 역을 가는데 거기서 내려 류리창琉璃厂에 가면 된다고 한다. 류리창은 한국의 인사동처럼 문방구나 골동품 가게가 많은 곳이다. 그리고 류리창과 연결되어 '후퉁胡同'이 나오는데, 이 말은 '뒷골목'이란 뜻으로 몽골어라고 최 교수가 말해주었다. 그리고 베이징의 이름이 원나라 때는 '다두大都'였으며, 아울러 '베이하이北海'라는 말도 몽고족이 지은 것이라 했다. 베이하이는 지난번 갔다 온 공원이다. 사실 호수인데도 바다라고 이름을 붙이는 것이 특이하다.

　'열하熱河'와 같이 시냇물을 강이라 하고 '북해北海'와 같이 호수를 바다라고 하는 걸 보면 역시 중국인들의 과장이 심하다는 말이 맞는 것 같다. 지하철 내부를 유심히 보니 우리 것과 비슷한데, 천장이 좀 낮고 의자가 플라스틱으로 되어 있었다. 여름철에는 시원할 것 같았다. 젠궈먼역에서 내려 다시 지하철을 갈아타고 한 정거장을 더 갔다. 차창 밖으로 지나가는 벽보를 보며 최 교수는 쑨원의 부인이자 세 자매 중 둘째였던 쑹칭링宋慶齡을 거명하면서 그의 이름으로 운영하던 기금협회에 대해 이야기해주었다. 쑨원의 직속 부하 천종밍陳炯明의 반란으로 갖은 고초를 겪으면서 유산을 한 쑹칭링은 평생 임신을 할 수 없게 되었다. 그런데도 그녀가 더 많은 사람을 사랑하면서 무수한 아동들을 위해 더 고귀한 모성애를 발휘했던 것과 관련된 일을 언급하는 것이리라. 이제 융안먼永安門 역에서 내려 밖으로 나왔다. 지상으로 나오자마자 슈수이지에秀水街라고 쓰인 유명한 짝퉁시장이 있었다.

주중 한국문화원

300m가량을 걸어가니 한국문화원이 나왔다.

2007년 3월 새롭게 문을 연 현대식 건물에는 한국문화원이라 쓰여 있었다. 문화원 안으로 들어갔더니 1층이 전시실이었고, 맨 먼저 '한국의 얼굴'이라고 쓰인 하회탈 사진이 나왔다. 서정주의 시 「국화 옆에서」가 벽에 예쁘게 적혀 있었고 박두진의 「해」라는 시도 있었다. 그 옆에는 사대부 복식인 도포와 그 위에 걸치는 쾌자가 실물로 진열되어 있었고 왕비의 대례복인 홍원삼도 우아하게 걸려 있었다. 왕비는 홍원삼을 입을 때 머리는 떠구지(나비모양의 나무로 만든 장식) 위에 큰 머리(가체로 땋아 만든 커다란 머리모양)를 했다. 태권도를 홍보하는 영상사진도 있었다. 한국이 종주국인 태권도가 2000년부터 올림픽 정식 종목이 되었다고 쓰여 있었다. 한편 첨성대, 청자, 백제금동대향로의 모조품이 우리를 반겼다.

지하층으로 내려가 소극장에서 홍보영화를 보았고, 건물 옥상에 올라가 사진촬영을 했다. 2층에는 PC방, 도서관, 강의실 등이 있었다. 두루 살펴 보았는데, 도서관에는 안타깝게도 장서가 1만 권 정도밖에 없었다.

견학을 마치고 여학생 셋과 함께 택시를 타고 기숙사로 돌아왔다. 약 35분 정도 걸린 것 같으며 45위안을 주고 내렸다. 갈 때는 버스를 타고 지하철을 두 번이나 갈아타고 다시 걸어서 가는 데 걸린 시간이 약 1시간 20분 정도였던 것을 감안하면 택시가 편리하고 좋기는 말할 나위도 없다. 바쁜 사람에게 중국에서 택시야말로 매우 적절한 교통수단임을 절실히 느낀다. 문화원의 건물이 깨끗하고 아름다워서 그런지 외국에서 느끼는 한국문화가 더욱 참신하고 생동감 있게 다가온 날이다.

개도 돌아보지 않음

귀국 날짜가 다가오면서 가야 할 곳도 많고 만나야 할 사람도 많아 며칠째 바쁜 나날을 보내고 있다. 오늘까지 특강 원고를 보내야 하는 것도 부담이다.

저녁 약속이 있어 김건곤 교수와 함께 동양에서 가장 크다는 쇼핑센터 진위안쓰다이고우위쫑신金源時代購物中心으로 갔다. 그곳은 지금까지 가본 어느 곳보다 번화하다는 느낌을 주었다. 약속 장소는 5층에 있는 만두집, 꺼우부리狗不理였다. 규모도 크고 사람도 많았다.

이미 나와 있는 한국인 두 사람과 반갑게 인사를 하고 명함도 주고받았다. 그동안 여러 번 들어온 이은숙 교수와의 만남이었다. 이 교수는 통일부에서 파견 나와 있으며 『겨레말큰사전』 남북공동편찬사업회의 해외지역어조사 연구부장을 맡고 있었다. 또한 북경외국어대학 한국어학과에 적을 두고 있기도 했다. 그리고 다른 한 사람은 그의 후배쯤 되는 한국 인하대학교의 박경숙이라는 여교수로서 북경어언대학에 초빙교수로 와 있었다. 만나자마자 무엇보다 가게 이름인 꺼우부리에 대해 의문을 갖고 제각각 들은 바대로 설왕설래하다가 종업원에게 물어보았다.

알고 보니 그 이름은 톈진에 있던 만두집에서 유래하는 것이었다. 그 집의 종업원으로 일하던 어떤 아이의 별명이 '꺼우狗'였다고 한다. 그런데 그 아이가 너무나 만두를 잘 빚어 그 집에는 사람이 구름처럼 몰렸다고 한다. 개狗는 통상 예뻐하는 어느 한 사람을 잘 따르는 법이다. 그러나 너무나 사람이 많아 그 '개'는 어느 누구에게도 관심을 가질 수 없는 처지가 되었다. 많은 사람이 개라는 별명을 가진 그 아이를 찾아도 그 아이는 관심을 둘 수가 없었다. 그래서 '개도 상관하지 않는다' 또는 '개도 포기하다' 또는 '개도 돌아보지 않는다'는 뜻의 '꺼우부리'라는 말이 생겼다는 것이다. 재미있는 이야기였다. 한편 까오꾸이요우高貴友라는 소년이 있었는데 성격이 괴벽하여 누가 건드리기만 하면 덤벼들었기에 '개도 그를 멀리한다'는 뜻의 '꺼우부리'라는 별명을 갖게 되었고 나중에 그가 차린 만두가게를 손님들이 '꺼우부리'로 불렀다고도 한다.

다시 종업원에게 물으니 일찍이 그 만두집은 1858년 함풍황제 때 만들어진 것이라 했다. 그리고 우리가 먹는 만두 속에 든 것은 '황진차이黃金茱'라고 했다. 청나라 서태후가 좋아한 뒤로 전국에 알려졌다는 그 유명한 만두집에서 만두를 비롯해 여러 가지 요리를 시켜 먹었다.

우리는 맥주잔이 부딪칠 때 맑은 소리가 나도록 잔의 아래 부분을 잡아야 한다면서 좋은 분위기 속에서 많은 이야기를 나누었다. 민족대학의 시간당 강의료가 150위안밖에 안 된다고 하니까 북경외국어대학은 100위안이라 하고, 북경어언대학은 80위안이라는 말도 나왔다. 중국에서 주는 강사료가 너무나 적다는 결론에 도달했다. 이 교수는 재중 한국문화원에서 6월 29일 베이징에 체류하는 한국인 교수들 모임이 있는데, 나에게 거기 나와서 문화특강을 해달라고 부탁하기도 했다.

북경어언대학 종합강의동

박 교수 말에 의하면 북경어언대학에는 한국 학생이 3,000명이나 된다
고 했다. 외국인을 위한 교재 중 반 이상이 이 대학 출판사에서 나올 정도로
어학연수에서는 전통이 있고 경험이 풍부한 교수진과 훌륭한 프로그램을
가진 대학으로 유명하다. 북경어언대학에는 한국의 어학연수생이 다른 학
교에 비해 유난히 많아 한국 유학생 중 제대로 공부하고자 하는 학생들은
피하기도 한다는 말까지 들어왔다. 북경어언대학은 7월 말까지 수업을 한
다고 박 교수가 말해주었다.

식당을 나오다 보니 바로 옆집에 특이하게 '먀오족이 운영하는 집'이라
쓰여 있었다. 먀오족은 윈난이나 쓰촨, 구이저우 성을 중심으로 738만 명이
산다고 한다. 색상이 선명한 민족의상으로 잘 알려져 있다.

1층에 있는 일본식 카페에 들어가 차 한 잔씩 마셔가며 부족한 이야기를
더 나누었다. 이런저런 대화 속에 한국인이 많이 산다는 왕징에 가면 미숫
가루를 싸게 살 수 있으며, 베이징 최대의 골동품 시장인 판자위안板家園에
는 공예품, 보석, 가구 등을 판매하는 상점이 3,000개 이상 들어서 있다고
한다. 천단공원 옆에 있는 서민적인 백화점에 해당하는 홍차오스장紅橋市場
에 가면 예쁜 중국신발을 70위안에 세 켤레나 살 수 있고, 우리 돈 몇 만 원

이면 옷을 맞출 수 있다는 말까지 나왔다. 9시에 찻집을 나와 6월 16일 학회가 있는 북경어언대학에서 다시 만나기로 하고 헤어졌다.

김일성종합대학 출신 교수

아침 일찍 한국에서 배세은 조교가 전화를 했다. 지도교수 배정 문제로 e메일을 보내고 나서 확인 차 전화까지 한 것이다. 나에게 지도교수가 되어 달라고 간곡히 부탁했다. 내게 처음으로 대학원 학생이 생겼다. 1999년 한국 최초로 외국어대학 속에 한국어학과가 설립된 지 8년 만인 2007년 대학원이 만들어진 것이다. 한류 덕을 본 것일까.

어제 저녁 잠을 설친 탓으로 비몽사몽간에 책상 앞에 앉아 중국공무원 특강원고 작업을 끝내려 노력했다. 컨디션이 좋지 않아 겨우 작업을 해나가고 있는데 김건곤 교수가 찾아왔다. 한국국제교류재단 한국체류 펠로로 한국에 갔다가 잠깐 들어온 조선어문학과 강용택 교수에게서 전화가 왔는데 함께 저녁식사를 하자고 했다는 것이다. 권유를 이기지 못하고 나가게 되었다.

서문 앞에 강용택 교수와 박승권 교수가 기다리고 있었다. 베이징에서 가장 크다는 북한 음식점 북경평양해당화北京平壤海棠花 본점으로 갔다. 금속으로 된 상패에 '2005 북경국제미식절 축제 100대기업 우수상 — 해당화'라고 새겨져 있었다.

작년 다롄에서 평양관이라는 냉면집에 간 후로 북한 식당은 두 번째다. 평양관에 갔던 당시 홀에는 미모의 여종업원이 셋 있었는데, 한 사람은 마

베이징에서 가장 크다는 북한식당, 북경평양
해당화

이크를 들고 한참 유행하던 「반갑습니다」라는 가요를 열창하고 있었다. 음식을 나르던 두 사람 중 한 사람이 우리 곁에 왔기에 "아가씨 참 예쁘다"고 농담했더니, 특유의 북한 말씨로 "그러면 우리 사업을 같이합시다"라고 말해 얼마나 웃었는지 모른다. 그 일은 아직도 잊히지 않고 있다.

우리는 북경평양해당화에 들어가자마자 독특한 어조를 구사하는 북한 여종업원들의 안내를 받으며 위층으로 올라갔다. 감회가 새롭고 호기심이 발동할 만큼 예사롭지 않은 분위기였다. 흔히 남남북녀라고 하듯이 종업원들은 선발되어온 미모의 아가씨들이었다. 예약이 되지 않아 노래를 들을 수 없는 것이 안타까웠다. 김일성종합대학을 졸업한 강 교수는 선이 굵어 보이는 남성으로 강하고 무섭게 느껴지기도 했다. 강 교수는 평안북도 곽산 정주 출신이었다. 정주는 김소월의 고향이 아니냐고 물었더니 그렇다고 했다. 지금은 부모님이 살고 있는 랴오닝성이 집이라고 한다.

장시江西에서 제조한 '백년고독百年孤獨'이라는 38도의 고량주가 나왔다. 강 교수가 술을 잘 먹는다는 말을 들었기에 강 교수의 성인 '강姜'과 강물의 '강江'이라는 동음에다 지명 강서江西에 들어가는 강江을 억지로 연결시키며 강 교수에게 "강물을 마시듯 술을 마시는 거 아니냐"고 우스갯소리를 해 한바탕 웃을 수 있었다.

배추김치가 나왔는데 이름이 '해당화'라고 했다. 담백하고 약간 단 듯하면서도 아삭아삭 씹히는 맛이 좋았다. '가자미 식해食醢'라는 젓갈과 '밥조

개볶음'이라는 것도 나왔는데 모두 맛이 있었다. 선조 임금이 말했다는 '도루묵'이라는 은어銀魚조림도 나왔다.

강 교수는 평양에서는 식당에 외국인이 들어오면 특별히 친절하게 대접하면서 대신 음식값을 상당히 많이 받는다고 했다. 또 한국에서 북한의 가요 40여 곡을 가져다 록으로 부르고 있다는 말도 했다. 조선족 학생들 이야기를 하면서 네이멍구에는 조선족이 2만 명 정도 사는데 민족대학에서는 매년 2명씩 아주 우수한 학생들만 뽑는다고 했다. 내 수업을 듣는 심향화가 떠올랐다. 총장이 몽고족인 것도 알게 되었다. 한편 중국에도 '스승의 날'이 있는데 9월 10일이라고 했다.

거의 자리가 끝나갈 무렵 박 교수는 술병에 남은 마지막 술을 나에게 따르며 "모든 복을 드린다"면서 그 술을 '후건福根'이라 한다고 했다. 고마운 마음으로 달게 마셨다. 10시 반쯤 식당을 나와 박 교수와 나는 먼저 숙소로 오는 택시를 탔다. 중국 동포들에게서 새삼 정을 느낄 수 있는 저녁이었다.

北京日記 85

'985공정' 선언

9시 다 되어 일어나는 바람에 학교에 늦지 않으려 신경을 써야 했다. 급히 나가면 꼭 실수를 하기 마련이다. 학교 서문에 들어서면서 레이저 포인트를 안 가지고 나왔다는 생각이 들었고 수업에 들어가 출석을 부르려고 보니 출석부도 빠뜨린 것이다. 다행히 수업을 원만하게 마칠 수 있었다.

마음에 점을 찍는다는 '뎬신点心'답게 대충 점심을 해결하고 강의안 작업을 끝내기 위해 안간힘을 썼다. 중국인들은 1일 5회 식사를 한다고 한다. 그

중 아침·저녁 두 번은 밥이고, 나머지 아침과 점심, 점심과 저녁, 저녁 이후 세 번은 '뎬신'이라고 하는 가벼운 식사를 한다. 뎬신이 중국인에게는 식생활의 중심이라고 할 수 있다. 간식으로 먹을 수 있는 뎬신의 종류는 셀 수 없을 정도로 많다. 뎬신의 성격으로 자주 먹는 쌀과자 '왕왕旺旺'은 중국인들에게 인기가 많다.

마침내 특강자료 작업을 완료해 e메일로 보내고 나서 오랜만에 차오스바에 가려고 숙소를 나섰다. 그런데 시간이 이른 것 같기도 하고 2주 정도 보지 못한 박순희 조교를 만날까 해서 우선 학교에 들렀다. 학과사무실에 가니 다행히 박 조교가 자리에 있었다. 기말고사에 관해 몇 가지 질문을 하고 성적에 관해서도 궁금한 것을 물어보았다.

박 조교는 학교일이 너무 많아 정신이 없다며 지나치게 행정업무가 많다는 불만을 쏟아놓았다. 행정부서에서 내려오는 지시사항 가운데는 안 해도 될 만한 것들이 많다는 것이다. 툭하면 문서나 자료를 만들고 걸핏하면 평가니 검사니 하여 평안할 날이 없다는 것이었다. 우리가 흔히 '감사'라 하는 것을 이곳에서는 '검사'라 하는 것 같다. 내가 "중국은 평가공화국 같다"며 "행정이 교수를 압박해서는 안 된다"고 하자 좋아하며 수긍했다.

그런데 행정적인 업무가 이렇게 많은 이유는 민족대학이 '중점대학'이 되었기 때문이라고 했다. 1998년 5월 당시 장쩌민 주석이 '북경대학 100주년 기념식'에서 기존의 100개 중점대학 가운데서 다시 38개 중점대학을 선정해 특별히 육성하겠다는 이른바 '985공정'을 발표한 뒤로 이렇게 바쁘다는 것이다. 100개 중점대학은 1993년 '21세기에 세계 일류대학 100곳을 만들겠다'는 211공정에서 밝힌 내용이다. 211공정에는 이미 1조 3,000억 원이 투입되었다. 동북공정東北工程이니, 서부대개발공정西部大開發工程이니, 남수북조공정南水北調工程(장강의 물을 황하로 끌어들이는 것)이니 요즘 중국에서 유행하는 '공정'은 '프로젝트'에 해당되는 말이다. 물론 프로젝트라고 풀이할 수 있는 '씨앙무項目'라는 말도 있긴 하다.

중국이 이렇듯 외국어·외래어를 자국의 언어로 바꾸어 쓰는 건 참 부럽다. 뉴스를 '신원新聞'이라 한다든가, 프로그램을 '지에무節目'라 하며, 파일을 '원지엔文件'이라 하든가, CD를 '광판光盤', 컴퓨터를 '디엔나오電腦', TV를 '디엔쓰電視', 노트북을 '비지번디엔나오筆記本電腦', 센터를 '종신中心', 카드를 '카卡', 바이러스를 '빙두病毒'라 하는 것은 매우 설득력 있다. 요즘 중요한 생필품이 된 핸드폰도 중국에서는 '쇼우지手机'라고 단어를 만들어 부른다.

우리는 말이든 글이든 바꾸지 않고 그대로 익숙하게 쓸 뿐만 아니라 남용하기까지 하는 경향이 있다. 우리말로 충분히 쓸 수 있는 어휘들인데도 '이슈, 푸시, 체크, 리스크, 피크' 등의 말을 마구 쓴다. 어느 학생이 제출한 글처럼 "디데이가 되어 타이밍을 맞추어 나타난 그는 청바지에 캐주얼한 마이를 입고 요즘 이슈가 되는 테마를 가지고 크리어하게 강의를 했다"는 식이다. 한국의 우리 집 근처에 있는 식당 이름은 놀랍게도 '메가톤급 웰빙 퓨전 훼밀리 뷔페 레스토랑'이다. 우리의 문화와 정신이 얼마나 방향성을 잃고 피폐해지는지도 모른 채 자행되는 언어현실이 바로 이렇다. 중국이 한국을 두고 빈정댄 말이 있다. '예부예취亦步亦趨'(남이 걸으면 따라 걷고, 달리면 따라서 달린다). 언제까지 이런 행보를 계속할 것인가.

늦은 감은 있지만 우리나라도 2004년부터 국립국어원 중심으로 언어자정운동을 펼치고 있어 다행이다. 네티즌을 '누리꾼'이라든가, 치어리더를 '흥돋움이'이라고 하는 등 외래어를 우리 것으로 고쳐 쓰려는 노력은 언어

생활, 나아가 우리의 정신과 문화를 바르게 이끄는 대안이라 여겨진다. 웰빙을 '참살이'로 바꿔 쓰는 것도 매우 온당하다고 생각된다.

민족대학이 중국에 있는 수천 개 대학 중에서 38개 대학 안에 들어간다는 것이 놀랍기까지 했다. 하여튼 그 수준에 맞추기 위해 학교가 얼마나 애써야 하는가는 불을 보듯 뻔하다.

중국 서부지역에 묻혀 있는 지하자원의 양이 엄청나다고 들었다. 그리고 5월 26일 ≪신화통신≫은 서남부 쓰촨성 다저우達州에서 중국 내 사상 최대의 천연가스전이 발견되었다고 보도했다. 매장량은 3조 8,000억 ㎥로 최근 중국의 생산량으로 따지면 앞으로 65년간 채굴해 사용할 수 있는 어마어마한 양이다. 박 조교와 이야기하다가 그 뉴스가 생각나서 "중국은 자원이 풍부해 앞으로 잘살 것"이라는 아주 소박한 예측을 했더니, 박 조교는 쉽게 수긍하지 않는 것 같았다. 오히려 매우 비관적인 입장에서 몇 가지를 지적했다.

우선 "물이 너무 부족해서 큰일"이라는 것이다. 하긴 숙소에서도 물이 끊길 때가 많다. 그리고 보니 내가 말한 '자원이 풍부하다'는 것은 현실과 거리가 있는 듯했다. 전기 이야기는 서로 안 했지만 너무나 자주 정전이 되기 때문이다. 오늘 아침에도 세수를 하는데 정전이 되어 황당했었다. 그리고 신장지구의 기름에 대해서도 언급하면서 '시치둥슈西氣東輸'(중국 서부지역의 가스를 동부지역으로 운송함)라는 용어를 사용해가며 우려 섞인 견해를 피력했다. 중국이 신장 위구르 자치구 독립에 반대하는 진짜 이유는 석유 때문이라고 한다. 동부에도 기름은 나지만 사람이 얼마 살지 않는 신장 지역의 기름을 사람이 많은 동북지역으로 보내는 게 자연스럽게 느껴졌다. 생각해 보니 중국은 석탄 매장량도 세계 1위인데 모자라 수입을 하고 있는

실정이다.

여러 번 느낀 대로 박 조교는 젊은이답게 현실을 직시하는 편이다. 물론 나는 항상 중국을 선망했고 또 중국에 온 지도 얼마 안 되었기 때문에 모든 게 신기하고 흥미를 느끼는 것이 어쩌면 당연하다. 하지만 중국에서 오래 산 사람들은 중국이 특별히 참신하다거나 좋다는 느낌을 갖기 어려울 것이라는 판단도 들었다. 어쨌든 금요일에 박 조교와 점심식사를 함께하기로 하고 사무실을 나왔다.

그제야 차오스바로 갔다. 가자마자 된장찌개를 끓이기 위해 대파와 풋고추, 두부 등을 사고, 필요한 것을 모두 산 다음 가격을 확인해보니 총 15.37위안밖에 안 되었다. 정말 물가가 싸다는 걸 실감했다.

위인을 가슴에 새김

점심을 먹고 나서 어디든 가야겠다고 마음먹었다. 날씨가 흐려 돌아다니기에는 아주 적합하다 싶었다. 1시에 장신을 만나 베이징 서북쪽 교외에 있는 쌍산으로 향했다. 쌍산은 역대 황제들이 수렵을 즐기던 곳이다.

30분 만에 쌍산 입구에 도착해 택시에서 내렸다. 공원 입구까지 수백 미터를 걸어올라 가는 길에는 네모반듯한 돌이 깔려 있는데 그 크기에 놀라지 않을 수 없었다. 어디서 구해왔는지 벽돌처럼 네모나면서도 한 변이 1m 이상은 되어 보이는 거대한 돌이 무수히 깔린 모습은 역시 '중국의 돌'이라는 생각을 갖게 했다. 벽운사碧云寺와 손중산기념당孫中山紀念堂만 보려고 하는데도 쌍산공원 문표를 사서 들어가야 했다. 나는 10위안, 장신은 5위안을 주고 일단 표를 샀다. 안으로 들어서면 쌍산공원으로 가는 길과 벽운사 가는 길로 나뉜다. 공원엔 들어가지도 않는데 왜 입장료를 받는지 이해가 되질 않았다. 문화유적지가 있는 곳에서 겪는 이 같은 경우는 한두 번이 아니다. 국가가 돈에 너무 혈안이 되어 있는 건 아닌가 하는 느낌마저 들었다.

다시 벽운사 앞에서 10위안씩을 주고 문표를 사서 들어갔다. 벽운사 표지판에는 '경서명찰京西名刹 벽운사'라 쓰여 있었다. 벽운사가 베이징의 서쪽에 있음을 단박에 알 수 있었다. 미래불을 모시는 미륵전에 들어가니 시꺼먼 빛깔의 불상이 나를 노려보는 듯 무서운 느낌을 주었다. 중국에 있는 불상은 대체로 검은색이다. 한족문화가 지신地神 계열에 뿌리를 두고 있으며, 한족문화에서 땅의 색깔인 검은 색을 숭상하는 것과 연관이 있어 보였다. 한漢나라 때까지도 황제의 면복은 검은색이었다.

반면 중국에서 흰색은 사망, 흉조, 부패, 낙후, 반동, 음험, 공짜, 헛됨 등을 상징하는 색상으로 간주된다. 중국에서 영향력 있는 원로들이 하나같이 염색을 하는 것도 이 때문일 것이다. 80세가 넘은 장쩌민 전 국가 주석을 비롯해 현 후진타오(65) 국가 주석, 원자바오(65) 총리 등 중앙정치국 상무위원 모두가 검은 머리를 하고 있다. 중국만큼 흰머리를 싫어하는 곳은 없을 것이다. 특히 흰색은 죽음을 의미하는 금기의 색이기 때문에 장례식에서나 주로 쓰인다. 상장례喪葬禮에서 우리가 부활의 의미로 소복을 입는 것과는 차이가 있다.

한국의 불상에 인자함이 있다면 중국의 불상에는 위엄이 넘친다. 미륵전을 나와서 돌다리를 지나 현세불이라는 석가모니를 모신 대웅보전大雄宝殿으로 향했다. 미래와 현재가 다리로 이어진다는 묘한 느낌을 받았다. 다리 아래에는 '방생지放生池'라는 연못이 있었고, 이름에 걸맞게 실제로 많은 물

고기들이 유유히 헤엄을 치고 있었
다. 대웅보전 안에는 거대한 석가모
니불 양 옆으로 어린 나한과 근엄한
보살이 서 있었다. 대웅보전을 나와
나한당羅漢堂으로 갔다. 그 안에는 무
려 오백 나한이 있었다. 각기 다른

북경 쌍산에 있는 중산기념당

500개의 모습이 신기하기만 했다. 낮인데도 깜깜해 음산한 느낌을 주었다.
그 안에 있던 직원이 전등도 없다고 말해주었다.

　나한당을 나와 손중산기념당으로 갔다. 1925년 쑨원 서거 후 맨 먼저 영
혼을 모신 곳이다. 손중산기념당이 있는 쌍산에 오니 쑨원의 고향 광둥성
광저우시廣州市 쌍산현香山縣이 떠올랐다. 기념당 중앙에는 쑨원의 석고상
이 있었다. 석고상 밑에는 1866~1925라고 생몰 연대가 적혀 있고 제작해
기증한 사람들은 중국 국민당혁명위원회 중앙위원회와 전국 각지 중산업
여학교中山業余學校(노동자·농민이 여가 시간에 학습하는 학교)라고 되어 있었
다. 석고상을 바라보고 우측에는 소련 정부에서 기증한 유리를 덮은 강철
관*이 바닥에 놓여 있으며 쑨원이 불치병에 걸렸을 때 소련에게 자기 나라
를 도와달라고 쓴 편지글이 벽에 걸려 있었다. 좌측으로 쑨원의 유묵, 유저
등 문물이 바닥에 진열되어 있었고 국민당에 준 글이 벽에 걸려 있었다.

　쑨원과 관련된 기념관이 또 있어 그곳으로 향했다. 그가 난징에서 베이
징으로 왔고 병들어 죽은 다음에 다시 난징으로 돌아간 일대기가 주로 사
진과 함께 커다란 벽 가득히 전시되어 있었다. 무엇보다 그를 죽음에 이르

---

* 쑨원이 죽었을 때 소련에서 유리관을 보내왔는데 난징의 중산릉에는 그 관을 사용할 수 없
었기 때문에 이곳에 그대로 남게 되었다.

게 한 병이 무엇인지 궁금했다. 1924년 11월 펑위샹馮玉祥은 북경정변을 일으켜 대통령 차오쿤曹錕을 몰아내고 당시 광둥에 있던 쑨원이 베이징으로 와서 국정을 다스릴 것을 희망했으나 이미 쑨원은 병을 앓고 있었다. 1925년 베이징의 티에쓰지鐵獅子 후퉁에서 그는 간암으로 세상을 하직한다. 중화민국의 초대 대통령이었던 위안스카이 다음으로 권세를 누리던 펑위샹 장군의 초청으로 베이징에 오긴 했으나, 이미 쑨원의 세상은 아니었던 것이다.

그가 죽은 1925년에 유해를 벽운사에 모셨다가 4년 뒤인 1929년, 난징에 있는 쯔진산紫金山에 능을 만들어 모셨다고 적혀 있었다. 1927~1937년 중화민국의 수도였던 난징에 있는 중산릉에 새겨진 '국민당國民党'과 '청천백일기靑天白日旗'라는 글씨는 문화대혁명의 홍위병 난동 때도 손상되지 않았다. 쑨원이 중국 본토와 타이완 등 어느 곳에서든 국부로 숭앙을 받기 때문이다. 일대기 전시가 마감되는 지점에 '미엔후이웨이런緬怀偉人'이라고 적혀 있었다. 나는 '위인을 가슴에 새기다'라는 뜻으로 읽었다.

끝으로 장쩌민이 중국공산당 제15차 전국대표대회에서 청조를 타도한 쑨원, 인민공화국을 건설한 마오쩌둥, 개혁개방을 시도한 덩샤오핑을 중국의 3대 위인이라고 말했다는 문구가 붙어 있었다. 사진 중에는 쑨원이 부인 쑹칭링宋慶齡과 같이 찍은 사진도 있었다. 남편 사망 후 여성혁명가로서 반제국주의 활동을 펼쳤던 쑹칭링은 세 자매 중 둘째고, 막내인 쑹메이링宋美齡은 장제쓰의 부인이다. '첫째인 쑹아이링은 돈을 사랑했고, 쑹칭링은 국가를 사랑했으며, 쑹메이링은 권력을 사랑했다'는 말도 있다.

다른 곳으로 이동하면서 담장을 통과하게 되었다. 중국에는 벽을 커다란 원형으로 뚫어놓은 곳이 많은데 매우 인상적이다. 그래서 나는 '천원지방天

圓地方'을 떠올리며, 중국은 '하늘'이라는 어휘를 많이 쓰는 동시에 하늘을 닮은 원을 좋아하는 것 같다고 했다. 그랬더니 장신은 "중국에는 인간은 겉으로는 둥글고 안으로는 곧은(강직한) 사람이 되어야 한다는 말이 있다"고 귀띔해주었다. 그래서 "그게 바로 외유내강外柔內剛(『당서唐書』, 노탄전盧坦傳)이 아니냐"고 했더니 끄덕끄덕한다. '유능제강柔能制剛(『후한서后漢書』, 장궁전藏宮傳)'이요, '상선약수上善若水(『도덕경道德經』)'가 아니겠는가 하는 생각이 떠올랐다. 『역경易經』에 "둥근 것은 신이다"라고 되어 있을 만큼 중국에서 하늘을 닮은 원圓은 철저하게 숭배의 대상이다. 섣달그믐날 식구들이 단란하게 모여 먹는 밥을 단원밥團圓飯, 식구들이 모이는 추석날을 단원절團圓節이라 한다. 밥상이 둥근 것도 예외일 수 없다.

묵향이 진동하니

손중산기념당 구경을 마치고 밖으로 나와 아이스크림을 하나씩 먹으며 다음 목적지를 상의했다. 시간이 없어 가까이에 있는 북경식물원이나 와불사도 들어가 보지 못했다. 북경식물원은 아시아에서 제일 큰 식물전시온실이 있는 곳이며, 와불사는 당나라 때의 절로 석가모니가 열반에 들 때 누워 있던 모습을 본뜬 것으로 중국 와불 중 가장 크다. 또한 가까이에 있는 위대한 사상가 량치차오梁啓超의 묘지, 『홍루몽』의 작가 차오쉐친曹雪芹 기념관 등도 못 보고 원·명대에 유리기와를 만들던 류리창에 가보기로 하고 택시를 탔다. 중국에 온 이후 택시 요금이 가장 많이 나왔는데 78위안이나 되었다. 그래도 먼 거리를 막힘없이 달려 30여 분만에 도착했다.

청대의 거리를 재현한 류리창은 대로를 사이에 두고 동서로 나뉘어 있었다. 먼저 서가西街를 죽 거닐었다. 입구에 있는 인감 가게 '홍바오탕화뎬宏宝堂畵店'에는 듣던 대로 상당히 많은 도장 재료와 푸젠성에서 나는 유명한 수석 도장이 있었고, 유리제품도 있었다. 장신에게 우리나라의 인사동과 비슷하다는 말을 하면서 분주히 구경을 했다. 차나 도자기를 파는 곳도 있기는 했으나 대부분 책방, 화랑, 서예점 등이었고, 글씨를 쓰고 그림을 그리는 데 필요한 문방사우를 파는 곳도 많았다.

문방사우 가운데 벼루의 으뜸인 돤시端溪 벼루, 즉 '돤롄端硯'이나 중국을 대표하는 종이 '셴즈宣紙'를 창문에 써 붙여 광고하는 것도 보았다. 벼루가 생산되는 돤저우端州는 광둥성 자오칭시肇慶市에 있고, 셴즈가 나는 셴저우宣州는 안후이성 셴청현宣城縣에 있다. 벼루광고를 보니 톈진TV에서 중화제일석이라 소개하며 이수이易水현의 벼루를 홍보하던 게 떠올랐다. '이수이롄易水硯'은 중국 12대 벼루라 한다. 이 밖에 붓과 먹으로는 저장성 우싱현吳興縣에 있는 후저우湖州의 후비湖筆, 안후이성 셔현歙縣에 있는 후이저우徽州의 후이머徽墨가 유명하다.

류리창에서 가장 오래된 상점으로, 창업한 지 200년 되었다는 '룽바오자이榮宝齋'는 길 중간쯤에 있었다. 도자기, 그림, 조각품 등 물건을 다양하게 갖추고 있었다. 어느 서예점으로 들어갔더니 묵향이 진동하는 것이 제대로 느껴졌다. 주중이라 그렇기도 하겠지만 조용한 류리창의 분위기에서 품위와 격조를 느낄 수 있었다. 중국에서는 '주중週中' 대신 '평일平日'이라는 어휘를 사용한다는 말을 들은 적이 있다. 주말과 대응해 주중이라고 하는 점에서는 우리가 더 적절하게 쓴다는 생각이 들었다.

큰 길을 건너 동가東街로 가보았다. 동쪽 거리는 서쪽 거리보다 더 길면

류리창 거리

서도 고풍스러워 서가西街와 다른 느낌을 주었다. 서가가 비교적 현대화된 거리라고 한다면 동가는 청나라 당시의 거리를 보는 듯도 했다. 그리고 동가가 서가보다 배는 길어 약 200m 정도는 될 듯했다. 류리창에 있는 국영 문구점으로 가서 하나에 16만 8,000위안으로 세계에서 가장 비싸다는 '원팡쓰바오탕文房四宝堂'(족제비털 붓)도 보았다.

끝머리 집에서 주인이 직접 어느 서양인에게 '푸쇼우福壽'(행복과 장수)라 쓰고 낙관까지 찍어주는 것을 목격하기도 했다. 되돌아 나오면서 건축 당시의 것으로 여겨지는 벽에 새겨진 오래된 문양들을 보았는데 매우 인상적이었다. 미세한 예술적 감각이 세월을 거슬러 묻어나오는 듯했다.

숙소로 돌아오는 길, 장신은 나에게 "아무리 돌아다녀도 피곤한 줄 모른다"고 말하면서 계속 하품을 한다. 베이징에 오기 전 고향에서 학교 다닐 때 점심을 먹고 한 시간씩 자던 습관이 남아서 그렇다고 했다. 베이징만 오후 1시 수업이지 여타 지역은 2시부터 수업이란다.

저녁에는 열심히 문화 관련 공부를 하고 텔레비전도 보았다. 한국에서는 뉴스 외에는 거의 본 적이 없었는데 여기서는 문화 욕구 충족에 일조하는 게 텔레비전이다. 수많은 채널에서 제각각 유익한 정보와 지식을 제공해준다. 가장 많이 시청하는 채널은 29번과 30번이다. 29번은 주로 극戱 채널이고, 30번은 과학교육채널로서 전문가들의 학술특강 같은 것을 많이 한다. 채널 12번의 '베이징TV'도 많이 보는 편이다. 이 채널에서 <북경의 역사와 문화>를 방영하는 걸 여러 번 보았다.

중국중앙방송국(CCTV)은 수년 전부터 일반 시청자들을 대상으로 유교·도교·중국의 역사와 문화에 대한 강좌를 대폭 늘렸다고 한다. 중국은 문화대국을 꿈꾸는 듯하다. 정부가 나서서 국학연구를 대대적으로 지원하고 공자탄생제를 중계한다. 2006년부터 매년 6월 둘째 토요일을 '문화유산의 날'로 정해 문화유산 보호활동을 펼치고 있다. 수년 이내에 전통문화 보호체계를 완비할 계획이다.

한편 최근 세계경제에서 새로운 중심으로 등장하는 미술·공연 등 문화산업에서도 중국은 그 영향력을 키워가고 있다. 강대국을 꿈꾸는 중국은 이젠 현대미술의 '중심국가' 자리까지도 넘보고 있다. 세계적으로 가장 주목받고 있는 장샤오강張曉剛을 비롯해 왕광이王广義, 웨민준岳敏君, 차이궈창蔡國强 등으로 대표되는 중국 현대미술의 힘은 국제미술시장에서 이미 입증되고 있는 바, 중국의 미술은 뉴욕시장에서 블루칩으로 대접받고 있다. 2006년 뉴욕 소더비에서 열린 '아시아 컨템포러리 옥션'에서 최고가로 낙찰된 10개의 작품 모두 중국 작가의 것이었다. 중국 내 화가는 무려 4,000만 명에 이른다고 한다. 그리고 영국 런던 대영박물관에서 '최초의 제국'이라는 제목으로 열리고 있는 중국 진시황릉 병마용 전시는 예약을 하지 않고서는 구경할 수 없을 정도로 성황이라고 한다. 뉴욕에서 공연할 때마다 좌석이 매진될 정도로 인기인 피아니스트 랑랑의 베이징 연주회 장면이 뉴욕 타임스스퀘어에서 대형 전광판을 통해 중계된 바도 있다.

한국 장식품점 '물망아'

다음 달 말이면 귀국할 예정이다. 한 달 반쯤 남았다. 하루하루가 금쪽같은 시간이다. 자다가도 일어나 독서를 했다. 무엇인가를 하고자 하면 그토록 여유롭던 시간이 다 어디 갔는지 시간이 부족함을 느낀다. 오늘은 특별히 나갈 일도 없고 좀 자유롭다.

영매의 대학원 진학 문제와 관련해 오전에 우리 학과 학과장을 맡고 있는 박동호 교수와 통화를 해보니 크게 걱정하지 않아도 될 것 같았다. 아무런 압박과 부담 없이 종일 앉아서 문화에 관한 이런저런 공부를 계속했다. 이제 문화서 출간 준비와 문화일지 정리에 푹 빠져 다른 일은 하고 싶지 않을 정도다. 일지를 쓰면서 자연스럽게 문화공부가 많이 되는 건 물론이다.

저녁을 먹고 오래간만에 바람이나 쐬러 자죽원에 가보고 싶었다. 7시 반에 나가면서 못 들어가는 건 아닌가 다소 걱정했는데 겨울은 저녁 8시에 문을 닫지만 여름에는 9시에 닫는다고 한다. 물론 개방시간은 공히 아침 6시이다. 어쩌면 자죽원 방향의 뒷길을 걷는 것이 귀국 전 마지막이 될지 모른다는 생각에 북경문화학원서부터 차근차근 정감 있게 눈에 넣고 가슴에 새겼다. 자죽원에 가자마자 전에 인상적으로 봐두었던 시쇼우지엔洗手間 내부의 문구를 확인하러 갔다. 소변기 앞에 '한 발짝 앞으로 다가서는 것은 문명을 한 걸음 발전시키는 일向前一小步 文明一大步'이라는 뜻의 표어가 그대로 벽에 붙어 있었다. 화장실을 새로운 문화공간으로 개선하려는 의지가 엿보였다.

올림픽 개최가 코앞에 닥치자 베이징 시정부는 2007년부터 대대적인 의식 향상 캠페인에 들어갔다. 4월부터는 아무 데나 침을 뱉거나 쓰레기를 버리지 않도록 집중 계몽을 펼치고 있다. 베이징시는 430만 전 가구에 『문명예의 보급 독본』을 배포해 시민의식을 향상시킬 계획을 세웠다. 서비스 업종에 종사하는 44만 명을 대상으로는 '미소 짓기 훈련'을 시작했다. 조만간 거리 휴지통엔 침 뱉기 전용 비닐봉지가 부착될 예정이고, 침 뱉기와 쓰레기 투척, 애완동물 배변 방치에 최고 50위안까지 벌금을 물릴 것이라 했다.

호숫가의 창랑長廊을 거닐면서 중국에는 창랑이 매우 발달되어 있다는 생각이 들었다. 그리고 창랑이 끝나는 정자의 지붕을 바라보며 지붕이 원형으로 되어 있는 데서도 중국 건축문화의 특징을 발견할 수 있었다. 모난 지붕이라도 그 위에 다시 원형지붕을 만들고 심지어 둥근 꼭지라도 만들어 얹은 건 분명 중국적인 특색으로 보였다. 정자 지붕의 중앙에 올려놓은 항아리 모양의 장식기와는 절병통節瓶桶이라 부른다. 지붕 꼭대기의 둥근 것은 황제가 쓰는 모자의 꼭지를 연상케 했다.

조금 더 산보를 할 셈으로 길을 걸었다. 북경예술박물관이라 써 붙인 만수사 앞길에서 사람들이 더위에 러닝셔츠 차림으로 삼삼오오 앉아 술판을 벌이는 모습은 우리와 비슷하다고 생각되었다. 음식점 앞을 지나면서 '쟈창차이家常菜'라는 문구를 보았는데 중국 음식점에도 우리와 같은 '가정식'이 있음을 짐작할 수 있었다. 여러 전통가옥들을 자세히 살펴보니 우리와 달리 단조로운 맞배지붕이 많은 것 같았다. 맞배지붕은 지붕형태의 발전단계에서 가장 초기 단계의 것이기 때문인지 우리나라에서는 크게 눈에 띄지 않는다. 오히려 우리나라에는 가장 발달된 형태의 아름다운 팔작지붕이 많은 편이다.

지난번에도 길가에서 보았지만 중국극원中國劇院이라는 규모가 큰 극장이 눈에 띄었고 그 극장에는 총정가무단總政歌舞団이라는 다른 이름도 붙어 있었다. 그 옆에는 약간 작은 규모의 팔일극장八一劇場이 있었는데 역시나 총정화극단總政話劇団이라는 다른 이름이 쓰여 있었고, 그 극장에는 '중국화극탄신 100주년'을 기념하는 플래카드도 걸려 있었다. '총정'이란 공산당 청년당원과 관련이 있는 것 같으며, '팔일八一'이란 중국인민해방군 창설기념일인 1927년 8월 1일과 관계가 있는 것으로 알고 있다. 중국에서는 중국 공산당이 무장 봉기한 것을 기념하는 8월 1일을 '젠쥔제建軍節'라고 하여 축제일로 여기며, 해방군 관계자는 한나절 휴무한다.

버스정류장에서 '북경외국어대학 외국어연수센터'라 해놓고 그 아래에 쓰인 '英·日·韓·法·德·俄·西班牙·意大利 등 각종 언어'라는 대형 광고문구를 보고 역시 중국에서도 영어가 강세이며, 그리고 한국어가 세 번째 자리에 있음을 확인했다. 좀 더 걸어 북경외국어대학으로 들어갔다. 지난번 보았던 '북경일본학연구센터' 건물을 다시 눈여겨보았고 그 옆을 지나다 '왕츄창网球場'이라 쓰인 아주 넓은 테니스장을 보았다. 역시 등불을 대낮같이 밝히고 몇 사람이 운동을 즐기고 있었다. 북경외국어대학의 후문을 나와 골목길을 지나는데 게시판에 문짝만하게 '신베이징 신올림픽新北京 新奧運(new beijing great olympics)'이라고 올림픽 유치를 광고하고 있었다.

북경만수사중학교 앞을 지나는데 놀랍게도 운동장이 없었다. 그 옆에 있는 북경만수사소학교도 물론 운동장이 없이 조그만 건물만 있을 뿐이었다. 운동장이 없는 학교를 상상해본 적도 없다. 더구나 초·중학교의 경우, 뛰어놀 운동장이 없다는 건 있을 수 없는 일이기 때문이다. 더우니 러닝셔츠만 입고 다니는 사람이 부지기수요 길거리에 웃옷을 벗고 앉아 있는 사람들도 있었다. 늘 소음으로 잠을 방해하는 숙소 옆 공사장을 지났다. 도대체 무슨 공사를 하는가 들여다보니 민족대학 교직원아파트와 지하주차창을 짓고 있는 듯했다.

크게 동네 한 바퀴를 돌아 서문에 이르니 2시간 가까이 지났다. 서문 앞은 좌판에서 파는 고기, 어묵, 오징어, 채소 등을 즐기는 사람들로 북새통이었다. 특히 학생들이 양러우촨羊肉串, 지러우촨鷄肉串 등 꼬치를 좋아하는 것 같았다. 1978년 개혁개방 이후 신장 위구르족이 전국 각지에서 꼬치를 팔기 시작하면서 널리 알려져 많은 사람들이 즐겨 먹게 되었으며, 그중 양고기꼬치가 제일이다. 그 삶의 현장을 물끄러미 바라보는데 한국 상품을 파는 가게가 눈에 띄었다. 자세히 보니 잠옷, 장식품, 화장품 등을 파는 곳이었다. 가게 이름은 물망아勿忘我였다. 알고 보니 이 가게의 옛 이름은 2006년 방영되었던 TV드라마 제목인 '浪漫滿屋(풀하우스)'였다고 한다. 탤런트 송혜교와 가수 비가 나오는 한국 드라마의 제목을 갖다가 쓴 것이라고 들었다.

중국의 대학생들이 한국인의 옷차림을 매우 좋아하고 한국상품을 선호한다는 사실을 확인할 수 있었다. 다른 대학 앞에도 한국상품을 파는 가게가 많다고 한다. 늘 지나다니는 길인데도 몇 달 동안 못 보다가 오늘에야 발견한 것이다. 반갑기 그지없다. 중국 TV에서도 중국의 젊은이들이 한국의 상을 좋아하는 내용을 방영하는 걸 여러 번 본 적이 있다.

세계에서 가장 큰 북

과외를 하러 온 장신에게 베이징 시내로 나가보자고 했다. 오후 4시가 다 되어 택시에 올랐다. 도로가 젖어 있는 걸 보니 물을 뿌렸음을 알 수 있었다. 금요일 오후라 정체가 심해 4시 20분에야 목적지인 고루鼓樓에 도착할 수 있었다. 나는 20위안, 장신은 10위안을 내고 문표를 사서 웅대한 고루의 경내로 들어섰다.

고루에 오르기 위해 입구를 찾아갔다. 입구에 이르러 입이 딱 벌어지지 않을 수 없었다. 올라가는 돌계단의 경사가 70도는 되어 보였고, 계단의 숫자는 무려 69개라 했다. 목표지점이 까마득하게 멀리 보였다. 고루의 높이가 약 46m나 되는 데다가 올라가는 통로가 좁고 어두워 더욱 아득하게 보였던 것이다. 물러설 수 없다는 심정에 떠밀려 과감하게 올라가 보니 온통 북 천지였다. 어마어마하게 큰 북 하나하나는 24절기를 상징하는데 북 표면 가죽에다 크게 춘분, 백로 등을 써놓았다. 고루는 원 세조 9년(1272)에 제작된 것으로 옛 이름은 '제정齊政'이라 하는데, '북을 치는 것이 곧 정사를 고르게 하는 것'이라는 뜻을 담고 있다. 지금의 고루는 명 영락 18년(1420)에 재건된 것이라고 한다. 물론 모든 북은 시간을 알리기 위한 것이었고 당시에는 두 시간에 한 번씩 쳤다고 한다.

관광객들을 위해 북을 쳐서 시각을 알리던 명·청대의 방식을 재현하는 퍼포먼스가 있었다. 전에는 명나라 의상을 입은 남자들이 정시마다 북을 쳤다고 한다. 그러나 요즈음은 30분마다 북을 치는데, 오늘 마침 4시 30분이 되어 그 광경을 볼 수 있었다. 작은 북 공연이라 할 수 있다. 연주자 5명

웅장한 고루의 모습

이 북을 치는데, 중앙의 여성이 치는 북은 초대형이었고, 양 옆으로 남녀 2명이 치는 북은 그보다는 작은 것이었다. 워낙 큰 북의 울림이어서 잠깐이지만 장엄한 느낌을 받았다.

그 고루 안에 있는 여러 개의 북 가운데 원래의 북은 심하게 파손된 것 하나뿐이요, 모두가 '징구更鼓'라 하여 다시 만든 북이라는 사실에 주목했다. 형편없이 찢겨나가 북이라 할 수 없을 지경인 원래의 북을 보는 순간 놀라지 않을 수 없었다. 청나라 말기, 즉 1900년 의화단 운동을 진압하기 위해 베이징에 침공한 8개국 연합군에 의해 북이 훼손되었다. 특히 일본군에 의해 고루의 북이 갈기갈기 찢어졌다. 그래서 베이징 시민들은 고루를 '밍츠러우明恥樓'라고 부르며, 일본에 대한 분노를 아직도 되새기고 있다고 들었다. 이처럼 고루는 근대 이후 베이징의 아픔을 상징한다고 할 수 있을 것이다.

'징구'에 관한 설명을 읽어보니 25개가 징구인데, 그중 하나가 주구主鼓이고 나머지 24개가 바로 24절기를 뜻하는 북이라 한다. 세계에서 가장 크다는 북이 바로 주구임을 짐작할 수 있었다. 주구의 표면 직경은 2.61m, 허리 직경은 2.89m, 높이 1.21m, 무게 625kg, 재질은 소가죽이라 한다.

나오다 보니 맨 앞에 시간을 가리키는 '동각루銅刻漏'라는 물시계가 있었다. 해시계와 달리 밤에도 작동되는 물시계의 발명은 시계사의 혁신을 가져왔다. 장영실이 만들었다는 우리의 '자격루自擊漏'를 연상케 했다. 그러니까 명·청대에는 '동각루'라는 물시계에 맞춰 큰 북을 두드려 거리에 시각을 알렸던 것이다. '동각루'에는 지금도 물이 졸졸 흐르고 있었고 문을 닫을 시간이 되어 관리자가 와서 물을 잠그는 것을 보았다. 폐문시간이 오후 5시였다. 수백 미터 북쪽에 종루鍾樓가 있었으나, 종은 전에 대종사에서 보았고 시간이 부족해 포기할 수밖에 없었다. 구경을 다 하고 나서 들어갔던 반대편으로 나오는데 장신에게 아이스크림이라도 사주어야 할 것 같았다. 가게에 가서 값을 물어보니 12위안이라 했다. 이상하게 비싸다 싶었지만 다시 넣을 수는 없었다. 고루 밖으로 나오니 삼륜자전거인 '런리싼룬처人力三輪車'가 즐비해 있었고, 한 사람이 계속 따라 붙으며 자전거를 타보라고 했다. 시간이 남아 후퉁胡同에 가려 했으나 차가 계속 막히는 걸 보면서 숙소로 향했다.

바쁜 일정 속에서 초조해진 나의 마음을 표현하고 싶어 장신에게 '시간이 별로 없다'는 말을 중국어로 어떻게 하느냐고 물었다. "메이성두어샤오톈沒剩多少天"이라고 가르쳐주었다. 차 안에서 아이스크림 값에 대해 물어보니 장신은 외국인이라서 비싸게 받은 것이라고 했다. 장신이 '바가지를 씌우다', '바가지를 긁다'는 말이 무슨 뜻이냐고 묻기에 알고 있는 대로 설명해주었다.

'바가지 쓰다'라는 말은 개화기에 중국에서 들어온 '십인계'라는 놀음에서 유래했다고 들었다. 1에서 10까지 숫자가 적힌 바가지를 엎어놓고 돈내기를 하여, 못 맞히면 돈을 잃기 때문에 '바가지를 썼다'고 했던 것이다. 그

것이 변해 요즈음은 남의 속임수에 걸려 부당하게 많은 돈을 치르거나 책임을 도맡게 되었다는 뜻으로 사용하고 있다.

'바가지를 긁다'는 말의 유래도 오래되었다. 우리 민족이 바가지를 사용한 것은 아주 오래전의 일이다. 『삼국유사』의 원효조에 보면 바가지를 두드려 악기로 썼다는 기록이 있다. 특히 『동국세시기』를 보면, 어린이들이 빨강, 파랑, 노랑으로 물들인 호리병 박을 허리에 차고 다니다가 정월대보름 전날 밤에 몰래 길에 버리면 액을 물리칠 수 있었다고 전한다. 이렇게 '액막이' 기능이 있다는 생각에 바가지는 귀신 쫓는 도구로 쓰이기도 했다. 사실 전염병이 귀신의 장난이라고 생각했던 옛날 사람들은 마을에 전염병이 돌면 그 귀신을 쫓기 위해 바가지를 긁었다. 그러면 시끄러운 바가지 소리에 놀라 귀신이 물러간다고 믿었던 것이다. 결국 아내들이 늘어놓는 잔소리 역시 바가지를 긁는 것처럼 시끄러웠기 때문에 그것을 '바가지를 긁다'라고 했다는 것이다.

장신과 저녁을 먹으러 가는 길에 펑징징을 불러 같이 가다가 전지영까지 만났다. 식사를 하면서 "청화대 잘 생긴 남자, 북경외대 예쁜 여자, 북경대 아름다운 경치, 민족대학 맛있는 식당"*이라는 우스갯소리를 들었다. 청화대학에는 이공대에 남학생들이 많고 북경외대에는 여학생들이 많다는 것이며, 북경대학은 원명원의 일부를 가지고 있으니 그렇고, 민족대학은 여러 민족들의 구미에 맞게 음식이 다양하게 나오는 것에 착안한 표현 같았다. 나와 지영이는 일식의 주 메뉴인 생선회를 잘 먹었다. 그러나 장신과 펑징징은 역시 날음식을 싫어한다는 중국 사람답게 회를 잘 먹지 않았다.

* 이는 오래전부터 구전되던 말로 학생들은 압운의 묘미까지 살려 쓰고 있었다. "칭화더한 베이와이더구랑 베이다더위안 민다더빤淸華的漢 北外的姑娘 北大的園 民大的飯".

먹는 데서도 문화 차이가 확실히 드러났다.

드라마 <홍루몽> 촬영 현장

고단했지만 문화탐방을 늦출 수 없었다. 더구나 장신의 도움을 받기 위해서는 그 아이가 기말시험에 돌입하기 전에 부지런히 움직여야 한다. 이곳에서 기말고시는 기중고시보다 훨씬 비중이 크다.

오전에 장신을 만나 다관위안으로 출발했다. 매표소 앞에 적힌 입장료가 약간 비싼 듯했다. 나는 40위안, 장신은 20위안을 주고 문표를 사서 들어갔다. 휴일이어서 그런지 많은 사람들이 놀러 나와 있었다. 카드놀이, 태극권, 배드민턴, 제기 차기 등 다양한 광경을 볼 수 있었다. 제기를 차는 모습이 특이했는데 여성 3명과 남성 1명이 호흡을 맞춰 즐겁게 노는 것이었다. 중국에서는 많은 여성들이 제기를 찬다는 말을 듣고 놀라지 않을 수 없었다.

『홍루몽』은 『삼국지연의』, 『수호전』, 『서유기』와 더불어 중국 4대 소설의 하나다. 나관중羅貫中의 『삼국지연의』와 시내암施耐庵의 『수호전』은 원말명초의 작품이고, 오승은吳承恩의 『서유기』는 명대의 작품이며, 『홍루몽』은 청대의 작품이다. 『홍루몽』은 귀공자 자바오위賈宝玉를 둘러싼 여성들의 일대기를 그린 소설이다. 중국 사람들도 이야기나 픽션을 좋아하는지 이 소설들이 현재 모두 드라마로 방영되고 있다. 오늘 간 곳이 바로 드라마 <홍루몽>의 촬영 현장이다. 여주인공 린다이위林黛玉가 달구경을 하러 나가는 곳인 '요벽산장凸碧山莊'이 먼저 눈에 띄었다. 산중턱에 있는 누각에 올라 대낮이지만 호수 넘어 달을 보는 듯 포즈를 취해 보았다.

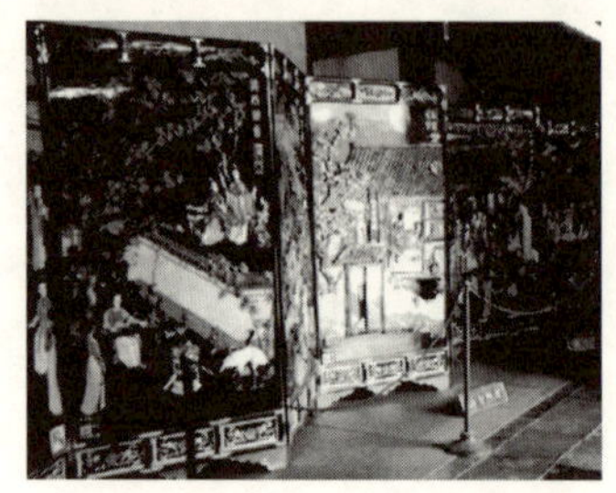

홍루문화예술관에 있는 자개병풍

1987년부터 방영되기 시작한 <홍루몽>은 드라마 사상 최대의 제작비가 들어갔으며, 이 작품으로 배우가 더 유명해질 만큼 <홍루몽>은 인기 있는 작품이라 한다. 새로 <홍루몽>을 찍기 위해 배우를 선정해놓았으며, 올림픽 개최를 즈음해 <신홍루몽>이 방영된다는 말도 들었다. 『홍루몽』의 작가 차오쉐친이 작품을 쓰다 중도에 사망해 다른 작가가 이어서 썼다고 한다. 차오쉐친의 기념관은 북경식물원에 있다. 참으로 대작이다 보니 소설도 드라마도 쉽게 끝나지 않는 것 같다. 마오쩌둥도 『홍루몽』을 다섯 번이나 읽었다고 하며, 어린이용 『홍루몽』도 있다.

다관위안은 부지가 약 13만 m²로 대단히 넓다. 1984~1989년에 드라마 <홍루몽> 촬영을 위해 만들어진 곳으로, 1980년대 베이징의 10대 건축물 중 하나로 선정되었다. 다관위안은 자바오위의 큰누나인 위안춘元春이 왕비로 봉해진 뒤, "내년 정월보름날에 집에 와서 명절을 쇠겠다"는 자바오위의 말을 듣고 그를 맞이하기 위해 지은 호화로운 저택 홍루紅樓이다. 극중 왕비의 친정집인 '성친별서省親別墅'도 보았다. 그곳에는 옥좌까지 마련되어 있었다. 춘제가 되면 옛날 왕비가 친정을 방문하던 상황을 재현한다고 한다.

'홍루문화예술관'이라는 다른 건물로 이동해 채석彩石을 재료로 사용한 22쪽짜리 자개병풍도 보았고, 진열되어 있는 술 '멍지우夢酒'도 보았다. 맞은 편 건물에는 30쪽이나 되는 자개병풍이 있어 육중함과 화려함의 극치를 느끼게 했다. 종이나 천으로 된 우리의 병풍만 보다가 묵직하고 화려한 자개병풍을 보는 건 특별한 일이었다.

여기저기 길게 뻗은 창랑長廊은 정원에서 흔히 볼 수 있는 중국적인 건축문화의 특징을 잘 드러냈다. 아담한 야외공연장도 있었다. 지나가다 보니 물레방아가 돌고 있는데 족히 우리 것의 두 배는 되어 보였다. 한 구석에는 '이샹위안梨香苑'이라는 곳이 있어 차茶도 팔고 그 앞에서 곡예曲藝와 잡기雜技 등의 공연을 보여주었다. 『홍루몽』의 남자주인공 자바오위가 기거하던 방이 있었고, 여주인공 린다이위가 살다 숨을 거둔 방도 있었다.

『홍루몽』은 자바오위, 린다이위, 쉐바오차이薛宝釵 사이의 사랑과 갈등을 중심으로, 당시 봉건가족의 몰락과 나아가 봉건사회의 모순을 반영하고 있다. 자바오위는 고모의 딸인 린다이위를 사랑한다. 그러나 가족의 반대와 계략으로 이모의 딸인 쉐바오차이와 식을 올리게 된다. 린다이위는 병으로 죽고 자바오위는 아내가 바뀐 사실을 알고 기절한다. 그 뒤로 자바오위 가문은 완전 몰락의 길로 들어서게 된다. 『홍루몽』은 봉건사회의 백과전서라든가 자유와 평등의 가치를 담고 있다든가 중국문화의 정수라는 등의 다양한 평을 받고 있다. 린다이위 역을 맡았던 천샤오쉬陳曉旭가 돌연 출가出家를 했고 2~3개월 후 최근에 유방암으로 세상을 떠났다는 소문을 들었다. 이보다 더 드라마틱한 인생이 있을까.

점심때가 되어 간이음식점 앞을 지나다가, 5위안 하는 '단단미엔担担面'이라는 쓰촨국수를 한 그릇씩 먹었다. 손으로 늘려서 만든다는 '단단미엔'은 보통 매운 편인데 나에겐 매운 것이 아니라 느끼하고 텁텁하게 느껴졌다. 국수를 밥보다 좋아하는 나였지만 결국 다 먹지 못한 채 물리고 나와야 했다. 탄수화물이 많은 국수에는 '세로토닌'이 다량 함유되어 있다. 이 세로토닌이 뇌에서 진정효과를 발휘해 마음이 편해지면서 스트레스가 풀리는 것이다. 그렇지만 중국 음식에 식성을 맞추려면 아직 시간이 필요했다.

출구 쪽으로 향하다 아름다운 음악소리가 나는 곳으로 다가갔다. 소박하게 세 사람이 모여서 악기를 연주하고 노래를 부르고 있었다. 남성 두 사람이 연주를 했고 그에 맞춰 한 여성이 경극에서나 나오는 정형화된 소리를 거침없이 쏟아냈다. 우리의 해금처럼 생긴 악기 하나는 흔히 보는 두 줄로 된 중국의 전통악기 '얼후'였다. 세 줄로 된 악기는 '싼씨엔진三絃琴'이라 한다. 한참 연주 장면을 지켜보다 나오면서 중국인들은 우리보다 더 흥이 있는 사람들 같다고 느꼈다. 젊은이들은 주변의 시선에 아랑곳하지 않고 마음껏 어디서나 연애하고, 나이든 사람들도 눈치 보지 않고 어디서든 노래하고 춤추고 운동하는 모습에 자유롭고 흥취가 있다는 생각이 든 것이다.

택시 안에서 장신에게 다관위안이 있는 지역이 어느 구區냐고 물었더니 쉬안우취라 했다. 지난번 갔던 류리창도 쉬안우취였던 것 같다. 천안문 광장 남쪽에 있는 충원취와 대칭되는 곳임을 알 수 있었다. 한국의 시市와 구區의 행정구역 명칭이 중국에서 건너온 게 틀림없다고 생각했다.

北京日記 91

뒷골목과 나무못

11시 25분 장신과 함께 택시를 타고 후퉁으로 출발했다. 30분쯤 걸려 북해공원과 중남해 뒤편에 있는 호수, 호우하이后海에서 내렸다. 이 호우하이에 가보지 않으면 베이징에 갔다 온 게 아니라는 말까지 있다고 들었다. 1인당 60위안씩이라는 삼륜자전거 싼룬즈씽처三輪自行車의 이용료를 깎아서

50위안씩 주고 탔다. 후퉁을 향해 가다가 유명한 체육운동학교라는 곳을 지나게 되었는데 이 학교가 바로 중국의 쿵푸 스타 리렌제李連杰가 나온 학교라는 것을 알게 되었다.

후퉁과 싼룬즈씽처

학교를 지나 치엔하이前海 호수로 접어들었다. 그 앞에는 지우바酒吧라는 술집, 즉 유명한 바가 즐비해 있었다. 북해의 북쪽으로 이어진 치엔하이, 호우하이의 근처는 바 거리다. '치엔하이'의 서쪽 해안은 근대적으로 세련된 바가 많고 '인딩차오銀錠橋'를 경계로 '호우하이'의 남쪽에는 작고 개성적인 바가 많아 밤이 되면 사람들로 북적거린다. 주말에는 네온도 아름답다. '인딩차오'의 북쪽으로는 소수민족의 민예품 등을 파는 가게들이 늘어서 있다. 바를 지나 비로소 후퉁, 즉 뒷골목이 시작되었다. 700년의 역사를 자랑하는 건물의 벽에 '난관팡 후퉁南官房 胡同'이라 쓰여 있었다. 이 구역의 집 하나하나에는 여러 가구가 살고 있다는데 개방은 되지 않았다.

좀 지나서 쓰허위안에 들어갈 수 있었는데, 1인당 20위안씩 받았다. 그 집은 명대에 지어진 것으로 400년 이상 되었다고 하며, 지금 집을 지키고 있는 부인은 자기 아버지가 1948년 2,000위안에 구입한 것이라고 직접 설명해주었다. 북쪽에 있는 건물이 가장 크고 집안의 어른인 노인들이 주로 산다고 했다. 그 건물에는 '함허당涵虛堂'이라는 당호가 붙어 있었다. 남쪽은 풍수상 좋지 않기 때문에 하인들이 기거했다고 한다. 또 남존여비에 따라 동쪽 건물에는 아들들이 살았고 서쪽 건물에는 딸들이 거처했다고 한

□자 모양으로 사방이 막힌 가옥, 쓰허위안

다. 동쪽건물은 '회진재匯珍齋', 서쪽건물은 '권근재倦勤齋'라 되어 있었다.

사방으로 건물이 에두르고 있는 □자 모양의 쓰허위안은 중앙의 마당에 햇빛을 가리는 천막 같은 것이 있는 게 특징이라고 했다. 그리고 중앙에 석류나무나 감나무를 심는 관습이 있는데, 구경하러 들어간 집에는 거대한 오동나무가 자라고 있었다. 설명을 듣고 나서 먼저 북쪽 건물 안으로 들어가 보았다. 혼례식 때 쓰는 나무로 된 커다란 함 두 개가 있어 눈길을 끌었다. 그리고 1600년대 옹정 8년에 만든 유리기와에도 눈길이 갔다. 동쪽 건물에는 전통적인 침실 워스臥室가 그대로 보존되어 있었다. 사면이 높은 담으로 둘러싸여 바깥과 완전히 차단된 느낌을 주는 쓰허위안 같은 중국 전통가옥은 중화적 자부심의 발로이자 개인주의의 극치라 할 수 있다.

그 집을 나와 다시 삼륜자전거를 타고 국민당 총재이자 중화민국 총통이었던 장제스 다음으로 실권자였던 장쉐량張學良 장군의 하인이 살았다는 집으로 갔다. 장제스의 반공 쿠데타로 제1차 국공합작이 무산된 1928년 이후 국민당과 공산당 사이에는 치열한 내전이 벌어졌다. 그 결과 고사 직전의 공산당을 구한 것은 바로 만주 군벌 장쉐량과 국민당 장군 양후청楊虎城이었다. 이들은 1936년 12월 시안을 방문한 장제스를 체포해 감금했다.

장제스는 항일전쟁을 원치 않았는데 이러한 점이 부하들의 반란인 시안 사건으로 이어진 것이다. 계속되는 일본 침략으로 고통을 겪는 동족의 아픔을 외면한 채 공산당 토벌에만 몰두하는 장제스에 불만을 품었다. 물론

장제스는 장쉐량을 후계자로 점찍어 두었
었으나 시안 사건으로 그를 후계구도에서
배제하게 되었다. 장과 양 두 사람이 계기
를 만들고 저우언라이가 조율해 이루어낸
것이 바로 1937년 9월 항일을 위한 제2차
국공합작 선언이었다.

장쉐량 장군

　장쉐량을 모시던 하인의 집 벽에는 '다
진스 후퉁大金絲 胡同'이라 쓰여 있었다. 이
집들은 청나라 때 지어진 것이라 한다. 또 20위안씩 내고 집 안으로 들어가
보았다. 대문을 마주보는 검은 석벽은 예쁘게 조각이 되어 있었는데, 부귀
를 상징하는 모란과 장수를 뜻하는 학이 아로새겨져 있었다. 현재 그 집의
주인인 장쉐량 하인의 아들이 나와서 "이것들은 대문으로 들어오는 악귀
를 막아준다"고 설명해주었다.

　북쪽 건물로 우리를 안내한 집주인은 소파에 앉기를 권한 다음 그 집에
대해 자세히 설명해주었다. 모든 창문은 남쪽으로 향하며 방의 개수는 홀
수로 정한다고 했다. 그리고 북쪽 건물이 가장 크고 집의 중심이 되며, 남쪽
건물은 가장 작고 낮다고 했다. 동쪽과 서쪽 건물은 대칭이 되게 방의 수를
정한다고도 했다. 그 집의 북쪽 건물에는 방이 다섯 개가 있었다. 키가 커다
란 주인 남자는 쓰허위안의 방위에 대해 좀 더 상세하게 이야기해주었다.
중앙은 흙土을 상징하며, 사합四合에 해당하는 동쪽은 나무木를, 서쪽은 금金
을, 남쪽은 불火을, 북쪽은 물水을 상징한다고 했다.

　좁은 마당에는 석류나무가 있었고, 그 옆에 중국이 원산지라는 금붕어가
놀고 있었다. 물고기 위魚는 '녠녠요우위年年有余'(매년 넉넉하다)의 위余와

먼딩 두 개가 나와 있는 대문의 모습

발음이 같으므로 풍요를 기원하는 마음에서 물고기를 기른다는 재미있는 이야기를 들었다. 집이 깨끗하고 예쁘며 매우 고급스러웠다. 나올 때 대문보다 작은 '얼먼二門'을 통과하면서 장신은 '다먼뿌추얼먼뿌메이大門不出二門不邁'라는 말이 있는데, 옛날에 혼인 전에 여자들이 문밖에 나가지 못했음을 뜻하는 것이라고 했다. 그러나 지금은 움직이는 걸 싫어하는 사람, 즉 두문불출杜門不出 방에만 콕 박혀 있는 사람을 가리키는 말이라 설명해주었다. 일찍이 『예기禮記』에서도 여자는 열 살만 되면 문밖에 나가지 못하도록 규정했다.

그 집을 나와 이동하는 가운데 권력 있는 사람들이 살았던 고급가옥도 구경할 수 있었다. 이런 집에는 공통적으로 둥글고 커다란 나무못, 즉 '먼딩門釘'이 대문 위로 나와 있었는데, 그 나무못의 숫자가 곧 그 집의 권세를 말해주는 것이라 한다. 그리고 그런 가옥에는 돌계단이 있는데 계단의 숫자도 역시 권세의 강도를 표현하는 것이었다. 마치 '솟을대문'이 있는 우리나라의 상류계층 가옥을 연상시켰다. 어느 집은 녹색 나무못이 2개이고 돌계단이 3개였으며, 어느 집은 청색 나무못이 4개이고 돌계단이 5개였다.

중국에는 '먼탕후두이門堂戶對'라는 말이 있는데, 이는 가정형편이 비슷한 집끼리 혼인을 한다는 뜻이라 했다. 끼리끼리 만나 사는 게 행복임을 새삼 일깨워 주는 귀한 말이다. 이런 좋은 집에 지금은 외국인들이 살고 있다고 한다.

황제가 사는 집은 나무못이 12개요 돌계단이 9개라고 한다. 왕이나 제후가 사는 집에는 나무못이 9개라 들었다. 한편 권력 있는 집 앞에는 사자상이 놓여 있기도 했다. 옹정황제의 여동생이 살았던 집에도 가보았다. 나무못이 9개요, 돌계단이 7개였다. 이미 구경하는 사람들이 들락거렸고 대문이 열려 있기에 멋대로 중문 안으로 들어가려다가 저지를 당했다. 중문을 여기서는 '얼먼'이라고 하는가 본데, 이 얼먼을 열었을 때 이미 집안의 고급스런 분위기를 느낄 수 있었다. 어쨌거나 못 들어가고 말았다. 돈을 지불하지 않았기 때문이다. 시간도 없고 지쳐서 그냥 돌아 나와 버렸다. 우리를 안내한 삼륜자전거 운전자가 우리를 내려놓으며 장신에게 팁을 달라고 요구한 모양인데, 모르는 체하려다가 마음이 약해 수고비를 조금 주었다.

1시 15분 출발해 30분도 안 걸려 서문 앞에 도착했다. 과일도매상에 가서 1근에 8위안짜리 복숭아 2근을 사가지고 숙소에 들어왔다. 우리의 개방적인 가옥구조·주택문화와 크게 다른 중국의 폐쇄적인 가옥·주거문화를 통찰할 수 있었던 뜻 깊은 한나절이었다.

가슴이 미어질수록 웃어버리자

더위를 무릅쓰고 땀을 흘리며 종일 과제물 점검을 했다. 물론 성적을 내기 위해서도 필요하지만 과제물 하나하나는 내게 아주 중요한 자료가 된다. 중국에 사는 동포들의 생각과 취향은 무엇이고 그들이 지향하는 가치관은 어떤 것인지, 한중문화에 대한 인식과 소견은 무엇인지 학생들이 쓴 글을 통해 상당히 많은 것을 알 수 있기 때문이다. 그래서 다른 때보다 더 꼼꼼히 읽고 또 읽었다.

　저녁때가 되어 잠시 하던 일을 멈추고 차오스바에 가서 또 헤이룽장성에서 생산되는 1등급 5kg짜리 쌀을 샀다. 그리고 몇 가지 더 사가지고 숙소로 돌아왔다. 그동안 40kg의 쌀을 먹었고 이번에 산 쌀로 집에 갈 때까지 먹을 수 있을 것 같았다. 비교적 그럴듯하게 저녁식사를 마쳤다.

　저녁에는 장신이 '자필이력서'를 들고 왔다. 내일까지 실습하는 회사에 보내야 한다고 했다. 몇 가지를 수정하고 보완할 것을 얘기해준 다음 내일 아침 다시 오라고 했다. 중국 학생들은 졸업하기 전에 이수해야 하는 현장실습에 진지하게 관심을 갖고 적극 참여하는 것 같았다.

　장신이 돌아간 뒤에도 과제물 점검을 계속했다. 여러 차례 나를 도와주었던 김흠 양의 글을 읽으며 웃지 않을 수 없었다. 공부를 잘 하는 것 같지는 않으나 센스 있고 발랄한 점이 마음이 든다. 김흠 양은 과제에 "꽃등심 먹고 럭셔리 아파트에 살면서도 징징거리면 불행하다. 모든 건 마음에 달렸다"라고 썼다. 그리고 끝에 가서 "가슴이 미어질수록 웃어버리자"라고 썼다. 웃음이 나왔다. 꽤 똑똑하다는 생각이 들었다. "이름은 운명을 바꾼다"더니 이름에 '흥성하다'는 뜻을 지닌 '흠鑫'자가 들어가서일까. 과제 주제인 '원효의 일심一心사상'을 제법 훌륭하게 이해하고 있는 듯했다.

　공부를 가장 잘하는 서령은 우리 복식문화를 다루면서, '백의白衣의 민족성, 상징성을 논함'이라고 제목부터 거창하게 시작했다. 마치 대학원생 같은 느낌을 주었다. "한국인은 갓난아이에게 흰옷(배냇저고리)을 입히고 죽을 때 또한 흰옷(수의)을 입히니, 한국인은 요람에서 무덤에 이르기까지 백의로 일생을 마쳤다고 할 수 있다"고 적고 있었다. 그리고 "비록 온갖 색조의 의류가 한국인의 몸을 감싸고 있다 하더라도 우리의 정신은 언제나 순백이었다"는 말로 본론을 끝냈다. 결론 부분에서 감상적이긴 하나 "수정같이 티 없는 영혼의 그림자가 옷에 비낀다"라는 표현이 아름다웠다.

한중 어디서든 '순수'라는 말만 들어도 좋다. 인간은 정말 순수할 수 있을까. 노력이라도 하면 좋을 텐데. 순수를 지킨다거나 회복한다는 게 너무 힘드니까 포기들 하고 살겠지 하는 생각을 해본다.

『열자列子』의 황제편에 나오는, '무리를 지어 날아오던 갈매기 떼가 잡으려는 인간의 마음을 어떻게 알았는지 더 이상 내려오지 않았다'는 이야기가 생각난다. 그리고 박남수의 「새」라는 시구도 떠오른다. "포수는 한 덩이 납으로 / 그 순수를 겨냥하지만 // 매양 쏘는 것은 / 피에 젖은 한 마리 상한 새에 지나지 않는다."

학생들의 글을 통해서 새삼 한민족의 유구한 역사와 문화적 수준을 확인했으며, 새로운 민족문화 창조의 비전을 갖게 되었다.

北京日記 93

우레탄 운동장

한 번에 깊이 잘 자고 일어나면 좋으련만 잘 되지 않는 편이다. 수면과의 전쟁이라고나 할까, 중국에 와서 이래저래 숙면을 취하지 못하고 있다. 요즘은 할 일이 많다 보니 더욱 수면 시간이 고르지 못하다. 4시쯤 일어나 공부를 하다 다시 자기 시작해 9시에 문 두드리는 소리에 일어났다. 장신이 새로 이력서를 가지고 온 것이다. 눈도 제대로 뜨지 못한 상태에서 30분 정도 글을 다듬어주었다.

다시 더 자야겠다고 침실로 들어갔으나 숙소와 붙어 있는 민족대학 부속

중학교 운동장에서 조회를 하는 바람에 시끄러워 잠을 잘 수 없었다. 창밖으로 보이는 질서정연한 대열은 요즘 우리나라에서는 보기 힘든 광경이었다. 중학교는 정기적으로 운동장 조회를 하며 학생들에게 상장 수여도 하고 선생님들이 훈시도 하는 것 같았다.

우레탄으로 깨끗이 덮은 새 운동장에 수시로 전교생이 모여 행사하는 모습이 이색적으로 보였다. 건물 뒤편에 있는 기존의 작은 운동장도 콘크리트로 되어 있는데, 새로 크게 조성한 앞 운동장을 흙 한 점 안 보이게 만드는 것을 보면 이상하다는 생각이 든다. 더구나 운동장 가에 붉게 써놓은 '발전체육운동發展体育運動', '증강인민체질增强人民体質'이라는 대형 입간판의 구호와 어긋나는 비과학적인 처사로 보이니 말이다. 공동체 의식의 산물인 이 구호도 요즘에는 개인(나)이 중시되는 '아운동我運動 아쾌락我快樂'으로 많이 바뀌었다고 한다.

어쨌거나 1960~1970년대 우리도 경험했던 지긋지긋한 운동장 조회를 떠올리니 감회가 새롭다. 요즘처럼 도저히 서 있을 수 없을 정도의 강렬한 햇볕 아래서도 조회를 강행하는 것을 보면 모두가 인내력이 대단하다는 생각마저 든다. 국기에 대한 경례 때는 더욱 힘차게 국가가 울려 퍼지고 멀리서나마 학생들은 의연하게 각오를 다지는 것처럼 느껴지기도 했다. 날마다 그 운동장에서 '짜요우'라 외치던 학생들의 응원 소리도 들린다.

내일 종강을 위해 준비해야 할 것들이 많다. 무엇보다 음악파일을 정리해 우리의 민속악에 해당하는 시나위, 산조, 풍물, 사물놀이, 민요, 판소리 등을 하나하나 다시 들어보니 그렇게 좋을 수가 없다. 그리고 한국민속촌 동영상을 돌려 꼼꼼히 살펴보니 새삼 우리의 민속촌도 잘 갖춰져 있음을 알게 되었다. 제주도의 정낭을 보면서는 고작 나무토막 몇 개 걸쳐 놓은 것이 무슨 대문인가 싶고 그저 흉내만 냈을 뿐이라는 생각을 했다. 하지만 중국의 높고 튼튼한 담과 굳게 닫힌 폐쇄적인 대문과 비교해보니 우리의 문이 얼마나 개방적인가를 새삼 느낄 수 있었다.

중국은 자연과 친화하려는 의식도 강하나 한편으로 자연을 위압하는 면도 있다. 산을 옮겼다는 우공이산愚公移山의 고사(『열자』 탕문湯問)*가 있는 나라답게 돌을 옮겨 산을 만들고 장성을 쌓으며 땅을 파서 호수를 만들고 물을 끌어다 대운하를 만든다. 바깥에서 보이지 않게 담을 치고 문을 걸어 닫을 뿐만 아니라 운동장의 흙도 보이지 않게 완전히 덮어버리는 것이다. 우리는 그래도 자연을 덜 훼손한다는 점에서 다행스럽게 생각되었다. 조선족인 임송희 학생이 제출한 리포트가 불현듯 생각난다. 그 학생은 한·중·일 문화를 비교하면서 중국이나 일본의 문화가 인위적·인공적인 데 비해 한국의 문화는 비교적 자연스럽다고 했다.

일본의 경우 '절할切割문화'로 표현되는 정원과 가부키를 설명했다. 자연을 자르고 다시 만드는 정원이나 잔인성이 강한 가부키를 예로 들어 일본의 인공미를 부각시킨 것이다. 중국의 경우, 전족纏足**과 경극을 통해 인공미와 인공예술을 설명했다. 천으로 여성의 발을 싸매 자연적인 성장을 억제시킨 전족이나 비자연적인(자연적 초탈) 발성과 표현의 경극을 인공미의 예로 든 것이다. 그러면서 3국 가운데 문화적 가치관이나 예술적 정신이 자연성에 가장 접근한 것은 한국이라고 말했다. 물론 그 학생은 어느 논문이나 책을 참조했을지도 모르지만 흥미롭고 참고가 될 만했다.

* 마오쩌둥은 우공이산의 우화를 애독했으며, 이는 초등학교 필독 과목에도 들어간다고 한다.

** 대개 송대에 시작된 것으로 보지만 당대 또는 오대 무렵에 시작되었다는 설도 있다.

하루에도 샤워를 두세 번씩 할 만큼 더위에 시달리고 있는데 다행히 밤에 비가 내려 참으로 시원하고 상쾌하다.

쫑즈 안 드세요?

오전 수업을 마치고 나서 며칠 전부터 식사를 대접하고 싶다던 임홍이라는 학생을 만났다. 좋은 곳으로 가자고 하는 학생을 달래서 교직원식당으로 점심을 먹으러 갔다. 뷔페식으로 서서 접시에 음식을 골라 담아 나가는데 임홍 양이 "단오날인데 쫑즈粽子 안 드세

쫑즈

요?"라고 한다. 단오에 대해서는 물론 알지만 '무얼 알아야 먹든 말든 하지' 하고 속으로 생각하다가 얼른 "먹어야지"라고 말했더니 친절하게 쫑즈 하나를 내 접시에 가져다 놓는다. 사실 중국의 『형초세시기』에는 단오에 쫑즈를 먹는 풍속은 없고, 하지에 쫑즈를 먹는다고 기록되어 있다.

쫑즈는 커다란 옥수수 잎으로 싸고 실로 묶은 찹쌀밥이요, 그 안에는 대추 같은 것을 넣은 듯 달았으며, 꽤 먹을 만했다. 쫑즈는 차오스 같은 데서 평소에도 늘 팔던 것이었는데, 그동안 무엇인지 몰랐다. 원래 중국은 단오날 연꽃잎이나 대나무잎으로 싼 찹쌀밥인 쫑즈를 먹는 풍습이 있었다고 한다. 이는 사람들이 물에 빠진 굴원屈原이 배고플까 봐 찰밥을 지어 강물에 던지자 물고기들이 달려들어 모두 먹어버렸으므로 굴원만 먹을 수 있게 나

뭇잎으로 찰밥을 싸서 던진 것이 기원이 되었다고 한다.

임홍 양과 얘기를 나눠보니 통·번역에 관심이 많았다. 가능하면 동시통역대학원에 가고 싶다고 했다. 중국에는 아직 그런 게 없으며, 한국에는 한국외국어대학교를 비롯해 이화여자대학교와 선문대학교 등에 관련 대학원이 있다고 했다. 그중 한국외국어대학교는 등록금이 너무 비싼 편이고 들어가기도 힘들다면서, 선문대학교는 등록금이 아주 싸고 선배도 그곳에 갔다고 했다. 번역 일을 맡아 책을 낸 적도 있고 지금도 번역을 하고 있다고 덧붙였다.

그리고 아버지와 할머니도 한국에 계신다고 했다. 약간 놀라며 무슨 일을 하시냐고 물었더니 "막노동을 하십니다"라고 주저하지 않고 솔직하게 말했다. 힘드시겠다고 하자, 임홍은 "지금 교수님 수업을 듣고 있는 학생들의 반수 이상의 부모님들이 한국에 가서 그런 일을 하십니다"라고 했다. 돈 벌러 한국에 가는 사람이 바로 내가 만나는 학생들의 부모라는 게 놀라웠고 또 그렇게 많을 줄은 미처 몰랐다.

알고 보니 중국 동포인 조선족이 한국 건설 일용직의 약 30%를 차지하고 있으며, 조선족이 파업하면 한국 식당은 장사를 못 할 지경이 되었다고 한다. 그리고 내국인과 조선족 간에 임금 격차도 사라지고 있다 한다. 집안 형편이 어려운 학생들이 의외로 상당히 많은 것 같은데 학생들의 얼굴에서는 그런 기미를 전혀 느낄 수 없었다. 밝게 잘 자라고 있는 것 같아 다행이다. '코리안 드림'으로 발생한 결손가정 자녀들 문제로 중국 조선족 사회가 열병을 앓고 있다고 들었는데 말이다.

교내 도로에도 이름이

숙소에 들어와 운동화로 갈아 신고 밖으로 나갔다. 오후 2시 35분, 오늘은 북경이공대학과 중국인민대학을 가봐야겠다고 생각했다. 가다 보니 중앙광보뎬스다쒜中央广播電視大學라는 라디오 TV 방송 대학이 나왔다. 민족대학 가장 가

중국인민대학 정문 입구에 있는 '실사구시(實事求是)'라고 새겨진 돌

까이 있는 대학으로, 캠퍼스는 없었다. 하이뎬취 중관촌에 대학이 몰려 있음을 확인했다.

조금 더 가니 북경이공대학이 나왔다. 학교 안으로 들어가니 이 대학의 전신인 연안延安자연과학원 원장였던 슈터리徐特立의 흉상이 눈에 들어왔다. 어딜 가나 인물상이 많다는 생각이 들었다. 대학운동장은 역시 가운데는 잔디를 깔고 트랙은 우레탄을 깔았다. 농구장에는 다른 학교와 마찬가지로 학생이 많았다. 대학건물의 현관에 있는 돌에 새긴 '진리를 탐구한다'는 뜻의 '구시求是'라는 글자가 돋보였다.

마침내 중국인민대학을 둘러보게 되었다. 교문 입구에는 '사실에 토대하여 진리를 탐구한다'는 '실사구시實事求是'라는 글자가 돌에 새겨져 있었다. 공산당 당원을 길러내는 귀족학교라는 말이 퍼뜩 떠올랐다. 심지어 '구시루求是樓'라는 건물도 있었다. 그 앞에는 인민대학 60주년(1997)을 기념하는 사자상이 있었다. 중국에는 어디를 가나 사자상이 많다. 사자를 가장 무

서운 맹수로 여기고 사자가 악령을 쫓는다고 믿는 것이리라. 사자춤도 유명한데, 국내는 물론 세계 각지에 중국인이 있는 곳이면 명절날에는 사자춤을 춘다. 사자춤은 북파와 남파로 나뉜다. 남방의 사자춤은 동작과 기교의 변화를 중시하며 두 사람이 공연하는 데 비해, 북방에서는 기세로 승부를 짓는 것이 특징이므로 보통 몇십 명씩 함께 공연을 한다.

한편 단오절에 관한 거대한 안내문이 캠퍼스 안에 세워져 있는 걸 보았다. 먼저 기념활동에 관한 안내였는데, 첫째 만 권 책읽기, 둘째 만 리 걷기, 셋째 단오절 관련 기념품 판매 등의 내용이었다. 아쉽게도 단오절의 가장 인기 있는 '룽조우龍舟' 경기에 대한 언급은 없었다. 룽조우는 용처럼 생긴 일종의 목선인데, 경기를 할 때는 수많은 룽조우가 징과 북소리에 맞춰 선두를 다투는 장관을 연출한다. 룽조우 경기를 통해 강 가운데의 고기들을 쫓아버림으로써 고기들이 굴원의 시체를 뜯어먹지 못하게 했다는 유래도 있다.

행사 안내 다음으로 밑에다 단오절 유래를 적어놓았는데, "단오절은 우리나라 최대 전통명절의 하나다 …… 오균吳均『속제해기續齊諧記』"라고 되어 있었다. 한국과 중국이 미묘한 갈등을 일으키고 있는 때라서 그런지, 문헌자료를 통해 단오절의 유래를 밝히며 '우리나라 최대 명절'이라고 한 말이 꼭 우리 한국인들에게 하는 말 같았다. 한국에서는 단오(음력 5월 5일, 양력 6월 19일)를 맞아 서울 시내 곳곳에서 그네뛰기, 씨름, 창포물에 머리감기, 봉숭아꽃 물들이기 등 다양한 축제행사가 개최된다고 들었다.

그 옆에는 '<홍루몽> 주제음악회'를 크게 홍보하고 있었다. 일전에 <홍루몽> 촬영지인 다관위안을 다녀온 터라 더욱 눈길이 갔다. 싱가포르 사성화악단의 주최로 중국인민대학 학생예술단합창단이 연합 출연하는

음악회였다. 붉은 글씨로 '연역87년판 TV극 <홍루몽> 전체 음악演繹87版
電視劇紅樓夢全部音樂'이라고 적혀 있었다. <홍루몽>에 대한 사회적 관심을
다시 한 번 확인할 수 있었다.

농구장을 지나면서 좀 놀랐다. 학생들이 너무 많았기 때문이다. 대략
200명은 되어 보였다. 중국의 어느 대학을 가보아도 농구하는 학생이 많은
데, 특히 이 대학에서는 더욱 두드러졌다. 농구골대도 20여 개나 되며 농구
장 하나가 작은 운동장만 했다. 바로 옆 축구골대에서 공놀이를 하고 있는
3명의 학생들이 외로워 보이는 건 당연했다.

잔디밭에 교장을 역임한 우위장吳玉章의 흉상이 있었다. 도로 이름 중에
서도 우위장이 있을 만큼 유명한 교장이었던 것 같다. 이 밖에도 '품위 있는
이들이 사는 곳'이라는 핀위안루品園路, '어진이들이 모이는 곳'이라는 후
이셴루匯賢路, '소망을 밝히는 곳'이라는 밍쯔루明志路 등 깊은 뜻을 담은 도
로명이 캠퍼스를 걷는 이들의 눈길을 끌기에 충분했다. 핀위안루의 '핀위
안'은 학생들 기숙사의 이름이기도 했다. 밍더러우明德樓가 너무 웅장해 보
여 가까이 가보니 법대, 상대, 국제관계대 등이 속해 있었다. 바로 뒤편에
있는 '루룬창탕如論講堂'은 매우 크고 멋스러웠으며 그 옆의 '밍더신원러우
明德新聞樓'라 하여 독립된 건물을 뽐내고 있는 것도 예사로 보이지 않았다.
중국인민대학의 신문방송학과가 중국에서 가장 유명하다고 하는 데는 다
이유가 있었던 것이다. 도로나 건물의 이름 하나에도 신경을 쓴 흔적이 엿
보였다. 무엇보다 학내 도로에도 이름을 붙인 것은 독특하게 느껴졌다. 중
국에서는 소·중등학교에도 교내 도로에 이름을 붙인 곳이 많다고 한다.

'다오리위안桃李園'이라는 표지판에 걸맞게 작은 복숭아밭이 있어 운치
를 더했고, 학교 담의 지붕을 구불구불하게 만들어 설치미술을 연상케 했

으며, 또 담벽을 뚫어 멋스럽게 장식을 하기도 했다. 고풍스런 정자에는 누워서 자는 사람도 있었고 그 옆에서 대화를 하는 사람들도 있었다. 학교에 나무가 많아 동네 노인들이 나와 한가로움을 즐기기도 했다. 이는 다른 학교들도 마찬가지다. '바이짜랑百家廊'이라는 둥그런 창랑長廊이 있어 눈길이 갔다. 바이짜랑 안쪽 천장 밑에는 수많은 동서양 성현들의 명언이나 경전의 명구들이 나무판자에 조각되어 있었다. 특히 중앙에는 '어진 자는 남을 사랑한다'는 뜻의 '인자仁者 애인愛人'(『논어』 안연顏淵)이 자리하고 있었다.

나오다 보니 청팡우成仿吾 교장의 입상도 있었고, 커피점에는 단오절 특별 봉사음식으로 로우쫑肉粽과 미쫑蜜粽을 제공한다는 광고문이 붙어 있었다. 그리고 게시판에 사회주의 국가답게 '2006년 선진공작자先進工作者' 수십 명의 사진과 소속이 커다랗게 전시되어 있었다.

학교를 빠져나와 택시를 타려 했으나 퇴근시간이 되어 차가 심하게 정체되고 있었다. 서둘러 그냥 걸었다. 얼마쯤 걷다 보니 다소 한산한 분위기를 감지할 수 있었다. 쉽게 택시를 잡았고, 불과 10위안을 주고 숙소에 돌아왔다. 8시 반쯤 북경외국어대학의 먀오춘메이苗春梅 교수에게서 전화를 받았다. 먀오 교수는 중국의 한족이지만 고려대학교에서 학위를 했고 최근에는 한국문화 발전에 기여한 공로로 우리나라에서 큰 상까지 받은 친한파이다.

4부
길은 이미 있었던 게 아니다

도교사원

　몸은 고단해 쓰러질 지경이나 마음은 편안하다. 벌써 중국에 정이 들어서일까. 사실 중국에 대한 정의 깊이를 서서히 더해가고 있다. 오늘도 날씨가 도와주는 것 같다. 해가 나지 않아 다행이다.

　오후에 장신과 함께 바이원관白云觀으로 출발했다. 가다 보니 깨끗하게 조경이 잘되어 있고 경찰이 드문드문 서 있는 게 이상하다 했더니 그곳이 바로 국가 원수급들을 접대하기로 유명한 댜오위타이釣魚台였다. 조금 더 가다가 중국인민공안대학도 보았다. 중국에서 가장 좋은 경찰대학이라고 한다. 우리나라에는 경찰대학이 하나밖에 없는 걸로 아는데 중국에는 많다고 했다.

　바이원관의 사자상이 있는 출입문 꼭대기에는 '칙건바이원관敕建白云觀'이라 하여 황제가 세운 곳임을 밝혀놓았고, 그 밑에는 '중국도교학원'이라 쓰여 있었다. 좀처럼 보기 힘든 '도교' 관련 유적지라는 사실에 고무되었다. 당나라 때 세워져 베이징에서 가장 크고 오래된 도교사원으로 유명하다. 일반인들은 바이원관 벽에 조각된 흰 원숭이의 머리를 만지기 위해 이곳을 찾는다고 한다. 도교는 중국에서 발원한 종교로서 1,700여 년의 역사를 자랑한다. 도관都官은 1,500여 곳이며, 건도乾道와 곤도坤道에 2만 5,000여 명의 도사道士(수도자)가 있다고 한다.

　안에는 강희 45년(1706)에 건설된 '워펑차오窩風橋'라는 다리가 놓여 있었고 다리 양 옆으로 바닥에는 동전보다 좀 큰 둥근 금속 조각들이 쌓여 있었다. 먼저 1443년 명나라 때 지은 '영관전灵官殿'이 나왔다. 도교의 호법신

베이징에서 가장 큰 도교사원
바이윈관의 정문

인 왕링관王靈官을 모신 곳이었다. 오른손에 채찍 비슷한 것을 들고 있는 장군 같은 모습이 예사롭지 않았다. 영관전 옆에도 중국 특유의 창랑長廊이 있었다.

영관전 옆에는 종루와, 재신을 모신 '재신전財神殿'이 있었다. 재신전에는 문재신 하나와 무재신 둘이 있었는데, 문재신은 비간比干이요 무재신은 조공명趙公明과 관우關羽이다. 중국인들이 재물의 신으로 섬기는 관우를 여기서도 볼 수 있었다. 중국에서는 재물(돈)이 곧 신으로 고대부터 숭배 대상이 되어왔다. 중국의 상점이나 호텔에서 가장 많이 볼 수 있는 사자성어가 '공시화차이恭禧發財'인데 '부자가 되기 바랍니다' 또는 '돈을 많이 버시오'라는 뜻이다. 중국인들이 숫자 8을 좋아하는 것도 이 '화차이發財'의 '화發'와 발음이 같기 때문이라고 한다. 크든 작든 가게마다 의리를 상징하는 붉은 얼굴에 청룡언월도를 지닌 관우상을 모셔 놓고 향을 사르며 돈을 많이 벌게 해달라고 정성껏 비는 모습을 흔히 볼 수 있다. 우리나라도 민간에서는 재물을 숭배했지만 선비들이 재물을 천시했기에 재신을 모시지는 않았다. 중국에서는 춘제 때 더 극성을 보이는데, 이 기간 동안 재신의 초상화를 파는 곳도 많다. 재신전 건너편에는 천天, 지地, 수水 삼관대제를 모시는 '삼관전三官殿'이 있었다.

'옥황전玉皇殿'은 1438년 명나라 때 건설되었는데, 옥황전 앞에는 "하늘궁궐의 지존은 옥황대제玉皇大帝다"라고 쓰여 있었다. 예배법도 적혀 있었는데, 왼손 엄지손가락을 오른손으로 잡는 법이 하나요, 왼손 엄지손가락이 올라오게 두 손을 모으는 방법이 다른 하나였다. 옥황상제는 면류관을 쓰고 도포를 입은 형상이었다. 옥황상제 옆에 도사가 앉아 있었는데 예배를 드리는 사람들이 복전福田에 돈을 넣으면 금속단지를 두드리는 것이 이채로웠다.

'노율당老律堂'은 1228년 원나라 때 건설되었다. 원래는 도교 전진全眞 7위位의 신선을 제사 지내던 곳인데, 청나라 때 전수傳授계율의식을 봉행하는 곳이 되었다. 옆에는 '구고전救苦殿'도 있고, 중국도교협회가 들어와 있었다. 맞은편에는 '약왕전藥王殿'이 있었는데, 들어가 보니 왼쪽에 의성医聖 장종징張仲景 선사先師가, 중앙에 천의天医 쓰먀오孫思邈 선사가, 오른쪽에 신의神医 화투어華陀 선사가 자리하고 있었다. 중국 전통의 의학체계에서는 '사람은 자연의 일부에 지나지 않는다'는 사상이 기초를 이룬다는 생각을 하며 자리를 옮겼다.

'구조전邱祖殿'은 1443년 명나라 때 지은 것으로 지우창춘邱長春 신선을 제사 지내던 곳이다. '사어전四御殿'은 1428년 명나라 때 건축된, 하늘나라 네 황제를 모신 곳이다. 중앙에 옥황, 왼쪽에 남극장생南极長生대제와 구진상관勾陳上官대제, 오른쪽에 북극北极대제가 자리 잡았는데, 실제로 내부에 들어가 보니 옥황상제는 신주만 있었다.

구경을 다하고 나와 아쉬운 마음에 돌아서서 바이원관 정문을 올려다보니 '산천으로 둘러싸인 경치 좋은 곳'이라는 뜻의 '동천승경洞天勝境'이라고 쓰여 있었다.

신선이 노니는 바이원관을 떠나 부처님이 계신 광지스广濟寺로 향했다. 세워진 지 800년이 넘는 광지스에 들어서자마자 중국불교협회 간판이 보였다. 입구 동쪽에 종루鐘樓와 서쪽에 고루鼓樓가 있었다. 그리고 사자상이 호위하고 있는 '천왕전天王殿'을 얼핏 보고 대형향로를 지나 대웅전에 들어갔다. 대웅보전이 아닌데도 그 안에는 삼존불이 있었다. 그 뒤로 '원통전圓通殿'이 있었는데 문이 굳게 닫혀 있었다. 그게 전부였다. 입장료를 안 내고 그냥 들어가면서 이상하다 생각했는데 그때야 그 이유를 알게 되었다.

10분 만에 광지스에서 나왔다. 맞은편에는 어머어마하게 큰 국토자원부 건물이 있었다. 장신이 "저기는 들어가기 힘들어요"라고 했다. 중국의 학생들도 취직에 관심이 많으며 공무원을 선호한다는 것을 직감했다. 그 옆에는 중국지질박물관도 있었다. 숙소로 돌아오다 보니 '야오짜 후퉁姚家胡同'이 있었다. 중국에는 후퉁이 수없이 많다는 것을 베이징지도를 보며 알게 되었다.

전국 유일의 역대제왕묘

오늘은 역대제왕묘歷代帝王廟에 갔다. 있는지조차 몰랐기 때문에 원래 계획에는 포함되지 않았던 곳이다. 뜻하지 않은 탐방에 오히려 기뻤다. 정문 앞에 있는 '전국 제일, 전국 유일 역대제왕묘'라고 쓴 붉은 대자보가 우리의 발길을 이끌었다. 우리나라의 왕실사당인 종묘와 같은 곳이라 생각되었

다. 이 사당에는 제왕 188인(황제 21명과 공신 167명의 위패)을 모셨다고 한
다. 각각 60위안, 30위안을 주고 들어가니 문화해설사가 따라다니며 설명
을 해주었다. 먼저 황제만 다녔다는 옥으로 된 길이 나왔다. 해설사는 이를
'옥길'이라 불렀다. 옥길을 지나 명나라 때 건설된 경덕문景德門을 통과했
다. 해설사는 "여기는 신을 모시는 곳이 아니라 인간을 모시는 곳입니다"
라고 설명해주었다.

'경덕숭성전景德崇聖殿'이라는 거대한 전각이 나타났다. 내부가 엄청나게
넓었다. 기둥과 기둥 사이를 '칸'이라 하는데, 중앙 한 칸에는 용 세 마리가
새겨져 있었다. 이는 삼황三皇을 상징한다고 했다. 옆 칸에는 오제五帝가 있
었고, 다음 칸에는 하夏에서부터 청淸에 이르기까지의 모든 황제가 모셔져
있었다. 다만 폭군이었거나 나라를 망하게 한 황제는 제외되었다고 한다.
해설사는 '경덕숭성전'을 가리키며 "모든 인간의 조상을 모신 곳"이라고
강조했는데, 잘 들어보니 중국인의 시조라는 전설상의 인물인 '삼황오제'
를 두고 하는 말인 것 같았다.

중국이 요즈음 대규모 프로젝트를 통해 신화의 영역이었던 '삼황오제'
의 시대도 역사로 편입시키려 하는데, 그 연장선이 아닐까 생각되었다. 중
국은 2007년 4월 높이가 106m나 되는 염황이제상炎黃二帝像의 낙성식을 거
행한 것을 비롯해 곳곳에 신화적 인물인 염제와 황제의 기념물들을 조성하
고 있다. 마치 그들이 역사적으로 실재했던 인물인 양 제사를 올리는 등 온
갖 방식을 동원해 그들을 새로운 상징으로 한 중화민족주의의 재정비에 나
서고 있는 것이다.

그 건물 옆에는 '용두龍頭'로는 중국에서 제일 크다는 비석이 있었다. 용
머리를 이고 있는 용두비는 높이가 7.83m나 되었다. 그 비신碑身을 떠받치

고 있는 동물도 용으로 보였다. 이름하여 '두어룽駄龍'으로 129톤의 거대한 용이었다. 옹정황제가 제작했다고 하는데 특이하게도 그 비석에는 글자가 전혀 없었다. 후세 사람들에게 자신의 공을 드러내지 않으려 했다는 '무자비无字碑'로 유명했다. 그 옆에는 건륭황제가 제작한 것으로 용머리가 없고 받침돌은 거북이이며 높이가 6m인 비석이 있었다. 그 비석에는 글자가 있었으므로, "그러면 옹정제보다 못한 황제였느냐?"고 물었더니, 해설사는 "건륭황제가 더 많은 일을 했다"고 일러주었다.

무엇보다 청의 고종 건륭제는 재위 38년부터 52년까지(1773~1787년) 역대 문헌을 대대적으로 수집해 경經·사史·자子·집集 4부로 나누어 3,503종 7만 9,337권으로 간행했다. 정총재관正總裁官 16명 중 3명이 황제의 아들이었을 정도로 중요한 국가사업이었다. 이『사고전서四庫全書』가 바로 청나라에 대한 한족 지식인들의 반감이 호감으로 바뀌는 데 결정적인 역할을 했다고 한다.

다음으로『삼국지』의 영웅 관우關羽의 사당으로 갔다. '관제묘關帝廟'라는 입간판을 보고 들어가니 먼저 '관우신수혼존전제전關羽身首魂尊專題展'이라 적힌 건물이 나왔다. 관우가 죽을 때 몸, 머리, 혼 셋으로 나누어졌다고 하는데, 건물 안으로 들어가 보니 사진과 함께 자세히 설명이 되어 있었다. 몸은 당양当陽에 있고, 머리는 뤄양洛陽에 있다. 손권이 관우의 머리를 뤄양으로 보내자 조조는 예를 다하여 후하게 초상을 치렀다고 한다.

뤄양은 동주東周, 후한后漢, 삼국의 위魏, 북위 등 13개 왕조가 도읍으로 삼았던 도시다. 문사들의 활동 무대였고 두보가 이백과 만났던 곳도 뤄양이다. 그리고 뤄양은 서기 68년에 창건된 중국 최초의 불교사원 바이마스白馬寺가 있는 곳이기도 하다. 특히 뤄양에는 관우의 머리를 묻은 자리에 세워진 관린먀오關林廟가 있다. 관우는 죽은 뒤에 공자와 함께 2대 성인으로 추 앙받고 있다. 공자는 문文의 성인으로, 관우는 무武의 성인으로 불리며, 성 인의 무덤에 대한 존칭인 '린林' 자를 붙여 '관린關林'이라 하게 되었다. 지 금은 전국 각지에 관우를 모신 사당이 있지만, '린林' 자를 쓰는 곳은 뤄양 의 '관린먀오關林廟'뿐이다.

관우의 영혼은 고향인 산시성 윈청스運城市 하이주어전解州鎭으로 돌아갔 다. 관우는 죽은 뒤에 제왕으로 숭앙되고 있다. 마지막으로 '위존제왕묘位尊 帝王廟'라 쓰인 제목을 보면서 관우의 '몸·머리·혼'을 설명하는 전시관을 나 왔다. 전시관을 나와 '관제묘關帝廟'라 쓰인 건물로 갔다. 그곳에 있는 관우 상의 경우 중국에서 유일하게 얼굴과 손을 금으로 만들었다고 한다. 양 옆 에는 관우를 모시는 상이 둘 있는데, 한 사람은 창을 들고 한 사람은 옥새를 들고 있었다. 문과 무를 상징하는 게 아닌가 생각되었다. 관제묘의 숫자는 공자를 모시는 문묘와 비교되지 않을 만큼 많다. 관우의 최후는 『삼국지』 에서도 안타까운 장면 중 하나다. 어떻게 당대 최고의 장수가 하찮아 보이 던 오나라 여몽呂蒙에게 어이없이 사로잡혀 죽었을까 하는 아쉬움을 떠올 리며 자리를 벗어났다.

구경을 다하고 나오다가 역대제왕묘 입구에 있는 종루와 고루를 보면서 "중국에 어딜 가나 종이 참 많다"고 했더니 해설사는 '천종무구晨鐘暮鼓'라 는 말도 있다고 했다. 새벽에 종을 치고 저녁에 북을 친다는 것이다. 원·명· 청대에 베이징의 일상은 새벽 5시 종루에서 울리는 아침 종으로 시작해 저 녁 7시 고루에서 울리는 저녁 북으로 하루를 마감했다. 지금도 행사를 할 때 보면 종과 북을 친다. 복희伏羲를 '인문의 시조'라 칭하며 희황羲皇 추모 제를 지내는 의식에서도 종과 북을 동시에 치는 모습을 텔레비전에서 본 것 같다. 밖으로 나와서 보니 역대제왕묘의 정문에는 역시 굵은 청색의 나무못이 무려 12개나 솟아 있었다.

세계문화유산이 된 우리의 종묘를 생각하며 탐방을 끝내고 시청취를 떠나 숙소로 돌아왔다. 민족대학 동문에 내려 장신의 단골 미용실로 가서 이발을 했다. 친절하게 안내를 받으며 머리를 깎고 28위안을 지불했다. 오다가 고생한 장신에게 미안해 지난번 샀던 과일 도매상에서 복숭아 2근을 사주었다.

하늘을 닮은 천단

오늘은 옛 외성外城 충원취의 4분의 1을 차지하는 천단공원으로 방향을 잡았다. 탄壇에는 천, 지, 일, 월, 사직 등이 있는데, 시간이 없어 '탄먀오壇廟'의 대표격인 '천단'만 보기로 했다.

관람 전에 우선 점심을 먹어야 했다. 근처에 식당이 두 군데 밖에 없었다. 그중에 한 곳을 찾아 들어갔다. 징쟝로우스京醬肉絲, 싼스더우피촨三絲豆皮卷이라는 두 가지 요리에다 주식인 지우차이허즈韭菜盒子를 시켰다. 징쟝로우스는 고기를 가늘게 썬 것을 두부 피로 싸서 장에 찍어먹는 것이고, 싼스더우피촨은 두부 피로 채소 썬 것을 만 음식이었다. 그리고 지우차이허즈는 지우차이韭菜라는 부추를 밀가루로 싸서 구운 것이었다. 징쟝로우스는 맛이 있었고, 싼스더우피촨은 샹차이香菜를 빼고 먹어야 했다. 주식으로 나온 지우차이허즈도 맛이 좋았다.

햇볕이 너무나 강렬해 걱정스러웠다. 영매에게 양산을 하나 사주었다.

천단공원의 북문으로 가서 15위안씩 주고 문표를 샀다. 곧게 뻗은 조용한 길을 따라 들어가니 다시 매표소가 나왔다. 여기서 중요한 문화재들, 즉 기년전祈年殿, 황궁우皇穹宇, 원구圓丘 등을 구경하기 위해 다시 표를 사야 하는 것이다.

천단공원의 기년전

천단공원의 정문인 남문과 반대편에 있는 뒷문으로 들어간 우리는 '기년전'부터 구경해야 했다. 기년전은 명의 영락제가 오곡백과의 풍요를 하늘에 빌기 위해 1420년에 건립한 것이다. 처음에는 건물의 이름이 대사전大祀殿이었고 모양도 구형矩形으로 네모났는데 이후 가정황제 24년(1545)에 3층의 원형으로 만들었다고 한다. 지금은 지붕의 유리기와가 모두 청색이지만, 청나라 이전에는 위로부터 청색, 황색, 녹색(자주색)의 삼색이었다. 이는 하늘, 땅, 만물을 뜻한다.

기년전으로 올라가는 답도踏道는 황제가 지나는 길답게 3단계로 되어 있었는데, 밑에서부터 구름, 봉황(암수 한 쌍), 용(암수 한 쌍)이 조각되어 있었다. 기년전 안을 들여다보다 마침 시간이 맞아 해설사의 설명을 들을 수 있었다. 기년전에서는 정월(동지)에 제사를 지낸다고 한다. 이 건물은 하늘을 모방해 둥글고 푸른색인데, 윤이 나는 건물의 재료가 놀랍게도 나무라고 한다. 전혀 나무 같지 않아 계속 벽을 두드려보았다. 나무기둥을 시멘트로 덧입힌 듯했다.

'룽징주龍井柱'라 하는 중앙에 있는 4개의 기둥은 4계절을 의미한다. 외곽에 있는 '진주金柱'라는 기둥 12개는 12달을 뜻하며, 십이지간을 나타내는 '얀주檐柱'라는 기둥 12개까지 합해 총 24개의 기둥은 24절기를 뜻한다. 그리고 꼭대기 짧은 '통주童柱' 8개까지 합한 전체 36개의 기둥은 36개의 행성을 의미한다고 들었다.

기년전에서 제사를 지내는 절차에는 9가지가 있는데, 먼저 소를 태울 때 연기가 나면 천지가 연결되었다고 믿는 데서부터 제사가 시작되며, 그렇게 풍년을 기원했다고 한다.

3층의 대리석 단 위에 세워진 기년전은 높이 38m의 원형 목조 건축물로 제사를 지내는 중국의 건축물 중 현존 최대 규모이다. 기년전은 오늘날 중국을 대표하는 아주 중요한 건물이 되었다. 올림픽을 앞두고 중국을 널리 소개하는 과정에서 더욱 부각되고 있다.

기년전 뒤편에 있는 '황건전皇乾殿'에서도 황제를 상징한다는 나무못 12개를 확인할 수 있었다. 황건전은 기년전에서 제사를 지내던 신위의 공양을 행하던 장소다. 다시 앞으로 기년전을 돌아나오며 양쪽에 건물이 두 개 있는 걸 보았다. 중국은 건물을 지을 때 꼭 대칭이 되도록 하는 게 특징이다. 기년문祈年門으로 나와 약 150m 정도 됨직한, '단지에차오丹階橋'라는 길을 걸어 '황궁우'에 이르렀다.

황궁우는 가정 9년인 1530년에 건립되었다. 원구단圜丘壇의 정전正殿이라 할 수 있는 이 황궁우에도 기년전과 마찬가지로 내부 중앙의 높은 단 위에 '황천상제皇天上帝', 즉 하느님의 신주(신위)가 모셔져 있었다. 약 19.5m 높이의 황궁우 건물 밖의 둥근 담은 '후인비回音壁'이라 하여 한쪽 벽을 향해 말을 하면 반대쪽 벽에 부딪혀 소리가 되돌아온다는 벽이었다. 방문객들이 너도나도 벽에다 대고 소리를 지르고 있었다.

마지막으로 간 곳이 '원구단'이다. 황제가 하늘을 향해 기도를 드리던 곳이다. 커다랗고 둥근 월대를 두 개 지나 올라선 곳, 3층의 대리석으로 된 단이 '원구'이다. 그 중앙에 '천심석天心石'이 있었다. 음에서 양으로 바뀌는 동지 때 몸을 청결히 한 황제가 중앙의 둥근 천심석에서 그해에 있었던 일들을 하늘에 보고했다고 한다. 물론 양에서 음으로 바뀌는 하지에는 북쪽의 네모난 지단에서 땅에 제사를 드렸다. 둥근 '천심석'은 9개의 돌 조각으로 짜여져 있었다. 올라가는 계단은 3층을 이루고 있는데, 한 층에 9개의 계단이 있었다.

9는 황제의 숫자로 여겨져 각층의 계단, 난간, 천심석을 중심으로 둥글게 깔려 있는 타일의 수까지 모두 9의 배수로 되어 있었다. 중국인들이 양수를 좋아하며 가장 큰 양수인 '9'는 황제에게 적용된다는 사실을 거듭 확인하게 되었다.

나오면서 남문 입구에 있는 '판차이루燔柴爐'를 보았다. 그 거대한 화로에 소나무나 갈대 등으로 불을 지펴 송아지를 제물로 삼아 제사를 지냈다고 한다. 앞서 기년전에서도 소를 제물로 제사를 지낸다고 했는데 인간을 위한 소의 희생을 새삼 느끼게 되었다. 소가 없었다면 어쩌면 '희생犧牲'이라는 말도 없었을지 모른다. '희생'이라는 두 글자에 모두 소가 들어가니 말이다.

밖으로 나오니 '원구圜丘'라는 이름의 동판이 있었다. 가정 9년, 즉 1530년에 건립되었으며, 매년 동지에 제사를 지낸다고 적혀 있었다. 천단공원의 북문으로 들어가 남문 앞으로 나온 것이다. 햇볕이 너무 뜨겁고 날씨가 더워 부지런히 답사를 끝내고 신속하게 택시에 올랐다.

택시 안에서 고종 황제가 하늘에 제사를 지냈던 '환구단圜丘壇'을 떠올려

보았다. 고려 성종(983년) 때 제천의례가 제도화되었으나 하늘에 제사 지내는 것은 천자만 할 수 있다는 명의 압박으로 폐지되었다가 1897년 고종 황제가 대한제국을 선포한 뒤 다시 환구단을 만들었다. 그러나 일제가 1913년 제단을 허물고 그 터에 조선호텔을 지은 뒤 환구단 정문을 호텔 입구로 만들었다. 심지어 1967년 조선호텔 재건축 때 이 정문은 헐려서 서울 강북구 우이동 어느 시내버스 차고지의 출입구로 전락했다. 현재 서울 중구 소공동 웨스틴조선호텔에 있는 환구단 터에는 황궁우(신위를 모신 건물), 용무늬를 새긴 돌북, 아치 3개짜리 석조 대문이 남아 있을 뿐이다.

환구단은 제천의례를 거행한 곳일 뿐만 아니라 대한제국의 고종 황제가 즉위식을 올리기도 한 역사적인 현장이다. 중국은 우리와 비할 수 없이 많은 문화재를 가졌으면서도 외국관광객을 유치하기 위해 문화재를 발굴 육성하는 데 심혈을 기울이고 있다. 개발에 걸림돌이 된다고 아무렇게나 헐고 옮겨도 되는 천덕꾸러기 취급을 받는 우리 문화재의 현실이 불행할 따름이다.

하이뎬취 기독교당

8시 30분 전화 벨소리에 잠이 깼다. 아들이 태산에 잘 도착했다는 전화였다. 기차표도 예매하지 않아 고생할 줄 알았으나 중간에 자리를 잡아 편히 갈 수 있었다고 한다. 중국은 출발역에서만 좌석표를 팔기 때문에 중간역에서 사람이 내리면 그 자리에 앉아서 목적지까지 갈 수 있다고 한다. 지난번 황산을 보고 왔기 때문인지 한다는 말이 "태산은 작네요"였다. 소파에 누워 있는데 마침 「베이징의 역사 문화」를 방영하는 프로그램이 있었다. 밖에 나가나 숙소에 있으나 공부할 것이 너무나 많다.

하이뎬취에 있는 기독교당, Christian Church라 쓰인 간판이 보인다.

3시 30분 장신이 집에 왔다. 과외비를 열흘치 주고 나서, 함께 밖으로 나갔다. 장신에게 교회에 가보자고 했다. 텔레비전에서 본 종교 관련 문화재 가운데 교회로는 '왕푸징王府井 교당'과 '하이뎬취海淀區 기독교당'이 유명하다고 한다. 그 가운데 가까운 하이뎬취 기독교당으로 가기로 했다.

장신은 그 교회에 다닌다는 남자친구에게 전화를 걸어 그 위치를 택시기사에게 설명했다. 4시쯤 중관촌에 있는 '중궈하이뎬투슈청中國海淀圖書城' 앞에서 내렸다.

몇 사람에게 물어 교회를 찾았다. 교회이름은 놀랍게도 고유명사가 아니었다. 그냥 '기독교당基督教堂'이라고 건물 꼭대기에 대문짝만 하게 걸려 있다. 옆에는 커다랗게 'Christian Church'라고 쓰여 있었다. 계단을 올라 교회당으로 들어가 보았다. 교회는 상당히 컸다. 단상에는 현대적인 교회에 걸맞게 대형 스크린까지 갖추고 있었다. 교회 현관 앞에 한 사람이 앉아 있기에 교회에 대해 몇 가지 물어보았다. 그 교회는 100년의 역사를 지녔으며, 일찍이 북경대학 교수 몇 사람이 현재 교회가 있는 땅을 사서 교회를 건립했다고 설명했다.

지금의 교회 건물은 2007년 6월에 새로 지은 것이라는데 그래서인지 아직 신축건물이 내뿜는 시멘트 냄새가 가시지 않았다. 교회에 나오는 신도

수를 물었더니 4,000명 정도라고 하는데, 약간 과장인 것 같았다. 한국인도 상당수 다닌다고 했다. 중국 전체의 기독교 신자 수를 물었더니 모른다면서 '한국인 교회'가 따로 있다는 말만 강조했다.

중국은 한국처럼 교회가 많은 것도, 신자가 많은 것도 아니라는 것을 직감했다. 나중에 들으니 기독교는 1840년 아편전쟁 이후 대규모로 전래되었고 현재 신도는 1,000만 명, 전도사 1만 8,000여 명, 교회 1만 2,000여 개, 집회소 2만 5,000여 개가 있다고 한다. 한편 천주교의 신도는 약 400만 명, 종교인 약 4,000명, 성당은 4,600여 곳이라 한다.

교회를 나와 두리번거리던 중 지난번 북경대학을 방문했다가 임 교수와 저녁 먹으러 왔던 둥라이순이 바로 그 옆에 있는 것을 발견하고 깜짝 놀랐다. 이제 제법 많이 돌아다닌 모양이다. 그리고 한순간, 베이징 시내에 좀 더 친숙해진 느낌이 들어 기분이 좋았다.

한 학과가 건물 하나

오늘 목적지는 청화대학이다. '넓고 좋다'는 말을 수없이 들어왔던 청화대학에 이제야 온 것이다. 중국 제1의 이공대학이자 전 세계 공과대학 중 5위를 차지한다는 명문대학이다. 전통적으로 '공정사工程師(엔지니어) 치국治國'이라는 말이 나올 만큼 중국지도부는 이공계 출신이 많았으며, 청화대 출신이 가득하다 하여 '다칭大淸제국'이라 불리기도 했다. 청화대학에는 다른 대학에 비해 한국 학생이 적다고 들었다.

청화대학 문 가운데 가장 크다는 동문으로 들어가 걸어가다 보니 '명리

루明理樓'라는 건물이 멀리 보이는
데 법과대학이었다. '이치를 밝히
는 곳'이라는 뜻인데 건물 이름을
참 그럴듯하게 붙인다는 생각을
했다. 그 맞은편에는 기술대학이
있었다. 건물과 건물 사이에는 푸

청화대학 안에 있는 문, 청화원

른 잔디가 끝없이 펼쳐져 있을 뿐만 아니라 은행나무가 무수히 서 있었다.

다시 한참을 가다 보니 오래된 건물이 나오는데 가까이 가서 들여다보니
전자공정학과였다. 학과가 건물 하나를 가지고 있다는 게 놀라웠다. 더 가
다 보니 기계공정학과가 나왔다. 그 학과 역시 독립된 건물을 지니고 있었
다. 차도를 따라 죽 늘어선 플라타너스 나무도 꽤 오래된 것 같았다.

또 한참을 걷다 보니 오른쪽으로 돌에 '청화원淸華園'이라 새겨진 크고
멋있는 문이 나왔다. 그 문은 1911년 쑨원이 신해혁명을 일으켰던 해에 건
립되었다고 한다. 문으로 들어가 보니 '청화대학조기건축淸華大學早期建筑'
이라는 팻말이 있었다. 말 그대로 대학 설립 초창기 건물들이 위풍을 드러
냈다. 1911년 창립된 대학의 여러 건물들을 지나다 보니 다리가 나왔고 그
밑으로는 물이 고여 있어 좋지 않은 냄새가 났다.

앞에 보이는 도서관을 뒤로 하고 다시 돌아 나오면서 가장 멋져 보이는
건물에서 걸음을 멈추고 가까이 가보았다. 그 건물은 세울 당시의 모습 그
대로라고 한다. 낡기는 했으나 오히려 현대건축보다 더 아름다웠다. 중국
최고의 현대건축가로 불리는 량쓰청梁思成이 지은 것이라 했다. 민족대학의
대강당도 그가 만든 것이라고 장신이 말해주었다. 그 건축가의 아버지가
바로 중국이 낳은 사상가 량치차오梁啓超라고 일러주었다. 그 앞에 있는 국

기계양대도 예사롭지 않았는데, 석축 하나하나가 그렇게 정교하고 예술적일 수 없었다.

다시 걸어 나오다가 청화교우총회 건물에 붙은 '동방부同方部'를 보았다. 그 옆에는 대학원 건물이 있었는데 형편없이 낡아 너덜너덜한 출입문이 그 역사를 짐작케 했다. 그 옆에는 '오悟'라는 제목의 돌조각이 누워 있었다. 전체 모양은 책인데 거기엔 글씨가 빼곡히 새겨져 있고 그 틈으로 사람의 얼굴이 드러나게 조형되어 있었다. 2001년 4월 푸젠성 교우회가 모교 90주년 기념으로 기증한 것이었다. 그것으로 청화대학의 역사가 97년이 되었음을 알 수 있었다. 청화대 학생들이 책 속에 파묻혀 생활하는 모습을 연상케 하는 조형물이라는 생각이 들었다.

좀 더 나오다가 바윗돌에 새겨진 '자강불식自强不息 후덕재물厚德載物'이라는 대학의 교훈을 보았다. '물物'이 들어가는 것을 보고도 이공계열을 중시하는 청화대학의 성격을 가늠할 수 있었다. 나오면서 다시 바위에 새겨진 '청화대학조기건축'이라는 글씨를 보았다. 오래된 건물을 철거하기는커녕 자랑스럽게 고스란히 보존하는 것이 바람직하게 느껴졌다. 숙소로 돌아가기 위해 남문을 향해 걸었는데 가다 보니 정문의 방향표시도 있었다. 학교가 너무나 넓다 보니 정문 이외에도 동서남북 사방으로 문이 있다는 것을 알게 되었다.

민족대학으로 돌아오는 택시를 탔다. 택시는 에어컨도 안 나오고 운전석이 아크릴로 빙 둘러쳐져 더욱 더웠다. 택시 안에서 찌는 듯한 더위와 쏟아지는 졸음과 30여 분을 씨름하다가 학교에 도착했다. 통신지童心居라는 음식점으로 갔다. 분위기가 아주 그윽했다. 그런데 주인이 후난성 사람인지 마오쩌둥의 사진이 좁은 식당 안을 가득 채우고 있었다. 심지어 제사상까

후난성 사람이 운영하는 음식점
통신지

지 마련해놓고 있었다. '어지간히 모 주석을 흠모하는 사람이구나' 하는 생각이 들었다.

저녁 한 끼라도 제대로 먹어보겠다고 여러 가지 요리를 주문했다. 요리로 수이주위水煮魚, 시홍스지단탕西紅柿鷄蛋湯, 샹구요우차이香菇油菜, 샤오차오뉴로우小炒牛肉를 시키고, 주식으로 후난차오판湖南炒飯을 시켰다. 수이주위는 삶은 물고기다. 시홍스지단탕은 시홍스가 토마토이고 지단은 계란이므로 토마토 계란탕을 말한다. 샹구요우차이는 샹구가 버섯이고 요우차이가 채소이므로 버섯야채 요리다. 샤오차오뉴로우는 소고기볶음이다. 그리고 주식인 후난차오판은 후난성의 볶음밥이다.

수이주위만 장강 강변의 항구도시인 충칭의 요리요, 나머지는 후난성의 음식이다. 재미있는 것은 수이주위를 시키니, 종업원이 물고기를 들고 와서 살아 있는 것을 보여주고 간 일이다. 잠시 후에 물고기를 물과 기름이 담긴 큰 양푼에 내놓았다. 그리고 수이주위를 가지고 온 종업원은 우리가 보는 앞에서 양푼에 가득 떠 있는 뻘건 고추를 거의 다 건져갔다. 모든 음식이 입에 맞는 편이었다.

기름이 줄줄 흐르는 느끼한 음식을 먹으면서 '화차花茶'를 마셨다. 국화, 라벤더, 캐모마일, 재스민 등의 꽃으로 만든 화차는 맛과 향이 좋을 뿐만 아니라 호르몬 불균형 해소, 생리통 완화, 다이어트 효과 등으로 각광받고 있는데, 가장 널리 알려진 것이 재스민차라 한다. 봄에는 양기陽气를 보충하기 위해 화차를 마시는 게 좋다고 들었다. 은은한 향이 있고 맛도 좋으며 혈압에 좋다는 재스민차를 계속 마셨다. 장신에게 중국 사람들이 재스민차를 가장 좋아하느냐고 물었더니 "이 차가 제일 싸다"고 했다. 여름에는 덥기 때문에 녹차를 마셔야 하고 가을과 겨울에는 추우니까 홍차로 몸을 따뜻하게 해야 한다고 말했다. 또 "차는 거의 남방에서 생산된다"고 알려주었다.

숙소로 돌아와 샤워를 하고 나서 책상 앞에 앉았다. 잠도 안 오고 해서 새벽 3시쯤 밖에 나가보았다. 더워서 그런지 그 시간에도 큰 도로변과 민족대학 서문 앞에서는 장사하는 사람들이 더러 있었다.

천년고찰에 석경도 많아

영매에게 전화를 걸어 시간이 있느냐고 물어보니 즉시 나오겠다고 했다. 나도 얼른 준비하고 나가보니 영매가 서문 앞에서 기다리고 있었다. 택시를 타고 메모해놓은 곳들을 보여주며 기사에게 어디가 좋을지 물어보았다. 다행히 택시기사가 지리를 잘 아는 편이었고, 거의 모든 곳이 멀다고 하면서 그중에서 윈지스云居寺를 권유했다. 한참을 달리더니 지금까지 가던 곳과는 전혀 다른 분위기의 멀고 먼 농촌을 지나고 있었다. 도저히 수도 베이징이라는 느낌이 들지 않을 정도였다. 너무 많이 왔나 하는 생각마저 들었

다. 이렇게 먼 줄 알았으면 출발하
지 않았을 텐데 싶었다. 그러니
"아는 게 힘"이라는 말도 맞지만
"모르는 게 약"이라는 말도 일리
가 있다.

원지스의 석경

끝없이 펼쳐지는 농토를 바라보
며 중국의 농촌이 바로 이런 곳임
을 실감했다. 논은 보이지 않고 온통 밭뿐이었다. 커다란 시멘트 공장도 나
오고, 상당히 넓은 석재공장들도 지났다. 그리고 목적지에 거의 다다라 '베
이징 민속촌' 한춘허韓村河가 나왔는데, 단장이 잘되어 있었다. 우리가 가는
원지스는 베이징 시내에서 서남으로 60km 떨어진 팡산房山에 위치하고 있
는데, 팡산은 개발이 잘 되어 많은 관광객을 유치하고 있다고 한다. 특히 일
본이 투자를 많이 했다고 하는데, 윈수이둥云水洞이라는 동굴이 대표적인
예다. 자금성 보화전 뒤편에 놓인 250톤짜리 대리석도 팡산에서 가져간 것
이다. 젊은 기사는 패기 있게 위험을 무릅쓰고 추월해가며 우리를 목적지
에 내려주었다. 한 시간 남짓 걸린 것 같다. 요금 계산기에 223위안이 찍혔
는데, 기다리고 있을 테니 일단 200위안만 내고 다녀오라고 했다. 친절한
편이었다.

'팡산 윈지스 탑 및 석경'이라는 입간판이 우리를 맞았다. 주로 탑과 석
경石經이 볼 만한 것임을 직감했다. 40위안, 20위안을 주고 문표를 사서 윈
지스로 들어갔다. 예외 없이 사천왕상이 있었고 그것을 통과하자마자 높다
랗게 세운 북방식 복층구조물인 중국 전통의 대문 파이러우牌樓가 우리를
멈춰 서게 했다. 거기에는 '천년고찰千年古刹'이라 적혀 있었는데 수, 당 때

건설되었다고 하니 얼마나 오래된 절인가 싶었다. 바로 뒤에 '비로전毘盧殿'이 자리하고 있었고, 양 옆으로 고루와 종루가 위치해 있었다. 종루에 들어가 보니 역시 종을 치는 당좌가 우리 것보다 밑에 있었다. 종루를 나오면서 어느 관람객이 치는 청량한 종소리를 들을 수 있었다. 우리나라에서는 종을 직접 쳐보는 경험을 하기 힘든데 이곳에서는 돈을 받고 종을 칠 수 있게 하기도 했다.

비로전에 들어가니 두 개의 불상이 겹쳐 있었다. 처음 보는 순간 의아하고 이상했다. 이런 모습은 본 적이 없었다. 뒤에서 두 손을 모으고 있는 검은 불상은 '광명'을 뜻한다는 비로자나불이었다. 한국의 법보法寶사찰이라는 해인사에서 비로자나불을 본 적이 있는데, '대적광전大寂光殿'에 모셔져 있었다. 그러나 이곳의 비로자나불은 비로전에 있다. 앞에 있는 황금색의 예쁜 여성상은 '지혜'를 의미하는 문수보살인데, 오른손에 칼, 왼손에 연꽃을 들고 있었다. 이 문수보살은 1997년 우타이산五台山에서 모셔온 것이라 한다. 1942년 일본침략에 의해 많이 훼손되었다고 동판에 적혀 있었다.

뒷간에 갔는데 놀랍게도 수세식이었고 깨끗하게 단장이 되어 있었다. 그야말로 화장실이었다. 나오다가 "용변을 본 후에는 물을 채워놓으라便后請冲水"고 벽에 써 붙여놓은 것을 보았다. 곳곳마다 관광정책이 미치지 않는 곳이 없다. 화장실을 나오자마자 '유통경곡幽通徑曲'이라는 입구로 들어섰다. 더욱 놀라게 한 것은 지붕과 벽 모두 대나무로 만든 창랑長廊이었다. 황제의 정원이나 대학의 캠퍼스, 심지어 사찰에서까지 흔하게 창랑을 볼 수 있지만 창랑이 대나무로 되어 있다는 점에는 경탄하지 않을 수 없었다. 창랑 주변은 온통 대나무가 숲을 이루고 있었다. 그곳을 빠져나가니 남탑과 북탑으로 갈라지는 이정표가 나왔다.

먼저 남탑쪽 방향을 택했다. 안타깝게도 남탑은 없고 터만 남아 있었다. 1942년 일본군의 포화에 훼손된 것이다. 그 옆에 개산완공탑開山琬公塔이 있었는데 석경을 새긴 정완법사靜琬法師의 묘탑이었다. 윈지스는 천태종 제2대 조사인 혜사의 제자 정완 스님에 의해 창건되었다. 정완은 수나라 605년에 이곳에 들어와 석경제작을 통해 불법을 일으키고자 했다. 원대에 석경작업이 위기에 처했을 때는 고려의 혜월 스님이 석경제작을 계승해 위기를 극복했다고 한다.

그 아래에는 압경탑壓經塔이 있었고, 계단을 타고 그 밑으로 내려가니 석경을 보관한 지하궁전 '석경지궁石經地宮'이 나왔다. 1957년에 석경이 출토되었다는데 넓은 지하궁 안에 가득 쌓여 있어 그 분량을 헤아리기는 어려울 듯싶었다. 들기로는 거기에 있는 석경이 세계적으로 규모가 가장 크다고 하며, 도합 4,196매의 경판이 그곳에 소장되어 있다고 한다.

다음으로 대나무 숲을 뚫고 북탑 쪽으로 갔다. 높이가 30.46m나 되는 북탑은 사리탑이라고도 하는데, 요대遼代에 건축되었다고 한다. 도대체 얼마나 오래되었쯘지 분간이 안 될 정도다. 누군가의 말을 들으니 진짜 석가의 사리가 네 곳에 있는데, 그 한 군데가 바로 윈지스 북탑일 것이라고들 한다는 것이다. 북탑이 있는 구역의 네 모서리에는 당唐대의 석탑이 있는데, 그 중 하나는 베이징시에서 가장 오래된 탑이라고 적혀 있었다. 몇 계단 아래에는 '삼공탑三公塔'이 있었는데, 청조淸朝시기 밍보溟波, 위안퉁圓通, 랴오천了塵 삼대 주지의 묘탑이라 한다.

돌아서 윈지스 중앙으로 나오면서 '약사전藥師殿'에 들렀다. 검은 약사여래상을 모시는 12지신상 각각의 동물 모습이 이채로웠다. 약사전을 지나 앞으로 나오니 '석가전'이 있었다. 명대에 건설되었다는 석가전에는 석가

여래를 모시는 12나한이 빙 둘러 있었다. 우리는 석가모니를 모시는 경우 '대웅전'이라 하는데, 역시 차이가 있었다. 그 앞에 바로 처음에 들어갔던 '비로전'이 있었으니, 경내를 한 바퀴 빙 돌아 원점으로 돌아온 것이다.

산을 넘어 저우커우뎬으로

아쉽지만 '구름이 머문다'는 천년고찰 윈지스云居寺를 떠나야 했다. 우리를 기다리고 있던 택시를 타고 저우커우뎬周口店으로 향했다. 택시기사는 우리의 바쁜 마음을 아는지 지름길로 간다면서 '연산산맥燕山山脈'의 험준한 산들을 넘었다. 그런데 그 길은 차가 다니는 길이 아닌 듯 했다. 다른 차가 한 대도 없었다. 산자락을 타고 내려와 다리 앞에

중산 쑨원이 고안했다는 인민복, 중산복

이르니 못 가도록 장애물을 쳐놓고 공사 중이었다. 그리고 한 아주머니가 돈을 받고 밭길로 돌아갈 수 있도록 허락해주었다. 간신히 밭고랑을 지나 큰 도로로 나왔다.

한가로이 양떼가 지나는 것도 보았다. 기사가 너무나 차를 급하게 몰면서 길을 잘못 들어가 어처구니없이 돌아 나오기까지 했다. 못 가는 길이면 막아놓든가 아니면 표시라도 해놓아야지 중국은 참 이상한 나라다.

중산복中山服을 입은 나이 지긋한 사람이 눈에 들어왔다. 인민복이라고 하는 중산복은 중산 쑨원이 생활에 편리하게 직접 고안하고 후에 마오쩌둥

이 즐겨 입었던 옷으로 지금까지 현
대 중국인이 가장 애용하는 복장이
다. '마오 룩'이라는 패션용어를 만들
어낸 마오쩌둥의 인민복은 목까지 올
라오는 5개의 단추와 스탠드칼라, 대
칭적인 4개의 주머니가 특징이다. 서
양식 양복을 대체하기 위해 나왔던
이 중산복이 1960~1980년대까지 남
녀노소를 가리지 않고 유행했으나,
지금은 거의 사라져 농촌지역이나 나

북경원인이 살았다는 저우커우뎬의 동굴

이가 많은 사람에게서나 볼 수 있는 편이다. 북한에서는 요즘도 입고 있다.

최근에는 서양식 양복을 대신할 중국식 정장인 '중화장中華裝', 즉 중화
복을 만들자는 운동이 일어나고 있다. 중국인들이 중화복을 부각시키려는
배경에는 '전통문화의 부활'이라는 후진타오 정부의 문화정책이 작용한
것으로 풀이된다. 중화복은 중산복과 비슷하면서도 옷소매와 어깨선 등은
서양식 양복에 가깝다. 사회주의 정권이 들어선 후 이미 장쩌민이 중국 지
도자로서는 처음으로 중국 전통복장인 '탕쭈앙唐裝'을 입었고, 이어서 후진
타오는 더욱 자주 전통복장을 하고 있다.

드디어 저우커우뎬 앞에 도착했다. 저우커우뎬은 동아시아 최대의 구석
기시대 유적으로 50만 년 전의 유인원인 베이징 원인이 발견된 마을이다.
시계를 보니 5시 20분이었고, 입장 시간이 지났을까 봐 불안했다. 아니나
다를까 시간이 지났다고 했다. 순간 암담했지만 사정 끝에 간신히 들어갈
수 있었다. 30위안씩 입장료를 내고 뛰어가다시피 하면서 동굴로 갔다. 동

굴 앞에는 50~60만 년 전부터 20만 년 전까지 베이징의 원시인들이 살았다고 적혀 있었다. 그들이 살았던 흔적으로 유골, 유물, 유적, 돌, 진흙 등이 동서로 140m, 남북으로 대략 40m쯤 쌓였으며, 13층 높이를 이루었다고 한다. 동굴을 왔다 갔다 하면서 당시 상황을 회상해보려고 노력했다.

동굴을 나와 '저우커우뎬 유적지박물관'으로 갔다. 박물관 앞에는 원시인의 얼굴을 동銅으로 조각한 상이 서 있었다. 처음에 발굴된 사람뼈 화석은 40구가 넘었고 석기石器는 20만 점에 달했다고 한다. 그런데 당시의 출토품은 2차대전이 발발하기 전 난을 피하기 위해 미국으로 운반되었는데, 그 후로 행방이 묘연하다고 한다.

지금 박물관에는 그 후 산꼭대기 동굴에서 발견된 1만 5,000년 전 원시인들의 뼈나 돌(석기) 등이 전시되어 있다. 안으로 들어가니 1929년 최초로 두개골이 발견된 현장이 사진으로 진열되어 있었다. 그리고 옆에는 1937년 7월 일본군이 마지막으로 점령하던 날 '저우커우뎬유적지'가 발견되었던 현장 사진이 있었다. 최초 발굴 당시에 사용했던 삽, 칼, 정 등이 진열되어 있었고, 발굴 현장에서 수습한 두개골, 치아, 턱뼈, 정강이뼈 등도 있었다.

조류화석 및 동물화석도 눈에 띄었다. 하이에나와 호랑이의 몸 전체 뼈도 있었는데 뼈만으로도 상당히 장대해 보였다. 멧돼지, 하마, 사슴, 물소, 소, 영양 등 동물 뼈의 일부와 호랑이 이빨, 사슴 이빨 등도 전시되어 있었다. 대형 벽면 하나에는 1960년대 말기 인류화석연구자였던 우루캉吳汝康 선생의 업적들이 나열되어 있었다. 저우커우뎬에서 발견된 인류화석은 인류에 속하는 유골로는 세계에서 가장 오래된 것이며 더구나 조각이 아닌 완전한 형태로 보존되어 있었으니 세계가 놀랐던 것은 당연하다. 시간이 부족해 더 자세히 보지 못하고 나오려니 못내 서운했다.

기다리고 있던 택시를 타고 숙소로 돌아왔더니 580위안 정도 나왔다. 택시기사는 300위안만 달라고 했다. 윈지스에서 준 200위안을 합해 500위안을 준 셈이다. 오다가 길을 잘못 들어 돌았던 것을 감안해 할인해준다고 했다. 사실 조금밖에 돌지 않았는데. 전에 들었던 대로 택시 요금은 운전기사와 흥정하기 나름인 것을 알게 되었다.

중국식당 두 군데를 들어갔다가 사람이 많아 식사를 못하고 하오디팡好地方이라는 훠궈 뷔페식당으로 갔다. 1인당 48위안씩이었다. 우리식 샤브샤브와 달리 각자 자기 냄비를 버너에 놓고 먹는데 좀 작아 불편했다. 뷔페역시 한국음식과 달라서 익숙해지는 데는 시간이 좀 필요했다.

그러나 비교적 종류도 다양하고 맛도 괜찮은 편이었다. 나는 여러 가지 채소를 두 접시나 가져다 먹었고, 리위鯉魚라는 잉어를 비롯해 작은 새우와 굴 등도 먹었다. '리鯉'의 발음이 '이익이 된다'는 뜻의 '리利'와 발음이 같아서 중국에서는 춘제 같은 날 잉어를 먹는다고 한다. 언제나 중국음식에 들어가는 양념 '마쟈오麻椒'는 너무나 자극적이어서 입맛에 거슬렸는데 오늘따라 혀끝이 아플 정도였다. 과일 중에 수박은 물론 '오얏'이라는 자두, 참외와 비슷한 '이리샤바이伊麗莎白'를 후식으로 먹은 뒤 식사를 끝냈다. 저렴한 비용으로 잘 먹은 만찬이었다. 무엇보다 샤브샤브와 뷔페를 겸한 독특한 식사문화를 체험했다는 데 의의가 있었다.

숙소로 돌아오니 아들이 태산에서 사온 선물을 내놓았다. 나무로 조각한 거북상이었다. 거북이가 돈을 깔고 있는 독특한 모습이다. 이렇게까지 모든 것을 돈과 연결시킬 줄은 몰랐다. 장수와 부귀를 상징한다는 거북이를 사다준 정성이 갸륵했다. 그런데 중국인들 사이에서는 거북이를 선물하지 않는다고 한다.

과거에 거북은 매우 신성한 존재였지만 오늘날에는 그 의미가 많이 달라졌다. 만약 상대방에게 왕팔王八(거북의 별칭)이나 '거북의 아들', '오구烏龜(검정 거북)'라고 말하면 금세 주먹이 오고 갈 만큼, 이제 거북은 상대방에게 커다란 모욕을 주는 욕설이 되고 있다. 상서로운 거북이 왜 이렇게 푸대접을 받게 되었을까. 이러한 변화는 아마 당나라 때부터 시작된 것으로 추정된다. 당시 환락가에서 일하던 사람들은 모두 머리에 녹색 두건을 두르고 있었는데, 거북이 머리도 녹색을 띠고 있다. 그래서 민간에서는 녹색 두건을 두르고 있는 홍등가 사람들이 마치 거북이 목과 같이 보인다고 하여 이들을 거북이라고 호칭했다. 또한 이들 남정네들의 여자들은 대부분 홍등가에서 기녀 노릇을 했는데, 이 기녀들을 오구라 불렀다고 한다. 이후 남자들 사이에서 거북이라는 단어는 가장 기피되는 호칭으로 변했으며, 이런 관습이 오늘날까지 그대로 이어져 내려오고 있다* 한다.

우리와 마찬가지로 중국인들의 욕도 주로 성적인 것과 관계되는 편이다. 특이한 것은 거북이를 인용해 상대방 어머니의 부도덕한 성행위를 부각시킨다는 점이다. 그래서 중국인들에게는 거북이 모양이나 거북이 그림이 있는 물건은 선물하지 말아야 한다는 것을 알게 되었다.

찬음식·날음식은 안 먹었는데

아들이 돈이 떨어졌다고 해서 우체국에 가서 돈을 찾아오도록 했다. 아

---

* 장범성, 『중국인의 금기』(서울: 살림, 2004), 79~80쪽.

들은 돈을 찾아오는 길에 '이다리로우장미엔意大利肉醬面'이라고 하는 이탈리아 스파게티를 사왔다. 중국에서는 이탈리아 스파게티가 중국에서 건너간 것이라며 자랑스러워하는 사람이 많다고 한다. 원나라 때 중국을 방문했던 마르코 폴로가 중앙아시아에서 국수 만드는 법을 배워갔다는 것이다. 그러나 그렇지 않을 것이라는 견해도 있다. 어쨌든 스파게티는 그런대로 점심식사가 될 만했다.

오후 4시부터 천둥과 함께 억세게 비가 내렸다. 소리만 들어도 시원할 정도로 제대로 오는 비였다. 오랜만에 더위를 식혀줄 뿐만 아니라 공중의 먼지와 도로의 오물을 모두 씻어줄 것 같아 머리끝까지 개운했다.

박승권 교수 가족과 저녁 약속이 있어 숙소를 나섰다. 가족들과 만나다 보니 자연스레 박 교수의 부인과 아이 쪽으로 신경을 쓰게 되었다. 부인은 박 교수와 같이 중앙민족대학을 졸업하고 지금은 중국에 있는 삼성전자의 기획실에서 과장으로 일하고 있다고 한다. 능력도 뛰어나지만 말이 아주 없는 것도 아니면서 겸손하기도 해서 인상이 좋았다.

박 교수의 딸아이는 이것저것 잘 먹었다. 박 교수의 부인은 딸이 너무 잘 먹어 어느 때는 창피하다고까지 하면서, 아이가 언젠가 왜 자기 고향에는 안 데리고 가느냐고 말한 적이 있다고 했다. 그 아이는 박 교수가 유학 시절 한국에서 낳았는데 지금은 한국어를 못한다고 했다. 전에 미국에서 사는 어느 학생이 뒤늦게 한국어를 공부하느라 고생한다는 이야기를 텔레비전에서 본 적이 있다. 처음 미국에 건너간 부모들이 한국인임을 숨기며 살다 보니 아이에게 한국어를 가르치지 않았던 것이다. 지난 세월을 후회하며 요즘에 와서 아들에게 한국어 공부를 시킨다는 내용이었다. 내가 이 이야기를 하자 박 교수 내외도 크게 수긍하는 눈치였다.

오늘 딸아이가 학원에 가고 과외도 하는 날이어서 힘들어했다고 하기에 내가 과외하는 건 까맣게 잊고 "중국도 과외 하느냐?"고 묻자, 하이뎬취 지역이 좀 그렇다고 한다. 특히 하이뎬취는 대학이 밀집되어 있는 탓인지 교육열이 높은 지역이라는 것이다. 하이뎬취에 대학생이 20만 명이라고 했다. 그리고 방학 중에 이동하는 학생만 30만 명이기 때문에 방학 일자까지도 조정한다는 놀라운 말을 들었다.

박 교수 가족들이 커다란 유리잔에 발그스레한 차를 계속 마시면서 나에게도 한 잔 권했는데, 알고 보니 홍차紅茶였다. 홍차는 따뜻해 추운 지역에 사는 북방인들에게 알맞다. 이에 비해 더운 지역에 사는 남방인들은 녹차를 주로 마신다. 녹차가 중국에서 영국으로 가는 배 안에서 발효되는 바람에 홍차가 영국에 전해졌다는 설이 있을 만큼 영국인들의 '국민음료'로 불리는 게 홍차다. 1960년대 유행하던 빛깔이 붉고 향기가 진한 홍차가 지금은 녹차에 밀리고 있다.

홍차 중에는 리즈 향을 혼합한 '리즈홍차荔枝紅茶'가 인기가 많다고 했다. 마셔보니 시원하고 맛이 있었다. 박 교수는 지금은 차게 해서 마시지만 예전에는 그렇지 않았다고 했다. 중국 사람들은 찬 음식이나 날것을 먹지 않았다고 강조했다. 몸에 좋지 않다고 여겼기 때문이다. 물도 냉수는 안 마셨으며, 지금도 정수기의 찬물은 막아놓고 더운물만 나오도록 하는 곳도 있다고 했다.

중국에서는 생수 중 마실 수 있는 물은 '톈수이甛水'라고 하고, 마실 수 없는 물은 '쿠수이苦水'라 한다고 들었다. 그런데 중국은 예로부터 깨끗한 물이 풍부하지 않았기 때문에 사람들이 '열탕熱湯'으로서 '카이수이開水'라는 끓인 물을 즐겨 마셨다고 한다. 실제로 날음식은 위생적이지 못할 뿐만 아니라 배가 차가우면 소화 장애로 복통과 설사가 나타나며, 여성의 경우 생리통이나 생리불순이 생길 수 있다. 따라서 음식은 따뜻하게 먹는 것이 건강에 좋다고 의사들은 충고한다.

중국에서는 1970년대까지만 해도 결혼하는 사람들에게 주는 최고의 선물이 보온병이었다고 한다. 채소도 날것은 먹지 않고 반드시 익혀 먹었으며 요즘도 남부지역에선 끓는 물에 데쳐 먹는다고 한다. 생선회도 날것이니까 안 먹는 것이 당연하다. 그런데 1970년대 이후 다른 나라의 문화가 유입되어 섞이면서 크게 변했다고 한다. 지금은 '빙저우氷粥'가 인기다.

그러나 아직도 맥주를 냉장고에서 꺼내지 않고 뜨뜻미지근하게 먹는 경향이 있으며, 보온병이나 컵을 들고 다니며 따뜻한 물을 마시는 관습이 남아 있다. 중국인들은 무더운 여름에도 팔팔 끓인 물을 후후 불어 마시는 편인데, 기름기 많은 음식을 먹는 것을 고려해 배탈과 설사를 막는 지혜가 돋보인다. 전통적으로 정월대보름에 차가운 '귀밝이술'을 마셨고, 빙허각 이씨가 지은 『규합총서閨閤叢書』에서 "술 먹기는 겨울같이 하라"고 했던 것처럼 술을 차갑게 해서 먹기를 권유하며, 추운 겨울에도 냉장고에서 차가운 음료를 꺼내 마시는 우리와는 차이가 있었다.

식당에서 나와 박 교수 부인이 운전하는 일제 '닛산' 자동차를 타고 숙소 앞에서 내렸다. 외제차의 수입에 대한 법적 규제가 굉장히 심한데도 베이징에는 고급 외제차가 많다. 중국은 미국과 일본에 이어 세 번째로 큰 자동차 시장이다. 박 교수는 운전을 못한다고 했다. 나이 마흔도 안 된 젊은 교수가 운전을 못한다는 게 좀 의외였다. 하긴 중국에서는 여성이 더 힘이 있다는 말을 수없이 들어왔다.

한 학기 동안 행복했습니다

어젯밤 빗소리를 들으며 오랜만에 단잠을 잔 것 같다. 아침에 일어나 마지막 수업자료를 점검했다. 종강하는 날이니만큼 차질 없이 할 일을 모두 마쳐야 했다. 강단에 서자마자 수업계획을 밝혔다. 그리고 부지런히 하나하나 진행해나갔다. 완벽하게 짜임새를 갖춘 수업이었다고 자평하고 싶을 정도로 준비를 많이 했다.

일단 시나위, 산조, 풍물, 사물놀이, 민요, 판소리 등 우리 민속악 여섯 장르에 해당하는 음악을 각각 둘 또는 세 가지씩 엄선해 들려주고, 다음으로 정성껏 만든 한국민속촌 동영상을 보여주었다. 물론 음악을 들을 때나 동영상을 볼 때 계속해서 필요한 설명을 해주었다. 학생들은 적극적으로 수업에 참여했다. 쉬는 시간도 없이 이어서 하기로 양해를 구했다.

다음으로 파워포인트 자료를 가지고 '한국문화사' 전체를 정리했다. 화상자료를 보며 스피드하게 강의를 해나갔기 때문에 학생들은 긴장하는 눈치였다. 그러면서도 수업내용을 놓치지 않으려는 듯 자못 진지했다. 짧은 시간 안에 준비된 많은 내용을 온전하게 담아내려는 의욕이 학생들에게 전달되기라도 한 듯 조금도 동요하지 않고 2시간 넘게 차분히 수업에 협조해주었다. 강행군이었지만 잘 마무리했다.

수업이 끝날 무렵 3분 정도 시간을 할애해 한마디 했다. "학문과 인생은 어느 것이든 문제를 해결해나가는 과정이라고 봅니다. 대학은 그 문제해결을 위해 훈련하는 기관이죠. 대학에 있는 교수와 학생은 각각 역할이 있습니다. 교수는 문제의 답을 가르쳐주지 않습니다. 답을 찾아가는 길을 안내

할 뿐이죠. 교수는 학생들에게 방향을 제시하는 것입니다. 좋은 책을 소개해주고, 열심히 공부하는 게 얼마나 중요하며, 한국문화의 가치가 무엇인지를 가르칠 뿐입니다. 한편 학생들은 스스로 공부하고 문제의 답을 찾아야 합니다. 나는 한 학기 동안 행복했습니다. 여러분들이 자발적으로 열심히 공부하고 문제의 답을 찾기 위해 고민하는 모습을 보여주었기 때문입니다. 여러분들이 '너무 많은 것을 익혀가는 것 같아 행복합니다'라고 했을 때 다시 태어나도 교수가 되고 싶다는 생각마저 들었었습니다. 감사합니다. 다시 만납시다"라고 마지막 인사를 했다. 박수갈채 속에 한 학기 강의가 끝이 났다.

오늘은 좀 쉬어야 할 것 같았다. 몸도 지치고 도와줄 만한 사람도 없다. 대신 학생들 리포트 점검도 하고 더 가야 할 만한 곳을 적어보았다. 갈 곳이 왜 그리 많은지 자꾸 생긴다. 특히 오늘은 '경극'을 볼 만한 극장을 알아보았다. 책에서 찾아보니 이위안쥐창梨園劇場이라는 곳이 나왔는데 쉬안우취 융안루永安路에 위치해 있다. 혹 더 가까운 데가 있을까 해서 한국어학과 교수들에게도 물어보았다. 하지만 교수들이 경극에 관심이 없어 별 도움은 받지 못했다.

유명하다는 민족박물관이나 갈까 하고 영매에게 전화를 해보았더니 북경동물원에 가 있었다. '등잔 밑이 어둡다'는 우리 속담이 딱 맞다. 날마다 민족대학에서 살다시피 하면서도 '박물관'이 그렇게 이름 있는 곳인지 몰랐다가 최근에야 알게 되었다.

'남의 도움을 받는다는 건 참으로 구차하고 힘든 일이다. 물론 모든 것을 자기 스스로 한다는 건 그리 쉬운 일이 아니며 그렇게 할 수도 없다. 그러나 어떻게든 능력을 갖추어 도움을 받지 않을 수 있다면 얼마나 좋을까.

내가 중국에 온 것도 조금이라도 능력을 향상시키고 싶은 마음에서였다. 안식년이서 한국에서 편히 지낼 수도 있었다. 그러나 말도 잘 안 통하고 기후도 안 맞는 낯선 곳에 와서 직접 밥을 해 먹어가며 아이들을 가르치고 공부를 한다는 것이 고생임을 알면서도 스스로 선택했다. '젊어 고생은 사서 한다'는 속담도 있다. 나이를 먹어서도 필요하면 고생을 사서 할 수 있다고 본다. 나에게 또 이런 기회가 있을지 장담할 수 없다. 어쩌면 정년퇴임까지 이런 시간은 다시없을지도 모른다. 얼마나 소중한 기회인가.

자아를 쇄신하고 도약하는 기회로 삼아 남은 시간을 좀 더 활기차게 보내고 싶다. 학생들에게는 '아는 게 힘'이라고 가르치고 있다. 여기 와서도 '쯔스쥐쓰리량知識就是力量'(아는 게 곧 힘이다)이라고 역설한다. 그렇게 말하면서 내 자신이 다르게 살 수는 없다. 우리는 살면서 수없이 선택을 해야 한다. 선택의 연속이다. 그 선택은 항상 양면성을 지닌다. 얻기만 하는 건 아니라는 뜻이다. 하나를 얻으면 하나는 잃을 수밖에 없지 않은가. 그러기에 선택이 더 힘들지도 모르지만 회피하지 않는 용기가 있어야 할 것 같다.

바람도 쐴 겸 저녁 찬거리도 살 겸 차오스바에 갔다. 더워서 그런지 된장찌개에 넣을 두부가 없었다. 두부에도 여러 종류가 있었다. 감자, 녹차, 우유만 사가지고 나오다 개당 2위안밖에 안 하는 옥수수 2개를 사서 숙소로 돌아왔다.

더운 날씨 때문인지 웃통을 벗고 다니는 사람이 많았다. 도로 아무 데서나 가래침을 뱉고 담배꽁초를 버리는 사람도 있었다. 하긴 화장실이 주변에 있는데도 도로가에서 그냥 방뇨하는 사람도 여러 번 보았다. 베이징시가 시민의식을 높이기 위해 다각도로 캠페인을 벌이고 있으나 그런 노력들이 얼마나 효과를 거둘지는 미지수다. 시 정부가 2002년부터 '여름에 웃통

안 벗고 다니기'를 강력하게 추진해왔지만 지금도 벗고 다니는 사람이 적
지 않으니 말이다.

졸업식에 학생과 총장뿐

민족대학 졸업식을 참관하기 위해 일찍 일어났다. 식장에 가보니 졸업식
이 9시부터였다. 9시 전에 이미 식장 안에는 거의 모든 사람이 들어와 기다
리고 있었다. 사진을 찍는 등 들뜬 분위기에 다소 소란스러웠다. 학부생들
의 졸업 가운은 우리나라 대학원생처럼 색띠가 둘러져 있고 후드까지 있었
다. 드디어 9시가 되자 우이타이鄔義太 총장이 입장했다. 단상의 배석자들
은 한 줄로 앉았는데, 총 13명 가운데 총장과 부총장만 가운을 입고 나머지
는 평상복 차림이었다.

사회자가 총장 바로 옆 중앙에 앉아서 식을 진행하는 모습이 특이했다.
식순에 따라 모두 기립해 국가國歌를 부르고 다시 자리에 앉았다. 한국인이
라면 애국가의 가사를 모르는 사람이 거의 없겠지만, 중국인은 그렇지 않
다고 한다. "일어나라 / 노예가 되고 싶지 않은 사람들이여 / 우리의 피와 살
로 새로운 장성을 쌓으세……." 민족대학 학생들은 졸업식 며칠 전에 학교
에서 나눠준 국가 가사를 외웠다고 한다.

곧 총장이 나와서 학생들 하나하나를 단상에 불러 기념품을 주었다. 선
물을 주면서 학생들의 모자에 있는 매듭을 왼쪽에서 오른쪽으로 옮겨주는
게 독특했다. 그리고 일일이 악수를 하고 사진도 한 장씩 찍었다. 어떤 여학
생의 모자가 자꾸 벗겨지는 걸 보고 총장이 꾹 눌러 씌워주자 참석자 모두

총장과 학생의 악수

박수를 보냈다. 또 총장이 1시간 10분 동안 서 있다가 자기 자리로 들어가니 우레와 같은 박수로 감사와 존경을 표시하기도 했다. 그러자 총장이 다시 일어나 답례를 했다.

다음으로 교수의 송사와 학생의 답사가 이어져 마치 우리나라 초·중·고등학교의 졸업식을 연상케 했다. 이어서 총장의 치사가 있었다. 나오는 사람들이 하나같이 적어온 것을 꺼내 읽었다. 때문에 시간이 지체되지 않았다. 10시 35분 졸업식은 모두 끝났다.

식이 끝나고서도 총장 일행은 자리를 떠나지 않았다. 학생들과 사진을 찍고 있었다. 우리나라에서는 보기 드문 광경이었다. 학부모들도 거의 없었고 심지어 학과 교수들이 안 나왔다는 점에서도 놀랐다. 총장이 학부모가 되고 학과 교수를 대신하는 것이었다. 알고 보니 오늘은 소수민족언어학과만 졸업하는 날이란다. 그러면 졸업식을 며칠이나 더 해야 하는 건지 모르지만 총장의 수고로움이 이만저만이 아닐 것이다. 나중에 들어보니 졸업식을 일곱 번이나 했다고 한다. 졸업식이 끝날 때까지 학생 모두가 자리에 앉아 있었다.

졸업식에 참석해준 내게 매우 고마워하고 기뻐하는 영매를 만나 사진을 찍고 그 가족과 함께 숙소 옆에 있는 중국식당 다바이샤지우로우로 점심을 먹으러 갔다.

영매의 언니가 살고 있는 영매의 본가는 지린吉林이라고 한다. 지린성은 동북에 있는 3성 가운데 가장 작은 지역인데도 한국보다 크다. 지린에서 베이징까지는 멀기 때문에 자주 못 온다고 했다. 11시간이 걸린다니 한국에서 오가는 것보다 훨씬 멀긴 하겠다. 언니도 베이징에는 한 번밖에 오지 않았고, 형부는 처음이라고 했다. 힘들게 왔기 때문에 며칠 더 구경을 하고 집에 돌아갈 것이라 했다.

시원한 옌징맥주를 한 잔씩 마셨다. 한국에서 3년 정도 있었다는 형부는 맥주가 한국 것만 못하다고 했다. 그러나 한국의 소주는 싱거워서 못 먹으며 그렇다고 많이 먹으면 머리가 아프다고 했다. 소주는 곡주로 담는 중국 것이 좋다고 했다. 이어서 과일나무에 구운 오리 궈무가오야果木烤鴨, 종이 솥에 얹은 두부지짐 쯔궈젠더우푸紙鍋煎豆腐, 운남의 세 가지(버섯, 고추 등) 진미볶음 빠오샤오윈난싼천爆燒云南三珍, 배추와 해파리 무침 바이차이하이쩌스白菜海蜇絲, 금원보 새우 위안바오샤元宝蝦, 게 계란탕 하이류쩡수이단蟹柳蒸水蛋이 나왔다. 그리고 나는 주식으로 산시성의 칼국수 산시다오샤오미엔山西刀削面을 먹었다. 모두 맛이 좋았다. 맛있게 식사를 했더니 사람들이 중국 음식을 잘 먹는다며 한마디씩 했다. 이제 어느 정도 중국인의 입맛에 적응이 된 모양이다.

내가 중국인을 닮았나

서현이가 과제물을 취합해 숙소로 가져왔다. 지난번 가볼 만한 곳을 자세히 적어준 것에 고마움을 표시하고, 다시 몇 군데 적어놓은 걸 보여주며 가기 전에 학생들의 도움을 받고 싶다고 했다. 그랬더니 저희들도 이런 기회를 빌어 공부를 할 수 있어 좋다면서 기꺼이 학생들끼리 시간을 나누어 함께하겠다고 했다.

오늘은 대학 안에 있는 민족박물관에 가기로 했다. 우산은 들었으나 밖으로 나설 엄두가 나질 않을 정도로 갑작스럽게 비바람이 거세지고 있었다. 서현이는 베이징에 이런 비는 처음이라고 했다. 마냥 기다릴 수 없어 옷이 다 젖는 걸 감수하면서 작은 우산 하나를 쓰고 박물관으로 갔다. 문이 굳게 닫혀 있었다. 경비원의 말에 의하면 수요일과 금요일 오후는 문을 열지 않는다고 한다. 오랫동안 기회를 엿보다 비로소 나선 일인데, 어쩌면 가는 날이 바로 휴관이란 말인가. 사정을 했으나 소용이 없었다.

대책 없이 퍼붓는 비에 구두를 신은 양말까지 젖어 올라왔다. 빗물이 빠지지 않아 숙소 근처 이면도로는 물론 커다란 자동차도로까지 물에 잠겼다. 차가 물에 잠긴 채 지나가는 걸 보면 강에서 요트 경기를 하는 것 같고, 사람도 물을 피해 다니느라 고생이 이만저만이 아니다. 그런데 대학 내의 도로도 배수가 잘 되지 않아 여기저기 물구덩이가 있었다. 치수治水를 잘해 태평성대를 구가했다던 중국의 요임금이나, 황하의 치수에 힘을 기울였다는 강희제가 생각났다. 왜 요즘은 치수도 잘 안 되나. 자꾸 중국의 지나간 선진문명의 시절이 그리워진다. 쏟아지는 비에 옷은 젖을 대로 젖고 도로에 고인 물을 이리저리 피하면서 서현이를 기숙사에 데려다 주었다.

숙소에 들어오면서 옷도 이미 젖었고 혼자라도 어디 갔다 오는 게 낫겠다는 생각을 했다. 그리고 들어오자마자 운동화로 갈아 신고 원명원이나 북경동물원에 가려고 하는데 더욱 천둥소리가 거칠어지고 번개 치는 불빛이 날카로워졌다.

결국 문화체험은 포기하고 대신 저녁거리를 사러 차오스바에 갔다. 두부가 있는지 확인하고 된장찌개에 넣을 감자를 샀다. 그리고 우유를 사기 위해 진열장으로 갔다. 우유의 종류가 많고 값도 다양하다. 우리가 늘 사다 먹는 '인민대회당 전용' 우유에 찍힌 날짜가 제각각이다. 가능하면 오늘 나온 것을 사려 하는데, 종업원이 그 앞에서 계속 일을 하고 있다. 한 고객도 내가 사려는 그 우유를 사러 온 것 같았다. 매장 안을 한 바퀴 빙 돌아보고 다시 왔다. 그때까지도 종업원은 떠나지 않고 있다. 그 큰 매장을 다시 한 바퀴 돌았을 때서야 종업원이 자리에 없었다. 우유의 날짜가 오래된 것을 앞에다 진열해놓고 오늘 나온 것은 뒤에다 숨겨놓고 지키고 있는 듯했다.

"중국인은 달리기 전에 생각하고, 일본인은 달리면서 생각하고, 한국인은 달린 후에 생각한다"는 말이 있다. 중국인은 『논어』에 나오는 '싼쓰이호우씽三思而后行'(세 번 생각한 후에 행동한다)이라는 말을 즐긴다고 한다. 모든 일에 서두르지 않고 신중하게 사고한 후에 처리한다는 관념이 중국인들의 머릿속에 단단히 자리를 박고 있다는 것이다. 중국에서 선발하는 정부 관리의 최고 자질도 '청쇼우원중成熟穩重'(성숙하고 중후함)이라고 한다. 무슨 일이든 '좀 고심해보라' 또는 '천천히 검토해보라'는 뜻으로 '옌주옌주研究研究'라고 말하는 경향도 있다. 중국인 특유의 인내심과 전통문화를 엿보게 하는 대목이다.

물론 좋은 것만은 아니다. 매사에 지나치게 사고하다 보면 손해를 볼 수도 있다. 특히 급변하는 현대 사회에서는 한순간의 망설임 때문에 소중한 기회를 놓치기 일쑤다. 중국에서 회사나 공장을 경영하는 한국인들은 골머리를 앓는다고 한다. 느긋하게 일하는 중국인들을 데리고 있자니 답답할 것이다. 아무리 어르고 다그쳐도 한가롭게 일을 하니 돈벌이가 될 리 만무하다. 그래서 한국인들이 "중국에 와서 회사를 차리면 망한다"는 말을 공공연히 했던 것이다. 루쉰이 중국인은 책상 하나 옮기는 데도 피를 흘리다시피 해야 한다고 비판했던 것도 이해할 만하다.

'땔나무를 안고 불 끄러 간다'는 속담처럼 한국인은 성미가 급한 편이다. 비교적 무슨 일이든 빨리빨리 하려 한다. 세상에서 가장 빨리 변하는 나라가 대한민국이라고도 한다. 우리나라에서는 모든 일이 빨리 벌어지고 빨리 자취를 감춘다. 한국에 온 외국인들이 가장 먼저 배우는 우리말도 '빨리 빨리'이다.

그러나 나는 중국인들의 삶의 방식, 그들의 사유방식에 가까이 있는 것 같다. 무슨 일이든 천천히 신중하게 하는 편이다. 2,000여 년 동안 중국인들의 사유 방식에 영향을 끼친 공자의 『논어』에는 "빨리 가고자 하면 도달하지 못한다欲速則不達"라는 말이 있다. 그리고 나는 "먼 길을 갈 때 말의 힘을 알 수 있는 것처럼 긴 세월이 지나야 비로소 그 사람됨을 알 수 있다路遙知馬力 日久見人心"(『사림광기事林广記』)라는 고사성어를 참 좋아한다. 중국인들은 사람을 사귀는 데 시간이 걸리지만 일단 친구가 되면 끝까지 간다고 한다. 소인이 되어 떠본 다음 군자의 교제를 행한다는 '선소인 후군자先小人後君子'라는 속담도 있다.

중국의 북방사람들은 우리의 국수에 해당하는 '미엔티아오面條'를 주식처럼 먹는다. 내가 한국인의 주식인 밥보다 국수를 더 좋아하는 걸 보더라도 중국인을 닮지 않았나 하는 생각을 하게 된다.

北京日記 107

성 쌓기를 좋아함

아침에 이은숙 교수에게서 온 e메일을 확인하고는 답장을 했다. 처음 만났을 때 다음 한국문화원의 모임에서 특강을 하나 해달라던 말을 인사치레 정도로 가볍게 넘겼다. 그런데 오늘 메일 온 것을 보니까 실제로 논문발표가 일정에 잡혀 있다. 당혹스러웠지만 꾹 참고서 모임의 성격을 파악하지 못한 내가 잘못이라고 정중하게 편지를 보냈다. 사실 학술발표회의 자리인 줄 알았으면 처음부터 흔쾌히 동의를 하고 참가했을 것이다. 일전에 중국 학생들을 모아놓고 했던 문화특강의 열정이 아직 식지 않았기 때문이다.

지난번 북경어언대학의 모임도 중국의 한국어학과 교수들이 모이는 줄 알았으면 다른 일을 제쳐놓고 나갔을 것이다. 성균관대학교 주최 백일장대회로만 알았지 분명하게 이야기를 듣지 못한 탓에 놓치고 말았다. 이렇게 다른 사람들과 더불어 살아가는 일이 고단하다. 물론 매사에 너무 고지식한 내 탓이기도 하다.

어제에 이어 기말 리포트를 꼼꼼히 점검했다. 읽고 또 읽어 다섯 등급으로 나누고 점수 환산표에 기록을 했다. '한국과 중국의 문화적 차별성'에 대해 참으로 열심히들 조사하고 정리해 제출했음을 알 수 있었다. 햇볕이 뜨거워 성적 처리나 하고 집에 있을까 하고 생각했지만 집을 나섰다.

오후 3시가 넘은 시간, 택시를 잡아타고 원명원으로 출발했다. 원명원은 1709년 전국의 명공들을 모아 150년에 걸쳐 완성했다고 하는 청나라 황제의 별궁이다. 당시에는 정원 중의 정원이라 불릴 만큼 아름다웠으나 1860년 제2차 아편전쟁 때 영·불 연합군에 의해 불타 폐허가 되었다.

중관촌을 지나가며 까르푸에 못 미쳐서 하이뎬쥐위안海淀劇院이라는 극장도 보였다. 전자상가로 유명한 중관촌답게 중관촌전자성中關村電子城, 해룡전자성海龍電子城 등의 대형간판이 눈에 띄었다. 무엇보다 주목할 만한 것은 중국의 베이징이 갖는 '성城'의 의미였다. '3리마다 성城이요 5리마다 곽

중관촌의 전자상가

郭이라' 했듯이 성으로 도시가 이루어지고, '성내'·'성외' 등 성을 기준으로 도시를 구분하는 만큼 '성시城市'가 곧 '도시'로 쓰인다는 점은 매우 특징적이다. 또한 그만큼 '성'을 크고 중요한 개념으로 사용하고 있다고도 볼 수 있다. 전자성電子城, 도서성圖書城 등 특정한 분야나 일정한 지역에 붙은 경우를 비롯해 음식점 간판에 쓰인 권금성權金城, 해화성海華城 등이 그러한 예다.

심지어 중국 왕조 중에서 거의 유일하게 성벽을 경멸했던 건 당 태종 때뿐이었다고 할 정도다. 성벽의 나라 중국은 개국 이래 수천 년 동안 정치적 불안과 이민족 침입 등 환란을 겪었다. 당연히 그들은 마음속으로 상대방을 경계하는 울타리를 치며 살 수밖에 없었을 것이다. 가옥 구조를 보아도 그들의 고단했던 삶을 이해할 수 있으며, 마을단위로 쌓은 성벽은 높고 견고해 내부가 보이지 않는 것이 특색이다. 지금까지도 개방이 뒤진 원인을 성벽문화 탓으로 돌리기도 한다.

마오쩌둥은 "장성에 가보지 못한 사람은 대장부가 아니다"라고 말했다. 그리고 미국의 닉슨 전 대통령은 "장성은 위대한 성벽이며 위대한 민족이라야 이런 성벽을 세울 수 있다"고 말한 바 있다. 도량형 통일에 애쓰는 중국인들은 만리장성万里長城에서 '만리万里'를 빼고 흔히 '장성長城'이라 부른다. 만리장성은 기원전 춘추전국시대에 각 소국이 다른 나라의 침입을 막기 위해 구축했으며, 중국 역사상 최초의 통일국가인 진秦의 시대를 열고 스스로 황제라 칭한 시황始皇이 연결해 보강했다. 팔달령 장성은 진시황 때

만리장성 팔달령의 장관

가 아닌 명대에 지어졌는데 벽돌을 구워 만든 전塼으로 쌓아 매우 견고하다. 현재의 만리장성은 거의 명대에 축조된 것이라 할 수 있다.

최근에 만리장성의 허구를 지적한 영국의 소장학자가 있긴 하나, 만리장성은 '세계 7대 불가사의'에 들어갈 만큼 인간이 만든 거대한 업적임에 틀림없다. 「맹강녀설화孟姜女哭長城」도 이를 뒷받침하지 않는가 한다. 맹강녀 이야기는 중국의 4대 민간설화 중 하나다. 맹강녀는 제나라 범기량范杞梁의 아내로 산둥성에 살고 있었다. 진시황의 장성공사에 징발된 남편을 찾아 나선 맹강녀는 고생 끝에 성에 이르렀지만 남편이 죽었다는 말을 듣는다. 맹강녀는 성 아래서 매일 눈물을 흘렸고 결국 열흘 만에 성이 무너지면서 남편의 유골이 발견되었다고 전해진다.

한편 중관촌 까르푸 앞에서부터 대로 중앙이나 대형건물 여기저기에 수없이 붙어 있는 삼성 TV, 삼성 카메라, 삼성 MP3와 MP4의 광고를 보고 놀라지 않을 수 없었다. 현란한 광고는 이곳이 한국이 아닌가 착각하게 할 정도였다. 하긴 불과 한 달 전에 휴대전화용 복합칩을 세계 최초로 개발했다는 삼성이다. 삼성전자는 휴대전화용 다중칩(MCP: Multi Chip Package)에 고

용량의 메모리 카드를 합친 복합칩 '모비 MCP'를 세계 최초로 개발해 주요 휴대전화 업체에 공급하기 시작했다고 한다.

하지만 자본력이나 기술 수준 등에서 중국기업의 경쟁력이 높아지면서 현지에 진출한 한국기업의 경쟁력이 위협을 받고 있는 것도 앞으로 풀어야 할 과제다.

폐허가 된 황실정원

북경대학 동문을 거쳐 청화대학 서문을 지나니 원명원圓明園 앞이었다. 바로 앞에 청사서점淸史書店이 있기에 들어가 보았다. '중국인민대학청사연구소中國人民大學淸史硏究所 장서藏書'라고 쓰인 족자와 함께 그 연구소에서 발행한 서적들이 많이 진열되어 있었다. 열심히 구경을 하다가 원명원 문이 닫힐까 봐 부랴부랴 나왔다.

10위안을 주고 표를 산 뒤 약도를 보니 원명원은 다시 푸하이福海를 끼고 '원명원', '장춘원長春園', '기춘원綺春園'으로 되어 있었다. 일전에 홍대용의 『담헌서』를 보니 '원명원'은 옹정제의 이궁이고, '장춘원'은 강희제의 이궁으로 설명되어 있었다.

서둘러 원명원의 남쪽에 해당하는 '기춘원'으로 들어갔다. 가면서 보니 돌계단이 7개였고 나무못이 12개였다. 황제의 정원임을 확인할 수 있었다. 모든 안내 표지판에도 남문의 이름을 '기춘원 궁문宮門'이라 써놓았다. 바로 또 하나의 문이 나오는데 '영휘문迎暉門'이었다. 그 문을 오르고 내리는데 계단이 7개씩이었으며 나무못 역시 12개였다. 안으로 들어가니 양완리

楊万里라는 시인의 석상이 있었다. 자가 팅시우廷秀요, 호가 청자이城齋이며, 남송의 걸출한 시인이라고 한다.

안으로 더 들어가니 연못이 나왔는데, 그 안에는 '감벽정鑑碧亭'이라는 커다란 정자가 있었고 연못 주위는 온통 버드나무였다. 원명원에는 햇볕을 가려줄 정도로 나무들이 많았고 그 덕에 참으로 시원했다. 아주 멋스러운 궁궐 같은 건축물이 보이기에 당연히 어느 황제가 놀던 곳이겠거니 하고 가까이 가봤더니 그런 흔적은 찾을 수 없고 관리실로만 쓰는 것 같았다. 조금 더 가다 보니 보트놀이를 하는 연못이 나왔다. 이 연못은 '벽파화영碧波花影'(푸른 물결에 꽃이 비치다)이라는 구역으로 이름만큼 아름다웠다. 그 땡볕에도 연못에서 보트를 타는 연인들이 두 쌍 있었다.

'장춘원'에 있는 풍하루風荷樓에서는 차를 마시며 연꽃을 감상할 수 있다. 누각이 매우 예뻐 시간만 있다면 다른 사람들처럼 그 안에서 차를 한 잔 하고 싶었다. 드넓은 연못은 중국의 정원임을 실감하게 했으나 너무나 자연스러운 모습이 한국의 정원을 연상케 했다. 광활한 연못을 가득 채운 연꽃에서 풍기는 꽃향기가 코를 찔렀다. 연못이 아니라 연꽃이 피어 있는 바다였다. 순간 전에 갔던 아름다운 서호西湖의 연꽃 향기까지 따라오는 듯했다. 표지판을 보면서 부지런히 걸었다. 표지판이 그렇게 고마울 수 없었다. '장춘원' 북쪽에 있다는 서양루를 찾아갔다. 건륭 16년(1751) 건물 첫 동이 건설되었고, 건륭 48년(1783)에 최종 건물이 들어섰다 한다.

'서양루'를 비롯해 '원명원전람관' 등이 있는 곳으로 들어가기 위해 매표소에서 15위안을 주고 다시 표를 샀다. 아름답게 조각된 돌들이 부서지고 넘어진 채 관광객들을 맞았다. 석조물을 마구 파괴한 것은 물론 인간의 짓이다. 쓰러져 있는 석조물을 그대로 놔두고 구경하도록 하는 뜻이 분명

처참하게 파괴된 원
명원의 서양루 구역

히 읽혔다. 공허감을 느끼면서 자리를 떴다. 프랑스의 베르사이유 궁전을 본떠 만든 누각과 분수가 복원되어 있는 것도 보았다. '황화진黃花陳'이라는 예쁜 건물이 나왔는데 팔각정의 이 건물에 접근하는 데는 어려움이 이만저만이 아니었다. 사람 어깨 높이의 담장을 피해 들어가야 하는데, 가다 보면 막히고 또 막히고 퍼즐게임을 하는 것 같았다. 여기저기 쓰러져 있는 처참한 석조물들을 보면서 계속 걸었다. '잔조침사殘雕沉思 석조문물전石雕文物展'이라 쓴 간판 아래 놓인 수많은 석조물들도 구경했다. 온 사방이 깨지고 넘어진 돌뿐이었다. 끝없이 넓어 거대한 채석장을 방불케 했다.

이제 '원명원전람관'으로 방향을 바꿨다. 들어가 보니 입구에 '서교역대건원표西郊歷代建園表'라 하여 원명원 전성기 이전 시대의 연표가 붙어 있었다. 지나면서 보니까 청나라 말기 함풍제 때 제2차 아편전쟁 당시(1860년)의 영·불 연합군에 의해 원명원이 침략당한 사진이 있었고, 동치제 때 중수重修한 사진도 있었다. 그리고 일본, 영국, 이탈리아 등 8국 연합군이 베이징을 침략한 사진은 물론 군벌관료가 원명원을 파괴하는 사진도 있었다.

군벌관료가 파괴하는 모습을 담은 사진 속에는 북경대학에 있는 유물과 중산공원의 태호석 사진도 함께였다.

'원명원전람관'을 나와 한참 돌다 다수이파大水法(건륭24년, 1759) 앞에 섰다. 동판에 새긴 설명에 따르면, 다수이파는 서양루 구역의 중심 건축 중 하나이며 '수이파水法'의 뜻은 인공 분수라 한다. 이러한 폐허의 현장을 돈을 주고 지겹도록 보기는 처음이다. 마침내 서양루를 벗어나 5위안짜리 유람차를 탔다. 한참 실랑이를 하고도 잘못 타는 바람에 내려서 다시 '푸하이福海'로 갔다. 어마어마하게 넓고 고요한 호수엔 사람들이 거의 없었다. 중국에서 이렇게 조용한 호수는 처음이다. 안내판을 보니 "푸하이는 원명원에 있는 3개 정원의 중심이며 세 원내 최대의 수면"이라고 설명되어 있었다.

덥고 배고프고 지쳐서 서둘러 출구를 찾았다. 들어갔던 남문으로 다시 나왔다. 두 시간이 훌쩍 지나 있었다. 아까 잠깐 들어갔던 서점에는 '중국제일가청사서점융중개업中國第一家淸史書店隆重開業'이라는 개업 축하 현수막이 걸려 있었다. 중국에서는 수식어 '융중隆重'(성대하다 또는 엄숙하다)이라는 말을 많이 쓴다.

민족대학으로 돌아와 우체국에 가서 돈을 찾고 처음으로 중국인들이 잘 먹는 '쿠이화즈葵花籽' 또는 '량차과즈涼茶瓜子'라고 부르는 해바라기 씨를 사가지고 숙소로 들어왔다.

北京日記 109

박불관노 노서관도 못 들어가고

공부하다가 박순희 조교의 전화를 받았다. "강사료가 내려왔는데 오늘 가져갔으면 좋겠다"고 했다. 우리 같으면 강사료가 '내려왔는데'가 아니라, 강사료가 '나왔는데'라고 할 것이다. 한마디 짧은 표현에도 세계 최대의 중국 공산당 정부의 기운이 느껴지니 참 재미있다. 당장 가고 싶었으나 물이 나오질 않아 세수도 못 하고 있었다. 자주 물이 안 나온다. 언짢은 마음에 비가 오면 물이 잘 빠지지도 않는 나라가 왜 툭하면 물이 안 나올까 하고 중얼거렸다.

오후 1시 반쯤 학교로 갔다. 조선어문학과 사무실에 갔으나 또 문이 잠겨 있었다. 한국어학과에 갔더니 역시 최유학 교수와 지영이가 있었다. 항상 두 사람이 사무실을 지키는 편이다. 어제 원명원에 갔던 이야기를 했더니 최 교수는 관점에 따라 다르겠으나 자신이 원명원에 가서 감동받았던 것은 프랑스의 문호 빅토르 위고(Victor Hugo)의 편지였다고 한다. 한 프랑스의 장교가 중국의 원명원을 폭격했던 것과 관련해 자신의 전공戰功을 과시하자, 빅토르 위고는 "도적 두 놈이 문명의 나라에 가서 도적질한 것을 자랑하다니!"라고 개탄했다는 것이다. 『레 미제라블』로 유명한 위대한 작가의 감동적인 이야기였다. 한편 원명원의 물이 다 새나간다는 말이 있다고도 했다. 지하층이 파괴되었기 때문이라고들 한다.

조선어문학과 사무실이 열리기를 기다리고 있는데 김정남 교수에게서 전화가 왔다. 중국연수생 교육과 관련해 내 과목의 경우 내가 쓴 책을 교재로 사용하면 어떻겠느냐고 묻는 내용이었다. 늘 나를 배려하는 마음이 고마웠다. 드디어 박 조교가 나타났다. 두 달치 강의료 2,400위안을 받고, 장신과의 약속 때문에 몇 마디 못 하고 나와야 했다. 박 조교는 나에게 배운 학생들이 "너무나 많이 가르쳐주셔서 감사하게 생각한다"고 했다는 말을 전해주었다. 도리어 학생들이 고마웠다.

오후 3시 15분 장신을 만나 쉬안우
취에 있는 루쉰박물관으로 출발했다.
가까운 거리라고 들었는데 무려 30분
이나 걸렸다. 그런데 황당한 일이 벌어
졌다. 출입구에 도착해보니 개관시간
이 4시까지로 되어 있었다. 경비원에

국가도서관의 야경

게 사정을 해보았으나 막무가내였다. 도대체 여름철 대낮인 4시에 문을 닫
는 건 무엇이며, 4시 전에 온 사람들을 돌려보내는 건 무슨 경우인지 이해
되지 않았다.

소신을 갖고 일하다 문제가 발생하면 그 직장을 떠나야 할 수도 있으니
일을 덜하더라도 문제를 피해감으로써 직장에 오래 남겠다는 것일까. 중국
사회의 폐쇄성을 원망해야 할지, 인간의 편협성을 탓해야 할지, 참으로 답
답한 마음을 뒤로 하고 돌아서 나와야 했다. 지난번 팡산의 저우커우뎬에
갔을 때는 폐관시간인 5시가 넘었는데도 받아주었다. 더구나 그곳은 어두
운 동굴이 있었는데도 말이다.

난감하고 허탈해 민족대학 옆에 있는 국가도서관이라도 가야겠다고 마
음먹었다. 택시를 타고 15분 만에 도착했는데 국가도서관에 들어가려면 출
입증이 필요하다고 한다. 출입증 발급처에 갔더니 수수료 5위안만 있으면
된다는 장신의 말과 달리 보증금에 해당하는 압금押金 100위안을 내야 했
다. 귀찮은 마음에 신청을 취소하고 도서관 1층에 있는 서점으로 갔다. 『한
국어입문』 MP3, 영화 <한강괴물>과 <1번가의 기적>의 DVD가 입구에
있었다. 그것 외에는 더 이상 한국 관련 자료가 보이지 않았다. 미국, 일본
등 다른 나라의 책은 제법 있었다. 곧 서점을 나왔다. 도서관 앞은 늘 다니

던 자죽원이다. 자죽원을 감싸고 있는 호수에 낚시를 드리운 한가한 사람들이 많이 보였다.

사회주의 국가여서 그런지 중국인들은 직장생활에서 출근시간도 잘 지키지만 무엇보다 점심시간이나 퇴근시간 등을 엄격히 지키는 편이다. 이는 곧 자신을 위해 시간을 많이 쓰는 개인주의적·실용주의적 의식의 소산으로 여겨졌다.

애초에 미국에서 시작되어 운영권이 일본으로 넘어간 '7-ELEVEN'이라는 24시간 영업하는 편의점에 가서 우유, 주스, 라면 등을 사가지고 들어왔다. 그리고 9시 반쯤 우리 학과 박동호 교수에게서 유학박람회 참석차 충원취에 있는 베이징완이지우뎬北京万怡酒店에 와 있다는 전화를 받고 일요일에 만나기로 했다.

길은 이미 있었던 게 아니다

아침 일찍 장신과 함께 어제 못 들어간 루쉰박물관으로 향했다. 나는 5위안, 장신은 3위안을 주고 문표를 사서 박물관이 있는 경내로 들어갔다.

경내 중앙에는 루쉰의 석상이 있었는데, 무언가에 기대고 누운 듯 앉아 있는 듯 어딘가를 응시하는 모습이 역시 작가의 면모다웠다. 전에 상하이에 갔을 때 루쉰공원에 있던 그의 좌상이 떠올랐다. 루쉰공원은 한때 '홍커우虹口공원'으로 불렸으며, 홍커우공원은 1932년 우리나라의 윤봉길 의사가 의거를 일으켰던 곳으로도 유명하다. 윤 의사는 홍커우공원에서 열린 일본군 전승축하 기념식장에서 일본군 수뇌부를 폭사시켰다.

　　그러나 훙커우공원은 중국이 자랑
스럽게 여기는 위대한 문학가 루쉰의
묘와 기념관이 세워진 이래 루쉰공원
으로 이름이 바뀌었다. 루쉰의 동상 앞
에서 찍은 사진 한 장은 지금도 내 서
재에 놓여 있다. 공원 중앙의 연못에
걸쳐 있는 웨홍차오^{越紅橋} 옆에 조그마

루쉰박물관 앞뜰에 있는 돌로 된 좌상

한 루쉰의 묘가 눈에 들어왔다. 높이 5.9m의 묘표에는 마오쩌둥이 친필로
쓴 '루쉰선생지묘^{魯迅先生之墓}'라는 글구가 새겨져 있다. 마오는 루쉰을 현
대 중국의 성인이라고까지 설파했다.

　　'진열청^{陳列廳}'이라는 깨끗한 건물 안으로 들어갔다. 들어서자마자 양쪽
벽면에는 루쉰의 시^詩가 돌에 새겨져 있었다. 7자씩 8행으로 된 7언율시 형
태라고나 할까. 오른쪽에 있는 시는 중국의 중학교 1학년 교과서에 실려 있
는 모양이다. 그중에 5~6행은 너무나 유명한 시구라고 장신이 말해주었
다. '헝메이렁두이첸푸쯔^{橫眉冷對千夫指} 푸쇼우간웨이루즈뉴^{俯首甘爲孺子牛}'
인데, 대략 '수많은 사람이 손가락질해도 냉정히 바라보고 / 기꺼이 머리
숙여 어린 소가 되리라' 정도로 번역할 수 있을 것 같다. 소처럼 충실할 것
과 남을 돕기를 권유하는 내용이라고 한다.

　　1층 공간은 온통 나무로 된 벽에다 그의 작품 이름을 새겨놓았다. 정면
에 있는 「아큐정전^{阿Q正傳}」, 「광인일기^{狂人日記}」, 「고향」, 「축복」, 『방황』
등을 비롯해 셀 수 없이 많은 작품 이름을 가지고 보기 좋게 사방 벽면에 문
자디자인을 했다. 특히 1층 중앙의 바닥에 놓여 있는 돌로 된 대형 원고지
가 시선을 끌었다. 루쉰의 생애를 적은 크고 예쁜 원고지를 돌에 그대로 새

긴 것이다.

비스듬히 올라간 2층부터 본격적인 전시관이었다. 올라서자마자 정면에 눈에 크게 띈 것은 돌에 새겨진 루쉰의 명언*이었다. 아마도 단편 「고향」에 나오는 문구 같았다. "사람이 도를 크게 만드는 것이지 도가 사람을 크게 만드는 게 아니다"라는 공자의 말이 떠올랐다. 그리고 조선 최고의 지리학자였던 신경준이 "길에는 주인이 없다. 그 위를 가는 사람이 주인일 뿐이다"(『도로고道路考』)라고 했던 말도 생각났다. 그 전시관에는 루쉰이 고향에서 살던 때부터 베이징에서 생활하던 때를 시기별로 나누어 유물을 정리해놓았다. 구분해놓은 시기에 따라 내용을 요약해보면 다음과 같다.

첫째는 샤오씽紹興 시절(1881~1898)이다. 그의 고향은 샤오씽이고, 본명은 저우슈런周樹人이다. 사이가 좋지 않았던 둘째 아우 저우쭤런周作人은 형보다 더 재능 있는 작가였다고 한다. 다만 그가 국민당 편이었고 일본과 가까웠기 때문에 이름이 알려지지 않았을 뿐이라고 한다. 저우쭤런의 일기에는 형 루쉰이 어렸을 때부터 얼마나 많은 책을 읽었는가 하는 독서활동이 기술되어 있었다.

둘째는 난징 시절(1898~1902)이다. 루쉰이 고향을 떠나 학교생활을 하던 시절이다. 그때 읽었던 지리, 화학 등의 교과서를 비롯해 『인학仁學』, 『원부原富』 등의 책이 진열되어 있었다. 이때도 루쉰의 작품 이름이 그의 아우 저우쭤런의 일기에 언급되어 있다.

셋째는 일본 시절(1902~1909)이다. 일본으로 건너간 루쉰은 센다이仙臺 의학전문학교에 입학해 의학을 공부했다. 당시 의대 성적표가 남아 진열되

* '길은 무엇인가? 이미 있었던 것이 아니다'라는 뜻의 치쓰띠상본메이요우루基實地上本沒有路가 새겨져 있었다.

어 있었는데, 성적은 그다지 좋지 않았다. 의사로서 활동도 좀 한 걸로 알고 있다. 그러나 그는 중국인의 육체적 건강을 생각해서 의사가 되고자 했다가, 정신적 치료가 더 문제인 걸 알고 작가가 되기로 결심했다고 한다. 수업 시간에 스파이 혐의로 체포된 중국인이 참수당하는 것을 다른 중국인이 엷은 미소를 띤 채 구경만 하고 있는 슬라이드를 보고 충격을 받아, 국민의 정신을 바로잡아야겠다는 생각에 진로를 문학으로 전환했다는 것이다.

루쉰은 자유로운 비평정신을 반드시 배워야 하는데, 자국의 잘못을 지적하는 중국인이 매우 드물다며 개탄했다. 그는 애국적 오만으로 가득 찬 중국인들의 심리를 이렇게 정리했다. "중국은 땅이 넓고 산물이 풍부해 일찍이 문명을 꽃피웠고, 그들의 도덕은 천하 제일이다. …… 중국은 야만적인 면에서조차 뛰어나다." 일본 재학 시절 그는 주로 번역을 했다고 한다.

넷째는 항저우·샤오씽·난징 시절(1909~1912)이다. 일본에 유학을 갔다온 후에는 몇 년 동안 저장성에서 교사활동을 했다.

마지막으로 베이징 시절(1912~1926)이다. 각별히 베이징을 사랑했던 그가 왕성하게 작품활동을 하던 가장 중요한 시기다. 그가 사용하던 멋스런 책상과 의자가 남아 있었다. 그는 수집하기를 좋아했던 것 같다. 그가 모은 동전이나 도자기도 남아 있었고, 류리창에서 수집한 그림도 진열되어 있었다. 「『아큐정전』의 수고手稿」라는 루쉰의 육필 원고가 있었고, 프랑스의 유명한 로맹 롤랑(Romain Rolland)이 편지로 보낸 『아큐정전』에 대한 평론도 진열되어 있었다. 『아큐정전』이 영어, 러시아어, 프랑스어, 일본어 등으로 번역되었음을 소개하기도 했다. 자신은 『아큐정전』이 "자신을 위로하고 극복하는 방법"에 도움을 줄 수 있는 소설이라고 평가했다.

그의 대표작 『아큐정전』이 신문에 연재되었을 때 중국의 지식인들은 마치 자신들의 몸을 향해 날아오는 비수를 보듯이 전율했다고 한다. 그는 중국인들이 외세의 갖은 모욕 속에서도 각성할 줄 모르고 황제의 후손이라는 허황된 생각에만 사로잡혀 있는 문화적 죄악상을 신랄하게 공격했던 것이다. '아큐'처럼 반항할 줄 모르는 민족성은 중국인을 비굴하게 보이도록 했으며 자유를 구속하고 인권을 유린한 많은 예를 만들었다고 한다. 그가 최초로 현대소설을 썼기 때문에 위대한 작가로 불리기보다는 그의 작품에 담긴 사상성 때문에 위대한 작가로 숭앙받는다고 본다. 사회를 위해 이기주의를 타파해야 한다고 생각한 루쉰을 우리는 진정한 인본주의자라 부를 수 있을 것이다.

그 밖에도 저서 『눌함(吶喊, 1923)』을 비롯해 번역서 『일개청년의 꿈一个青年的夢』, 『복숭아빛의 구름桃色的云』 등 베이징 시절의 수많은 업적들이 진열되어 있었다. 1921년부터 북경대학에서 국문학을 가르치던 교수 시절의 강의 자료집이 남아 있을 뿐만 아니라 위밍黎明중학에 근무했던 흔적도 있었다. 뒤에 루쉰은 혁명의 본거지인 광저우의 중산대학 교수가 되었으나 1927년 장제스가 일으킨 반공 쿠데타에 항의하고 사직했다. 그가 입던 옷 두 벌과 그가 사용하던 벼루와 붓, 등잔도 있었다.

관람을 끝내고 나오니 밖에는 비가 내리고 있었다. 바로 옆에 루쉰이 살던 집도 있었으나 더 구경하겠다는 욕심을 버리고 숙소로 돌아와야 했다. 장신의 시험공부도 그렇지만 내 건강 상태가 좋지 않았다. 택시를 탔더니 라디오에서 큰 소리로 음악이 흘러나왔다. 나는 우리나라 음악인 줄로만 알았는데 광둥 음악이라고 한다. 광둥어는 한국어와 발음이 유사하다고 장신이 말해주었다. 착각할 만했다는 생각이 들었다.

아침에 서둘러 나선 덕인지 숙소에 돌아왔는데도 오전 11시를 조금 넘긴 시간이었다. 종일 비가 내리는 가운데 아들은 창가에 의자를 가져다 놓고 앉아 독서를 하고, 나는 모처럼 오후 내내 쉬어가면서 밤에는 학생들 성적을 냈다. 기말고사를 치지 않고 리포트만 받았기 때문에 일찍 성적을 낼 수 있었다. 6월의 마지막 날이다. 이제 정말 한 달밖에 안 남았다.

北京日記 111

빨간 표찰

날짜를 앞당겨 지워가던 일이 엊그제 같은데 간사스럽게도 이제 시간 가는 걸 아쉬워하고 있다. 벌써 귀국하는 달이 된 것이다. 하나하나 챙기고 후련히 떠날 준비를 해야 한다. '선비는 일어난 자리가 깨끗해야 한다'고 했던가. 선비처럼 살고 싶어서인지 늘 자신을 돌아보고 연마하는 데 게으름 피우는 걸 꺼리고 있는 편이다. 잘 되지는 않지만.

오늘은 홍콩이 중국에 반환된 지 10년이 되는 날이다. 중국 관영 신화통신新華通信이나 중국 공산당기관지 인민일보 등은 홍콩 반환 10주년 행사와 관련해 후胡 주석의 동정을 연속 톱기사로 올렸다. 중국 관영 중앙방송 등 TV에서도 후 주석의 홍콩주둔 부대사열, 만찬 참석 등의 동정과 더불어 주권반환 기념행사를 크게 보도하고 있다. 사회주의 중국의 통제로 홍콩이 쇠퇴할 것이라는 우려도 있었지만 '1국 2체제'가 비교적 성공했다는 평가를 받고 있다. '동양의 진주'가 다시 기지개를 편다는 말들도 한다. 그러나 홍콩이 중국의 일부냐 세계의 일부냐의 선택의 기로에서 정체성 혼란이 여전하며, 민주화 또한 그다지 진전되지 않았다는 평가도 무시할 수 없다.

기말 리포트를 내지 않아 걱정을 하고 있던 학생에게서 전화가 왔다. 휴학을 했는데 미리 말씀을 못 드려 죄송하다고 했다. 무슨 사연이 있어 한 학기를 다 마치고 휴학을 하는지 궁금은 했으나 어려운 사정이 있겠지 싶어 알았다고 하고서 끊었다.

저녁을 같이 먹기로 한 박동호 교수에게서 아무리 기다려도 전화가 없다. 박 교수가 베이징에 도착하자마자 주소를 가르쳐주며 여러 번 전화를 했었으므로 내가 찾아가는 게 도리인 것 같아 숙소로 찾아갔다. 호텔로 가서 박 교수 방으로 전화를 했더니 자다가 전화를 받는 것 같았다.

만나서 이야기를 들어보니 교육부 인사를 만나 우리의 소주에 해당하는 바이지우를 너무 많이 마시고 들어와 곯아떨어졌던 것이다. 간신히 정신을 차린 다음 베이징에서 해장국을 제일 잘하는 한국식당으로 가자며 영매를 앞세웠다. 택시기사가 길을 잘 몰라 내려서 물어가며 도착한 곳은 차오양취에 있는 시엔다이치처다샤現代汽車大厦라는 현대자동차 빌딩이었다. 우리는 그 건물 지하 1층으로 들어갔다. 깨끗하고도 화려한 한식집으로 이름은 수복성壽福城이었다. 역시 '성城'인 것만으로도 그 수준을 짐작케 했다. 두산에서 경영한다는 그 식당에는 '국가특급한국식당國家特級韓國餐廳'이라는 문구가 붙어 있었다.

현재 베이징에서 한식당 '대장금'을 운영하는 온대성 사장은 한중 수교 이후 중국에 진출한 한국인 가운데 성공한 대표적인 사람으로 꼽힌다. 1993년 두산그룹 베이징 지사장으로 중국 땅을 처음 밟은 그는 1997년 회사가 운영하는 음식점인 수복성을 열었다. 그리고 음식점 화장실에서 직원들과 식사를 할 정도로 청결하게 식당을 유지해 주위사람들을 깜짝 놀라게 했다. 2003년 사스가 창궐했을 때도 꿋꿋이 식당을 운영해 중국인들의 신뢰를 얻었다. 이 같은 혁신적인 사업 운영 덕분에 후진타오 주석이 찾기도 했다. 그는 이런 경험을 바탕으로 2006년 1월 대장금을 연 것이다.

안으로 들어가니 아무도 보이지 않았다. 잠시 후에 중국인 종업원이 나왔으나 오늘은 영업을 안 하는 날이라고 했다. 배가 너무 고파 사정을 했더니 들어가서 한국인을 데리고 나왔다. 우리의 형편을 이해하고 저녁을 해결할 수 있도록 해주었다. 감성적인 배려가 중요한 서비스업의 특성을 잘 살려 영업하고 있는 걸 보면서, 역시 한국 사람은 융통성이 있다는 느낌을 받았다. 이곳에서 우리는 소고기등심을 시키고, 주식으로 우거지국밥 두 그릇과 냉면 한 그릇을 시켰다. 다른 곳에서처럼 고기를 들고 와서 우리에게 보여주고 갔다. 배도 고프지만 고급식당답게 정말 맛이 있었다. 땀을 뻘뻘 흘리며 우거지국밥을 잘 먹고 나왔다.

박 교수와 가라오케에 가기로 하고 전에 가보았던 해화성으로 갔다. 알고 보니 식당 바로 근처에 있었다. 이미 사장을 통해 예약이 된 상태라 일요일이었는데도 세팅이 되어 있는 방으로 쉽게 들어갔다. 사장의 부탁을 받은 조선족 마담이 아가씨들을 데리고 들어왔다. 그때처럼 선택의 순간이 돌아왔다.

내게 이런 선택은 항상 힘겨운 일이다. 그런데 지난번 만났던 아이가 나에게 '만난 지 오래되었다'는 뜻으로 "하오지우뿌지엔好久不見"이라고 인사를 했다.

전화를 받고 밖에 일 보러 나갔던 사장이 돌아왔다. 사장은 그동안 중국에 와서 고생한 이야기부터 시작해서 현재 경영하고 있는 사업에 이르기까지 자세히 이야기해주었다. 처음 중국에 왔을 때는 한국 돈 100원도 없는 형편에 방학이 되어 유학생들의 방이 비면 거기 들어가 살았다며 어려웠던 시절을 회상했다. 지금 하는 가라오케사업은 매우 잘되고 있다고 했다.

1병에 1,000위안 하는 17년산 양주 2병을 먹었다. 널따란 대리석 테이블
에는 안주가 가득했다. 안주는 수박, 앵두, 여지 등 주로 싱싱한 과일이었
다. 옥수수를 튀긴 '빠오미화爆米花'와 오징어 등 마른안주도 있었고, 양꼬
치도 나왔다. 모두 맛이 괜찮았다.

한 아이가 '뮬란'을 영어로 유창하게 불렀다. 좀 있다가 다른 아이들도
노래를 하는데 제목이 팅하이听海(바다의 소리를 듣다), 다하이大海(큰 바다)
등이었다. 중국 사람이라면 누구나 중국의 '영웅'을 기리고 또 '바다'를 좋
아하는구나 싶었다. 명나라 홍자성洪自誠이 지은 『채근담菜根譚』에 나오는
말도 떠올랐다. "술자리에서도 도덕군자를 만나고 기녀와의 자리에서도
신선을 만나니, 고상함도 세속적인 것에서 벗어나지 못하도다道得酒中 仙遇
花裏 雖雅不能离俗".

아가씨들이 허리에 차고 있는 둥근 모양의 빨간색 표찰과 푸른색 표찰이
화제가 되었는데 빨간색은 1차밖에 안 되고 푸른색은 2차도 된다는 표시라
고 했다. 어디까지나 아가씨들에게 선택의 자유가 있다고 한다.

싸구려 가라오케 같은 데를 가면 자칫 아가씨들을 데리고 나갔다가 봉변
을 당하기 일쑤라고도 했다. 아가씨들이 남자 친구나 건달들과 짜고 협박
공갈해 모두 털리고 마는 일이 자주 있다는 것이다. 심지어 술집, 여관, 호
텔도 공안국과 깡패를 끼고 영업하는 경우가 허다하다고 한다. 책임지는
곳이 없고 하소연할 데도 없다고 한다.

아울러 중국에서는 소매치기를 당해도 어느 누구하나 개입하지 않으며,
전에 괴한이 16살짜리 아이의 목을 졸라 죽이는데도 아무도 간섭하지 않았
던 일도 있었다고 했다. 개입했다가 경찰서에 가면 피곤하다는 이유 때문
이었다. 남의 문제에 얽히기를 꺼리는 중국인들의 속성을 잘 읽을 수 있었

다. 물론 우리도 그런 면이 있지만 중국은 좀 더 심하다고 할 수 있다.

한국 책 없는 서점

과음한 탓에 머리가 무거웠으나 오늘 새벽까지 있었던 일들을 잊어버리기 전에 정리해보고자 책상 앞에 앉았다.

오늘은 집에 가지고 갈 선물이라도 살까 하고 영매와 약속을 한 뒤 서문 앞으로 나갔다. 그러나 택시 잡기도 힘들고 퇴근시간이 되어 차가 막힐 것 같아 서점가에 가보기로 생각을 바꿨다. '컴퓨터의 황제' 빌 게이츠 마이크로소프트 회장은 "내 아이들에게 당연히 컴퓨터를 사줄 것이다. 하지만 그보다도 먼저 책을 사줄 것이다"라고 했다. 지식과 정보는 인터넷에서도 쉽게 얻을 수 있다. 하지만 생각하는 힘과 세상을 보는 눈은 독서를 통해 제대로 길러진다. 사고력, 판단력, 통찰력 등을 키워주는 것은 책이다.

중국해전도서성中國海淀圖書城에 도착해 맨 먼저 적해루籍海樓를 마주했다. 중국은 어디 가나 온통 '바다海'고 '하늘天'이고 '성城'이라는 느낌이 들었다. 적해루는 이미 6시에 문을 닫았다고 한다. 적해루 뒷길로 들어서니 말끔히 단장이 되어 있었다. 지난번 북경대학에 왔다가 저녁을 먹으러 가면서 지날 때는 공사 중이어서 먼지가 날리고 정신이 없었는데 벌써 공사가 끝난 것이다. 중국이 '만만디'인 것만은 아니었다. 가다 보니 중국 종이인 '쉬안쯔宣紙'의 도매상에서 도로에 실물(두루마리)을 내다 놓고 홍보하고 있는 것이 눈에 띄었다.

적해루 오른쪽으로 호해루昊海樓가 있는데, 이곳은 7시에 문을 닫는다고

중국에서 가장 유명하다는 서점, 북경 신화서점

한다. 그래서 호해루 1층에 있는 전자과학기술서점으로 들어갔다. 이 서점에서는 '터자치저特价七折'라 하여 책값을 7할만 받는다고 써 붙여놓았다. 중국에서는 30% 할인폭을 뜻하는 '7저折'라는 말을 많이 쓰는 것 같았다. 그리고 이 서점에는 각 대학 출판사에서 나온 책들을 판매하고 있었으며 외국어 서적도 눈에 띄었다. 대부분 영어책이었고, 한국어교재는 아주 조금 있었다. 그것도 주로 북경대학출판사와 북경대학 조선문화연구소(민족출판사)에서 나온 책들이었다.

길 건너에는 중관촌도서빌딩이 있었다. 그 큰 건물 중 하나가 바로 그 유명한 신화서점이었다. 이곳은 9시까지 문을 연다고 했다. 15~16층 정도 되어 보이는 건물 안으로 들어갔다. 단박에 압도할 정도로 서점의 규모가 웅대하고 다종다양한 서적들에 눈이 부시다. 중국 출판계는 2006년 신간 13만 264종을 출간, 전년 대비 5.2% 성장률을 기록했다. 4만 5,000종을 출간한 한국보다 3배 많은 수치다. 2006년 중국의 전체 출판시장 규모는 3년 전보다 15% 성장한 410억 위안(약 5조원)을 기록했다. 2006년 한국 출판시장 규모는 2조 3,000억 원이었다. 운신하기 어려울 만큼 수많은 남녀노소 독서인들로 서점 안은 들끓었다. 중국은 20세기 초 신문화운동 과정에서 전 인민에게로 백화문운동이 확산되면서 인민을 독서인으로 변화시켰다고 한다.

책 읽는 사람으로 가득한 서점을 보면서 부러움을 금할 수 없었다. "우주는 한 권의 커다란 책이다"(『생활의 발견』)라고 말한 대문호 린위탕의 힘인가 하고 생각했다. 우리나라는 부지런히 노력해 세계 10위권의 경제 강국으로 발돋움했다. 하지만 지식이 경쟁력인 세계화시대에 계속 낙오하지 않고 발전할 수 있을지는 미수지수다. 책을 덜 읽는, 아니 안 읽는 나라라는 불명예스런 소리를 듣고 있기 때문이다. 책을 읽고 싶어도 책이 없거나 마땅한 공간이 없다고도 한다. 우리나라의 공립도서관이 564개인데 비해, 미국은 9,211개, 일본은 2,825개라고 한다.

3층에 있는 외국서적 코너로 갔다. 한국서적은 작은 서가 4개에 진열되어 있었다. 대부분 어학교재였고, 북경대학에서 나온 책이 가장 많고 연변대학에서 나온 책도 있었다. 내가 강의를 하고 있는 민족대학 조선어문학과 문일환 교수의 『조선고전문학사』가 있었고, 김춘선 교수의 『조선~한국 당대문학개론』도 반가웠다. 같은 대학 한국어학과의 허봉자 교수가 번역한 『한국언어문화듣기집』도 있었다.

안타깝게도 한국에서 간행된 책은 한 권도 보이지 않았다. 항상 곁에 있어 비교가 되는 일본의 경우, 서가가 무려 14개나 되었다. 한마디로 비교도되지 않을 정도다. 문화 면, 특히 서적 관련 면에서 왜 그렇게 우리가 부족한 건지 늘 의아하고도 속상하다.

北京日記 113

빈 무덤 속을 철통같이 지키다

8시 20분에 택시를 타고 시내에서 서북쪽으로 40km 떨어진 명십삼릉^明十三陵으로 출발했다. 택시기사가 왕복 300위안으로 대절해서 가자는 걸 좀 비싼 것 같다고 했더니 "차뿌뚜어差不多", 즉 별 차이 없을 거라면서 요금계산기를 작동시켰다. 명나라 3대부터 16대까지의 황제 13명의 능이 조성되어 있는 곳이 바로 명십삼릉이다. 물론 명나라를 세운 주원장부터 2대 황제까지는 난징에 묘가 있다.

택시 안에서 영매는 언니의 전화를 받으며 그쪽에서 뭐라고 하는지 "뿌용딴신不用惦心"이라고 한다. '걱정하지 말라'는 말이다. 전화를 끊은 다음 "언니 왔을 때 구경 많이 시켜주었느냐"고 물었더니, 형부 이야기를 하면서 형부가 당원인데 국기게양식을 너무 좋아해 새벽 3시 반에 천안문에 갔다 왔다고 했다. 1921년 중국 공산당 창설 이래 현재 당원의 수는 7,336만 명이라고 한다. 영매는 국기게양식이나 하강식도 볼 만하다고 권유하는데, 시간이 될지 모르겠다. 1949년 10월 1일 천안문 광장에 오성기가 게양된 이후 국기게양식은 계속되고 있으며, 국기에 대한 중국인들의 애정은 신앙에 가깝다고 한다.

목적지에 거의 다다르니 가로수가 쭉쭉 뻗어 숲을 이루고 교외의 탁 트인 풍광은 마음속까지 말끔하게 씻어주는 듯했다. 주위는 온통 복숭아 과수원으로 자연의 풍성함을 한껏 느끼게 해주었다. 갑자기 『삼국지』에 나오는 '도원결의'와 도연명이 노래한 '무릉도원'의 '도원桃園'이 떠오르기도 했다. 서왕모의 복숭아 하나를 먹으면 장생불로한다는 중국에는 복숭아가 많다. 폐에도 좋다는 복숭아를 길가에 가지고 나와 파는 사람도 많이 보았다. 능을 참배하기 위해 황제가 지나갔다는 800m 거리인 '신로神路'를 곁에 두고도 시간이 없어 내리지 못하고 그냥 질주했다. '신로'의 양쪽에는 24개의 짐승과 사람의 석상이 늘어서 있다. 이 석상이 황제를 수호하는 역할을 한다. 양떼가 지나가는 한가로운 풍경도 눈에 들어왔다.

거의 한 시간이 걸려 명나라 3대 황제인 영락제가 잠들어 있다는 장릉長陵에 도착했다. 장릉은 13개의 능묘 중 최대 규모를 자랑한다. 우리는 45위안, 22위안에 입장권을 사가지고 경내로 들어갔다.

장릉에 있는 능은전

무엄하게도 황제가 다닌 어로御路를 밟아가며 '능은문稜恩門' 앞에 이르니 돌층계 중앙에 구름과 용을 새긴 답도가 기다리고 있으며 그 옆으로 난 9개 계단을 올라가니 능은문이 버티고 있다. 능은문은 현존하는 가장 오래된 목조건축물이라고 한다. 다시 어로를 걸어 '능은전稜恩殿' 앞에 이르니 능은전에 대한 설명이 동판에 새겨져 있는데, 한국어로도 설명이 되어 있었다. 하긴 그곳에서도 한국인 관광객들을 많이 볼 수 있었다. 옛 이름은 '샹뎬享殿'이었는데 명나라 가정 17년(1538) 세종 저우호우총朱厚熜이 능을 참배할 때 능은전으로 개명했다고 하며, 목재로 금사녹나무金絲楠木가 쓰였다고 기록되어 있었다.

비로소 석조石雕라고도 하는 답도를 끼고 올라서니 능은전이 위엄 있게 자리 잡고 있다. 안으로 들어가니 중앙에 근엄하게 앉아 있는 동상에 '영락황제永樂皇帝 저디朱棣'라고 쓰여 있었다. 영락제는 반란을 일으켜 원래 황제였던 조카 저윈원朱允文을 내쫓고 권좌에 오른 인물로 본명이 저디이다. 그런 면에서는 우리 세조와 비슷한 인물이다. 불안에 휩싸였던 영락제는 수도를 난징에서 베이징으로 옮기고 자금성을 건설하게 된다.

'능은전'에는 궁중유물들이 상당수 진열되어 있었다. 황제가 입던 갑옷에서부터 모자, 칼, 화살촉 등이 눈에 띄었다. 즉위식 같은 때 쓰던 면류관冕</p>

旒冠도 있었다. 금실로 짠 매미 날개모양의 익선관翼蟬冠도 있었는데, 송나라 때만 해도 날개가 옆으로 젖혀져 있다가 명나라 때 와서 위로 접혔다고 한다. 익선관을 쓴 것은 매미의 주둥이가 갓끈과 비슷하니 배우고 익히며[文], 이슬만 먹고 살아 청렴하고[淸], 곡식을 해치지 않으니 염치가 있고[廉], 집을 짓지 않으니 검소하며[檢], 때를 맞추어 죽으니 신의[信]가 있다고 하여 매미의 다섯 가지 좋은 점을 배우기 위함인 것이었다.

황후가 쓰는 풍관風冠도 있었는데 새끼 용 3마리를 얹어놓았다. 관에서 꺼낸 황제의 옷으로 제사 때 입던 곤복衮服, 즉 곤룡포도 있었다. 화려한 금관과 황후의 여러 가지 머리장식인 수식首飾도 진열되어 있었다. 황제의 허리에 착용하는 옥대와 허리 양쪽에 늘어뜨리는 옥패도 눈에 띄었다.

황궁에서 쓰는 금으로 된 주전자와 술잔, 금수저, 금대야 등을 비롯해 효정황후가 쓰던 은으로 된 주전자와 대야 등도 있었다. 금이나 은으로 만든 돈 금정金錠과 은정銀錠, 자기瓷器도 있었으며 그 유명한 신장의 옥도 보였다. 그런데 13릉 중에서 가장 크다고 자랑하는 장릉이라 해서 무덤을 보러 왔건만 무덤이 어디 있는지 도무지 공허감을 채울 수 없었다. 아직 발굴되지 않은 것이었다.

기다리고 있던 택시를 타고 정릉定陵으로 갔다. 불과 5분 거리였다. 무려 65위안씩 내고 입장카드를 샀다. 정릉으로 가는 길에는 '지하궁전'이라는 안내판이 있었다. 지하궁전을 향해 한 발 한 발 다가서면서 맨 앞에 있는 문을 지나 어로를 걸어 능은문이 있던 터를 지나고 다시 어로를 지나 능은전이 있던 터를 지났다. 이쯤에서 영락제의 장릉에는 무덤은 없고 문과 전(건물)만 있고, 만력제의 정릉에는 문과 전은 없어지고 무덤만 있다는 걸 간파하게 되었다.

명나라 14대 황제인 만력제의 영혼을 만나러 들어가는 '영성문靈星門'을 지나니 드디어 '정릉'이라 쓴 어마어마하게 높은 전각이 나왔다. 능이 있다는 걸 표시하기 위해 그토록 크게 건물을 세우는 것이 바로 중국식 발상이라는 걸 다시 확인했다. 그 앞에는 '오공五供'이라 하여 향로 등 돌로 된 다섯 가지 제사 용구가 있었다. 오공 옆 '발굴 50주년 기념관'에서는 무덤 출토물들을 전시하고 있었다. 기념관에 들어가서야 정릉이 정확하게 누구의 무덤인지 알게 되었다. 바로 명나라 신종神宗 주익균朱翊鈞과 효단孝端황후 왕 씨와 효정孝靖황후 왕 씨의 무덤이었다. 기념관 진열장에는 여러 가지 출토품이 있었으나 '진편金盆'이 눈에 띄었다. 중국에서는 '다시는 그런 일을 안 하겠다'는 뜻으로 금대야에 손을 씻는다는 "진편시쇼우金盆洗手"라는 말을 쓴다고 한다. 아홉 마리 새끼 용이 서린 풍관風冠이 있었고, 손바닥만 한 크기의 신발 혜鞋도 있었다. 신종의 냉대로 평생 외롭게 지낸 효정황후의 시신 위에 있던 백자의百子衣도 있었다. 백자의는 자손이 번창하길 기원하는 뜻에서 100명의 남아들이 노는 모습을 수놓은 것이다.

이제 지하로 들어가는 일이 남았다. 입구 앞에 오니까 안전검사를 실시했다. 6년 전 이곳에 왔을 때는 안 했던 것 같은데 누군가 지하궁을 폭파할까 걱정이 되는 모양이다. '시에시에허쭈어謝謝合作'라 써 붙여 안전검사에 협조해주어 감사하다는 뜻을 표시했다. 중국에는 '일하다'를 '꽁쭈어工作', '협조하다'를 '허쭈어合作'라 하며, 일도 '커예課業'라 하는 등 사회주의적 냄새를 풍기는 말들이 많다. 연구 대상으로 삼아도 좋을 듯하다.

땅 밑으로 들어가기 시작했다. 벽에 물이 질질 흐르고 찬바람이 씽씽 부는 지하로 한참을 내려 가니 궁전이 나왔다. 맨 먼저 나온 방은 '좌전左殿'이라 하여 관을 놓는 '관상棺床'이 있고 그 중앙에 '진찡金井'이라는 곳이 있었

정릉 후전에 안치된 관과 상자들의 모조품

다. 많은 이들의 주목의 대상이 되는 진찡은 만력제가 지하 27m 되는 바로 그 자리에 자신의 무덤을 쓰라고 했다는 지점이다. 27m 위에서 묏자리로 찍은 '진찡'을 몇 번이고 유심히 바라보았는데 그곳에는 사람들이 던진 돈이 수북히 쌓여 있었다.

돌로 벽을 쌓은 견고한 석굴 속에 돌로 된 육중한 석문이 나 있는 협소한 곳을 살짝 빠져나오니 '중전中殿'이라는 궁전이 나왔다. 그렇게 통로가 좁아 관을 통과시키지 못해 좌전의 진찡에 무덤을 쓰지 못하고 중전 옆에 있는 넓은 궁전인 '후전后殿'에 관을 안치했다는 기막힌 사연을 담고 있는 무덤이 정릉이다.

후전에는 '만력제관곽樟万歷帝棺樟'이 중앙에 있는데, 대략 가로 2m, 세로 2.5m는 되어 보이는 거대한 철관鐵棺이다. 양 옆으로 효정황후와 효단황후의 관도 안치되어 있다. 또 그곳에는 모두 26개의 상자가 놓여 있는데, 시신 이외의 부장품을 넣는 상자들이었다. 만력제와 황후들의 시신이 부장품과 함께 매장되어 있는 것이다. 겉에 나와 있는 것들은 모두 나무로 만든 복제품이며 빨간색으로 새로 칠을 해놓았다.

후전을 돌아 중전으로 다시 나오니 그곳에는 백옥으로 용과 봉을 조각한 황제의 보좌宝座와, 효단황후·효정황후의 보좌가 있었다. 커다란 석문으로 나오니 전전前殿이었다. 그러니까 지하궁전은 전전·중전·후전과 좌·우의 횡전 모두 5개의 석실로 되어 있었다. 9개의 돌계단을 밟고 올라서니 금강장金剛墻이었다. 드디어 완전히 지하를 빠져나왔다. 이 능은 1584년에 짓기 시작해 1590년까지 6년이나 걸렸다고 쓰여 있었다. 앞서 본 '정릉'이라 쓰인 거대한 누각 속으로 들어갔더니, 거기에는 명 만력 15년(1587)에 능의 표지석을 세웠다고 되어 있었고, 그 표지석에는 '신종황제의 능'이라 적혀 있었다.

무능했던 황제가 무덤만큼은 화려하게 썼음을 확인하고 무덤을 벗어나 다시 '발굴 50주년 기념관' 맞은편의 건물로 들어갔다. 금전, 머리장식, 거울, 빗, 옥대, 옥석, 그릇 등이 있었다. 그리고 연꽃을 수놓은 비단, 용과 구름을 수놓은 비단 등 여러 종류의 비단을 진열해놓았다. 중국에 좋은 비단이 많이 난다는 말이 생각났다. 돌아 나오다가 아까 지나갔던 '영성문' 앞에서 숨을 고르고 왼쪽 발부터 문지방을 넘었다. 남자는 왼쪽 발, 여자는 오른쪽 발부터 넘어야 한다고 전해지는데, 그렇게 하지 않으면 저승에서 못 나온다는 설이 있다.

거슬러 앞으로 부지런히 나오다가 입구에서 확인해보니 정릉은 천수산맥天壽山脈을 잇는 대곡산大峪山 동쪽 기슭에 자리 잡고 있었다. 밖에서 볼 수 있는 우리의 왕릉과 달리 지하에서, 그것도 빈 무덤을 보고 떠나야 하는 심정이 편치만은 않았다.

명십삼릉에서 그다지 멀지 않은 곳에 만리장성, 즉 팔달령장성八達嶺長城이 있다. 마오쩌둥의 말대로 대장부 소리를 들으려면 가야 하겠지만, 수년 전에 가보았고 시간도 많지 않기 때문에 다음을 기약하기로 했다.

숙소에 돌아와 점심을 먹고 쉬다가 오후에는 택시를 타고 천성상품시장天成商品市場이리는 곳으로 갔다. 차로 10분 거리였다. 한국의 청계천에 있는 평화시장이나 남대문시장 등을 연상케 하는 크고 서민적인 시장이었다. 비교적 물건 값이 싼 편이지만 마음이 중요하다는 생각에 한국에 가지고 갈 선물을 정성껏 준비했다. 물건이 너무 많아 무엇을 사야 할지 난감해 한참을 돌아다니다가 370위안을 주고 금속 책갈피 30개를 샀다.

살아 있는 인체 표본

오전 내내 15일까지 마감시한인 논문을 쓰느라 정신이 없었다. 처음에는 단순히 '한국의 음식문화'를 쓰려고 했으나 이왕이면 중국의 음식문화와 비교해보고 싶은 욕심이 생겼다. 사실 우리 학과 이선이 교수가 논문 발표를 제의했을 때도 준비 되지 않았던 것인데, 이 교수가 용기를 주는 바람에 수락했다.

오후에는 천단공원 옆에 있는 북경자연박물관으로 향했다. 운전기사도 정확히 몰라 전화로 물어가며 톈차오天橋 남대가로에 있는 목적지에 내려주었다. 30위안씩 주고 박물관 안으로 들어갔다. 어디부터 어떻게 관람해야 할지 몰라 여러 번 헤맸다. 박물관 전시실을 좀 더 체계적으로 운영했으면 하는 마음이 간절했다. 입장료는 많이 받으면서 왜 그렇게 무성의하고 무질서하게 관리하는지 안타까웠다. 일하는 사람들에게 여러 번 묻기도 했다. 표지판만 잘해놓으면 별 다른 도움 없이도 얼마든지 요령 있게 다니며 소기의 목적을 달성할 수 있을 것이다.

1층에서 멧돼지, 호랑이 등의 표본을 본 뒤 지하로 내려가 아시아 최대의 장강에 산다는 물고기를 구경했다. 물고기는 해수청海水廳과 단수청淡水廳으로 나누어 진열되어 있었다. 물고기 가운데 금강앵무, 홍백앵무 등의 '앵무鸚鵡'라는 새 이름이 있어 눈여겨보았다. 다시 올라와 여러 동물의 표본을 보았다. '곤충세계관'은 그냥 지나쳤고, '동물의 밤動物之夜'관도 대충 훑어보았다. '동물의 미動物之美'관에는 1986년 신장에서 발굴되었다는 '푸주시副巨犀'라는 코뿔소의 화석모형이 있었는데 사람 크기의 50배는 되어 보였다. 옛날 육지에서는 가장 큰 포유동물이었다고 한다. 코끼리의 머리와 황하코끼리의 화석모형도 있었다. 다시 지하로 내려와 저우커우뎬에서 가져온 북경인 유적지의 재, 북경인 석기, 북경인 화석 등을 보았다. 또한 북경인의 뇌 모형을 보니 현대인 뇌의 반밖에 되지 않았다. 진화를 하면서 확실히 머리가 발달했음을 확인했다.

표본이나 박제도 있었으나 대부분 모형에 불과해 상당히 실망스러웠다. 책에서 보았던 "실제 인간이나 성기 등을 포르말린에 담가놓은 것이 압권"이라는 내용에 기대를 걸고 묻고 물어서 자연박물관 건물 밖에 있는 '인체진기묘人体眞奇妙'라는 건물을 찾았다. 지금까지의 실망을 일거에 걷어낼 수 있을 만큼 호기심과 긴장감이 압도했다. 들어서자마자 인체의 실물들이 나의 시선을 사로잡았기 때문이다.

맨 앞에는 '전신기육全身肌肉'이라 하여 작은 키의 남자가 서 있었다. 그야말로 바싹 말린 버얼건 빛깔의 고깃덩어리에 불과했다. 몸 전체의 신경과 혈관도 있었다. '표정기表情肌'는 머리만 잘라놓은 것으로 정말 표정이 살아 있는 얼굴 모습이었다. 유아의 소화계통 전모도 있었고, 위와 십이지장도 있었다. 그 옆에 간이 있었는데, 그 크기에 놀랐다. 호흡기계통의 전체 모습과 구멍이 뚫린 '폐결핵성 공동空洞'도 있었다.

남성생식기의 진모와 여성생식기의 전모도 있었다. 신장은 크기가 생각보다 작았다. 정상인의 태아와 뇌 없는 기형아도 있었다. 그 옆에 있는 '완전한 처녀막'을 뜻하는 '완호적처녀막完好的處女膜'은 이름만큼이나 신기했다. 심장, 등뼈, 뇌 등을 해부해놓았는데, 뇌에는 소뇌, 대뇌, 단뇌 등이 있었다. 단뇌는 쭈글쭈글 주름이 있는 게 특징이었다.

의대에 다니는 학생이 '해부학'을 공부하고 나오는 것도 아니고, 건물을 나서는 심정이 착잡했다. 예전에 마치 실제처럼 생생하게 특수 제작되어 영화에 긴장감을 주는 커대버(cadaver, 해부 실습용 시신)는 본 일이 있다. 실제 인체를 처음 보고 나서 "우리나라는 일반인들에게 혐오감을 줄 수 있기 때문에 '인체박물관'을 운영하지 않는 것이겠지"하고 혼자 생각했다. 밖으로 나오기 직전 나에게 "여기 있는 게 진짜냐"고 묻는 한국인 관광객도 있었다. "쩐더眞的"(정말)라고 단호하게 대답해주었다.

둥팡신톈디와 마나오

북경자연박물관을 나오니 오후 4시 30분이었다. 한 곳이라도 더 돌아보고 싶어 왕푸징에 가기로 했다. 그곳에서 멀지 않은 거리에 왕푸징이 있었기 때문이다. 왕푸징은 자금성의 동쪽에 있는 베이징의 대표적인 번화가다. 시간에 쫓기다 보면 못 갈 수 있겠다고 생각했는데 다행히 갈 수 있어 기뻤다. 외국인 관광객이 가장 많이 찾는다는 패션, 쇼핑, 금융 산업의 중심지로 서울의 명동과 같은 곳이 바로 왕푸징이다.

택시에서 내리니 거대한 건물이 앞을 막고 있다. 베이징판뎬北京飯店이라고 하는데, 이 호텔이 중국에서 가장 오래되었고 대단히 크다고 들었다. 베이징 제일의 객실수와 1900년 역사를 자랑하는 중후한 호텔이었다. 그 맞은편에는 홍콩 최대 재벌인 리카싱李嘉誠이 투자해 지었다는 둥팡신톈디東

아시아 최대의 복합빌딩, 둥
팡신톈디

方新天地라는 대형쇼핑센터가 있었다. 둥팡신톈디는 내가 보기에도 우리의 롯데 쇼핑몰보다 훨씬 커 보이는 복합빌딩이었다. 아시아 최대의 복합빌딩으로 12만 m²의 부지에 9개 동의 건물이 붙어 있다고 한다. 그 거대한 건물 안으로 들어갔다. 온통 외국어 간판들이었다. 서울의 강남이나 명동에 온 듯한 느낌을 강하게 받았다.

거기서 영매의 도움을 받아 아내에게 줄 선물을 샀다. '아이스바오愛斯宝' 라는 곳에서 '마나오瑪瑙'라는 유명한 옥으로 된 팔찌를 산 것이다. 중국은 옥이 유명하다. 중국의 옥 문화는 8,000여 년 전 중국 북쪽 네이멍구 동부에 살던 신석기인들이 귀고리와 목걸이를 옥으로 만들어 쓴 데서 시작되었다. 신석기인들은 옥으로 만든 장식이 사후세계로 가는 길을 인도해준다고 믿었다. 그리고 옥으로 만든 장신구를 휴대하면 '신령'의 보호를 받을 수 있다는 믿음이 중국인의 마음속에 자리 잡았다. 그 후로도 옥은 재산과 신분을 나타내는 부귀의 상징으로 여겨졌다. 중국인들 사이에는 "황금은 값을 매길 수 있지만, 옥은 값을 매길 수 없다黃金有价玉无价"라는 말까지 있다.

영매는 몇 군데 더 가보자고 했다. 중국인들은 최소 다섯 곳을 방문한 뒤에야 구매를 결정할 정도로 신중하다고 한다. 우리는 한 곳을 더 가보고 나서 다시 그 집으로 물건을 사러 갔다. 그런데 잠깐 사이 그 물건이 팔렸다고 한다. 황당해하고 서 있으려니 현금을 주면 우리에게 팔 수 있다고 했다. 현금을 유난히 좋아한다는 중국인들을 눈으로 확인했다. 어쨌든 가격표의 5분의 1 가격에 팔찌를 샀다. 왕푸징의 백화점이 공급과잉으로 경쟁이 치열해 유명 브랜드 상품을 헐값에 살 수도 있다는 말을 실감했다.

외국인이 많이 찾는 왕푸징은 보행자들의 천국이었다. 길이 810m, 너비 40m인 '왕푸징 차 없는 거리' 때문이다. 매일 그곳을 찾는 관광객이 25만 명에 이른다고 한다. 수많은 인파 속에 끼어 유유히 걸으며 중국의 번화가를 체험했다. 주로 쇼핑을 하고 즐기는 곳이라 할 수 있는 이곳에도 대형서점인 신화서점이 있어 색다른 느낌을 주었다. 8층 건물 전체가 서점으로 하루 고객만 10만 명이 넘는다고 한다.

서점 5층에 가보니 한국과 일본의 문학을 모아둔 '일한 문학' 코너가 있었는데, 이름과 달리 한국책은 찾기 힘들었다. 중국에서 인기리에 방영된 드라마 덕분인지 의주상인 임상옥을 다룬 최인호의 소설 『상도』만이 눈에 띌 뿐이었다. 나머지 알 수 없는 낯선 무협지와 인터넷소설이 전부였다. 그에 비해 일본 책은 다양하게 많이 진열되어 있었다. 중국인에게 일본에 대한 무의식적인 거부감이 있다는 말이 결국 무색할 수밖에 없다는 것을 여기서도 느낄 수 있었다. 다만 한국의 인테리어 등 건축 관련 도서나 아동 도서 등은 중국에서도 알아준다는 말을 들었다.

딸에게 줄 지갑을 사러 맞은편에 있는 호우세계상장好友世界商場으로 갔다. 마땅한 것이 없어 그냥 밖으로 나왔는데 그 앞으로 200개 이상의 가게가 밀집되어 있다는 신둥안시장新東安市場도 보였다. 멀리 바라다 보니 번화한 왕푸징 거리가 족히 남북으로 1.5km, 동서로 1km 이상 되어 보였다. 바로 옆에는 '왕푸징소흘대가王府井小吃大街'라는 먹거리 골목도 있었다.

저녁을 먹기 위해 '왕푸징미식가王府井美食街'라는 곳으로 갔다. 지하에 있는 그곳은 크기를 짐작할 수 없을 정도였다. 카드를 사서 음식을 먹게 되어 있었다. 문화유적지에 들어갈 때도, 전화를 사용할 때도, 중국에서는 어디를 가나 카드를 많이 쓰는 편이다. 란저우의 '란저우뉴로우라미엔蘭州牛肉拉面', 홍콩의 '강스차찬港式茶餐', 신장의 '신장메이스新疆美食', 일본의 '잉양쥐시리에榮養粥系列' 등 다양한 지역의 음식이 있었다. 우리는 쓰촨의 '마라샹궈麻辣香鍋'를 시켰다. 쓰촨요리의 특징은 매운맛이 나는 '마라'를 향신료로 쓴다는 점이다. 이 요리는 두부를 말린 더우피豆皮와 나무에 붙은 버섯 무얼준木耳菌, 오징어, 쇠고기 등을 섞어 튀긴 것이다. 신문 조사에 의하면 베이징 시민들이 가장 좋아하는 음식으로 쓰촨음식을 꼽았다고 한다. 나도 쓰촨요리인 마퍼떠우푸麻婆豆腐(두부에 고춧가루를 많이 넣어 볶은 요리)나 궁뽀러우띵宮保肉丁(돼지고기를 네모나게 썬 후 빨간고추를 넣어 볶은 요리) 등은 매우 좋아한다.

커다란 양푼에 가득 담겨 나온 요리를 반찬으로 밥을 먹었는데, 요리가 입에 잘 안 맞고 밥이 끈기가 없어 많이 먹지는 못했다. 동북지방을 제외한 대부분의 중국인이 먹는 밥은 풀기 없는 얼량메이二粮米로 한국인들이 먹는 기름기 많고 점성이 강한 밥과는 많이 다르다. 식사를 할 때마다 씹게 되는 상차이는 역겹기 그지없다.

우리는 밥이 주식이고 반찬이 반드시 따라 나오지만 중국인들은 꼭 그렇지 않은 것 같다. 요리만으로도 충분히 한 끼 식사를 하는 듯했다. 요컨대 중국식단은 우리와 달리 밥과 요리, 즉 주식과 부식이 각각 독립적인 특성을 지닌다고 할 수 있다.

오다 보니 왕푸징과 비슷한 '시단'이라는 번화가도 있었고, 좀 더 지나니 유명한 백화점 거리도 나왔다. 베이징의 번화가는 크게 4개로 나뉜다. 둥팡 신텐디, 신둥안시장 등의 대형쇼핑몰과 일류호텔이 모여 있는 왕푸징, 베네통 등이 입점해 있는 시단, 고급쇼핑센터인 중국국제무역센터 등이 있는 젠궈먼建國門 부근, 오래된 레스토랑이 많은 쳰먼前門 거리 등이다. 쳰먼의 상징은 옛날 외적을 방어하기 위해 건립한 다리이다. 특히 천안문 앞을 지나는데 국기하강식을 보려는 사람들이 줄지어 있었다. 중국은 온통 볼거리요 연구 대상이라 생각되는데, 곧 돌아가야 한다니 안타깝기 그지없다.

北京日記 116

조선어문학과 자료실

박순희 조교에게 전화를 걸어 기숙사 비우는 문제를 언급하고 성적표를 가지고 가겠다고 했다. 대학에 들어가며 유심히 살펴보니 캠퍼스 곳곳에 걸려 있는 플래카드가 눈에 띄었다. 기말고사 기간이어서 그런지 컨닝을 하지 말자는 경고문이 많았는데 이런 경고문들을 보면서 자유로운 한국뿐만 아니라 엄격한 분위기 속에서도 학생들의 부정행위가 있구나 하는 생각이 들었다. 중국 광둥성 둥관東莞기술대학교에서는 부정행위를 막기 위해 1,200명의 학생을 대강당에 모아놓고 영어시험을 치렀다고 한다. 상주인구 약 800만 명에 1만 6,000여 개의 기업이 입주해 있는 둥관시는 세계 데스크톱 컴퓨터 부품의 95%가 생산되는 신흥 공업지역이다.

오늘은 박 조교가 여유 있어 보였다. 그래서 이런저런 이야기를 많이 나

누었다. 물론 준비된 메모지를 꺼내
열심히 적어가면서였다. 오늘도 박
조교는 형식적인 것에 너무 매달리
는 업무환경에 대해 단호하게 비판
했다. 지난번 들었던 "985선언 때문
아니냐?"고 했더니 오늘은 컴퓨터에
서 관련 자료를 뽑아주기까지 했다.
제목은 「입선 '985공정' 고교명단」

외국 귀빈들이 묵는, 댜오위타이

이었다. 대학을 '고교'라 표현한 이 문건은 1998년 5월 4일 장쩌민이 선언
한 중점지원 대학명단을 말한다. 1기에 34개 대학이 들어갔고, 2기에 민족
대학을 포함한 4개 대학이 명단에 들어갔다. 중국에 있는 약 2,000~3,000
개 대학 중에 38개 대학 안에 들어갔으니 얼마나 일이 많을 것인지는 짐작
이 가고도 남는다.

수없이 지나다니면서 보았던, 민족대학 가까이에 있는 댜오위타이釣魚台
에 대해 물어보니, 역사가 800년이나 되었다고 한다. 애초에 금나라 장종章
宗 황제가 낚시질했던 곳으로 원나라 때 별당으로 썼으며, 명나라 영락제
때에는 귀족 별장으로 사용되었다고 한다. 청나라 건륭제 때 건물을 많이
지었고 1958년에 국빈관이 되어 요즈음도 외국 원수급을 맞고 있다고 한
다. 우리에게는 북핵 6자회담이 열린 장소로 더욱 익숙해졌다.

후통에는 가보았느냐고 묻기에 호우하이后海에 있는 후통에 가봤다고 하
사 호우하이를 보지 않으면 베이징에 왔다 갔다고 할 수 없다는 말도 있다
고 했다. 집에 들어가는 '문門'에 대한 이야기가 나오자 가문이 비슷한 집안
끼리 혼인한다는 '먼당후두이門쑬戶對'라는 말을 했다. 전에 장신에게서도

들었던 말이다. 우리나라에도 '두더지가 높은 데서 혼처를 구하다가 결국 두더지와 결혼했다'는 '두더지의 혼인'이라는 민담이 있다. 나라에 관계없이 '끼리끼리 만나 사는 게 행복'임을 역사가 증언하는 것 같다.

중국에는 '용은 용을 낳고, 봉은 봉을 낳으며, 쥐는 새끼 때부터 구멍을 팔 수 있다龍生龍 鳳生鳳 老鼠的儿子會挖洞'는 말이 있다고도 했다. 쉽게 말해 '그 부모에 그 자식'이란 뜻이다. '닮는다'는 게 얼마나 무서운 일인가. 원치 않아도 어쩌면 그렇게 닮을 수 있는 걸까. 자식을 키운 부모들은 알 것이다. 못난 자식, 마음에 안 드는 자식이 있다면 그게 바로 자신의 모습이라는 걸 깨달아야 한다.

중국의 옥玉이 화제가 되기도 했다. 옥에는 여덟 가지가 있는데, 하얀 빛깔의 양지옥羊脂玉이나 백옥白玉이 최상품이며, 청옥靑玉, 청전옥靑田玉 등이 있다고 한다. 어제 산 '마나오瑪瑙'라는 옥에 대해 물어보았는데 매우 귀한 것이라는 소리를 듣고 속으로 잘 샀다고 생각했다. 질 좋은 옥이 많이 생산되는 곳은 신장 위구르 자치구의 허뎬花田 일대이며, 시안이나 랴오닝성의 옥도 유명하다고 했다.

몇 년 전에 쑤저우의 비단공장에 갔던 일을 회상하면서 중국에는 비단도 유명한 것 같다고 말하자 허난河南의 두산獨山 비단이 좋다고 했다. 쑤저우는 '스초우즈썅絲紬之鄕'(비단의 고향)이라 할 만큼 중국에서 비단으로 가장 유명한 곳이라고 한다. 실크가 중국 고대부터 사용된 옷감이라는 건 누구나 알 것이다. 중국 최초의 양잠전문가이자 신령으로 추앙되었다는 누조嫘祖와 그를 제사지내던 선잠단先蠶壇 생각도 났다.

시간이 없어 나중에 다시 만나기로 하고 조선어문학과 자료실로 갔다. 한 학기가 다 끝날 때야 간 것이다. 자료실을 관리하는 작가 이원길 교수의 부인에게 인사를 하고 자료를 구경했다. 자료는 모두 책이었고 대략 1만 5,000권이 된다고 했다. 한 학과가 소장하고 있는 도서의 양치고는 많았다. 국가도서관에 있는 한국서적보다 많다는 말까지 들었다. 현재 연변대학 총장이기도 한 김병민 교수의 『조선문학사』가 눈에 띄었다. 한국의 조동일 교수가 지은 『한국문학통사』와 루쉰의 소설 33편, 『김일성저작집』 33권도 있었다.

1970년대까지만 해도 자료실에는 북한 책 조금과 잡지 몇 권밖에 없었다고 한다. 학과장 태평무 교수를 비롯해 학과 자체의 노력으로 한국 국제교류재단을 통해 연간 약 300만 원씩의 도서를 지원받았다고 한다. 학교도서관에서 책을 가져가려고 해서 여러 번 고생했다는 말도 했다. 그때마다 조선어문학과가 한국의 서울대학교와 북한의 김일성종합대학과 공동교류를 하고 있는데 그 책을 가져가면 교류와 지원이 당장 끊긴다고 엄포를 놓아 모면했다고 한다. 특히 자료실을 지키기 위해 노력하는 태 교수에게 "가능하면 학과에서 책을 보유했으면 좋겠다"고 말했다. 학과에서 책을 많이 소장하고 있는 것이 무척 부러웠다. 논문 쓰는 데 필요할 것 같아 조선족 민속에 관한 책 한 권을 빌려 가지고 나왔다.

숙소에 들어와 있다가 서현이의 전화를 받고 나가서 어제 누락된 리포트 하나와 오늘 빌린 책을 복사했다. 복사비는 상상을 초월할 만큼 싸다. 그래서인지 복사하는 곳은 항상 사람들로 붐빈다.

땀에 흠뻑 젖은 몸을 씻지도 못하고 저녁을 먹는 둥 마는 둥 문 닫기 전에 차오스바에 갔다. 모든 게 마시믹이 될지도 모른다는 생각에 정성 들여 쇼핑을 했다. 이것저것 사고 난 뒤 끝으로 헤이룽장성에서 생산된 쌀 5kg짜리 하나를 샀다. 특히 쌀을 사면서 여러 감정이 교차했다. 이제 더 이상 사지 않아도 될 것이다. 다섯 달 동안 쌀을 40kg 넘게 먹었다. 고통과 보람 등 삶의 한 과정이 끝나는 시점에서 일어나는 미묘한 감정 때문에 순간 가슴이 뭉클해졌다.

참말로 싸다

아침에 영매와 함께 선물을 사러 '짝퉁'으로 유명하다는 슈수이지에秀水街로 향했다. 나이 지긋한 택시 운전기사를 만나 베이징 시내 곳곳에 대해 자세히 설명을 들을 수 있었다. 그는 한국인이냐고 물으면서 반가워하기도 했다.

택시 운전기사도 '후퉁'을 언급하면서 호우하이后海에 가보았느냐고 물었다. 역시 호우하이를 보지 않으면 베이징에 왔다 갔다고 말할 수 없다고 했다. 왜들 그렇게 호우하이를 거론하는지 궁금해 물어보았다. 우선 유명한 술집이 많고, 아들에 의해 살해된 허선和紳이라는 유명한 탐관의 집이 있으며, 쑨원의 부인인 쑹칭링宋慶齡의 옛 집도 거기에 남아 있기 때문이란다. '지우먼샤오츠九門小吃'라 하여 길거리음식으로 유명한 곳도 있으며, 무엇보다 보존이 잘 되어 있는 게 호우하이의 장점이라고 했다. 그 많은 후퉁 중에서 그곳에 갔다 오기를 너무 잘 했다는 생각이 들었다.

택시를 타고 가면서 오늘도 웅대한 수도박물관 앞을 지나쳤다. 콩먀오에 있다 2006년 초 새롭게 개관한 창안제長安街의 수도박물관도 그렇고 중국에는 구궁박물관, 루쉰박물관, 고종박물관 등 박물관이 참으로 많다는 사실이 매우 부러웠다. 은행이 밀집되어 있는 금융가인 푸씽먼夏興門을 지나 거대한 민족호텔, 민족문화궁도 지났다.
며칠 전 지나갔던 시단도 다시 지났다.
맞은편에는 1만 명을 수용한다는 중국
대극장이 있었다. 비용이 많이 투자된
것은 물론 9년간 공사를 했다고 한다.
역시 중국적 발상의 소산이다.

중국의 지도부가 있는 중난하이의 정문,
신화먼

　마침내 중국 지도자들의 숙소와 사무
실이 있는 중난하이를 지나게 되었다. 그 앞을 그토록 지나다니면서도 나
는 자금성 서쪽, 즉 시청취에 위치한 그곳이 중난하이인 줄 몰랐다. 우리는
중난하이의 남문이자 정문인 신화먼新華門 앞을 지나갔다. 정문앞에는 오성
기가 나부끼고 있었다. 택시기사는 그곳을 가리키며 후진타오가 근무하는
곳이라고 몇 번이나 강조했다. 높은 담과 나무숲에 가려 건물 지붕만 조금
보일 뿐이다. 서쪽 끝에서 동쪽 끝까지 택시를 타고도 한참을 갔으니 넓은
건 말할 것도 없다.

　맞은편으로 인민대회당 뒷모습이 보였다. 역시 오른쪽으로 천안문 광장
이 나타났다. 천안문 광장은 25~30만 명을 수용할 수 있다고 한다. 문화대
혁명 당시에는 100만 명이 넘는 홍위병이 운집했던 곳으로 세계에서 가장
큰 광장이다. 이어서 국가박물관이 나오는데 '역사박물관과 혁명박물관'
이 이름을 바꾸었다고 한다. 곧바로 거대한 공안부 건물이 나왔다. 한국의
경찰청과는 비교가 안 될 만큼 컸다.

　맞은편, 그러니까 왼쪽으로 베이징판뎬이 있고, 엊그제 갔던 둥팡신톈디
東方新天地가 있었다. 우리가 지나는 이곳은 자금성 동쪽에 해당하는 둥청취
이다. 진지에金街(황금 상가)라는 왕푸징을 중심으로 서쪽에 시단이 있고 동

'짝퉁'으로 유명한 슈수이지에

쪽으로 인지에銀街(은 상가)라는 둥 단東單이 있는 것이다. 길 건너 오른 쪽으로 우리의 재무부에 해당하는 상무부商務部가 웅장한 자태를 뽐내고 있었다.

좀 더 가다 보니 오른쪽으로 베이징역이 나왔고 오른쪽에 고관상대古觀象台가 있었다. 중국이 천체 관측을 위해 관상대를 설치한 것은 1442년으로, 영국보다도 200년이나 앞서 세계 최초라고 한다. 흠천감의 관할 아래 성城의 동남 모퉁이에 세운 관상대는 의기儀器들로 천체를 관측하는 곳이다. 지금도 천문 관측기구들이 역사를 거슬러 영광을 과시하는 듯했다. 장헝張衡이라는 천문학자가 발명한 지진 감측기인 '띠퉁地動'도 거기에 있다고 한다. 홍대용을 비롯한 조선의 천문학자들이 이것들을 보기 위해 베이징에 다녀갔을 걸 생각하니 한 번 더 눈길이 갔다.

사이터그룹賽特集團이 나오자 운전기사는 그곳을 가리키며 "비싼 곳"이라고 일러주었다. 대로에서 비교적 좁은 길로 들어섰다. 국제구락부國際俱樂部라는 호텔이 나왔는데 영매는 5성급 이상은 되며 미국 부시 대통령이 머물었던 곳이라 했다. 북핵 6자회담의 수석대표들이 머무는 곳으로도 유명한데 내가 보기엔 초라했다. 그 일대가 대사관이 밀집되어 있는 곳이었다. 일단로日壇路가 나오고 일단공원日壇公園이 있었다.

한 시간이나 걸려 목적지 슈수이지에에 도착했다. 슈수이지에 안으로 들어가니 정신을 차릴 수 없었다. 수많은 가게와 물건과 사람들이 북새통을 이루고 있었기 때문이다. 중국말도 쓰고 영어도 쓰고 간간이 한국말도 섞어가며 점원들이 나와서 호객행위를 했다. 그 사이를 뚫고 다니기란 어지 간히 힘든 일이었다. 1층은 주로 옷을 파는 가게들이었다.

무엇보다 딸에게 선물할 지갑을 사기 위해 지하로 내려갔다. 점원들이 붙들고 당기는 바람에 곤욕을 치렀다. 겨우 그 상황을 모면하고 비교적 조용한 가게에 들어갔는데, 밖에 있는 물건을 다 보여준 다음 열쇠로 서랍장을 열어 더 좋은 물건들을 보여주었다. 모두가 외국의 유명 상품들을 모방한 것이었다. 마음에 드는 것 3개를 골라 값을 물어보니 하나에 185위안이라고 했다.

잠깐 다른 곳에 가보려고 했으나 아침 손님이라며 최대한 깎아주면서 어떻게든 팔려는 기세였다. 우리가 머뭇거리고 다른 곳으로 가보려고 하자 마침내 곱상하게 생긴 중국인 아가씨가 "싸다", "참말로 싸다"면서 체념하듯이 하나에 40위안을 달라고 했다.

워낙 물건이 많고 가격의 폭이 커서 물건 사기가 보통 힘든 게 아니었다. 깎아야 속지 않고 살 수 있겠구나 하는 생각도 해봤다. 나는 정찰가로 파는 물건을 구입하는 데도 익숙하지 않다. 원래 쇼핑하는 걸 싫어하는 나로서는 이런 일이 고역이다. 다행히 영매가 도와줘서 신발도 샀다. 40위안에 주겠다는 가게가 있어 6켤레에 240위안을 주고 한 보따리를 샀다.

나가는 길을 찾다 지하식당을 발견하고 점심을 먹기로 했다. 카드를 사서 나는 '조선냉면'을 먹고 영매는 '총요우반葱油拌面'을 먹었다. 내가 주문한 냉면은 맛이 괜찮았다. 영매가 시킨 것은 파가 들어간 처음 보는 면이었는네 기름기가 좀 많다고 했다. 냉면은 8위안, 반미엔拌面은 5위안이었다.

지하 식당에서 점심을 먹고 숙소를 향해 오다가 택시 안에서 밖을 내다보니 도로 중앙분리대 광고판에 LG 이동통신 광고가 선명하게 들어왔다.

중국에 진출한 대표적인 한국 기업은 삼성과 LG다. 그 가운데서 중국인들이 가장 친근하게 느끼는 한국 기업으로 LG를 꼽는다고 한다. LG전자는 중국을 비롯한 동남아지역에서 한류스타인 이영애를 앞세워 자선활동에 적극 나서고 있다. 특히 중국에서는 2003년 사스 발병 기간 중 사스 극복을 위해 시작한 '아이 러브 차이나(I Love China)' 캠페인을 꾸준히 벌여 어려움을 함께하는 이웃의 이미지를 구축했다. 중국 후이저우시惠州市는 1월 31일을 '후이저우 LG의 날'로 정했다고 한다. 숙소 주변에 있는 건물의 에어컨이 대부분 LG인 것도 예사로 보이지 않았다. 한편 질주하는 택시들를 보니 현대의 엘란트라였다.

그동안 푸다오 장신의 도움으로 베이징 문화탐방을 착실하게 진행할 수 있었다. 그리고 장신이 기말고사에 들어간 뒤 우리 대학원에 입학할 영매가 나를 도와주어 계획을 순조롭게 마무리할 수 있게 되었으니 다행스럽기 그지없다. '덕불고 필유린德不孤 必有隣(『논어』 이인편里仁篇)'이라는 말이 있다. '덕이 있으면 외롭지 않고 반드시 이웃이 있다'는 뜻이다. 앞으로 베풀며 살 수 있으면 좋겠다.

北京日記 118

사우나 맛을 알면

태평무 교수와 김건곤 교수와 함께 사우나를 하기로 하고 택시를 탔다. 잠깐이나마 택시 안에서 대학이 교수들의 세금을 떼는 문제로 쓴 소리가 오갔다. 또 술 마시는 이야기가 나오면서 옌볜延邊에서는 한국을 닮아 술을 마시면 3~4차까지 간다고 했다. 1차는 식사, 2차는 가라오케, 3차는 마사지, 4차는 양고기를 먹으러 간다는 것이다.

드디어 목적지에 도착했다. 아니 그런데 사우나에 간다더니 천성시장天成市場 옆에 있는 대전한식송골회관大田韓式松骨會館이라는 곳으로 가는 게 아닌가. 몇 번 지나다니면서 어떤 곳일지 궁금했는데, 마침 바로 그곳을 찾아온 것이다. '송골회관'이라니 뭐하는 곳인지 도대체 알 수 있었겠는가.

회관의 1층으로 들어가니 종업원이 지하로 안내를 했다. 지하는 궁전과 같이 넓고 화려했다. 집에서 막 닦고 나오는 참인데 먼저 샤워를 하라고 했다. 시키는 대로 입고 온 옷을 옷장에 넣고 샤워를 했다. 그리고 거기서 주는 가운으로 갈아입었다. 속옷까지 주는 게 신기했다. 가운을 입은 채 자리를 옮겨 뷔페식 양고기 훠궈로 맛있게 점심식사를 했다. 훠궈를 먹기 위해서는 먼저 소스인 마장麻醬을 만들어야 했다. 태 교수가 하는 것을 보며 깨에다 고추기름, 양파, 마늘, 후추가루, 된장 등을 넣어 양념장을 만들었다. 우리의 샤브샤브와 크게 다른 것은 고기를 건져 먹는 냄비를 각자 따로 사용하며, 냄비에 물이 아니라 기름을 넣는다는 것이다.

중국의 식문화답게 식사를 하면서 많은 이야기를 했다. 태 교수는 "중국인들은 철저하게 개인주의적이기 때문에 형제간에도 '내 엄마'라 한다"고 말했다. 한국에서 '우리 엄마, 우리 집, 우리 학교, 우리나라'라고 하는 '우리' 문화와 사뭇 다르다. 그리고 "자기 집 문 앞에 있는 눈이나 쓸지 남의 집 지붕에 있는 눈은 관계치 않는다"는 말이 있다고도 했다. 어떤 한족 조교는 자기 책상과 붙어 있는 교수의 책상은 안 닦고 자기 책상만 닦는다는 말도 나왔다.

한편 나는 조선족 학생들 사이에서는 기숙사에서 둘러앉아 음식을 나눠 먹는 아름다운 습속이 있다는 이야기를 했다. 수박 한 통을 사다 놓고 8명이서 숟가락으로 퍼 먹는다는 말을 들었기 때문이다. 이어서 태 교수는 북한에서 공부하는 외국인들의 경우 김일성종합대학 기숙사에서 생활하는데, 대우가 매우 좋다는 말과 함께 거기서 조선족들이 모여 식사하는 것을 보고 외국인들이 부러워했던 일을 회고하기도 했다.

태 교수는 "중국의 한족 남자들은 빨래하고 밥하고 애 보는 것을 당연히 여기며, 여자들은 가만히 앉아서 TV를 보고 신문을 읽는다"고 했다. 1950년부터 1953년 사이에 남녀평등의 원칙에 따른 새로운 혼인법이 제정되었다. 그 후 중국은 문화대혁명을 계기로 여성들의 사회활동과 지위가 크게 달라졌다. "여성도 하늘의 절반을 떠받칠 수 있다"고 말한 마오쩌둥의 덕일지 모른다. 특히 1978년 개혁개방 이전에는 중국 역시 남존여비의 봉건사상이 뿌리내리고 있어 여성들이 부엌일을 도맡아 해야 했다.

근대 이전의 여성 차별은 중국의 경우 그 정도가 더 심했다. 20세기까지 존속했던 달아나지 못하도록 옭아맨 전족纏足을 비롯해 가난한 남자들의 공동의 아내가 되는 과처夥妻, 다른 사람의 아내를 돈을 주고 일정 기간 빌리는 전처典妻 등 여성을 인간이 아니라 물건이나 아이를 낳는 도구로 보았다. 그리고 태 교수는 "일 잘하는 한족 남자와 조선족 여자가 만나 결혼했는데 서로 일을 안 했다"는 우스갯소리를 했다.

또 샤워를 하러 갔다. 물을 틀어놓고 신나게 샤워를 하다가 멀리 있는 종업원과 눈이 마주치는 순간 뜨끔했다. 물론 그렇지는 않았겠지만, 물을 함부로 쓴다고 욕하는 것처럼 느껴졌다. OECD 가입국 중에서 우리나라의 물 소비량은 세계 1위다. 우리나라 사람들이 외국에 가서 아무 생각 없이 물 낭비를 하다가 외국인들에게 눈총과 미움을 산다는 말을 들은 적도 있다.

샤워를 하고 나서 커다란 욕조에 세 사람이 함께 들어갔다. 다른 사람들은 보이지 않았다. 탕 안에서 텔레비전도 볼 수 있게 되어 있었고 온도 표시 등도 있었다. 오랜만에 욕조 속에 몸을 담근 느낌이 새롭고 푸근했다. 거기서 재미있는 말을 들었다. "중국인이 사우나 맛을 알면 지구에 물이 안 남고, 생선회 맛을 알면 일본인과 한국인이 먹을 회가 없다"는 것이다. 맞는 말이다. 또 태 교수의 말에 의하면 조선족 가운데 중앙민족대학에 입학하는 학생들의 성적은 다른 대학에 가는 학생들보다 약 100점이 높다고 했다.

방을 옮겨다니며 전신 마사지와 발 마사지를 받았다. 발 마사지까지 마치니 시간은 5시간이 훌쩍 지나 있었다. 호강도 더 이상은 피곤해서 안 되겠다 싶어 저녁을 사양하고 그만 돌아가자고 했다. 마지막으로 샤워를 하고 옷을 갈아입었다. 점심식사와 목욕, 때밀이, 전신 마사지, 발 마사지, 저녁식사까지 포함해 1인당 300위안이라고 했다.

숙소로 돌아오는데 너무나 피곤했다. '고기도 먹어본 놈이 먹는다'고 처음에는 호기심에 좋았으나 너무 오래 있으니 지쳤던 것이다.

값은 파는 사람 마음대로

가까운 시장을 한 군데 더 구경하고 물건을 조금만 더 사볼까 하고 택시를 탔다. 10분 만에 택시에서 내려 지하도를 건너 찾아간 곳은 북경동물원 옆에 있는 시청취 천호성복장비파시장天皓成服裝批發市場이라는 도매시장이었다. '비파批發'란 도매都賣라는 뜻이다. 오기 전 영매에게 전화를 걸어 신발이나 몇 켤레 더 샀으면 한다고 했더니 일요일이라 사람이 많을 것이라고 했다. 하지만 오히려 사람 많은 곳을 구경하고 싶었다. 나와보니 역시 사

60m 높이의 류허타

람들로 발 디딜 틈 없이 북적거렸다. 지난번에 신발을 샀던 슈수이지에보다 이곳의 물건의 질이 좀 떨어지지 않느냐고 했더니 영매는 그렇지 않다면서 오히려 이쪽에 있는 물건을 가져다가 거기서 판다고 했다. 그곳은 외국인들이 쉽게 찾는 번화가일 뿐이라는 것이다.

시장의 이곳저곳을 다니면서 물건도 구경하고 기웃거리며 호기심을 채웠다. 며칠 전에 샀던 똑같은 신발이 있는 가게에 들어가서 몇 켤레 더 사려고 값을 흥정했으나 만만치 않았다. 역시 이쪽이 슈수이지에보다 못하지 않다는 걸 확인한 셈이다. 한 상점에서 값을 좀 적게 부르기에 아주 싸게 살 수 있겠다고 영매에게 말했더니 그렇지 않다고 했다. "많이 깎을 것을 예상하고 세게 부르는 사람이 있는가 하면 거의 받을 가격을 부르는 사람도 있다"고 했다. 그 말이 맞는 것 같았다. 사람에 따라 분명 차이가 있을 것이다. 어쨌든 물건 값은 파는 사람이 정한다는 생각이 들었다. 거기서 공예품 같은 신발 다섯 켤레를 35위안씩 주고 샀다.

3층에 올라가서 한국식 상품을 판다는 가게들을 구경했다. 그곳은 물건 값도 비싸고 사람도 아래층만큼 많지는 않았다. 한국 물건을 좋아하는 중국인들을 위한 곳이었다. 한글로 간판을 단 곳이 많았고 음료수를 파는 슈퍼마켓 같은 곳에도 온통 한국 물건이었다. 전에 알았더라면 이곳에 와서 식료품을 좀 사다 먹었을 텐데 하는 아쉬움이 일었다.

시장을 나와 쉬안우취 광안먼厂安門에 있는 톈닝스타天宁寺塔에 가보기로 했다. 톈닝스天宁寺는 베이징뿐만 아니라 신라의 최치원이 관리생활을 했다는 양저우揚州를 비롯해 창저우常州 등 다섯 곳에 있는데, 창저우의 톈닝스가 가장 유명하다고 한다. 택시기사에게 물어보니 30분은 걸릴 것이라 했다. 톈닝스에 도착해 정문을 넘어 가장 먼저 눈에 들어온 것은 거대한 탑이었다.

사실 톈닝스는 탑으로 더 유명하다. 톈닝스의 탑은 12세기 요遼나라 때 건립되었는데, 높이는 무려 57.8m이며 벽돌로 쌓은 팔각형 지붕의 13층짜리 건축물이다. 삼국시대 오나라의 손권이 어머니를 위해 창건했다고 알려진 쑤저우의 바오언쓰報恩寺에 있던 76m의 베이쓰타北寺塔가 생각났다. 그리고 항저우의 첸탕錢塘 강가에 솟아 있던 970년 오나라 월越왕이 세웠다는 60m의 류허타六和塔도 떠올랐다. 우리의 탑과는 비교도 안 될 만큼 중국의 탑은 거대하다. 그리고 석탑인 우리 탑과 달리 중국의 탑은 대개 벽돌로 되어 있는 전탑이다. 톈닝스타의 처마 끝에는 동종을 달았으며 지붕에는 진주가 있다. 요대를 대표하는 것으로 탑이 웅혼하고 수려해 최고의 건축예술 수준을 보여준다.

北京日記 120

소수민족의 의상이 한눈에

어제는 베이징에서의 마지막 일요일을 보내면서 착잡한 심정이 드는 데다 논문을 쓰느라 짐을 설쳤더니 새벽녘까지 머리가 아팠다. 조선어문학과 자료실에서 빌린 책을 반납하기 위해 11시쯤 학교에 갔다. 자료실 문이 잠겨 반납을 못하고 한국어학과 사무실로 내려갔다. 나중에 들으니 자료실은

민족대학의 명소, 민족박물관

늘 오후 2시쯤에 문을 연다고 한다. 김성란 교수와 지영이만 있었다. 김 교수는 여느 때와 마찬가지로 따뜻한 차를 내놓았다. 언제나 밝고 단아한 모습이다. 이제 더는 못 올 것 같다는 말과 함께 인사를 나누었다.

오후에 민족박물관을 관람하기 위해 교직원식당에 가서 식사를 하고 오후 1시가 넘어서 교내 박물관에 갔다. 2시에 문을 연다고 한다. 중국은 점심을 먹고 쉬었다가 오후 늦게 근무를 하는 바람에 현지생활에 익숙하지 못한 나는 불편하기 짝이 없다. 나무 그늘에 앉아 기다렸으나 더위를 피할 수는 없었다. 2시가 되어 갔더니 학과에서 신원을 보장해주면 무료로 들어 갈 수 있다고 해 박 조교에게 전화를 했다. 쉽게 통화가 되어 무료로 관람할 수 있었다.

1층 건물에는 '중화민족전통문화전'이라 하여 남방민족복식문화청과 북방민족복식문화청이 있고 중앙민족대학역사전시청이 있었다. 2층 역시 '중화민족전통문화전'이라 하여 종교문화청과 생활문화청이 있었고, 타이완소수민족문물전도 있었다.

먼저 북방민족복식문화청으로 들어갔다. 신장 지구의 위구르족, 키르기스족, 우즈베크족, 타타르족, 시베족, 카자크족 등의 복식을 비롯해 베이징 한족의 옷, 신발, 전투복이 있었다. 아동의 신발보다 작은 5cm 정도 밖에 되지 않는 여성 신발, 즉 전족을 보고는 경악하지 않을 수 없었다. 간쑤성의

싸라족撒拉族이 입는 솜옷 같은 것도 있었고, 칭하이青海 바오안족保安族의
여복과 쓰족土族의 화려한 천으로 된 허리띠와 신발 등도 진열되어 있었다.

1950년 구이저우 지구의 후이족이 모 주석에게 바친, 양가죽으로 된 배
에 두르는 '양피웨이더우羊皮圍肚'가 눈에 띄기도 했다. 헤이룽장성의 장갑
에 해당하는 수투手套를 비롯해 남녀의 긴 포袍도 있었다. 네이멍구의 복식
으로 바지 위에다 입는 가죽으로 된 '순루피타오구馴鹿皮套褲'가 있는가 하
면 수투, 여포, 화靴 등도 진열되어 있었다. 조선족의 여아복, 평민이 입는
남복과 여복도 있었다. 랴오닝 지구의 만족이 신는 짚신인 초혜草鞋와 베이
징 만족의 창의氅衣, 포, 혜도 있었다. 화靴는 목이 긴 신발이고 혜鞋는 짧은
신발이다. 간쑤성의 위구르족이 입는 여복은 무당옷처럼 화려하게 옥으로
장식되어 있었다.

다음으로 남방민족복식문화청으로 들어갔다. 시짱 지구의 장족이 착용
하는 남포와 여혜를 비롯해 쓰촨 강족羌族의 남자옷과 신발도 있었다. 윈난
지구에 사는 하니족哈尼族의 여성모자와 나무껍질옷, 치어걸의 복장처럼 화
려한 바이족白族의 여복, 나시족納西族의 여복, 이족彛族의 '인파오지銀泡鷄'
라는 특이한 관모 등도 눈에 띄었다. 구이저우 지구의 먀오족이 착용하는
은동 목걸이와 은관, 전체를 금붙이로 장식한 여복을 비롯해, 북과 함께 배
틀織布机까지 진열되어 있었다. 윈난의 다이족傣族이 착용하는 목걸이와 허
리띠도 있었고, 후난의 동족侗族이 착용하는 목걸이는 아홉층의 은으로 된
'지우청인九層銀'이라 하여 거대하기 이를 데 없었다. 타이완의 가오산족高
山族이 입는 마부베이수이麻布貝珠衣도 있었다.

2층으로 올라가 생활문화청부터 살펴보았다. 시짱 라싸拉薩의 담배함을
비롯해 여러 민족의 담뱃대가 있었다. 특히 한족의 담뱃대가 아주 묘하게

생겨 눈여겨보았다. 윈난의 이족이 쓰는 담뱃대는 마치 수도관처럼 컸다. 타이완 가오산족의 술잔이 진열되어 있었는데, 크고 특이하게 생겨 설명해 놓은 것을 읽어보니 명절 때 두 사람이 같이 마시는 잔이었다. 몽고족의 술 잔도 있었고 시짱 장족의 술병은 다양하면서도 크고 아름다웠다. 시짱, 윈난, 싸라撒拉의 장족이 사용하는 다기茶器도 있었다. 쓰촨 장족의 '무수요우차통木酥油茶桶'은 음료수를 만드는 특이한 기구였다. 조선족을 비롯한 이족, 장족의 주걱, 지린吉林의 조선족이 사용하는 놋그릇, 베이징의 한족과 만주족, 시짱의 장족이 쓰는 훠궈도 있었다. 간쑤의 장족이 사용하는 물주전자는 큰 물통만 했다. 지린 연변의 조선족이 사용하는 물항아리도 진열되어 있었다.

다음으로 종교문화청으로 갔다. 불교에 관한 것이 많고 상당수가 장족의 것이었다. 불상이 다수였고, 탑, 경전, 향로, 바라, 목어, 발鉢 등도 있었다. 기독교에 관한 복음서와 신약전서 등도 있었으며 쓰촨성 장족의 '샹빠루이 샹원퉁망하오鑲八瑞相紋銅莽号'라는 대형나발 세 개가 있었다. 가장 특이한 것은 타이완 가오산족의 '남녀생식숭배상목조판男女生殖崇拜像木雕板'이었다. 서로가 상대편의 성기에 손을 대고 있는 모습이 신기했다. 동銅으로 만든 먀오족의 북을 보며 나왔다.

타이완소수민족문물전을 보러 갔다. 무엇보다 등藤나무로 만든 기구들이 많은 게 특이했다. 모자, 지갑, 옷, 그릇, 바구니, 남籃, 관罐 등 모두 등나무로 만든 것이었다. 남은 큰 바구니고, 관은 항아리이다. 나무로 온갖 것을 다 만드는 것이다. 나무로 조각한 인물상도 많았다.

끝으로 1층에 내려와 중앙민족대학 역사전시청을 관람했다. 학교 연혁을 보니 1950년 국자감에서 대학이 시작되었다고 한다. 국자감은 전에 가

보았던 옹화궁 앞에 있는 공자사당인 '콩먀오孔廟'가 있는 곳이다.

외국자매대학의 현황을 살펴보고 놀라지 않을 수 없었다. 가장 많은 곳은 미국으로 26개교였고 세계 여러 지역을 제치고 한국이 두 번째로 20개교나 되었기 때문이다. 열거된 대학들을 보니 규모가 큰 4년제 종합대학으로서 맨 먼저 자매학교가 된 대학이 우리 경희대학교라는 사실에 다시 반가운 생각이 들었다. '한국의 금관'이라는 제목을 붙여 개교 50주년 기념으로 누군가가 기증한 천마총 금관 모형을 진열해놓은 것이 눈에 띄었다.

샹차이 독식

이은숙 교수가 나를 위해 주선한 송별모임이 있는 날이다. 서문 앞에서 처음으로 먀오춘메이 교수를 만났다. 북경외국어대학에 재직 중인 먀오 교수와 그간 전화만 주고받다가 귀국하기 직전에 보게 된 것이다. 일행은 북경교통대학 서문 맞은편에 있는 중국식당으로 갔다.

해노송蟹老宋이라는 이름의 중국식당은 게, 새우 요리와 양고기 훠궈를 먹는 집이었다. 네 사람 앞에 게와 새우가 양푼 두 개에 가득 담겨 나왔다. 중국에서는 게 요리가 비교적 고급음식에 속한다. 중국은 요리를 시키면 한 대야씩 내오며, 무엇이든 튀기기 좋아하는 풍습이 있다. 기름이 줄줄 흐르는 요리를 먹기 좋게 얇은 비닐장갑을 주었다. 장갑을 끼고 요리를 뜯어먹어야 했다. 술은 '얼궈더우지우二鍋斗酒'를 시켰는데 술병이 매우 작았다. 먀오 교수는 작은 병에 든 얼궈더우지우를 바라보며 집안의 둘째 아이를 '샤오얼小二'이라 한다고 일러주었다. 먀오 교수는 술을 잘 못 먹는다면서 연신 술을 내 잔에 부었다.

식사를 하면서 먀오 교수에게 그동안 정답을 얻지 못해 갑갑해했던 질문 하나를 했다. 집안의 권세를 상징하는 전통가옥의 대문에 나와 있는 나무 토막이 무엇인지를 물어본 것이다. 의외로 답은 쉬웠다. '먼딩門釘'이라는 것이다. '문에 나와 있는 나무못'이라는 말이다. 내가 확인한 바로는 황제가 거처하는 건물의 경우 먼딩이 12개인 걸로 알고 있었는데, 먀오 교수는 9개라고 했다. 숫자에 매우 강하다는 중국인이지만 9라는 숫자가 황제의 숫자이기 때문에 그렇게 착각하고 있는 듯했다.

먀오 교수는 북경외국어대학에 있는 학과 수가 무려 43개나 된다고 했다. 북경외국어대학에 있는 일본학연구센터를 떠올리며 한국을 연구하는 기관은 없느냐고 물었더니 일본이나 아라비아 등은 자국에서 투자해 지은 것이라고 웃으면서 답했다. 중국 대학에 한국어학과가 얼마나 되느냐고 물었더니 200여 개로 알고 있다고 했다. 사람에 따라 다르게 말하더니 나중에 방송에서 듣기로는 58개였다.

한국어학과는 1949년 해방과 더불어 '조선어학과'라는 이름으로 북경대학에 최초로 설립되었다고 한다. 과거에는 한국어학과 신입생을 격년으로 선발했는데 2005년부터는 매년 뽑는다고 했다. 북경외국어대학 한국어학과 학생 수는 한 학년에 24명씩이므로 2007년 9월이면 4학년까지 합해 모두 96명이 되는 셈이었다. 북경외국어대학에 재학 중인 한국 학생은 전부 합해서 300~400명 정도란다.

식사가 시작되면서 양고기와 함께 샹차이가 많이 나왔는데, 한국 사람은 아무도 안 먹었고 먀오 교수 혼자 그것을 모두 먹었다. 그는 어릴 때부터 먹었기 때문에 매우 좋아한다면서 자기 어머니도 무척 좋아한다고 했다. 역시 문화란 관습임을 확인했다. 자리에서 일어나 작은 구멍이 촘촘하게 뚫린 주걱으로 양고기를 떠서 접시에 옮겨주는 먀오 교수에게서 중국인의 친절함을 느꼈다.

중국문화일지를 쓰고 있다고 하자 먀오 교수는 매우 기뻐하며 첸먼에 있는 라오서차관老舍茶館을 소개해주었다. 경극이나 잡기 등 전통극을 관람하면서 전통음식도 함께 즐길 수 있는 곳이라 했다. 이은숙 교수와 박경숙 교수에게서 푸짐하게 저녁 대접을 받고 예쁜 꽃신과 미숫가루 등 선물까지 받으니 미안해서 커피를 사기로 했다.

먀오 교수는 채점을 해야 한다고 집에 가고 김건곤 교수를 포함한 한국인 넷이서 자리를 옮겼다. 우리가 간 곳은 4통교 근처에 있는 화성국제영성華星國際影城이라는 곳으로 영상 관련 건물이었다. 이 이름에서도 예외 없이 중국이 좋아하는 '성城'을 느낄 수 있었다. 우리는 커피숍에 앉아 한가로이 대화를 나누었다. 영화를 한 편 보는데 70~80위안이라 비싸다는 여교수들의 이야기에서부터 '소나기'는 소의 등을 기준으로 비가 내렸느냐 안 내렸느냐를 가늠할 정도의 갑자기 내린 비로, '소내기'라는 말에서 유래한다는 김 교수의 설명도 있었으며, '무더기비'라는 말도 나왔다. 한편 '자래다'라는 말이 있는데, 이는 '모자라다'라는 말에 상반되는 '충분하다'는 뜻이라 한다. 흔히 커브라고 하는 십자로를 '구비도리'라 한다는 것도 알게 되었다. '경우'라는 말은 '경위經緯'에서 온 말로 일본식 한자어일 것이라는 얘기도 나왔다. 전공도 관심사도 각자 다른 사람들끼리 모이니 다양한 이야깃거리들이 나와 재미있었다.

인생, 자신을 알아주지 않음을 탄식

먀오춘메이 교수가 추천해준 라오서차관老舍茶館에 가기로 하고 라오서차관에 전화를 걸어 문의를 해보니 표를 예매해야 한다면서 80위안, 100위안, 120위안 세 종류가 있다고 말했다. 중간 것으로 예약해두고 천안문 광장에 가서 국기하강식부터 보기로 했다.

택시를 타고 첸먼前門으로 출발했다. 얼마 가지 않아 시청취에 있는 수도사범대학이 나왔다. 베이징에 있는 사범대학은 수도사범대학과 북경사범대학인데 둘 다 좋은 대학이라고 한다.

국기하강식을 보기 위해 지하도 건너 정양문 쪽으로 걸어갔다. 베이징성에는 모두 12개의 대문이 설치되어 있는데 내성의 남문이 바로 정양문이다. 황제가 드나들었던 정양문의 위용에 다시 한 번 감탄하면서 그 문과 모주석기념관 사이를 유유히 거닐었다. 정양문은 베이징에 현존하는 가장 큰 성문으로 높이가 40.36m로 천안문보다 약 7m나 높다. 까마귀가 정양문 근처에만 몰려 있는 게 이상하게 느껴졌다. 흉조라는 까마귀와 정양문이 어떤 관계가 있는 걸까 궁금했다. 연을 팔고 있는 상인들을 만났는데 이들은 밤이 되면 천안문 광장에서 연을 날린다고 한다. 장애물이 거의 없는 드넓은 광장이야말로 연을 날리기에 가장 적합한 곳일 거라 생각되었다. 명·청 시기에는 특히 청명절에 황제들이 재앙과 불행을 연에 실어 날려 보내곤 했다고 한다.

모주석기념관은 무엇으로 채우려고 그렇게 크게 지었는지 알 수 없다. 수정관에 들어 있는 모주석의 유체遺体를 구경하기 위해 몇 번 알아보았으

모주석기념관

나 9월까지는 공사 때문에 들어갈 수 없다고 했다. 모주석기념관 주위를 거닐면서 살아서 1,000년, 죽어서 1,000년을 간다는 소나무가 건물을 에워싸고 있는 게 예사롭지 않게 느껴졌다. 예부터 우리가 중국산 소나무를 사다 집을 지었던 일도 떠올랐다. 기념관에 들어가는 정문 앞에 있는 안내판에 쓰인 '잔양쉬쯔瞻仰須知'(참배수칙)라는 문구가 너무나 특이하게 느껴졌다. 우러러보아야 하는 '잔양瞻仰'(참배)은 아무에게나 붙을 수 없는 수식어일 것이다.

광장의 중심에 서 있는 약 38m의 인민영웅기념비 앞에 붉은 깃발 16개가 한꺼번에 나부끼는 모습을 보면서 중국의 에너지를 느꼈다. 더욱이 나무 한 그루 없어 여름철 더위를 피할 수도 없는 그 넓은 광장에 그토록 많은 사람들이 몰리는 것을 보면서 세계인을 불러들이는 강렬한 중국의 힘이 느껴졌다. 공안원에게 국기하강식 시간을 물어보니 7시 반이라 했다.

오래전부터 벼르고 있던 국기하강식을 꼭 보고 싶었으나 도저히 시간을 맞출 수 없어 포기하고 광장을 떠나야 했다. 가다 보니 샤브샤브 요리점인 둥라이순판장東來順飯庄이 눈에 들어왔다. 둥라이순 본점이라 들었는데, 밖에서 보기에는 규모가 아주 작았다. 천안문 광장의 남쪽에 서 있는 정양문

에서 남으로 연결되는 첸먼다제前門大街는 명대부터 번성했던 상인의 거리
로 여기에는 이 둥라이순판장과 함께 베이징 오리구이로 유명한 첸먼취안
쥐더카오야뎬前門全聚德烤鴨店도 있다. 첸먼다제와 교차하는 다자란大柵欄 거
리에는 베이징 최대의 찻집인 장이위안차좡張一元茶庄과 황궁에 약을 대던
300여 년의 역사를 자랑하는 한방약국인 퉁런탕同仁堂 본점 등이 있다. 600
년 고도古都를 자랑하는 우리 서울 어디에 이렇게 오랜 역사를 가진 점포가
있을까.

천안문 광장 산책을 끝내고 패스트푸드점 켄터키후라이드치킨(KFC)에
들어가 저녁 대용으로 햄버거, 치킨, 콜라로 된 세트 메뉴를 22.5위안씩 내
고 맛있게 먹었다. 베이징에는 켄터키후라이드치킨보다 맥도널드가 더 많
고 인기도 높다고 한다. 중국인은 외국 상표를 그대로 쓰는 법이 없다. 켄터
키후라이드치킨의 '켄터키'는 '컨더지肯德基'라고 쓰며, 맥도널드는 '마이
당라오麥當老'로 쓴다. 코카콜라를 '커코우커러可口可樂', 펩시콜라를 '바이
쓰커러百事可樂'이라 쓰고 골프를 '카오얼푸高爾夫'로 쓰는 것처럼 지독하게
자국어로 고쳐 쓴다.

드디어 목적지인 라오서차관을 찾아 들어갔다. '라오서老舍'는 슈칭춘舒
慶春이라는 작가의 호號다. 슈칭춘은 만족 출신으로 「차관茶館」이라는 극을
비롯해 『루오투오駱駝祥子』, 『스쓰퉁탕四世同堂』 등의 소설을 남긴 작가로
유명하다. 인력거꾼 샹즈의 인생역정을 다룬 그의 대표작 『루오투오』는 우
리나라에서도 번역된 바 있다. 우리는 100위안씩 내고 안내하는 자리에 가
서 앉았다. 찻집답게 차와 과자가 나왔다. 7시 50분 정확하게 무대에 불이
켜지고 치파오를 입은 여성 사회자가 카랑카랑한 목소리로 올림픽을 언급
하면서 공연의 시작을 알렸다. "올림픽의 정신이 다도茶道와 상통한다"는

내용도 들어갔다. 사회자는 유창한 영어로 인사를 하기도 했다. 객석은 대부분 외국인들로 보였다. 우리 바로 옆에도 일본인 둘과 한국 학생 둘이 앉아 있었다.

식순에 따라 맨 먼저 차 소개가 있었다. 오방색으로 예쁘게 옷을 차려 입은 사람들이 나와 중국의 차를 홍보했다. 푸젠성의 우이다훙파오武夷大紅袍라는 차는 중국에서 가장 비싼 차라고 했고, 다포룽징大佛龍井은 미용과 보건에 좋다고 했다. 윈난의 푸얼차는 다이어트에 좋고, 타이완의 진차金茶는 암을 방지하며, 안후이성의 지마오훙차齊毛紅茶는 최고의 홍차로서 중풍을 예방한다고 설명했다.

다음으로 그토록 보고 싶었던 경극 순서였다. 경극은 후진胡琴 등의 중국 악기에 맞추어 노래하고 칼이나 막대기 등을 휘두르면서 춤을 춘다. 극의 구성은 대개 녠念(대사), 창唱(노래), 주어做(연기), 타打(난투)로 이루어지는데, 이번 극은 아무 말을 하지 않는 무언극이었다. 주인공은 북송시대 이민족인 금나라가 침입하자 의용군으로 참가해 국가를 위해 헌신하는 장군 웨페이岳飛로서 배우는 신샤오밍辛曉明이었다. 처음에 혼자 나와 두 손에 무기를 들고 자유로이 흔들면서 다리를 위로 쭉쭉 뻗어 올리는 동작이 마치 몸을 푸는 듯 체조를 하는 듯 보였다. 좀 시간이 지나니 한 사람이 더 나왔는데, 두 손에 무기를 든 진우슈金兀術가 송을 침략하자 웨페이가 물리치는 장면을 묘사하는 것 같았다. 웨페이 역을 맡은 주인공은 계속 연기를 하고 다른 인물들은 들락날락했다. 류원룽陸文龍이 등장해 주요 등장인물은 3명이 되었고 웨페이가 이들을 모두 격퇴하는 것으로 극이 끝났다. 경극 제목은 「빠다취八大錘」였다.

경극이 끝난 후 여자아이의 묘기와 그림자극이 이어졌다. 그림자극은 대

절묘하게 가면을 바꿔 쓰는 벤롄

형스크린 뒤에서 손으로 여러 형상을 만드는 것이었는데 너무나 실물 같아서 신기하고 재미있었다. 두 남자가 등장해 손으로 새, 사람 얼굴, 개, 오리 등을 만들며 서로 싸우는 모습까지 묘사하는데, 참으로 비슷해 탄성을 자아냈다. 그림자극을 연기한 두 남자는 스뢰石磊와 차오젠둥焦建東인데, 이들은 '쇼우잉시手影戲'(손그림자극)를 처음으로 개척한 인물들로 베이징 TV-2에서도 나오는 걸 보았다. 10분 동안 그림자극이 진행되었다.

다음으로 두 여성이 주타이이竹台(피리 모양의 막대기)에 불을 붙여 입에 물고 노래를 부르기 시작했다. 뒤에서 '얼후'를 비롯해 악기를 연주하는 네 명의 남성 연주자의 반주에 맞춰 북을 두드리며 노래했다.

이제 우다오舞蹈 시간이다. 세 여자가 금관을 쓰고 만주복 같은 화려한 옷을 입고 노래를 했다. 노래의 내용이 자막으로 나오는데, '인생이란 곧 자기를 알아주는 이 적음을 근심하는 것'이라는 대목이 쉽게 와 닿았다. 노래는 5분 만에 끝이 났고 곧이어 마술이 10분 동안 진행되었으며, 다시 잡기를 5분간 공연했다. 중국 전체에 120개 이상이 있다고 하는 잡기단 가운데 상하이 잡기단에 이어 베이징의 잡기단도 유명하다고 들었다. 항아리를 머리나 어깨 위에 자유자재로 올리는 등의 아슬아슬한 곡예는 보는 이들을 흥분의 도가니로 몰아넣었다.

그다음 가면을 바꿔 쓰는 중국 전통기예인 '볜롄變臉'에서는 요란하게 얼굴 모양이 바뀔 때마다 공연장이 떠나갈 듯 관중들은 소리를 지르고 박수를 쳤다. 볜롄은 얼굴에 손을 대지 않고 눈 깜짝할 사이에 여러 장의 가면을 바꿔 쓰는, 중국 쓰촨성의 기예다. 과거 중국에서 볜롄은 자식에게 가업으로 전하거나, 한두 명의 한정된 제자에게만 핵심 비법을 넘겨주었을 정도로 폐쇄적으로 전수되어 왔다. 이렇듯 중국인들이 '국가 기밀'로 여겨온 볜롄의 비법은 시간이 흐르면서 돈벌이 수단으로 전락하거나 일부 외국으로 흘러나간 상태라고 한다. 무대도 모자라 객석을 왔다 갔다 하며 경쾌한 음악에 맞춰 볜롄을 통해 관객을 끌어들이는 데서 또다시 중국의 힘을 느꼈다. 변화를 적극적으로 이용하는 중국인의 융통성, 응변의 대국적 기질이 유감없이 발휘되는 듯했다. 아쉽게 10분 만에 끝이 났다.

끝으로 중국의 쿵푸功夫 순서가 이어졌다. 먼저 3명이 나와서 기를 집중하더니 파괴력 시범을 보였다. 이어서 후촨虎拳(호랑이권), 하마촨蛤蟆拳(두꺼비권), 탕랑촨螳螂拳(사마귀권), 후우촨猴拳(원숭이권)과 태극권의 권법시범이 있었다. 그리고 무술 역사상 한 번도 무너진 일이 없다는 소림사의 대표적 진법인 루어한천羅漢陳으로 피날레를 장식했다.

1시간 30여 분만에 모든 공연이 끝났다. 나오면서 익히 들어왔던 유명한 자장면집 라오베이징자장미엔을 지났다. 멀리 등으로 수를 놓은 천안문을 바라보고 코앞의 멋진 정양문을 지나 한참을 걷다가 숙소로 향했다. 중국적 분위기를 한껏 느낀 하루였다.

루거우차오는 평화로움 그 자체

어제 약속과 달리 또 욕심이 생겨서 마지막으로 한 곳을 더 가고 싶었다. 베이징 교외에 있는 루거우차오^{芦溝橋}까지 얼마나 걸리는지 택시기사에게 물어보니 30분 정도라 한다. 오전 10시, 베이징 중심부에서 서남쪽으로 약 20km 떨어진 아치 모양의 돌다리 루거우차오를 향해 출발했다.

차가 들어갈 수 없다고 해 택시비 47위안과 통행료 5위안을 주고 다리에서 멀리 떨어진 곳에서 내려 땡볕에 걷기 시작했다. 11개의 아치가 있는 긴 다리를 바라보며 베이징 외곽 농촌마을을 지나게 되었다. 가다 보니 밭에 포도, 가지, 고추 등이 풍성하게 달렸다. 고추는 우리 것과 전혀 다른 커다란 열매였다. 다리 밑을 흐르는 강물은 말라서 잡초만 무성할 뿐이다. 루거우차오는 융딩허^{永定河}에 놓인 금나라 때의 다리로 중일전쟁의 발단이 된 장소이다. 돌로 만들어진 아치형의 다리가 아름다워 마르코폴로의 『동방견문록』에서도 절찬했다고 한다.

10분쯤 걸었을까, 다리 입구에 도착했다. 다리가 시작되는 난간에는 코끼리가 서 있었다. 코끼리상 다음부터 다리 양측 난간 기둥머리에 사자상이 조각되어 있는데, 맨 앞에 있는 사자는 새끼를 품고 있었다. 촘촘히 다리 전체에 놓인 140개나 되는 사자상은 제각각 표정을 달리하며 다양한 모습을 보이고 있었다. 같은 모양은 하나도 없다고 한다. 중국인들은 정말 사자를 좋아한다.

베이징시에서는 1986년 12월부터 1987년 7월까지 원래의 울퉁불퉁한 돌로 복구공사를 한 바 있다. 그리고 기록을 보니 1992년에는 다리 건설

800주년을 기념해 또 보수공사를 했다고 한다. 폭이 8m에 전체길이가 266.5m인 다리를 천천히 걸어 맞은 편으로 나오니 다리가 시작되는 곳에 코끼리가 아닌 사자가 서 있었다. 그리고 청나라 때 세운 비문에는 한어와 만주어가 병기되어 있었다.

중일전쟁의 발단이 되었다는 루거우차오, 가운데 울퉁불퉁한 돌들은 원래의 모습으로 복구한 것임

　　일본이 세계공황으로 인한 불황에서 탈출하기 위해 중국대륙에서의 권익 확대를 모색하던 1930년대, 세계의 비난 속에서도 일본은 계속 침략을 자행했다. 중국은 우여곡절 끝에 국민당과 공산당이 제2차 국공합작을 통해 항일통일 전선을 마련, 대항에 나섰다.

　　제국주의 세력과 각지의 군벌들을 타도하기 위해 맺었던 제1차 국공합작이 결렬되면서 1928년 마오쩌둥이 이끄는 공산당은 장제스의 국민당을 상대로 무장봉기를 하지만 국민당의 공세에 밀려 근거지를 포기하고 말았다. 1934년 국민당의 70만 대군이 대대적인 공격으로 포위망을 좁혀오자 공산당은 1년간 1만 2,500km를 걷는 '대장정'을 시작했다. 18개의 산맥과 24개의 강을 건너며 2년 후 최종 목적지인 중국서부의 산시성 옌안延安에 도착했을 때 남은 병력은 처음 30만 명 중 8,000명에 불과했다.

　　그러나 국민당은 일본을 물리치기 위해 공산당과 힘을 합치지 않을 수 없었다. 국민당으로서는 다 잡은 고기를 놓친 셈이었지만 공산당으로서는 기사회생의 기회였다. 1937년 9월 22일 중국의 패권을 놓고 다퉈온 양숙이 다시 손을 잡을 수밖에 없었던 것이다.

　　제2차 국공합작 선언이 이루어지기 직전인 1937년 7월 7일, 루거우차오

근처에서 일본군이 훈련하고 있었다. 훈련 중이던 일본군 부대 가까이에서 한 발의 총성이 들렸다. 일본은 이를 구실로 삼아 중국군에 대한 총공격을 개시해 톈진, 베이징을 점령하고 마침내 12월 13일 '난징대학살'을 자행했다. 중국인들은 '난징 대도살大屠殺'이라고 표현한다. 무려 30만 명이 죽창에 찔려 죽었다고 한다. 루거우차오 사건 4일 후 정전협정이 체결되었으나 일본은 전선을 확대해 중일전쟁을 일으키고 말았다. 오늘날 다리와 좀 떨어진 광장에는 대포 8문이 진열되어 있었다.

정문으로 나오다 보니 입장하는 데 20위안씩 받고 있었다. 길을 잘못 들어 정문으로 들어가지 못해 입장료를 안 낸 셈이다. 허술한 관리에 웃음이 나왔다. 정문을 통과해 밖으로 나오니 바로 완핑청宛平城과 웨이얀먼威嚴門이 있었다. 일본군이 처음으로 점령했던 완핑청은 현재 중국인민 항일전쟁 기념관이 되어 있었다. 무서운 전화戰禍가 스쳐 지난 것 같은 느낌은 찾아볼 수 없을 정도로 다리는 평화롭기 그지없고 이 기념관만이 당시의 참상을 전할 뿐이다. 웨이얀먼 앞에 써놓은 해설을 읽어보니 베이징이 속한 화베이에 이처럼 두 개의 문이 남아 있는 경우는 없다는 것 같았다.

11시 10분경에 루거우차오가 있는 펑타이취丰台區에서 택시를 타고 민족대학 서문으로 향했다. 그러니까 5환环에서 3환으로 들어오면 되는 것이다. 베이징의 도로는 1환부터 6환까지 있으며, 민족대학은 3환에 있다. 1960~1970년대까지만 해도 베이징은 한국의 지방도시와 흡사해, 큰 자동차도로는 자금성을 둘러싼 2환루环路가 전부였다고 하며 나머지는 모두 나중에 생긴 것이라 한다. 학교에 도착해 곧장 교직원식당으로 갔다.

점심을 먹고 나와 이발을 하러 갔다. 머리가 길지는 않았지만 마지막으로 기념 삼아 깎고 가려는 생각에서였다. 전에 갔던 곳으로 갈까 하다가 가까운 곳에 가기로 마음을 바꿨다. 영매가 소개하는 곳으로 갔는데 항상 지나다니면서 보았던 파이시엔펑發藝先鋒이었다. 들어가면서 영매는 잘 깎는 곳이며 요금도 15위안밖에 안 한다고 했다. 20분 만에 머리를 깎고 기분 좋게 나왔다.

고달픈 나날이었지만 대충 정리가 되어가고 있다는 느낌이 몰려왔다. 책에 나오는 곳은 물론 갈 만한 곳은 거의 둘러보았다는 생각이 들었다. 이제 짐을 정리해야 할 시간이 다가오고 있다.

조선족 얼굴 모델

6시 30분 저녁약속을 위해 서문 앞으로 나갔다. 택시를 기다리다 자전거를 타고 나타난 김춘선 교수와 오상순 교수를 만났다. 중국은 어린이와 노약자를 제외하고는 거의 모든 사람이 자전거 한 대씩은 가지고 있다는 '자전거 왕국'이다. 1955년 무렵에는 베이징 직장인들의 절반 이상이 자전거로 출퇴근했을 정도로 시민의 발 역할을 톡톡히 했다. 중국에서 자전거는 1960년대까지만 해도 부의 상징이었다. 어느새 자전거 이용자는 점점 줄고 올해 중국은 자동차 1,000만 대가 생산 판매되는, 세계 2위의 자동차시장으로 올라섰다. 그러나 아직도 도시지역은 100가구당 120대, 농촌지역은 100가구당 98.4대의 자전거를 보유한 세계 제1의 자전거대국이다.

두 사람은 나이 쉰이 넘은 여교수들인데, 낡은 자전거를 타고 나타난 모습에서 남을 의식하지 않는 실용주의적 사고가 몸에 밴 중국인의 면모를 느꼈다.

자전거로 출근하는 베이징 시민들

셋이서 택시를 타고 약속 장소인 쓰촨성 음식점 슈샹카오린蜀鄉艸林으로
갔다. 매우 화려한 식당으로 종업원들이 도열해 손님을 맞았다. 개혁개방
이후 중국은 계획경제 체제에서 벗어나 시장경제 체제에 따라 경쟁해야 하
므로 민영이든 국영이든 모두 고객을 왕으로 모시지 않으면 언제 파산할지
모른다는 위기감을 갖고 있어 질 좋은 음식과 서비스를 제공하려고 노력한
다. 조선어문학과 교수들이 먼저 와서 기다리고 있었다.

자리에 앉아 포도주에 해당하는 홍지우紅酒를 기다리며 식탁에 관한 이
야기를 나누었다. 보통은 유리로 된 것이 많고 그다지 크지 않은 편인데, 이
곳의 식탁은 나무로 된 데다가 운동장만 했다. 크고 둥근 상은 소우주라고
나 할까, 하늘을 좋아하는 중국인들의 습성이 묻어 나왔다. 내가 그 식탁의
이름을 묻자 태 교수는 기지를 발휘해 '둘림상'이라며 자의적으로 명명했
다. 문 교수가 "처음으로 바른 소리했다"고 농담을 하며 모두가 웃었다. 45
도의 바이지우白酒를 마시며 안주로 나온 오리발을 처음으로 먹어보았다.

내가 어제 모주석기념관 근처에 갔었던 이야기를 하자 태 교수는 김춘선
교수를 가리키며 1976년 9월 9일 모 주석이 사망한 후 기념관 남쪽에 두 덩
어리의 조각군상彫刻群像을 만드는데, 조선족을 대표해 김 교수가 얼굴 모델

자금성의 지우룽비

이 되어 20일간 고생했다는 말을 했다. 그리고 역시 조선족인 원정희가 몸 모델이 되었던 사실을 들려주었다. 다음 기회에 반드시 다시 가서 김 교수 의 얼굴을 보고 오리라 다짐했다.

아울러 모 주석 시신은 기념관 내 지하 27m에 안치되어 있으며 관람객 들을 위해 위로 들어올린다고 했다. 27이라는 숫자는 명십삼릉의 '딩링定 陵'의 깊이와도 같으며, 자금성에 갔을 때 보았던 '지우룽비九龍壁'에 장식 되어 있던 270개의 유리 조각과도 관련 있을 것이라 짐작되었다. 분명 황제 의 존엄을 나타내는 9의 배수일 것이다. 숫자 9는 양수 가운데 최고수로 하 늘을 상징하며, 9는 오랠 구久자와 음이 같아 상서로운 뜻을 지닌다고 한다.

송별의 자리여서 그랬는지 모두 나에게 와서 술을 권했다. 교배주交拜酒 의 중의적인 의미, 네이멍구에 사는 조선족 학생들이 2명씩 입학한다는 것, 비공시저인 봐주기를 '주우호우먼走后門'이라 한다는 것, 13일 기말고사가 일제히 끝났다는 것, 학원장(학장)의 권한이 30%라는 것, 조선어문학과 자 료실을 학교도서관으로 옮기는 일 등 숱한 이야기들이 오고 갔다. 한편 조선어문학과 교수들은 농담을 섞어가며 "자신 있습니다", "굳게 믿습니다" 등 아주 단호한 표현들을 즐겨 사용했다.

식사가 끝날 무렵 우리가 먹은 빈 '구이지우鬼酒' 술병이 하도 예뻐 가지고 일어섰다. 박승권 교수가 '구이지우'는 중국의 5대 명주에 속한다고 일러주었다. 5대 명주는 수이징팡지우水井坊酒, 마오타이지우茅台酒, 우량예지우五粮液酒, 궈쟈오지우國窖酒 등이다. 원래는 마오타이茅台酒, 우량예五粮液酒, 로우주라오쟈오터추지우瀘州老窖特曲酒, 펀지우汾酒, 가오징공지우古井貢酒, 젠난춘劍南春(당나라 때는 술을 춘이라 불렀음), 동지우董酒, 양허다추지우洋河大曲酒 등 10대 명주가 있었는데 점점 좋은 술이 나오면서 명주의 이름도 달라졌다고 한다.

한 번도 속은 것 같지 않은데

밤새 낡은 건물을 철거하느라 중장비 소리가 요란했다. 그동안 새 건물을 짓느라 시끄럽더니 이제 또 옆에 있는 건물을 허느라고 난리법석이다. 베이징에 오면서부터 갈 때까지 공사장 소음과 씨름을 해야 하는구나 싶었다.

오후 1시 경에 최초연이 기말고사가 끝났다면서 전화를 했다. 잠깐 나에게 인사한 뒤 저녁에 고향으로 실습을 떠난다고 했다. 중국은 재학 중에 한 달씩 두 번 '실습'을 해야 한다. 결국 방학 때 할 수밖에 없는 듯했다. 신문사, 출판사 등 공공기관이나 회사에 가서 현장학습을 하고 돌아오는 매우 유익한 교육과정이다. 민족대학은 3~4학년 때 하게 되어 있다고 한다.

1~2학년 때 가면 아무것도 모르고 놀다 올 걸 우려해 좀 더 의미 있는 실습
이 될 수 있도록 고심한 결과라 하겠다.

술·담배를 선물하는 습관이 있는 중국인들처럼 나는 아버지께 드릴 담
배를 사러 민족대학 바로 앞에 있는 지우옌차오스酒煙超市에 갔다. 중국에는
술과 담배를 파는 지우옌차오스가 따로 있으며 매우 흔한 편이다. 물론 음
료수 같은 것을 팔기도 한다. 중국 담배 중에 순한 것을 사고 싶다고 했더니
'중난하이'를 내놓았다. 중국을 대표하는 담배 이름까지 후진타오 주석이
사는 중난하이인 것이 예사롭지 않다. 예상했던 것보다 값이 비싸고 무슨
담배를 사야 할지 판단이 서지 않아 일단 못 사고 나왔다. 그리고 다른 곳으
로 갔다. 가서 비교적 좋은 담배를 찾았더니 역시 중난하이를 권했다. 이 담
배가 중국 담배치고 좀 덜 독하다고 하면서 흰 것보다 붉은 것이 더 좋다고
했다. 보통 사람들이 피우는 것은 흰 것으로 한 박스에 85~90위안 정도인
것으로 알고 있다. 붉은 것은 한 박스에 135위안이었다. 두 박스에 260위안
을 주고 샀다. 조금 깎아주면서 라이타를 몇 개 주었다. 담배값은 한국과 별
차이가 없는 듯했다.

숙소에 들어와 통장을 가지고 우체국으로 갔다. 원금(번진本金) 100여 만
위안과 이자(리시利息) 약간을 찾았다. 장신에게 과외비를 주려고 전화를 했
더니 회사에 실습을 나가 있었다. 전과 같이 열흘 정도하고 돈을 주려 했으
나 장신이 기말고시에 들어가면서 도저히 채울 수 없게 되었다. 여태까지
한 것을 계산해주려고 퇴근한 다음 저녁 늦게라도 전화를 하라고 일러두었
다. 숙소에 들어와 숨을 돌렸다.

다시 서문 앞으로 나가 택시를 타고 차오양취에 있는 중뤼다샤中旅大廈에
가자고 했다. 기사가 잘 모르는 것 같아 호텔로 전화해 알려주었다. 가다 보

니 성인보건成人保健이라는 간판이 또 눈에 들어왔다. 기숙사 근처에서도 보았던 가게인데 이름이 재미있어 혼자 웃었다. 비런타오避妊套 또는 인징타오陰莖套라고 하는 콘돔을 파는 곳이라 들은 바 있다.* 중국에서는 산아제한을 위해서는 물론 성병과 에이즈를 예방하기 위한 대책 중에서도 콘돔 사용이 큰 효과가 있다고 보고 콘돔 사용을 적극 권장하고 있다. 중뤼다샤 앞에 도착하니 'CTS PLAZA'라고도 쓰여 있는 거대한 빌딩이었다. 택시에서 내려 호텔로 찾아갔다.

박동호 교수가 한식을 먹고 싶다고 해 해화성 이병상 사장에게 전화를 걸어 그 식당에서 식사를 하자고 했더니 단체손님만 받는다면서 그 근처의 더 좋은 곳으로 안내해주었다. 택시를 타고 가르쳐준 곳으로 향했다. 택시 안에서 박 교수는 오늘 공항에서 호텔까지 택시를 탔는데 139위안을 냈다며 속은 거 아니냐고 했다. 속은 게 틀림없다. 짐작하건대 요금이 50위안 이상은 안 될 것이라는 계산이 나왔다. 택시기사가 요금계산기도 작동을 안 시켰다며 전화번호도 가지고 있으니 꼭 고발하겠다고 야단이었다.

박 교수에게 할 일도 많은데 잊어버리라고 하면서 속으로 '나는 몇 달 동안 살면서, 그리고 늘 택시를 타고 다니면서도 한 번도 속지 않았구나'라고 생각했다. 더구나 말이 안 통할 때마다 "워쓰한궈런我是韓國人"이라 했던 일도 떠올랐다. 모든 일에 감사하며 떠날 수 있을 것 같다.

택시에서 내려 항아리갈비香瓮烤肉라는 식당을 찾아갔다. 역시 해화성처럼 차오양취 샤오윈루에 있는 고급식당이었다. '세계로 나아가는 글로벌 기업'이라는 캐치프레이즈와 함께 중국에도 진출하고 있는 주식회사 흥부

---

* 임신을 예방하기 위해 씌우는 덮개, 즉 타오套의 이름으로는 이외에도 안촨타오安全套, 웨이썽타오위衛生套 등도 있다.

네 가족이 운영하는 곳이었다. 소갈비, 해물파전, 김치찜, 맥주 등을 푸짐하게 먹었다. 중국에는 음식과 관련한 한국프랜차이즈 업체가 1,700여 개나 진출했고, 가맹점도 약 7만 곳에 달한다고 한다.

다들 잘 먹고 배가 불러 호텔까지 걸어왔다. 커피숍에서 이야기를 나누다 내일 다시 만나기로 하고 헤어졌다. 학교 우체국 앞에 가서 장신을 불러 과외비를 주자 안 받겠다고 손사래를 치며 거절하는 걸 마다하고 손에 쥐어주었다. 급히 숙소로 들어와 아들하고 짐을 싸기 시작했다. 올 때보다도 짐이 많았다. 일단 대충 짐을 꾸리고 나니 기분이 홀가분했다. 샤워를 한 다음 하루를 조용히 정리해보았다.

북경국제교육박람회를 다녀와서

아침에 체크아웃을 하기 위해 숙소에 올 국제교류처 사람들을 맞을 준비를 하고 있었다. 아들이 9시 반쯤 학교에서 일찍 돌아왔다. 오늘 국제교육원 수료식이 있었던 날이다. 상을 받았느냐고 물었다. 아들은 머쓱한 웃음을 지으며 결석이 많아서 못 탔다고 했다. 상은 못 받았지만 처음에 중간정도 그룹에서 시작해 이제는 최상위그룹에 속할 만큼 중국어가 많이 향상된 것으로 위안을 삼기로 했다.

오전에 국제교류처에서 나온 직원과 평소에 베개와 이불을 갈아주던 관리인 아줌마가 숙소로 와서 수도와 전기를 점검했다. 그동안 사용한 물과 전기량을 돈으로 환산하니 모두 1005.84위안이 나왔다. 입주할 때 보증금으로 낸 500위안을 제외하고 나머지 505.84위안을 더 냈다. 계산을 끝내고 이제 나가도 좋다는 말과 함께 언제 떠나느냐며 잘 가라고 했다. 우리는 다소 서운함이 묻어나는 마지막 인사를 나누었다.

숙소를 빠져나와 교육박람회장으로 향했다. '북경국제전람중심'이라는 대형 간판이 눈에 띄었다. 그곳에서 '북경국제교육박람회'가 열리고 있었다. 베이징시 교육위원회가 주관하는 이 박람회는 한국, 중국, 미국 등 약 30개 국가와 391개 대학 등이 참여하는 대규모 행사였다. 복잡한 절차를 거쳐 박람회장에 들어서니 예상했던 대로 많은 사람들로 붐볐다. 그러나 그 사람들은 대부분 학생들을 유치하기 위해 나온 학교관계자들 또는 주최 측이라는 데 문제가 있었다. 손님들이 많아야 하는데 주인들끼리 왁자지껄 잔치를 벌이고 있는 격이라 할까, 안타까운 일이었다. 투자에 비해 생산성이 떨어지는 이런 박람회를 효과적으로 개최할 수 있는 방안이 없을까 생각해보기도 했다.

먼저 경희대학교 부스에 들렀다가 고려대학교에서 나와 있을지도 모르는 장향실 교수를 찾아가 인사를 나누었다. 한 바퀴 둘러보고 민족대학 부스로 가서 국제교육원의 이미령 선생을 만난 뒤 대충 점심을 먹고 숙소로 돌아왔다.

3시 40분쯤 한국어학과 사무실에 전화를 걸었더니 마침 김성란 교수가 있었다. 그동안 감사했노라고 인사를 했더니 우리 부자에게 저녁을 사겠다고 간곡히 말했다. 더는 거절할 수 없어 인근에 있는 중국 식당 진푸옌빵차이錦府塩幇菜로 갔다. 아름다운 전통 중국풍의 음식점이었다.

2층짜리 중국식 목조 가옥에다가 벽에 고풍古風이라 써놓은 정원이 있었고, 정원에는 연못을 파고 다리를 놓아 건너다닐 수 있게 만들었다. 연못의 물이 너무나 깨끗해 더위에 발을 담그고 놀거나 얼굴을 씻고 싶을 정도였다. 연못에는 금붕어, 잉어 등 많은 물고기들이 놀고 있었다. 어린아이 하나가 물고기를 잡으려다 연못에 빠지는 해프닝도 있었다. 우리는 건물 안으로 들어가지 않고 정원에 자리를 잡았다.

우리가 앉은 크고 묵직하게 생긴 식탁을 자세히 들여다보고 만져보니 나무가 아니었다. 검은 돌로 되어 있었다. 마치 대형 벼루처럼 느껴졌다. 이곳의 요리는 쓰촨성 즈궁스自貢市의 음식이라고 했다. 네 가지 요리를 시켰다. 녹나무차에 익힌 오리고기인 '진부창차야錦府樟茶鴨', 새우를 튀긴 '궁바오샤런宮爆蝦仁', 마가 들어가는 얇은 쇠고기 볶음 '차오즈페이뉴嬌子肥牛', 박하즙으로 오이를 무친 '보샤시에반칭과薄荷叶拌青瓜'이었다. 그리고 옌징맥주와 만두까지 푸짐하게 먹었다.

김 교수는 연변대학을 나온 재원이다. 거기서 조교부터 시작해 교수로 있다가 2004년 박사학위를 받고 지금의 민족대학으로 옮겼다고 한다. 연변대학은 민족대학보다 규모가 더 크며 985공정 이전에 있었던 211공정에 따른 100개 중점대학 속에 들어가는 대학이라고 한다. 김 교수는 연변대학에 2년 있었는데, 1996년에 전임강사 발령을 받고 손에 쥔 한 달 월급이 500위안에 지나지 않았으며, 12년이 지난 지금은 월급이 4,200위안이나 된다고 웃어가며 말했다.

김 교수는 지금 한국의 우리 학과에 가 있는 샤오민肖敏과 탕잉唐瑛 두 학생의 담임이기도 하다. 그 학생들이 한국에 갈 때도 고생을 많이 했다고 들었다. 특히 재정적으로 도와주고 보증을 서는 등 하기 힘든 일을 감수하며 학생들을 보낸 교수리는 말을 들은 적이 있다. "한국에 돌아가셔서 탕잉을 너무 추켜세워 주지 마세요"라고 하는 데서는 노련한 교수의 지혜를 읽을 수 있었다. 남들이 자꾸 탕잉만을 언급하니 같이 간 샤오민을 걱정하는 도

량에 숙연해지면서, 아직도 가야 할 길이 먼 것을 직시하고 애정으로 꾸짖는 스승의 참교육관이 묻어났다. "경서를 가르치는 스승은 만나기 쉽지만, 사람을 인도하는 스승은 만나기 어렵다"(『자치통감』)고 했던 사마광司馬光의 말도 떠올랐다.

음식값을 치르고 나오면서 김 교수는 연못의 물고기들을 바라보며 "이 고기들이 잘 커야 식당이 잘되는 것"이라고 했다던 주인의 말을 전했다. 김 교수는 집으로 가고 우리는 걸어서 기숙사로 돌아왔다.

北京日記 127

휴대전화를 팔고 떠날 차비를

새벽녘에 쏟아 붓는 듯한 빗소리에 잠이 깼다. 비가 너무 많이 오면 돌아다니는 데 지장이 있을 텐데 걱정이 되었다. 얼마 후에는 새들이 지저귀는 소리에 또 잠이 깼다. 갖가지 소리가 멎고 나서 세상이 아주 조용해졌다. 이렇듯 몽롱한 상태에서 중국에서의 마지막 아침이 시작되었다.

먼저 물집에 전화를 걸어 물통을 가져가라고 했더니 갖고 오라는 것이었다. 물을 시킬 때의 굽실거리던 태도는 온데간데없고 아주 뻗대었다. 그 꼴이 괘씸하다기보다 인간의 일면을 보는 듯한 느낌에 씁쓸했다. 민족대학 쓰취社區에 있는 물집에 직접 찾아가서 물통을 주고, 보증금 50위안을 받아가지고 나왔다. 남은 한 통에 해당하는 물표는 환금이 되지 않았다.

점심녘에 택시를 타고 중관촌으로 나갔다. 휴대전화를 팔기 위해서였다. 처음에 들어간 곳에서는 한 대당 100위안 정도 주겠다고 했다. 다시 다른 가게로 갔다. 한 대당 230위안을 주고 두 대를 팔았다. 가격 차이가 너무 컸

북경무도학원

다. 전에 갔던 음식점 이름이 정확히 기억나지 않아 확인을 하기 위해 민족 대학 동문으로 갔다. 내려서 상호를 자세히 보니 바이만좡위안메이쓰百万庄 園美食였다. '바이만百万'이라는 용어 때문에 다시 찾아온 것이다. 중국에서 는 '바이만'이라는 말을 쓰면 부자가 되는 모양이다.

걸어서 기숙사로 오다 보니 북경무도舞蹈학원이 나왔다. 수없이 지나다 닌 길이요, 여러 사람에게서 유명한 학교라는 말은 들었어도 장쯔이章子怡 라는 이름 있는 배우가 나온 학교라는 건 오늘에야 알았다. 학교 앞에는 '바 이위栢屋'라는 집이 많았는데, 무용복을 파는 곳이라 한다.

숙소에 들어오자마자 주방에 있는 물건들을 정리했다. 버릴 것은 가려서 깨끗이 버렸다. 쌀, 과일, 통조림, 햄, 참치 등 먹을 만한 것과 칼, 가위 등 쓸 만한 주방용구들은 모두 영매에게 보냈다. 그 밖에도 전기스탠드 등 쓸 수 있는 문방구들을 챙겨 보내고 나니 더욱 홀가분해졌다.

잊그세 휙과강에 이어 오늘은 학장이 송별회를 해주겠다고 하여 약속 장 소로 갔다. 문일환 학장이 회식을 위해 '우량예五粮液'를 가지고 나왔다. 오 늘은 유명한 조선족 작가이자 가장 원로인 이원길 교수를 비롯해 여러 교수들이 함께 자리를 했다.

지금의 민족대학이 있는 위공촌은 원래 베이징시 밖이었다고 한다. 즉, 시즈먼西直門이라는 외성문外城門 밖의 촌村으로, 무덤, 사찰 등이 많은 곳이었다고 한다. 그래서인지 무엇보다 만수사, 보화사 등 사찰도 참 많다. 요즈음 많은 사람들이 찾고 있는 자죽원이 놀랍게도 1950년대까지 쓰레기 하치장이었다는 이야기를 들었다.

요리 가운데 주순竹筍, 부주腐竹같이 대나무와 관련된 음식이 많은 것도 알게 되었다. 중국식 파전도 먹었다. 화기애애한 가운데 다양한 이야기가 오고 갔다. 원래 베이징에서 자란 조선족은 조선어를 잘 못하는데 윤철애 교수는 잘한다고 칭찬이 자자했다. 이제 중국 사람들도 회를 잘 먹는다는 말이 나왔고, 한중 수교 이후에는 불고기도 잘 먹는다고 했다. 특히 이원길 교수는 춘추전국시대, 즉 시저우西周 시절만 해도 볶는 음식이 없었다고 했다. 역병이 돌면서 황하의 물이 안 좋으니 기름에 튀겨 먹고 볶아 먹었다는 것이다. 중국요리에서 불에 지지고 볶는 것은 식용 재료가 깨끗하지 않기 때문이라고도 들은 바 있다. 종업원이 계속 차를 따라주기에 무슨 차인지 물었더니 '국화차'라 했다. 맛과 향이 좋은 이 국화차는 열을 식히고 가래나 담, 기침도 삭힌다고 한다. 특히 국화꽃에는 비타민A가 많아 시력에 좋으며 향기는 중추신경 진정 작용을 한다.

후배 교수인 문 학장이 심하게 농담을 해도 태평무 교수는 빙그레 웃으면서 "저 사람이 나 놀리는 재미로 산다"고 응수했다. 위계질서를 지키면서도 화합하는 조선어문학과 교수들의 모습을 보면서 부러움이 일었다. 맨 처음 자리를 잡을 때도 다른 곳에 앉아 있는 이원길 교수를 학과의 제일 원로라면서 내 옆의 가장 상석으로 모시는 학장의 배려를 보았다. 중국에서는 원형탁자가 놓인 자리에서 안쪽의 중앙이 상석이고 출입구 쪽이 말석이다. 주빈이 상석에 앉고 주인이 말석에 마주앉으며, 주빈의 왼쪽자리가 차석, 오른쪽이 3석이다. 학과의 어른들과 제자급의 젊은 교수들이 서로를 존중해주는 모습이 너무나 보기 좋았다.

중국 사람들의 키 얘기를 하다가 어느새 심장으로 화제가 넘어가 심장도 중국 사람들의 것이 가장 크다고 했다. 베트남 사람의 심장이 가장 작은 편이라는 말도 나왔다.

기장을 한자로 쓰면 '서黍'인데, 수수냐 조냐 등을 두고 여러 가지 견해가 있었다. 물론 기장黍은 조보다 굵은 것으로 서식黍食이라고도 한다. 어느 새 생선의 주둥이가 내 앞에 와 있었다. 한국과 중국의 인구만을 놓고 본다면 한국의 대통령은 중국의 과장급밖에 안 된다는 말이 나왔다. 중국인 100명으로 다른 나라 1,000명을 먹여 살릴 수 있는 바, 북한에 중국인 200만 명만 들어가면 망하며, 한국에 500만 명만 들어가면 망한다는 것이다. 덩샤오핑이 예전에 농담처럼 "중국인들이 모두 세계 각지로 피난을 가면 얼마나 큰 문제가 되겠나"라고 했던 말이 떠올랐다.

중국에 함경도, 평안도, 경상도 사람이 많이 온 반면 황해도, 충청도, 전라도, 경기도 사람은 비교적 드물다는 말도 나왔다. "맞습니까?"라고 물으면, 평안도에서는 "옳습니다"라고 답을 하고, 경상도에서는 "깁니다"라고 한다는 말도 나왔다. 이야기가 끝이 없었다. 내일 아침에 떠나려면 아직 남은 짐을 싸야 했기에 미안하지만 자리에서 일어서야 했다. 태 교수와 함께 기숙사에 먼저 들어왔다. 술도 깰 겸 바람을 좀 쐬어야겠다 싶어 민족대학으로 들어갔다. 정든 캠퍼스를 한 바퀴 돌고 싶었다. 기말고시가 끝나 강의실은 거의 비어 있었다.

중궈 짜이젠!

아침 7시가 좀 지나 영매가 가장 먼저 기숙사에 왔다. 그리고 8시 전에 조선어문학과의 태평무 교수, 김춘선 교수, 임광욱 교수, 윤철애 교수, 박순희 조교가 찾아왔다. 태 교수는 녹차 한 통을 선물로 가지고 왔고 김 교수는 자신의 저서 한 권을 들고 왔으며, 박 조교는 박승권 교수가 주었다며 선물을 들고 왔다.

학교에서 제공하는 차가 도착할 시간이 되어 서로 짐을 들고 나갔다. 나는 오히려 빈손으로 내려가야 했다. 짐을 서로 차에 실으며 끝까지 환대를 해주는 모습에 감동을 받았다. 오늘은 일요일이니 어디 갈 수도 있고 늦게까지 잘 수도 있는 날이다. 그리고 어젯밤에도 만났다. 그런데도 이렇게 이른 아침에 다들 나와서 배웅하는 것은 요즈음 어디에서도 찾아보기 힘든 일인 것 같다. 누가 시켜서도 더구나 무엇을 바라고서 하는 것도 아닌, 참으로 인간의 아름다움과 고귀함을 새삼 느끼게 하는 풍경이었다.

공항까지 배웅하기로 한 임광욱 교수와 함께 차에 올랐다. 임 교수는 36세의 젊은 교수로서 조선어문학과를 졸업한 언어학자이다. 우리는 8시 정각에 출발했다. 출발하자마자 박승권 교수에게서 전화가 왔다. 한발 늦게 도착한 것이다. 오히려 내가 더 미안했다. 우리를 태운 승용차는 질주하듯 아침을 시원하게 달렸다. 주말 아침이라 차가 많지 않았다.

공항으로 가면서 임 교수는 옆으로 추월해 달리는 차를 가리키며 군인차는 통제를 전혀 안 받는다고 불만을 토로했다. 비가 내릴 듯 날씨가 무척 흐렸다. 임 교수는 올 여름은 예년과 달리 비가 많이 온다면서 그동안에는 비가 와도 더러운 비가 왔다고 했다. 아이가 있느냐고 물었더니 세 살이라고 했다. 아직 유치원에 안 갔으나 곧 보낼 것이라 한다. 중국은 두세 살부터 유치원에 다닌다고 들었다.

베이징, 나아가 중국은 그 자체가 역사요 문화다. 그래서 오면서부터 입에 달고 다녔던 것이 있다. 맞는 표현인지는 모르겠지만 중국은 크고 대단하다는 뜻으로 '중궈쓰따더요우웨이따中國是大的又偉大'라는 말을 썼다. 중국 사람들을 만나면 솔직한 마음을 담아 "중국을 좋아한다"고 말하고 싶었다. 그래서 "워시환중궈我喜歡中國"라 말하기도 했다. 몇 달 사이 중국 사람 다 되었나 싶다.

공항에 도착해 임 교수는 직접 우리 짐을 밀고 동방항공 여행사로 가서 내가 가지고 있던 항공권을 오늘 것으로 바꿔주고 난 뒤 학교로 돌아갔다. 너무나 고마웠다. 출국 수속을 밟고 나니 9시 30분쯤 되었다.

11시 50분 출발 예정이던 비행기는 12시 35분이 되어서야 이륙했다. 끝까지 '만만디' 중국이다. 8월의 북경수도공항은 날씨가 흐렸다. 한국시각 3시 5분, 마침내 우리를 태운 동방항공 5078 비행기는 무사히 인천국제공항에 착륙했다.

설레는 마음으로 비행기에서 내렸다. 베이징에 머무는 동안 많은 것을 보고 듣고 배우기 위해 부단히 애를 썼고 예상치 못했던 힘든 점도 있었다. 그래서 한국으로 돌아오는 것이 한편으로는 기쁜 일이면서 한편으로는 서운했는지도 모른다. 과거 서울서 베이징까지 약 50일이 걸리던 것이 이제 두 시간도 안 걸린다.

다음에 만날 때까지, 중궈 짜이젠中國再見! 다시 나를 반겨주는, 한궈 니하오韓國你好!

지은이

이화형

현재 경희대학교 한국어학과 교수로서 '이덕무의 문학 연구'로 문학박사학위를 받았으며 중국 중앙민족대학 초빙교수를 역임했다. 고전문학을 전공하면서 특히 한국문화에 대해 관심을 갖고 연구하고 있다.

주요 저서로는『나아가 널리 인간을 이롭게 하라: 민속문화 1』,『하늘에다 베틀놓고 별을잡아 무늬놓고: 민속문화 2』,『한국현대여성의 일상문화 8』(공저),『고려조 한문학론』(공저),『한국문화의 힘 휴머니즘』,『한국근대여성의 일상문화 9』(공저),『청장, 키 큰 소나무에게 길을 묻다』,『글쓰기의 새로운 지평』,『여성문화의 새로운 시각』(공저),『한국문화의 이해』,『고전문학 연구의 새로움』 등이 있다.

베이징 일기
큰 숲에 큰 새가 있다

ⓒ 이화형, 2008

지은이 | 이화형
펴낸이 | 김종수
펴낸곳 | 도서출판 한울

편집책임 | 김경아
편집 | 양은주

초판 1쇄 인쇄 | 2008년 4월 22일
초판 1쇄 발행 | 2008년 5월 2일

주소 | 413-832 파주시 교하읍 문발리 507-2(본사)
　　　121-801 서울시 마포구 공덕동 105-90 서울빌딩 3층(서울사무소)
전화 | 영업 02-326-0095, 편집 02-336-6183
팩스 | 02-333-7543
홈페이지 | www.hanulbooks.co.kr
등록 | 1980년 3월 13일, 제406-2003-051호

Printed in Korea.
ISBN 978-89-460-3907-0 03910

* 책값은 겉표지에 표시되어 있습니다.